인간심리의 경제학

경제학의 발전과 인간의 삶

강상목 · 박은화 공저

ECONOMICS

OF HUMAN PSYCHOLOGY

法 文 社

머 리 말

인간심리의 경제학은 기존의 전통적 경제학이 가정하고 있는 이성적이고 합리적인 인간에 대한 반성으로 등장하였다. 인간은 전통경제학이 가정한 것처럼 항상 합리적이고 이성적이지 않다. 인간은 오히려 이성적이면서 동시에 감정적이다. 이로 인하여 인간은 두 가지의 두뇌시스템을 가지고 있다. 즉, 하나는 사물을 보고 즉각적으로 반응하는 자동시스템과 다른 하나는 생각하는 숙고시스템을 가지고 있다. 자동시스템은 직관적이고 본능적이어서 뇌가 사고의 필요없이 사물에 즉각 반응하지만 숙고시스템은 중대한 일을 결정할 때 이를 이용한다. 인간심리를 연구하는 행동경제학자들은 인간의 자동시스템에서 편향이 발생하고 숙고시스템에서 제한된 합리성이 작용한다고 말한다. 이러한 인간의 편향과 제한된 합리성이 인간의 뇌 속에 항상 존재하기 때문에 인간은 의사결정을 할 때 편향과 제한된 합리성 속에서 선택을 하게 되고 완전한 의사결정을 하기가 어렵다. 나아가 인간의 뇌는 감성과 이성의 두 체계의 상호작용을 통하여 의사결정이 이루어지므로 적절하게 감성이 통제되고 억제되지 않은 상태에서 의사결정은 이성이 아닌 감정으로 처리될 수 있다.

따라서 인간심리의 경제학은 이성뿐만 아니라 감정을 가지고 있고 편향과 제한된 합리성을 가진 인간이 실제 의사결정을 하는 형태와 그 선택의 결과로 나타나는 사회 및 경제적 현상을 연구하는 분야이다. 이는 인간 내면의 심리를 기초로 이루어지는 경제행위의 의사결정을 연구하는 학문이다. 전통경제학에서 말하는 경제적 인간homo economicus 혹은 합리적 경제인은 지극히 합리적으로 행동하고 타인을 배려하지 않고 자신의 이익만을 추구하는 사람들을 말한다. 합리적 경제인은 자신에게 불이익이 되는 일은 절대 하지 않고 이익이 된다면 즉각 실행한다. 이러한 주류경제학파의 생각과는 다르게 합리성과 이기심을 상실한 결정의 결과는 평균으로 수렴하기보다 극단적으로 한 방향으로 치우쳐서 예상 못한 결과로 나타나거나 시간이 지나도 학습과 경쟁에서 교정이 되지 못하는 상황이 빈번하게 발생하고 있다. 이처럼 인간은 제한된 합리성 하에서 경제행위를 하는 것이 오히려 일반적이어서 최적이 아니라 오히려 만족할 만한 수준에서 선택을 결정한다고 본다. 또한 전통적인 경제학과 다르게 인간의 의사결정은 실제 자신만을 생각하기보다는 타인과 사회 전체를 고려하는 측면이 중요하게 고려되고 있다. 따라서 행동경제학자들은 이기심을 추구하는 개인들 속에서 이기심과 이타심을 조화시키고 사회적 이익을 증진시켜 나가려면 이기심과 이타심이 적절한 때 나타날 수 있도록 사회집단과 제도도 합리성을 추구하는 경제이론에 포함시킬 것을 주장한다.

기존에 나와 있는 인간심리의 경제에 관한 책들은 많지만 기존의 책들에서는 전통적 주류경제학이 어떤 문제점을 갖고 있는지? 경제학의 역사에서 행동심리경제학이 어떤 위치를 차지하고 있는지? 전통적 주류경제학과 인간의 행동심리경제학의 주장의 차이점이 무엇인지? 등에 대한 설명을 충분히 답해주고 있지 못한 상태에서 인간편향에 대한 사실을 열거하고 있다. 따라서 전통적 주류경제학과 인간심리경제학의 관계와 전체 경제학에서 차지하는 인간심리경제학의 위치 등을 파악하기가 어렵게 기술되어 있다. 그러므로 본서를 집필하게 된 동기는 기존의 책들이 너무 조사실험과 조사방법에 관한 기술을 많이 포함하고 있어서 읽기가 불편하고 이해하기 어렵게 기술되어 있다는 한계가 있을 뿐만 아니라, 인간 삶에 적용한 사례들이 오래된 것들이 많다는 문제가 있다. 본서에서는 전통적인 경제학의 간략한 역사를 개관함으로써 주류경제학의 한계와 이를 보완하는 인간심리경제학의 기여 등을 기술하고 인간심리경제학의 이론에 상응하는 실례를 최근 사례를 중심으로 설명하되, 주위의 쉬운 예를 들거나 결과만을 간략히 정리하여, 읽으면 쉽게 이해가 가도록 기술하고자 하였다.

본서의 내용은 크게 세 부분으로 구성되어 있다.

첫째, 제1장에서는 경제학의 발전역사를 간략히 소개하고, 기존 경제학의 문제점과 한계를 지적하면서, 대안 경제로서 인간심리경제학이 태동하게 된 배경을 소개한다.

둘째, 제2장에서는 전통적 주류경제학과 인간심리경제학의 이론을 간략히 소개하고, 이 두 경제학이 주장하는 주요 논점을 알기 쉽게 비교설명한다.

셋째, 제3장에서는 제2장에서 제시한 인간심리경제학의 주요이론을 대상으로 인간의 삶에서 적용되는 인간심리경제의 최근 사례를 소개하는 부분을 제시하였다.

요컨대, 본서는 전통적 경제학의 한계를 이해하고, 인간심리경제학이 기존 경제학을 어떻게 보완하는지를 설명하며, 실제 인간의 경제활동에서 인간심리가 경제적 의사결정에 적용되는 일상생활의 최신 사례를 소개한다. 필요에 따라서 독자들은 관심 있는 부분을 선택적으로 읽어도 될 것이다. 특히, 경제는 인간의 심리에 따라 선택되고 결정되기 때문에 심리에 절대적 영향을 받는다. 본서는 경제활동에서 인간심리와 삶을 소개하는데 초점을 두고 있기 때문에 경제나 경영에 관심을 갖는 독자들뿐만 아니라 소비행위와 기업경영에 참여하는 소비자와 기업인들이 관심을 갖고 읽어야 할 책이다. 기업은 고객의 마음과 심리적 편향을 정확하게 이해하여 기업경영에 활용해야 하고, 반대로 소비자는 소비자의 심리를 이용하는 기업의 경영전략이나 마케팅 전략을 잘 이해하고 있어야 심리적 편향에서 자유로운 합리적 의사결정과 선택을 할 수 있을 것이다.

본서는 인간심리의 경제학 가운데 경제학의 발전과정과 인간의 삶에 초점을 두었기에 전통 경제학의 한계와 인간심리경제학의 이론을 앞부분에 포함시켰고 그 이론에 부합하도록 심리적 편향들을 인간 삶에 적용한 사례를 주로 소개하였다. 이에 속하지 않는 세부 내용들은 향후에 출간예정인 인간심리와 행복경제학에서 인간의 삶과 행복에 관한 주제로 발간하고자 한다. 향후 발간예정인 인간심리와 행복경제학에서는 유명한 경제학자나 유명인들의 투자실패 사례를 포함한 최근 우리의 경제활동 속에서 일어나는 다양한 편향을 통하여 인간의 삶과 행복을 조명해 보고자 하였다. 마지막으로 본서가 경제활동 속에 인간의 심리적 의사결정 과정을 이해하고자 하는 독자들에게 도움이 되는 책이 되기를 바란다.

2019년 3월

저자 일동

차 례

제1장

경제학의 발전과정

제2장

행동경제학의 주요 이론

제3장

심리경제의 삶의 적용

제1장

경제학의 발전과정

제1절

아담 스미스 이전의 경제학의 역사

인간의 경제활동에 관한 역사는 기원전 350년 고대 그리스 시대의 철학자 플라톤과 아리스토텔레스에서부터 시작되었다고 주장하는 학자도 있다. 18세기 중반 이전에도 경제행위에 대하여 상인, 철학자, 수도승, 정치가 등 다양한 분야의 사람들이 관심을 갖고 연구하였다. 그러나 경제학은 신학, 철학, 의학 등과 비교하면 역사가 매우 짧은 학문이다. 반면 신학, 철학, 역사 등은 수백년의 오래 전부터 현자들과 학자들에 의하여 연구되어 왔고 대학에서도 강의가 이루어져 왔던 학문이다.

Economy의 원래 출처는 그리스어이다. '이코노미Economy'는 '집안 살림을 하는 사람'이라는 의미의 'oiko nomos'라는 의미로 해석되기도 한다. 다른 한편으로는 인간활동은 도덕과 윤리적 목적에 부합해야 한다는 OikonomiaOikos + Nomia와 개인이 이익을 추구하는 행위인 Chrematistikemoney-making에서 기원한다. 그러나 그리스 시대에는 도덕적인 선Oikonomia은 추구해야 하지만 이익을 추구하는 행위Chremabistike는 하면 안된다고 가르쳤기 때문에 경제학으로 발전하지 못하였다. 즉, 예절이나 삶의 양식으로서의 도덕과 윤리 원칙인 노모스Nomos를 강조하였기 때문에 이익을 추구하는 행위를 해서는 안된다는 사회적 규범이 지배하고 있었다.

그리스의 철학자 플라톤의 국가론은 경제에 대하여 분석한 책이 아니라 안정적인 분권, 분권에 따른 동일한 인구수, 번창하는 자급자족 경제가 기초된 이상적인 국가에 대한 것을 기술하고 있다. 플라톤에 의하면 모든 경제행위는 사회계급과 계층에 따라서 엄격하게 분류하였다. 이러한 계급체제 하에서 경제행위는 사유재산이 없는 공동경제로서 공산주의 계획경제와 비슷한 경제를 전제한 것이었다. 이 체제 하에서 개인은 개인의 능력과 재능에 적합하게 분업에 따라서 일하고 사회에 기여하여 사회적 부를 만들어 내어야 한다고 생각하였다.

반면 아리스토텔레스는 자급자족이 실제 적용하기는 어렵기에 대안으로 물물교환과 교역이 필요하며 교역은 생계의 수단이지 이익을 추구하는 행위가 되어서는 안된다고 주장하였다. 이러한 교역의 수단으로 화폐의 역할을 강조하였다. 즉, 화폐는 물물교환의 수단으로서 모든 재화를 연결시켜서 거래를 가능하게 한다고 보았다. 또한 이자를 요구하는 행위도 비윤리적이고 비열한 행위로 간주하였다. 나아가 모든 사람들이 모두 물건을 공동으로 소유한다는 것은 현실적으로 가능하지 않다고 보고 사유재산을 옹호하는 입장이었다. 뿐만 아니라 아리스토텔레스는 재화의 사용가치와 교환가치를 구분하여 재화에 따른 가치의 역설도 언급하였고 재화의 가치를 측정하는 좋은 방법은 전체 가치에서 일부를 더하거나 차감할 때 발생하는 해당가치의 추가나 상실을 보는 것이라고 말하여 최초로 한계효용이론을 제기하였다.

그러나 그리스 시대 이후 로마 시대에 오면서 경제에 관한 사상적 연구는 사라졌다. 로마인들도 교역도 하고 일부 재화를 제조하기도 하였으나 거의 대부분은 전쟁을 통한 로마제국의 확장에 치중하였다. 즉, 로마제국의 제정은 전쟁과 약탈로 이루어진 것으로 경제이론은 거의 존재하지 않았다. 오히려 로마제국에서는 법률이 발달되었다. 특히 소유와 재산의 구입에 관한 법률들이 발달되었는데 이것이 오늘날 자본주의의 기초인 사유재산과 계약의 자유에 시초가 된 것으로 보인다.

이후 중세시대에는 경제활동이 종교적인 범주 속에 포함되어 있었기 때문에 경제활동의 대부분이 종교의 규범 하에서 규제되고 통제되었다. 이처럼 경제행위는 중세시대까지 자유롭게 추구할 수 있는 활동이 아니었다. 이를 좀 더 구체적으로 살펴보자.

경제이론은 중세에 이르면서 다시 등장하기 시작하였다. 고대에는 인간과 공동체의 관계가 사고의 중심이었으나 중세에 오면서 신 중심의 세계관이 형성되었고 세상은 신과 인간의 관계에 의해서 정의되었다. 13세기를 대표하는 사상가는 경제학자가 아닌 신학자인 토마스 아퀴나스였다. 중세를 지배한 세계관에 의하면 세상은 신이 중심이고 인간은 신의 섭리에 순응해야 하는 존재로 규정하고 있다. 즉, 인간은 창조자의 목적에 따라 만들어진 피조물이므로 세속의 재물을 탐하거나 재산을 형성하기 위하여 존재하는 것이 아니라는 것이다. 따라서 경제는 종교적이고 도덕적인 가치에 기준하여 주장되었다. 가령, 자산은 교환의 수단일 뿐이고 저축이나 투자와 같은 기능으로 보지는 않았으며 주로 가격의 공정성에 관한 논의가 주된 대상이었다.

아퀴나스는 아리스토텔레스 저서의 주장들을 현실에 적용하려고 노력하였다. 예를 들어 노동의 분업과 교역의 정당성을 인정하려고 했다. 원칙적으로 금리를 인정하지는 않았으나 예외적으로 돈을 빌려줌으로 인하여 받게 되는 위험에 대해서는 이자를 허용하였는데 이는 기회비용의 시초를 제공하고 있다. 그럼에도 그의 주장은 과도한 이자는 고리대금의 죄로 간주하는 교황청의 눈치를 보지 않을 수 없었다. 그런데 그 당시 위험부담이 있을 경우 수익을 정당화하는 주장은 당시 엄청난 토지를 소유하고 있던 교회와 수도원들이 토지를 수익과 결부시켜 운영하려는 이해관계와 일치하여 사회적으로 받아들여지게 되었다. 이에 따라 자본이 생산요소로서 이윤과 결부될 수 있는 발판이 마련되었고 투자와 이자의 관계가 형성되는 계기가 시작되었다.

이후 15–17세기의 대항해 시대에 이르면서 유럽 각국은 유럽 밖으로 탐험 및 항해에 치중하게 되지만 이 시대에도 시대정신과 세계관이 경제적 사고와 활동을 여전히 규제하고 있었다. 이 시기에 중상주의와 중농주의 사상이 등장하였고 이러한 사상들이 국가의 부를 추구하고 확장하는데 주된 사상으로 역할을 하게 되었다(이하 중상주의와 중농주의는 다음 장에서 보다 상세히 설명하고자 한다).

이들 사상이 경제학의 아버지로 인정되고 있는 아담 스미스를 비롯한 고전주의 경제학자들에게 널리 영향을 미치게 되었다. 사실 1776년 아담 스미스의 『국부론』이란 경제를 주제로 다룬 최초의 경제 서적이 나오기 전에는 경제학이란 학문은 존재하지 않았다. 이 시기의 세계는 식민지 개척이 한창이었고 북아메리카 등 식민지 국가들은 독립을 위한 투쟁의 시기였다.

이상에서 살펴본 바와 같이 경제학이 독자적으로 생겨나려면 공동체의 정치, 윤리, 종교로부터 인간의 경제활동, 특히 인간의 경제적 욕구가 분리되어 독자적인 활동 영역을 가질 때 가능할 수 있다. 과거 시대에 이러한 독자적 경제활동을 규제하고 통제한 이유는 경제적 욕구는 이것이 일종의 감정Pathos=passion이라 보았기 때문이다. 이 개인적 이익을 추구하는 행위인 Pathos란 욕구는 도덕적이고 윤리적이지 못하다고 생각하였다. 이 경제적 욕구가 지나치면 사회 자체의 기초와 질서가 흔들릴 수 있다고 간주하였다. 따라서 공동체가 정한 도덕적 양식인 노모스Nomos로 묶어 두어야 한다고 생각하였다. 그러므로 경제학의 등장은 경제적 욕구라는 감정Pathos의 영역을 누구의 규제 없이 자유롭게 추구할 수 있음을 의미한다.

사실 경제학은 인간의 경제 행위를 설명하는 것이기에 인간의 본질을 이해할 필요가 있다. 인간은 이기적 동물, 인간의 이기심이라는 본성을 가지고 있을 뿐만 아니라 윤리적이고 도덕적 본질인 이타심도 동시에 가지고 있는 존재이기도 하다. 요컨대 고대로부터 인류의 역사는 인간의 이기심을 내버려두면 사회유지가 어렵다고 간주하여 이를 억제하려 했기 때문에 경제가 활성화되기 어려웠고 경제학이란 분야가 발달되기 어려웠다. 그러나 18세기에 아담 스미스의 『국부론』이 나오면서 인간이 타인의 이익을 부당하게 침해하지 않고 도덕과 윤리를 유지하면서도 각자 개인의 이익을 추구하면 사회 전체적으로 유익이 된다는 주장을 하기 시작하면서 경제학은 점차 자신의 영역을 갖출 수가 있게 되었다. 따라서 오늘날의 경제학이 태동된 것은 영국으로, 아담 스미스를 시초로 학자가 나오고 대학에서 강의가 시작된 것은 19세기부터이다. 경제학이 독립된 학문으로 인정받게 된 것은 20세기 이후의 일로서 본격적인 경제학의 역사는 단지 1세기 정도에 지나지 않는다.

그림 1 **아리스토텔레스** – "이상적인 인간은 삶의 불행을 위엄과 품위를 잃지 않고 견뎌내 긍정적인 태도로 그 상황을 최대한 이용한다."

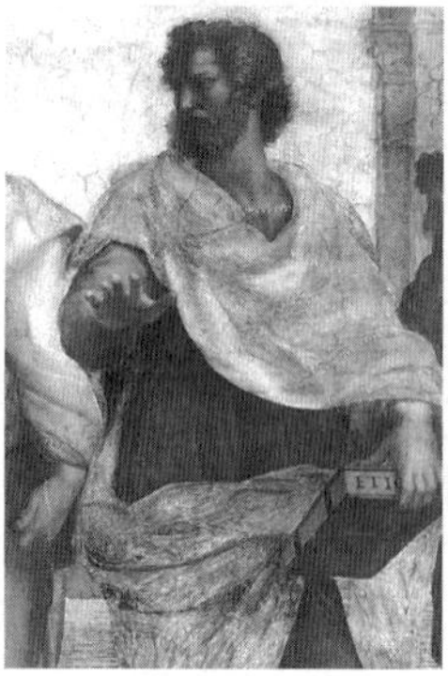

제2절
중상주의와 중농주의

1. 중상주의

아담 스미스는 『국부론』 제4편에서 자신의 이론 이전에 나타났던 두 개의 주요 사상을 각각 중상주의와 중농주의라고 명명하였다. 아담 스미스는 이들 사상을 극복하고자 하는 노력의 일환으로 자신의 이론을 구축하였다. 원래 중상주의는 국가를 부강하게 하기 위해서는 금·은의 양을 증가시키는 것이라고 생각한 존 로크의 사상에서 유래한다. 즉, 존 로크의 생각은 일반적인 재화는 먹거나 소비하면 사라지지만 화폐는 사람 간에 유통만 되고 없어지지 않는다는 것이다. 화폐를 국가 외부로 유출되지 않도록 하면 화폐량이 줄어들지 않고 국가가 계속 부유해 질 수 있으므로 금·은을 증가시키는 것이 부유한 국가를 만든다는 것이다.

16세기 후반부터 18세기 초에 이르는 기간 동안 유럽을 지배하였던 경제적 사고를 중상주의mercantile system, 혹은 상업주의system of commerce라 한다. 기본적으로 중상주의는 화폐축적이 국가의 부를 상징한다는 주의이다. 일명 이를 '콜베르주의'라고 한다. 14세기 루이 14세 시대 재무장관인 콜베르는 국가의 힘은 자국이 보유하고 있는 금과 은의 양에 의하여 결정된다는 신념을 가지고 있었다. 콜베르는 금·은을 프랑스로 끌어들이기 위하여 국가의 생산량을 증가시키고 무역을 확대하여 외국으로부터 금·은을 끌어모았다. 반면 국내의 금·은이 절대 외국으로 흘러나가지 못하게 철저하게 규제하였기에 그는 중상주의의 대표적 인물로 알려지게 되었다.

이 시대에 유럽국가들은 절대왕권을 확립하던 시기로 우리가 잘 알고 있는 왕권신수설이 지배하던 시대였다. 즉, 절대왕권은 신으로부터 보장받은 권리로서 국왕의 권력은 신으로부터 나온다는 것이다. 이러한 국왕의 절대권력을 강화하고 오래 유지하기 위해서는 강한 군사

그림 2 **장 바티스트 콜베르** – "가장 바람직한 조세는 거위가 비명을 덜 지르게 하면서 최대한 많은 깃털을 뽑는 것과 같다."

력과 함께 이를 뒷받침할 국부의 축적이 필요하였다. 이 시대에 유럽 국가들은 금·은을 축적하기 위하여 해상으로 진출하고 식민지를 개척하며 전쟁을 통한 수탈과 착취를 일삼게 되었다. 이러한 사상은 유럽 전역으로 퍼지게 되었고 서로 다투어 해상지배권과 식민지 개척에 나서게 되었다.

이 당시 유럽인들이 생각했던 국부의 기준은 소멸하거나 사라지지 않는 유일한 재화라고 생각하였다. 즉, 어느 나라의 국부가 어느 정도인지는 사라지는 재화로 측정하기 보다는 늘 존재하는 유일한 재화인 금과 은이라고 생각하였다. 금과 은이 해외로 유출되는 것만 규제하면 살 수 있는 화폐가 줄어들지 않고 무엇이든 구입할 수 있으므로 국가가 부유할 수 있다고 생각하였다. 이와 같은 사상이 유럽 전역에 퍼지면서 영국, 프랑스, 네덜란드, 스페인 등은 금·은을 확보하는 화폐전쟁을 벌이게 된다. 이들 국가들은 식민지개척과 해상의 패권을 잡기 위하여 서로 전쟁을 일으켰고 공해 상에서 서로 금·은을 약탈하기도 하였다.

한편, 이 중상주의 시대에 버나드 드 맨드빌(1670－1733)은 개인의 탐욕이 경제의 활력을 만들고 국가경제를 부강하게 만든다고 주장하였다. 그는 무조건 저축과 검약만을 강조하지 말고 경제를 번영하게 하려면 적절한 소비를 하도록 지불능력이 따르는 수요 즉, 유효수요가 있어야 국가경제도 살아나고 국부도 증가한다고 주장하여 200년 후 케인즈에 의한 유효수요이론으로 다시 빛을 보게 되었다. 그는 하나의 예를 들었다. 가령, 1666년 런던 대화재 사건이 일어났을 때, 한편으로 많은 인명과 재산을 잃게 만든 재앙이긴 하지만 다른 한편으로, 사건 이후 건설수요가 생성되어 런던이 새로운 건물과 도로의 건설로 활성화되는 계기가 되었고 산업을 일으키게 되었다고 주장하였다.

맨드빌의 생각은 인간의 자유로운 이기심이 발휘될 때 국가는 부강해진다고 보았다. 인간은 미래에 대한 욕심으로 가득한 동물이고 사회는 욕심 많은 인간들로 구성된 공동체이다. 따라서 국가는 욕심 가득한 인간들의 욕구충족을 위한 사치와 소비를 국가가 억제하지 말고 내버려둘 것을 주장하였다. 이러한 맨드빌의 주장은 당시 사회에 많은 논쟁을 불러일으켰다. 맨드빌의 주장은 그 시대에 국가의 절대권력이 너무 강조되어 개인의 자유와 개인생활을 억압당하는 것에 대한 반발로 나온 것이었다. 그러나 그의 주장은 향후 개인의 이기심이 국부를 증진시킨다는 아담 스미스의 주장으로 연결되었다.

2. 중농주의

중농주의를 처음 주장한 사람은 프랑스의 궁정외과의사인 프랑수아 케네(1694–1774)이다. 케네의 문하생으로 구성되는 중농주의는 자신들의 사상을 phyisiocracy라는 자연의 통치라고 명명하였다. 그리고 자신들은 집을 관리하는 자라는 economist로 간주하였는데 오늘날 경제학자들을 의미하는 단어가 되었다. 케네는 주장하기를 국가의 경제는 농업만이 생산적인 산업이기에 농업이 발전해야 국가 경제가 발전할 수 있다. 농업은 생산적이고 농업종사자들은 먹고도 남는 생산물을 만들기에 다른 산업의 종사자에게도 식량을 공급한다. 반면 공업은 원료로부터 재화를 만드는 과정에서 원재료로부터 대량의 폐기물이 발생하기에 완제품의 양이 폐기물만큼 감소한다. 이러한 주장을 좀 더 상세히 살펴보자.

케네는 파리 외곽에서 소지주의 아들로 태어나 파리에서 의학을 공부한 의사로서 국왕 루이 15세의 애첩인 퐁파두르 부인의 주치의가 되어서 궁정의사단을 총괄하였다. 베르사유 궁전 2층에 개인서재가 있었고 거기서 저명한 학자들과 자주 교류를 가졌다. 케네는 경제를 거시적 관점에서 전체적으로 보고자 하였다. 대개 의사들은 전체 인체를 통하여 개별 인체의 부분을 보는 훈련에 익숙해서 그런지 경제를 전체적으로 보고 그 움직임을 파악하였다.

케네는 최초로 오늘날의 국민순생산net national product과 같은 개념인 '국민순생산물'이란 개념을 만들어냈다. 농업생산물에서 생산에 들어간 비용을 차감한 것이 토지가 만들어낸 잉여생산물이고 농업만이 자연의 도움으로 진정한 국부를 증가시킨다고 생각하였다. 반면에 상공업에서 만들어지는 제품들은 농업에서 만든 재화를 기초로 단순히 가공하고 유통하여 형태만 바꾸는 것이기에 생산물의 순증가는 만들어내지 못한다고 보았다. 즉, 상공업의 생산물가치는 이를 생산하기 위해 투입한 각종 원재료인 농산물의 합과 같기 때문에 유용성은 증가할지 몰라도 추가적인 물량의 증가는 없다고 보았다. 따라서 농업이 진정한 부를 만들어 내는 생산적 분야이고 상공업은 추가적인 순생산물을 만들어내지 못하는 비생산적 분야라고 간주하였다.

농업은 유일한 생산부분이고 농업이 만들어내는 잉여가치는 다시 분배된다. 즉, 일부는 지주에게 지대로 가고 일부는 노동자와 차지농에게 임금으로 지불되고 일부는 정부의 세금으로, 그 나머지는 생산에 재투자된다. 케네는 농업만이 국가경제의 부를 증가시키는 원천으로 보았고 상공업부분은 농업의 순생산물을 매년 증가시키기 위한 보조적인 분야로 보았던 것이다. 따라서 중상주의에서 주장한 부의 기준이 된 금과 은은 유통과 교환에만 사용될 뿐이지 직접 순생산물을 만들어내지는 못한다고 주장하였다.

케네가 이렇게 주장한 시대적 배경으로 18세기 말 프랑스 대혁명 직전에 프랑스의 농업이 저조한 상태에 있었다. 그 당시 프랑스는 전 인구의 90%가 농민인 농업국가였고 주된 왕실재정수입이 농업이었다. 그런데 농지의 거의 절반은 수도원이나 귀족 등이 차지하고 신흥계급인 부르주아 계층이 20%를 차지하여 대부분 국민들은 영세농업으로 어려운 처지에 있었다. 뿐만 아니라 재상이었던 콜베르의 중상주의 정책으로 농산물 수출이 규제되고 가격인상을 제한하였으나 공업과 수출산업은 정책의 지원을 받고 있었다. 따라서 농업이 진정한 국가 산업이어야 한다고 생각한 케네는 농산물 수출금지정책과 가격통제정책 등 규제가 없어져야 농업의 성장이 가능하고 이를 기초로 다른 경제부분도 성장이 가능하다고 보았다. 즉, 농업의 순생산물을 증가시키기 위해서는 경작면적과 대규모자본 투입을 통하여 농업생산력을 높이는 것이 중요하므로 농민들이 농업자본을 축적하도록 농산물 관련 각종 규제를 철폐하고 정부가 적정한 농산물가격을 보장해 줘야 한다고 주장하였다. 또한 농가에 적정한 이윤을 보장해 주려면 중간거래상을 최대한 줄여야 하고 농업자본을 육성하려면 일반세금을 없애고 농업의 순생산물에 한하여 조세를 부과하는 토지단일세를 주장하기도 하였다.

케네가 경제학에 기여한 업적 중의 하나는 경제를 인체와 같이 전체적으로 상호 연결된 순환구조로 구성하여 1758년에 경제표를 만들었다는 점이다. 경제표에서 그는 혈액이 인체를 순환하는 것처럼 화폐와 생산물이 경제 전체에 순환하고 있음을 도식화하여 보여주었다. 경제표는 사회구성 계급을 국왕을 포함한 지주계급, 식량을 생산하는 농업계급, 물품을 가공유통하는 상공업계급으로 분류하였다. 농업은 생산적 계급으로 보았고 상공업계급은 아무것도 남기지 못하는 비생산적 계급으로 보았다. 이 세 가지 계급 외에 노동자계급은 고려하지 않고 세 계급 내에 속해 있는 부차적인 계급으로 간주하였다. 나중에 아담 스미스는 상공업계급이 가공을 통하여 상품가치를 현저히 증가시키므로 비생산적 계급으로 부르는 것은 부적절하다고 지적하였다.

케네는 세 계급 간의 순환과정을 다음과 같이 설명하였다. 매년 수확 후 농업계급은 지주계급에게 지대를 납부하고 지주는 그 돈으로 농산물을 사고 상공업자로부터 공산품을 구매한다. 농업계급은 농산물 판매대금으로 상공업자로부터 농기구 등 공산품을 구입한다. 상공업계급도 공산품 판매대금으로 농업생산자에게서 농산물과 공업원료를 구입한다. 이러한 방식으로 농업과 공업생산물의 교환과 유통이 화폐를 매개로 반복적으로 이루어진다는 것이다.

나아가 케네는 경제규모가 확대 혹은 축소되는 요인을 분석하였다. 가령, 경제를 구성하는 계급들이 생산분야가 아닌 비생산분야에 지출을 많이 하면 경제의 순생산물이 줄어들게 될 것이고 반대로 생산분야에 많이 지출을 하게 되면 확대재생산이 일어나게 된다고 보았다. 따라서 경제가 성장하려면 생산적 지출을 확대해야 한다고 보았다. 이처럼 케네는 최초로 경제 전체를 순환하는 상호의존관계로 파악하였다. 이러한 케네의 사상들은 후대의 학자들에게 많은 영향을 미쳤다. 가령, 연간총산출물의 가치라는 개념 등은 아담 스미스에게 영향을 주었다. 마르크스가 사회자본의 재생산 및 유통의 과정을 설명했던 재생산표식은 이에 영향을 받았다. 산업연관표를 작성하여 노벨경제학상을 받은 레온티에프도 케네의 경제표에 기초하고 있다. 오늘날 산업연관표는 농업, 공업, 상업 등 각 부분 간에 생산물이 얼마나 투입되고 산출되고 있는지를 보여주는 통계표로서 국가 경제정책의 기초자료로 사용되고 있다.

그림 3 **케네의 경제표 1758년** - 의사였던 프랑수아 케네는 혈액순환에서 힌트를 얻어 경제의 총순환과정, 곧 총생산과정을 밝힌다. 최초의 자본주의적 재생산 분석이다.

제3절

아담 스미스의 이기심과 자유시장

1. 이기심의 추구와 보이지 않는 손

중상주의가 유럽을 지배하면서 금·은을 확보하기 위하여 사회적 계층을 일일이 간섭하고 통제하며 규제가 심해져서 국가의 간섭이 너무 지나친 지경에 이르렀다. 이에 국민들은 정부의 지나친 규제에 대해 저항의식이 높아졌고, 이 저항의식은 무정부주의를 특징으로 하는 자본주의의 이론적 기초로 나아가게 되었으며, 이후 자유방임주의로 연결되었다. 중상주의에 반대한 학자들은 개인의 자유를 허용하는 자유시장주의를 주장하게 된다. 아담 스미스는 이를 자연적 자유natural liberty체계라고 언급하였는데 이는 중상주의 및 중농주의와는 전혀 대조되는 것이었다. 오늘날 자본주의의 기초가 된 자연적 자유체계란 모든 개인이 자신의 자본을 다른 모든 사람들의 자본과 경쟁할 수 있는 자유를 의미하였다. 당시 중상주의는 특정계급에게 무역과 부를 축적할 특권을 부여하였는데 이것이 바로 독점이다. 스미스는 이를 반대하였다. 독점은 훌륭한 경영의 가장 치명적인 적으로 간주하였다. 훌륭한 경영은 개인의 자유경쟁을 통하여 나온다. 왜냐하면 자유경쟁은 자원을 가장 많이 필요로 하는 활동분야로 자원이 배분되게 하기 때문이다. 개인들은 보이지 않는 손invisible hand에 이끌려서 훌륭한 경영이 달성된다는 것이다. 하지만 아담 스미스는 정부역할의 중요성도 알고 있었고 완전자유방임을 지지하는 것은 아니었다.

아담 스미스가 활동했던 1700년도 초중반의 글래스고는 담배의 집산지이자 유럽의 중계항구로서 발달하였다. 글래스고 주변도시들에서는 직물, 설탕정제, 탄광업, 제철업 등 여러 제조업들이 발달하면서 글래스고도 점차 상공업도시로 성장해 가고 있었다. 이처럼 성장과 활기가 넘치는 글래스고에서 아담 스미스는 최초의 저서인 『도덕감정론(1759년)』을 출간하였다. 이 책에서 인간의 도덕성의 출처와 도덕적 판단이 어떻게 형성되는지를 설명하고자 했다. 그 당시 여전히 중세의 종교적 교리에 지배되던 윤리관과 도덕관은 종교에 의존하는 것으로서 현재 삶은 사후의 영혼을 구원하는 데에 도움이 된다는 점을 강조하였다. 따라서 인간의 사명은 신의 구원을 얻기 위하여 이기심을 부정하고 이성에 의하여 감정을 극복하며 인격형성을 위해 노력하는 것에 있었다.

아담 스미스는 이러한 종교적 교리에서 탈피하여 인간을 보고자 하였다. 그에 의하면 인간은 본래 자기중심적인 동물이기 때문에 이기심을 추구하는 존재로 보았다. 이 이기심을 추구하는 행위는 비도덕적인 것이 아니라 자신의 이익뿐만 아니라 타인과 사회 전체의 이익도 증진시킨다고 주장하였다. 다만 그 이기심의 추구가 타인의 이익을 침해하거나 분노하게 하는 것이라면 그러한 이기심의 행위는 사회적 악으로 규정하고 용납해서는 안된다고 하였다. 아담 스미스는 인간이 해야 할 행위와 하지 말아야 할 행위에 관한 도덕적 판단기준을 공감 sympathy 혹은 동감이라는 인간의 감정에 있다고 보았다. 즉, 이기적인 행위가 도덕적으로 합당한지 인정받기 위해서는 그 행위가 제3자의 관점에서도 공감을 얻을 수 있어야 한다는 것이다.

그러나 스미스의 이기심의 추구행위는 버나드 맨더빌이 주장했던 '무제약의 이기심'과는 다른 이기심이다. 맨더빌은 '꿀벌의 우화'의 사례에서 인간은 욕심의 가죽을 뒤집어쓴 생물로 묘사하였다. 그에 의하면 인간의 사치와 허영과 과욕 등과 같은 '개인적 악'도 방임해 두면 결과적으로 이들이 상호작용을 일으켜서 사회적인 부를 증가시킨다. 이 맨더빌의 사상에는 이기심의 행위 속에 도덕성은 찾아보기 어렵다. 그러나 아담 스미스는 방치된 개인적 악이 공익을 가져온다는 주장과 다르게 이기심도 자기억제를 동반하여 제3자의 관점에서도 공감을 얻어야 한다는 것이다. 이러한 이기심이 자기억제가 없거나 공감을 얻지 못할 경우 정의의 법이 있어서 타인의 신체, 생존, 재산권을 지켜줄 수 있어야 한다고 주장하였다. 즉, 개인의 이기심을 추구하는 자유행위도 정의의 법에 저촉되지 않는 것이어야 한다. 이처럼 맨더빌은 이기심에 기초한 사익추구를 악덕으로 간주하였으나 스미스는 신중한 사려와 정의의 범위 안에서 추구하는 이기적 행위는 결코 악덕이 아니라고 주장하였다.

2. 『국부론』과 시장경제

아담 스미스는 1759년 도덕감정론이 발간된 이후 학계의 주목을 받으면서 영국뿐만 아니라 프랑스, 독일 등에서 책이 번역되고 널리 알려졌다. 아담 스미스는 1763년 11월 ~ 1766년 10월의 기간 동안 프랑스를 여행하면서 프랑스의 철학자와 중농주의자들과 만나서 교류할 수 있었다. 특히 케네를 비롯한 중농주의자들과 루이 16세 때 재무장관이던 로베르 튀르고와의 만남은 아담 스미스의 경제학 형성에 큰 영향을 미쳤다. 튀르고는 생산적 계급에 제조업자를 추가하고 토지, 노동, 자본 등도 생산요소에 포함시킬 것을 주장하였다. 실제 스미스의 『국부론』에서 중농주의에 대하여 "중농주의 사상이 결함이 있지만 지금까지 경제학의 문제점에 대한 참다운 진리를 말하고 있고 이 사상을 충분히 검토할 가치가 있다."고 언급하였다.

스미스가 프랑스에서 돌아온 뒤 1767년 이후 본격적으로 『국부론』을 집필하여 1776년 3월에 "모든 국민의 부의 성질과 제반원인에 관한 연구"란 제목으로 출간하였다. 이 『국부론』은 경제활동에 대한 스미스 자신의 지식, 여러 사람과 대화, 자신의 저술인 『도덕감정론』 등을 기초로 완성되었다. 『국부론』은 두 가지를 위한 것이었다. 첫째, 국민을 부유하게 하기 위한 방법을 연구하는 것이고 둘째, 이를 위한 국가의 재정을 확보하기 위한 방법이다.

아담 스미스는 자연적 자유natural liberty의 체계를 주장하며 개인의 자유를 허용하여 개인의 이기심을 추구하도록 하는 자유방임을 주장하였다. 시장은 하나의 체계이고 그 스스로 움직이는 법칙이 있다는 것을 묘사하기를 "시장은 자연적인 질서를 가지고 인위적인 개입을 싫어 한다."고 언급하였다. 이러한 자유방임의 시장에서 자유롭게 경쟁하다 보면 시장은 보이지 않는 손이 최적으로 안내한다는 것이다. 즉, 이기심의 추구로 소비자와 생산자가 자신의 이익을 극대화하는 방향으로 행동하고 자유방임이 더해지면 자유경쟁을 통하여 자원의 적정배분이 이루어지고 국가의 부는 보이지 않는 손에 의하여 자연스럽게 달성된다. 만약 상품의 시장가격이 자연가격(가치)보다 높으면 생산자가 이익을 얻으므로 다른 생산자들도 공급에 참여한다. 이렇게 경쟁이 시작되면 결국 시장가격은 자연가격과 같아진다. 반대로 시장가격이 자연가격보다 낮으면 생산자들이 공급을 줄여서 중장기적으로는 시장가격이 증가하고 마침내 두 가격이 같아진다. 또한 시장에 제공되는 각 상품의 공급량은 이러한 가격의 자동조절기능으로 수요량과 같아진다. 이 과정에 이윤은 자본축적의 원천이 되고 자유방임에 의하여 시장경제는 더욱 발전한다고 보았다. 만약 국가가 여러 가지 규제와 보호정책으로 경제활동에 개입하면 보호받지 못한 곳에서 보호받는 곳으로 자원이 이동하고 산업의 자연적 균형은 깨어지고 경제활동은 위축된다. 정부는 자유로운 시장의 자연스러운 힘에 맡겨두어야지 이의 흐름을 방해해서는 안된다고 주장하였다. 아담 스미스가 경계한 점은 독점적이고 이기적인 권력이 결탁하여 시장에 개입하면 시장이 왜곡되고 소비자가 피해를 입고 국가 전체가 피해를 입는다는 것이다. 이처럼 아담 스미스는 국가의 개입이 없는 자유방임정책 하에 경제의 흐름과 균형에 대한 원리를 어느 정도 정립하였고 이를 통하여 경제학이 과학으로 나아갈 수 있는 기반이 제공되었다.

아담 스미스는 부라는 것이 화폐에 의하여 만들어지는 것이 아니라고 주장하였다. 화폐는 단지 교환의 매개수단에 불과하다. 무역을 통하여 금·은을 얻으려면 먼저 수출할 생산물이 있어야 하고 우선적으로 국내에서 생산물을 만들어내는 것이 보다 중요하다. 부는 국내생산에 기초가 되는 토지에 가하는 노동이 중요하며 노동생산물이 곧 부라고 생각하였다. 국부를 증진시키려면 분업과 시장경쟁이 필요하고 우선 국내에 투자하여 생산을 증가시키고 국내시장에서 교환을 한 다음, 남는 잉여생산물에 대하여 국제무역으로 다른 국가와 교역하는 것이 필요하다. 즉, 스미스는 자유무역이 확대되는 것을 바람직하다고 보지만 우선적으로 국내기반이 갖추어진 다음에 자유무역이 필요하다는 입장을 보였다.

3. 아담 스미스의 의사결정의 체계

그리스 철학에서 사람의 판단과 의사결정 기능은 직감적 부분(감성)과 분석적 부분(이성)의 상호작용으로 일어나는 것으로 보았다. 이러한 마음의 작용에 대한 전통적 인식은 학계에서 널리 인정되어 왔다. 1990년대 후반에 인지신경과학에서는 마음의 구조를 두 가지 처리과정으로 인식하였다. 두뇌는 직관과 감정을 사용하는 감성적 관할체계와 분석과 논리를 따르는 인지적 관할체계이다. 그런데 인지적 체계에서 보면 사람들은 합리적으로 자기이익을 고려하지만 때때로 과도한 합리성, 제한된 의지력(자기통제력 부족), 손익판단의 비대칭성(손실회피편향) 등 제한된 합리성을 보인다. 반면 감성체계에서 보면 시기심, 분노, 공정성에 대한 감각 등이 의사결정에 영향을 미친다. 감성과 이성의 두 체계의 상호작용을 통하여 의사결정은 이루어진다. 특히 적절하게 감성이 통제되고 억제되지 않은 상태에서 의사결정은 이성이 아닌 감정으로 처리될 수 있다.

아담 스미스는 도덕감정론을 통하여 마음을 구성하는 인지적 능력 또는 도덕감정인 동감과 공정한 관찰자의 원리를 기초로 설명하였다. 동감의 심리는 마음의 감정체계를 구성하는 부분이고 공정한 관찰자는 동감의 감정을 가지고 도덕판단을 하면서도 인지과정에서 이성에 의존하는 인지체계에 속한다. 동감원리는 행위에 대하여 공정한 관찰자가 행위자의 입장에서 객관적으로 살펴보는 동료감정fellow-feeling을 말한다. 공정한 관찰자는 객관적인 시각에서 동감을 표하는 제3자의 관점을 말한다. 스미스의 동감기반의 공정한 관찰자 이론은 사회규범과 국가법과 제도를 만드는 기반이 된다. 이처럼 공정한 관찰자는 도덕적 판단을 위하여 일반적으로 사람들의 감정에 맞추어 동감능력을 보이면서 동시에 객관적인 이성과 자기통제를 바탕으로 합리적인 시각을 유지한다고 보아야 한다. 따라서 스미스는 공정한 관찰자를 이성, 원칙, 양심, 가슴 속의 거주자, 우리 행위의 재판관 및 조정자 등으로 불렀다. 요컨대 스미스는 인간규범을 형성하고 변화시키는 데에 인간의 마음 내부의 동감과 이성이 작용하고 있고 도덕판단의 기준으로 공정한 관찰자란 감정－인지체계라는 양 체계가 상호작용한다고 보고 있었다. 그러나 현대 경제학은 주로 인지적 체계를 중심으로 효용극대화를 위한 합리성을 추구하는 이성에 의하여 의사결정을 하는 것으로 가정하고 있고 감정체계를 배제하고 있다는 점에서 스미스의 시각과 상이하다.

4. 아담 스미스 사상의 행동경제학적 해석

스미스의 도덕감정론에서 제시한 사회적 인간상은 감성과 이성이 통합되어 행동하고 과거의 경험과 복합적인 심리작용을 내포하여 의사결정하는 인간이다. 이 인간은 자기애의 속성을 바탕으로 합리적인 의사결정을 한다. 동시에 타인에 대한 동정심 및 이타심을 종종 발휘하고 사회 관계 속에서 동감성향을 기초로 도덕판단을 내리고 관계를 맺기 때문에 사회질서와 국가의 통치에 순응하게 된다. 따라서 스미스는 도덕감정론에서 인간에 대한 감정을 이성에 못지않게 의사결정에 중요한 영향을 미치는 요소로 보았고 인간의 다양한 편향성이 있음을 인식하고 있었다. 스미스가 인식한 인간의 다양한 편향들을 하나씩 소개하고자 한다.

첫째, 낙관적 편향이다. 사람들은 자기 자신의 능력에 대하여 지나치게 자만심을 가지는 편향이 있고 미래에 대한 전망에서도 일반적으로 과도하게 낙관적인 경향이 있다고 보았다. 이로 인하여 부정적이고 비관적인 일이 일어날 확률은 낮게 평가하는 경향을 보인다. 낙관적 편향으로 인하여 사람들은 자신의 능력이 다른 사람에 비하여 평균 이상이라고 생각하고 지나친 확신으로 과감한 투자를 하는 행태를 보이기도 한다.

둘째, 자기통제의 부족과 근시안적 마음이다. 도덕감정론에서 목적달성에 대한 이성의 합리적 판단이 종종 사라지고 현재에 더 큰 가치를 부여하는 경향은 인간의 현재지향적인 쾌락의 욕구로부터 나온 것으로 보았다. 또한 사람들의 자기통제 부족을 언급하면서 현재를 선호하는 근시안적 마음을 표현하였다. 즉, 지금부터 10년 후에 누리게 될 즐거움은 현재 우리가 누리는 즐거움에 비하면 극히 사소한 것이다. 즉, 10년 후의 즐거움이 자극하는 열망에 비하면 현재가 주는 즐거움의 열망이 더욱 강력하다.

셋째, 손실회피편향과 소유효과이다. 스미스에 의하면 고통이 동일한 크기의 쾌락보다 훨씬 더 자극적이다. 고통은 거의 동일한 행복보다 훨씬 낮은 수준까지 사람을 우울하게 만든다. 사람들은 나쁜 상태에서 더 좋은 상태로 개선될 때 느끼는 즐거움보다 좋은 상황에서 나쁜 상황으로 악화될 때 받는 고통이 더욱 크다. 따라서 사람들은 건강, 재산, 지위, 평판 등이 위험해지는 것을 더 두려워한다. 이는 모험보다는 이미 보유하고 있는 이득을 유지하는데 더 관심을 갖는다.

넷째, 자기위주의 편향 및 공정성이다. 스미스는 자기위주적 편향을 인간의 치명적 약점으로 간주하였다. 이는 인류사회에 존재하는 무질서의 절반에 책임이 있다고 보았다. 사람들이 본래적으로 가진 이기적 성향, 자신의 이익을 보호하거나 다른 사람보다 우월해 보이고 싶은 욕망으로부터 자기위주의 편향이 나오게 된다고 보았다. 자기위주의 편향으로 자신의 결점은 관대하고 타인의 결점에는 민감하게 반응하게 된다. 성공한 일은 자기탓으로 돌리고 실패한 일은 남의 탓으로 돌린다. 한편, 인간의 사회적 행동은 공정성과 형평성에 대한 마음과 타인에 대한 배려심에 기초하여 나타난다. 도덕적 판단의 주체인 공정한 관찰자의 관점을 언급하면서 인간은 동등성에 기반을 두고 공정성과 형평성을 행사한다. 사회 속에서 평등성의 관념으로 인간은 상호성의 원칙을 중요시하고 이를 위반했다고 느낄 때 분노하게 되는 등 공정성을 기준으로 판단한다.

이러한 아담 스미스의 사상은 1790년~1870년에 이르는 고전학파 경제학으로 연결되었다. 이 시기는 18세기 후반 영국의 산업혁명과 맞물려서 전통적인 생산방식이 변화하여 농업보다는 제조업에 중점을 두게 되고 사회의 중심집단도 지주와 농부에서 자본가와 노동자 계급으로 이동되었다. 고전학파 경제학자들은 아담 스미스가 언급한 경제의 도덕성 문제는 언급하지 않고 법과 원칙을 중시하는 경제학을 세우고자 하여 뉴턴의 과학적 접근방식을 경제학과 접목시키려 하였다. 고전파 경제학자들이 아담 스미스의 도덕적 요소를 배제한 이유는 도덕감정론이 내포하고 있는 것들이 신학적인 요소가 많아서 여기서부터 경제를 분리하고자 하였기 때문으로 보인다. 이러한 노력으로 경제학은 법칙과 원리가 지배되는 과학으로 발전해 나가게 되었다. 가령, 멜서스의 인구원리, 리카도의 가치이론과 비교생산원리, 유명한 세이Say의 법칙 등이 등장하였다. 그런데 이러한 고전파 경제학은 나중에 마르크스가 등장하면서 그 막을 내리게 된다. 마르크스는 리카도의 논리를 받아들이지만 고전파가 무시하였던 노동자계급을 중심에 두는 경제관을 펼쳤다. 이하에서는 마르크스 경제학을 살펴보고자 한다.

그림 4 **아담 스미스** – 누구나 자신의 이익을 위해 일하지만, '보이지 않는 손'에 이끌려 의도하지 않았던 목적을 달성한다(『국부론』).

제4절
마르크스의 경제학

1. 마르크스의 삶과 생애

마르크스는 프랑스와 독일의 국경에 위치한 트리에에 살던 유태인 변호사의 유복한 중산층 가정에서 1818년 5월 5일 태어났다. 1841년 예나 대학에서 "데모크리토스와 에피쿠로스의 자연철학의 의미"라는 주제로 박사학위를 받았다. 초기에는 사상적으로 청년헤겔학파에 속하였으나 1842년 쾰른에서 급진적 부르주아에 의해 창간된 라인신문의 주필이 되면서 사회주의에 대해 관심을 갖게 되었다. 물질이 정신을 지배한다는 포이에르바하의 유물론의 영향을 받으면서 헤겔의 관념론 철학에서 멀어졌다. 1845년~1846년의 기간 동안 그의 입장을 총정리한 '독일 이데올로기'로 유물사관을 정립하였다. 1848년 실천적 국제 공산주의 조직의 창설을 도모하여 '공산주의자동맹'을 설립하고 유명한 '공산당선언'을 발표하였다. 1848년 전 유럽을 휩쓴 왕정으로부터 공화정으로의 혁명이 실패하자 혁명을 지지한 마르크스는 독일과 프랑스에서 추방되었다. 추방 후 죽기까지 런던에서 망명생활을 하면서 대영박물관의 도서관에서 독서와 집필에 매진하였다. 1859년 『정치경제학비판』을 간행하였고, 이어 1867년 『자본론』 제1권을 간행하였다. 『자본론』은 본래 총 4권으로 계획되었으나, 마르크스가 1권만을 완성한 채 사망하였다. 제2권 『자본의 유통과정(1885)』과 제3권 『자본주의적 생산의 총과정(1894)』은 엥겔스가 집대성하여 출간하였고 『자본론』의 제4권에 해당되는 『잉여가치학설사』는 1904년에 이르러 카를 카우츠키에 의해서 출판되었다.

그는 평생 빈곤 속에서 살면서 자본주의 사회의 경제적 운동법칙의 이해에 몰두하였다. 실천적 측면에서도 공산주의 운동을 주도하여 1864년 런던에서 국제 노동자협회(제1인터내셔널)를 창설하고 그 중앙위원이 되어 창립선언 등의 주요문서를 작성하였다. 1875년에는 프롤레타리아 독재와 공산주의의 2단계론을 제시하였고 1878년 반듀링론을 통해 현실참여적 소부르주아와 사회주의를 비판하기도 하였다. 1883년 3월 14일 64세로 사망하여 런던 하이게이트에 묻혔다.

2. 노동가치와 잉여가치설

마르크스는 자본론에서 잉여가치법이 자본주의의 운동법칙이고 이것이 자본주의 생산의 불변의 법칙이라고 주장하였다. 그의 자본주의 발전에서 잉여가치법의 역할은 후세에 그 오류를 지적하는 많은 비판에도 불구하고 시대적 상황을 설명하는 한 이론으로 자리잡게 되었다.

오늘날 마르크스경제학의 특징으로 알려져 있는 노동가치설은 아담 스미스의 고전파에서 나온 것이다. 아담 스미스가 사용하던 가치라는 개념을 마르크스도 도입하였다. 그런데 현대에 와서 그러한 개념과 전제가 마르크스경제학의 것으로 여기게 된 이유는 마르크스가 스미스의 교환가치와 사용가치의 개념을 노동에 적용하면서 개념을 더욱 정교화시키면서 완전히 자신의 개념으로 만들었기 때문이다. 이후 주류경제학에서는 한계혁명을 통하여 노동가치론 자체가 극복되었다. 그 결과 오늘날 가격결정 과정에서 마르크스경제만 가치 개념(특히 노동가치)을 전제하고 있다.

마르크스경제학에서 주장하는 노동가치설이란 모든 사물의 소유권은 최초로 노동을 제공한 사람에게 있기 때문에 '가치는 오직 노동으로만 창출되고 자본으로부터는 창출되지 않는다는 것'이 핵심이다. 노동 없이는 재화는 있을 수 없고 노동만이 부를 만들어내는 유일한 원천이라고 주장한다. 따라서 인간의 노동만이 잉여가치를 만들기에 자본가가 가져가는 이윤은 노동의 잉여가치를 착취하는 것에 불과하다고 본다. 잉여가치설을 설명하기 위해 마르크스는 '사회적 필요노동시간'이라는 개념을 사용하였다. 이는 현재의 기술수준에서 사회의 평균노동의 숙련도와 강도로 상품 한 단위를 만드는데 필요한 평균노동시간을 말한다. 이 평균노동시간이 상품의 교환가치를 결정해야 한다는 것이다. 예를 들어, 사회적 필요노동시간이 8시간이라고 하자. 자본가는 이 노동자에게 8시간이 아니라 10시간 내지 12시간 노동을 강요한다. 이 나머지 노동시간인 2시간 내지 4시간은 잉여노동이 만들어 낸 잉여가치이다. 이 잉여노동은 자본가가 임금을 미끼로 노동자에게 강요한 추가노동인 것이다. 따라서 잉여노동시간 = 실제노동시간 − 필요노동시간이고 잉여가치율은 잉여노동/필요노동이다. 자본가는 노동자의 초과노동이 만든 잉여가치를 이윤이라는 형태로 가져간다. 자본가가 임금을 초과하는 잉여가치노동을 착취해서 발생하는 임금착취율(=잉여가치/임금)을 정의하기도 하였다. 이러한 노동가치설과 노동잉여가치설은 산업혁명 초기에 프랑스와 영국 등 유럽의 대도시 노동자들이 공장에서 저임금으로 비참한 삶을 영위하던 시대에 사회혁명운동과 함께 결합되어 나타난 것으로 보인다.

이처럼 마르크스의 경제논리에 의하면 이윤이 자본에서 창출될 수 없기 때문에 자본가들이 이익을 얻는 이유는 노동자에게 가야할 모든 비용(즉 임금) 중 일부를 자신들이 착취하는 것이고 정상적인 노동가치론에 의하면 자본가들은 이익을 얻지 못하는 것이다. 이렇게 될 경우 자본은 필요하되 아무도 투자하지 않으려할 것이고 이는 국가가 자본을 전적으로 소유하거나 제공해야할 이론적 근거가 된다. 이 부분은 마르크스경제학이 결코 포기할 수 없는 영역이면서 외부로부터 가장 많이 비판받는 부분이다. 하지만 마르크스경제학자들이 가치 개념을 폐기하지 않는 이유는 이 개념이 없이는 착취, 이윤율, 자본의 기술적 구성 및 유기적 구성 등 마르크스경제학의 핵심 개념들이 성립할 수 없기 때문이다.

3. 사적유물론

마르크스는 『자본론』에서 자본주의의 실체를 세밀하게 설명하고자 노력했다. 이는 단순한 경제서적이라기 보다 정치경제학을 주제로 한 것으로 노동자계급이 자본주의를 타파해야 하는 논거를 제시한 책이라 할 수 있다. 이 책으로 인하여 노동자계급을 중심으로 사회주의 정당과 공산주의 정당이 생겨났고 소련과 중국 등 사회주의 국가가 나타나게 되었다.

『자본론』에서 마르크스는 자신의 기존의 유물론적 변증법과 사회주의의 토대 위에 사회의 본질인 경제에 대한 해석을 시도하였다. 그 견해에 의하면 일체의 경제행위는 언제나 일정한 사회적 관계 속에서 이루어진다는 것이다. 궁극적으로 인간은 그 경제와 행위에 의해서 사회화되고 그것에 의해서 사회적 지위와 그 행동이나 의욕이 결정된다. 따라서 인간은 사회적인 존재로서 행동하게 되는데 이는 일정한 사회계급의 성원으로서 행동하게 된다는 것이다. 칸트, 헤겔 등의 관념론이란 정신이 자연보다 먼저 존재한다는 것이지만 유물론은 반대로 물질이나 존재가 정신과 의식을 지배한다고 보는 것이다. 마르크스는 서문에서 "나의 변증법은 원칙적으로 헤겔의 그것과는 다르며 오히려 그 반대인 것이다. 나에게는 관념적인 것은 인간의 머리속에서 변화된 물질적인 것에 불과하다."라고 기술하고 있다. 마르크스의 이러한 주장은 인류의 문화적·정신적 발전의 근간에는 경제적이고 사회적인 관계가 놓여 있다는 의미이다.

마르크스 유물론에서 물질을 생활수단인 재화로서 간주하고 이를 사용가치로 정의하였다. 마르크스의 유물론은 3단계로 구성되어 있다.

첫째, 사용가치를 가진 경제적 재화를 생산하고 분배하는 시스템으로서 토지, 노동, 자본, 기술 등의 물적 토대 내지 생산력이 생겨난다.

둘째, 물적토대 내지 생산력 위로 생산수단과 생산물의 소유, 임금

체계 등 생산관계가 형성된다.

셋째, 생산의 물적토대와 생산관계라는 경제구조 위의 정점에 법률적, 정치적 상부구조가 형성된다.

그림 5 마르크스의 3단계 유물론

이와 같이 유물론을 인간사회와 역사에 적용하여 역사발전의 법칙으로 물적 생산력과 생산관계의 변증법적 운동으로 파악하였다. 마르크스의 변증법적 역사발전의 법칙은 다음과 같은 3단계로 요약된다.

첫째, 기존의 사회는 자본주의 사회의 역학관계에 의하여 스스로 해체된다. 즉, 기존사회를 해체하는 동력은 생산력 발전과 생산관계, 소유관계에서 발생하는 갈등과 충돌로 일어난다.

둘째, 기존사회를 해체하는 힘은 결정적으로 공산주의 내지 사회주의 혁명으로 일어난다.

셋째, 인류의 이전 시대는 막을 내리고 진정한 역사의 새로운 시대가 등장한다.

지배계급은 노동의 잉여가치를 착취하는 물적 토대와 생산관계를 유지하기 위하여 법과 제도를 만들고 자신들에게 유리한 도덕, 윤리, 애사심 등의 이데올로기의 정신적 상부구조를 만들어 간다. 이러한 상부구조는 한동안 계속된다. 그러나 하부 물적 구조와 생산관계에서 발생하는 경쟁과 혁신은 기존의 상부구조의 갈등과 분열을 초래한다. 즉, 격화된 경쟁은 신기술을 도입하게 하고 토지, 노동, 자본의 질과 재화의 품질을 변화시키지만 사회제도라는 상부구조는 이를 따라가지 못한다. 상부구조가 하부구조를 따라가지 못하면 구지배계급과 새로운 지배계급 간의 계급투쟁이 일어난다. 마르크스는 이것을 자본주의에 내재된 경쟁의 속성이라고 보았다. 가령, 노동시간 연장이나 기계화 도입 등은 자본가와 노동자 간에 투쟁의 결과로서 결정된다. 이처럼 자본가가 생산성을 높이려는 것은 경쟁에서 살아남기 위해서이다. 자본주의는 이러한 경쟁을 멈출 수가 없고 이것이 자본주의의 원동력이 된다. 경쟁은 두 가지 결과를 초래한다. 첫째, 생산력을 향상시킨다. 둘째, 자본주의의 모순 때문에 자본주의 사회는 붕괴하게 된다. 그 이유는 무한한 경쟁으로 규모경제와 기술개발 면에서 유리한 대자본가와 대기업만이 살아남고 경쟁에서 밀린 소규모 자본가와 기업가들은 점차 빈곤층으로 떨어지게 된다. 일자리를 잃은 대다수가 빈곤계층으로 추락하게 되면 수많은 실업노동자들이 발생하고 이들은 대기업이 만든 상품을 구입할 돈이 없어서 상품이 팔리지도 않게 될 것이다. 결국은 경제는 불황이 오고 기업들은 도산하게 되며 다시 노동자를 해고하는 등 악순환이 반복되면 경제는 붕괴될 것이다. 이러한 빈곤층의 양산과 곤궁이 극에 달하면 노동계급의 반발로 프롤레타리아 혁명이 발생한다는 것이다.

요컨대 마르크스가 생각한 사적유물론이란 자본주의 사회는 생산력과 생산관계의 구조적 모순으로 노동계급의 혁명이 일어나서 필연적으로 붕괴와 몰락하게 되고 사회는 마침내 무계급사회인 공산주의에 이르게 된다는 것이다. 마르크스가 생각한 최종 단계는 더 이상 잉여가치의 착취가 멈추고 노동자들이 자유로워지고 무한경쟁 없이 누구나 잘사는 사회주의 사회가 도래한다는 것이다.

그림 6 **카를 마르크스** – "남이 뭐라고 말하든 자신의 성격대로 살아라."

제5절

신고전학파의 경제학

neo-classic economics

1. 신고전학파의 경제사상의 배경

19세기 중엽 마샬Marshall, A.을 중심으로 해서 피구Pigou, A. C., 로버트슨Robertson, D. H., 로빈슨Robinson, J. 등 영국의 케임브리지대학 중심의 경제학자들에 의해서 전통적인 고전학파의 이론을 이어받은 일련의 경제학파를 말한다. 고전학파는 밀Mill, J. S.에 와서 토지, 노동, 자본을 생산의 세 요소로 바라보는 시각이 완성되었고 리카도Ricardo, D.적인 사회주의 비판이 생겨나게 되었으며, 한편으로 영국경제학의 전통 하에 근대적 한계원리를 도입하여 자본주의사회를 분석하고 그 조화적 발전을 확실히 하려는 학파가 발생했는데, 이것이 신고전학파neo-classic economics이다.

그림 7 **고전학파 경제학자**

존 스튜어트 밀　　데이비드 리카도　　토머스 로버트 맬서스

특히 당시 영국이 직면한 소득불평등, 실업, 독점 등의 문제를 해결하기 위하여 한계효용이론을 도입하여 절충적인 이론체계를 수립한 학파이다. 일명 케임브리지 학파라고도 한다. 신고전학파의 이론은 당시 영국자본주의제도의 모순을 해결하는 실천적인 경제학을 수립하고자 하였다. 이 학파는 한계효용가치론을 채택하고 공급면에 치중하며 장기동태분석 등에 중점을 많이 두었다. 그러나 1930년대의 대공황 중에 나타난 구조적인 실업이나 장기적인 침체현상, 경제변동과 같은 거시적 동태이론에 대안을 제시하지 않았기 때문에 케인즈와 케인즈학파들에 의하여 비판을 많이 받았다. 19세기 후반의 빅토리아여왕 시대의 영국은 기술의 발전과 더불어 산업이 크게 진흥되었고, 자연과학이 진보되어 많은 발명이 이루어졌다. 상업과 금융제도들이 발달되어서 봉건적인 잔재는 일소되고 신흥 자본가계급이 지주계급을 완전히 억누르게 되었다. 또한 문화적 자유주의가 확산되고 국가의 통제는 확대되어 있었고 국외로는 강력한 제국주의 정책이 유지되어 미국, 독일, 프랑스와 경쟁을 해 나가고 있었다. 한편 세계 경제 무대에서 독일과 미

국이 강력한 경쟁 상대로 등장함에 따라 그간 영국이 향유하던 해외로부터의 방대한 이윤이 감소하여 노동자의 분배분이 감소하게 되었기 때문에 점차 노골화되는 노동자와 자본가 대립의 모순에 직면한 시대이기도 했다.

1871년 영국의 제본스Jevons, W. S.는 멩거Menger, C., 왈라스Walras, L.와 나란히 한계효용원리를 전개하여 영국경제학에 있어서 고전학파의 노동가치설에 반하는 주관적인 효용에 기초한 가치설을 주장하였다. 그런데 마샬은 리카도와 밀이 구축한 고전학파사상을 토대로 하고 1870년대에 출현한 주관적 효용이론을 받아들여 두 개의 가치론을 절충・종합하여 독자적인 체계를 창출하였다. 마샬은 재화의 정상적인 가격의 결정은 수요와 공급에 의하여 결정된다고 주장하였다. 즉, 수요측면에서의 한계효용과 공급측면에서의 생산비가 가격을 결정한다는 것이다. 특히 가격형성과정에 시간적 요소를 도입하였다. 장기의 가격결정은 생산비가 결정하지만 단기에는 한계효용이 가격을 결정하는 주요인이라고 주장하였다. 그는 오늘날 경제학 이론에서 널리 사용되는 탄력성 및 대표적 기업 등의 개념을 만들어 내었다. 한편 경제변동의 일반적 상호의존관계를 밝히는 데 있어서는 곧 바로 일반균형의 성립을 전제하지 않고 시장의 내적 구조에 직접 부분균형의 성립을 추구하여 그 체계화를 시도하는 방법을 택하였다. 이 이론은 로잔느학파의 일반균형이론에 대응하여 부분균형이론이라 한다. 이는 시간요소를 도입하여 신고전학파에 있어서 경험적인 현실 접근의 방법론적인 특징을 이룬 것이다. 마샬은 이 균형이론을 근거로 분배론에서 정상이윤, 정상임금의 결정을 한계생산력균등의 법칙으로 설명했다. 그러나 총국민분배분, 즉 국민소득의 최대치가 반드시 사회적 후생의 극대화와 양립되지 않는다는 본질적 모순이 이미 당시 영국사회에서 나타나고 있었다. 마샬은 경제논리를 향상시키면 이 모순이 극복되어 사회적 후생의 극대화와 조화적 발전이 이루어진다고 생각했다. 그러나 이 모순은 제1차 세계대전 이후에 영국에서 더욱 확실해졌다.

그림 8 **알프레드 마샬** – "경제학자는 냉정한 이성을 가져야 한다. 그러나 따뜻한 가슴을 잊지 말아야 한다(케임브리지 대학 경제학과 교수 취임연설 중)."

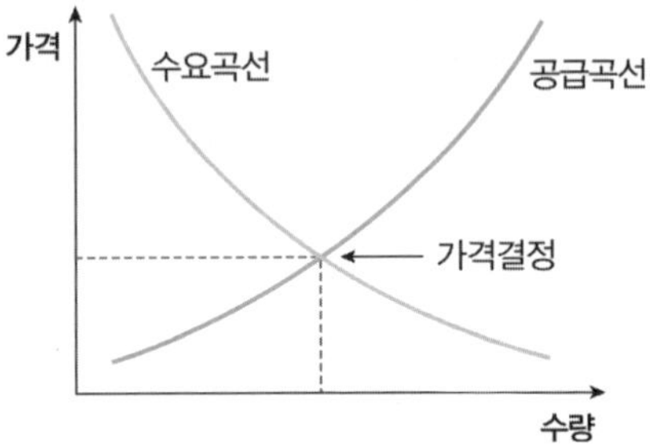

피구는 이 문제에 직면하여 『후생경제학The Economics of Welfare』을 저술하여 해결책을 제시하려 하였다. 그는 세 가지 주요 명제를 들고 있다. 즉, 다른 사정이 동일하다면 첫째, 국민분배분의 평균량이 크면 클수록, 둘째, 분배가 균등화되어 빈자에게 돌아가는 국민분배분이 크면 클수록, 셋째, 국민분배분의 변동이 작으면 작을수록 경제적 후생은 커진다고 하여 첫째 명제의 원리, 즉 한계생산력 균등과, 둘째 및 셋째 명제의 원리, 즉 한계효용균등의 법칙 실현의 내적 관련성을 연구하였다. 그리고 첫째 명제를 주로 하여 자본주의의 체계를 긍정적으로 받아들이고 둘째, 셋째 명제의 실현이 첫째 명제를 손상시키지 않도록 모순을 극복하여 체계화하려 하였다. 그는 이 문제를 1930년대의 대공황 속에서 고용 및 실업의 문제에 초점을 맞추어 발전시켰다. 케인즈의 분석은 구조적 실업의 발생에 대하여 피구를 포함한 고전학파 및 신고전학파의 이론을 비판하여 불완전고용상태하의 균형을 해결하는 새로운 이론체계를 탄생시켰다. 그리고 그것은 국가적 통제나 공공사업에 의한 실업의 해결책을 요청하기에 이른 것이다.

케인즈에 의하여 일단 비판을 받고 수정된 신고전학파이론은 그 전제조건이 경제사회의 진전과 더불어 현실과 매우 달라지게 되었다. 특히 기업에 관한 이론은 다음과 같이 크게 변하게 되었다. 첫째, 국민경제를 구성하는 단위 경제주체는 분권적인 시장기구를 통해서 소유하고 있는 희소자원을 자유롭게 사용 및 처분할 때 그 양에 있어서나 그 과정에 있어서 외부비경제가 발생하지 않는다는 묵시적인 조건이다. 그러나 개인이나 개별기업이 자유처분할 수 있는 희소자원의 양이 너무 많거나 혹은 처분과정에서 제3자나 사회 전체에 미치는 영향이 외부비경제적인 것으로 나타날 때에는 분권적인 경제주체에 의한 선택의 자유는 그대로 허용될 수 없으며 이에 대한 한계에는 어떠한 형태로든지 사회적 합의가 이루어져야 한다. 둘째, 고전학파 및 신고전학파이론상 엄격한 의미에서 생산의 주체는 기업가이지 '기업'이 아니었다. 생산자는 각종 생산요소를 결합하여 생산공정에 투입하면, 곧 제품이 생산되며 수요 · 공급의 균형이 이루어진다. 그러나 자본주의경제가 발전됨에 따라서 생산자본의 축적은 생산요소의 고정화, 생산의 우회화 및 기간의 장기화를 가져왔다. 이러한 과정에서 기업을 구성하는 물적 자원으로의 고정자산의 고정성은 높아지며, 이에 따라 인적자원의 고정성도 커져서 자연히 기업을 구성하는 생산요소에 대한 법적 소유자의 처분의 자유성도 제한을 받게 되어 소유와 경영의 분리현상이 발생하게 되었다. 따라서 현대경제의 생산주체는 추상적인 개인으로 되돌리거나 분해할 수 없고, 오직 유기적인 조직체로서의 주식회사, 합자회사, 합명회사 등의 '기업'이라는 점이 강조되어졌다. 그러나 여전히 자유자본주의 경제의 본질은 존속되는 것이다. 왜냐하면 그것은 첫째로, 주식을 통한 유기적인 생산조직체로서의 기업소유를 포함하는 사유재산제도를 의미한다. 둘째, 선택과 행동의 지표로서의 이윤추구가 자본주의 경제의 본질이고, 끝으로, 유기적 조직체로서의 기업을 포함한 경제주체의 자유성을 의미하기 때문이다.

고전학파와 신고전학파는 시장의 합리성을 인정하고 자동조절기능을 신뢰한다는 점에서 공통된다. 그러나 이 두 학파의 차이점을 중심으로 정리하면 다음과 같다.

첫째, 고전학파가 생산, 공급, 분배를 중시하였다면 신고전학파는 소비, 수요, 교환을 중시하였다. 즉, 신고전학파는 소비자선택이 수요로 나타나고 시장수요가 산업의 생산량과 투자의 신호를 줘서 자원의 산업간 배분을 결정한다. 신고전학파는 개인들 사이의 교환이나 거래를 논의의 출발점으로 삼는다.

둘째, 고전학파는 인구, 제도 등이 변화하는 동태적 경제를 생각하지만 신고전학파는 이런 요인들이 주어진 시점에서 고정되어 있는 정태적 상황을 고려한다. 신고전학파는 고전학파가 가변적이라고 생각한 제반 요인들을 '다른 조건이 일정하다면'의 가정을 함으로써 정태적 상황을 가정한다. 또한 고전학파는 경제가 도달하는 최종 상태나 균형이 아니라 그런 상태로 향해 가는 과정을 중시한 데 비해, 신고전학파는 과정보다 균형 상태에 초점을 둔다.

셋째, 고전학파는 총량이나 평균에 중점을 두지만 한계효용학파는 한계 혹은 마지막 한 단위에 역점을 둔다. 이에 따라 신고전학파는 한계효용이나 한계비용, 한계수입 등 한계개념을 핵심으로 도입하였다.

2. 신고전학파의 경제사상

(1) 개인의 합리성과 시장균형

신고전학파는 시장경제의 효율성을 뒷받침하기 위한 개인의 합리성과 가격의 신축성을 전제로 한다. 개인은 효용극대화와 이윤극대화를 추구하고 개인의 합리적 선택과 시장의 가격은 상호작용한다. 개인의 선택과 가격이 영향을 주고받는 과정에서 수요와 공급이 일치되는 점에서 시장균형이 동시에 달성된다. 모든 개인의 합리적 선택과 모든 시장의 균형이 동시에 달성되기 때문에 이를 일반균형이라고 한다.

신고전학파의 중심은 개인의 합리적 선택을 중시한다. 이러한 개인의 합리적 선택은 상이한 소득이나 제약 하에서 개인들이 자신들이 원하는 바를 정확히 알고 있고 그 중 최선의 선택을 할 수 있다고 본다. 개인의 합리성을 가정할 때 그 합리성은 개인이 재화의 기대효용과 시간에 따른 효용의 할인이 가능하고 필요한 정보는 모두에게 동등하게 제공된다는 것을 전제한다. 나아가 고전학파의 이기심의 추구는 신고전학파에 와서 효용이나 이윤의 극대화의 추구로 변형되었고 이들 이외에 도덕, 감정, 습관 등 비합리적인 요소들은 배제된다. 구체적으로 신고전학파의 합리성은 현시선호이론과 기대효용이론을 중심으로 하는 합리적인 선택이론으로 정립되게 된다.

이러한 합리적 선택이론은 선택에 있어서 다음과 같은 일관성을 요구하고 있다.

첫째, 개인은 독립적으로 의사결정하고 안정적이고 일관된 선호를 보이며 서로 독립적인 예산과 선호를 가지고 있다.
둘째, 선택대상의 관점에서는 선택대안들이 각각 독립적이고 대체 가능하며 서로 전용가능하다고 보았다.
셋째, 선택행위로는 효용극대화 혹은 이윤극대화를 추구한다.
넷째, 선택상황에 있어서 절차의 일관성을 전제한다.

시장균형 가격은 재화와 생산요소의 사회적 가치와 비용을 정확히 반영하므로 시장균형은 경제의 최상의 상태를 달성한다. 외부효과나 독점 등은 정상적인 균형상태에 대한 예외적인 현상에 불과하다. 신고전학파의 주요한 특징을 정리하면 다음과 같다.

첫째, 경제는 안정적으로 균형을 이룬다고 간주하기에 변화가 일어나는 동태적 과정보다는 정태적인 상태에 초점을 둔다. 정태적 균형이 성립하려면 수렴과정과 조정과정에 경제여건들이 변동하지 않는 전제가 필요하다. 고로 다른 조건이 일정하다는 전제를 가정한다. 균형은 일시적으로 벗어날 수 있지만 이내 자기교정을 통하여 균형에 복귀한다고 본다.

둘째, 공리주의의 영향으로 쾌락이나 후생 증대를 지향하여 소비를 경제의 목표로 둔다. 모든 경제활동은 소비나 효용의 극대화 관점에서 파악한다. 이런 관점에서 합리적인 선택을 하려면 1) 개인이 재화 간의 효용을 일관되고 안정되게 순위를 부여할 수 있어야 한다. 2) 편익과 비용의 현재와 미래시점 간의 비교가 일관되게 이루어져야 한다. 3) 시장전체의 균형을 이루려면 개인 간의 효용비교도 가능하다.

셋째, 신고전학파에서 경제의 최종 목표는 소비이고 소비에 이르게 하는 활동이 교환이라고 보았다. 교환과정을 통하여 개인들은 원하는 소비를 할 수 있다. 소비를 제외한 분배나 생산과정, 나아가 통치관계와 기업활동을 포함한 모든 인간관계를 교환의 한 일부로 간주하였다.

넷째, 화폐는 교환의 매개수단에 지나지 않는다고 보고 화폐를 경시한다. 교환을 중시하지만 교환은 소비를 위한 것으로서 화폐는 교환을 원활하게 하는 수단으로만 생각한다.

(2) 인간본성과 최소정부

개인의 합리성과 합리성이 허용되는 시장을 자연상태로 간주한다. 개인과 시장사이에 존재하는 국가, 계층, 계급 등은 부차적인 것으로 본다. 또한 도덕, 규범, 그리고 문화의 차이 등을 무시한다. 개인의 합리성과 시장은 처음부터 자연스러우므로 경제에서 문제가 발생하는 것은 경제 내부가 아니라 외부에 그 원인이 있다. 경기변동이 일어나는 것은 외적인 충격으로 인한 것이고 이 또한 개인의 합리적 판단과 시장의 가격변동으로 쉽게 흡수되기에 지속적 혹은 누적적인 이탈이나 불균형은 일어나지 않는다.

시장은 자동적으로 균형을 이루므로 국가의 개입은 최소화해야 한다. 바람직한 정부는 중립적인 심판관으로 기능하고 외부효과 등 시장의 불완전성이 일어날 때 그리고 사회적 안전망을 제공하는 등 최소의 역할만을 해야 한다.

(3) 개체주의와 실증주의

신고전학파의 방법론은 개체주의와 실증주의를 표방한다. 개체주의란 개인들의 합리성에 기초한 이익을 단순히 합한 것을 말하는 것으로 사회구조, 사회관계, 계급, 계층 혹은 집단들을 모두 개인들의 이익의 합으로 간주한다. 개인들의 합으로 환원되지 않는 것은 설명할 수 없거나 설명할 필요가 없는 잔여물로 간주한다. 또 신고전학파의 방법론의 하나는 실증주의이다. 신고전학파는 관찰가능한 것에 집중하기 때문에 경험적인 규칙의 검증 등 계량적 방법을 강조한다. 자연과학과 마찬가지로 객관적인 자료에 기초한 검증작업을 통하여 증명하려는 시도를 중시한다. 즉, 경제학도 자연과학적인 과학성과 가치중립성을 중시하면서 실제 증명을 중요시하면서 수리적 접근과 일반균형체계의 도입과 구축을 위하여 노력하였다. 실제 개인이 비합리적이라 할지라도 시장에서 효용이나 이익을 극대화하는 합리적인 경제주체만이 살아남기 때문에 합리성의 공리는 유효하다. 이처럼 개인의 합리성에 기초한 개체주의와 실증주의를 결합하여 접근하기 때문에 개인의 인지, 감정, 선호 등의 심리적인 요인이 무시되어 왔다.

제6절

케인즈의 경제학

1. 케인즈의 삶과 생애

1883년 영국 빅토리아 왕조풍의 청교도 가정에서 3형제 중 장남으로 태어났다. 아버지는 저명한 경제학자이자 논리학자로서 케임브리지 대학의 특별연구원이기도 했다. 어머니는 시의원이었다가 케임브리지 최초의 여성시장이 되었다. 케인즈는 엘리트 교육을 받으며 자라나 뼈대 있는 가문 자제들만 다닌다는 이튼 스쿨을 졸업했다. 이튼 고등학교 시절, 케인즈는 각종 상을 휩쓸고 연극에도 관심이 많았다. 그 과정에서 자유주의적 성향을 갖게 된다.

1902년 케임브리지 대학에 입학한 케인즈는 당대의 최고 엘리트와 사도들Apostles이라 불리는 학내 비밀 클럽에 가입한다. 그 사도들에는 화이트헤드, 리튼 스트레이치, 이엠 포스터, 레너드 울프, 무어 등이 있었다고 한다. 케인즈는 경제학을 전공하지 않았다. 수학 전공이었고 오히려 철학을 공부하고 싶어 했다고 한다. 다만 케임브리지에서 대학원 경제학 수업을 청강한 적은 있다고 한다. 1905년 공무원 시험을 준비해 이듬해 합격한다. 약 2년간 인도 사무부India Office에서 근무한 다음에 1909년부터 모교였던 케임브리지에서 경제학 강사로 일하게 된다. 1911년 당시 영국의 최대 경제단체였던 왕립경제학회의 공식기관지인 '이코노믹 저널'의 편집장으로 임명되었다. 28살 때의 일이었다. 1914년에 제1차 세계대전이 발발하자 영국 재무성의 근무위촉을 받아 자문위원으로 활동하며 베르사유 조약에도 개입했다. 이 때 베르사유 조약, 특히 영국과 프랑스의 강력한 대對독일 압박에 불만을 표시한 걸로 전해진다. 그의 저서 중 하나인 『평화의 경제적 귀결Economic Consequences of Peace』에서는 베르사유 조약이 전후 참전국들의 경제적 회생과 유럽의 경제적 안정성 모두 놓친 조약이라고 비판한다.

1920년대~1930년대에 케인즈는 잇따라 『확률론(1921)』, 『화폐개혁론(1923)』 등을 발간하며 자신의 이론을 정립시킨다. 프랭크 램지의 지도교수로 활약하기도 했고, 케임브리지에 램지와 같이 비트겐슈타인을 데려오려는 노력을 하기도 하였다. 이탈리아의 경제학자 피에로 스라파와 같이 수학과 철학을 논하기도 했다고 한다. 1936년 세계 대공황의 영향이 아직 가시지 않았던 시점에 그는 자신의 대표 저작이자 이후 세상을 바꾼 책인 『고용, 화폐, 이자에 관한 일반 이론General Theory of Employment, Interest and Money』을 펴낸다. 이후 제2차 세계대전 때에도 영국 재무성에서 일했고 1944년 브레튼우즈 체제를 만드는 데 지대한 공헌을 했다. 그는 본래 가상의 국제 공용통화인 방코르Bancor를 사용하여 그것을 기축통화로 삼는 새로운 국제통화체계를 만들고자 하였으나, 그 제안은 받아들여지지 않고 달러를 기축통화로 하는 금본위제의 브레튼우즈 체제가 만들어졌다. 이후 국제통화기금에서 케인즈의 방코르

Bancor안을 일부 차용하여 가치가 거의 변동하지 않는 개념화폐인 특별인출권SDR을 만들게 된다. 케인즈는 1946년 4월 21일 사망했다.

그림 9 **케인즈** - "변화에서 가장 힘든 것은 새로운 것을 생각해 내는 것이 아니라 이전에 갖고 있었던 것들에서 벗어나는 것이다."

2. 케인즈의 화폐생산이론

화폐론A Treatise on Money, 1930에서 케인즈는 고전적 화폐수량설을 비판하였다. 고전학파가 주장한 화폐수량설은 통화량 변화가 총지출에 직접 영향을 미쳐서 물가수준을 변화시킨다는 그 전달장치는 잘못된 것이라 주장한다. 고전학파는 화폐수량설을 기본적 진리로 받아들였기 때문에 화폐를 단순히 교환기능의 관점에서만 바라보고 이자율의 기능을 무시하였다. 따라서 화폐시장이 이자율을 매개로 생산물 시장과 상호의존성이 있다는 사실을 고려하지 못하였다는 것이다.

케인즈는 사람들이 현금으로 화폐를 보유하려는 데는 3가지 동기가 있다고 분류하였다.

첫째, 소비나 경영을 정상적으로 유지하기 위하여 항상 일정액의 현금을 보관하려는 거래적 동기
둘째, 장래에 발생할 수도 있는 갑작스런 지출에 대비한 예비적 동기
셋째, 이자율을 예상하여 채권보다 화폐로 보유해 두려는 투기적 동기

케인즈는 이 세 번째 투기적 화폐수요의 동기를 중요시하였다. 대부분 위험기피자들은 장기채권보다 단기채권을 선호하고, 단기채권보다는 현금이나 현금에 준하는 예금을 선호한다. 투자자들은 장래의 위험을 보상해 줄 수 있는 정도의 높은 이자율을 주지 않는 이상 일반적으로 현금이나 현금성 자산을 선호한다. 이것이 일반적인 유동성선호의 형태이다. 채권을 사두면 고정수익을 얻지만 현금은 이자수익을 낼 수 없고 물가가 오르면 사용가치가 감소할 위험도 있다. 따라서 현금수요는 채권보유의 위험정도나 채권투자의 기대수익에 따라서 영향을 받을 수 있다.

그러므로 케인즈의 화폐수요함수인 유동성선호함수는 크게 화폐의 거래적 수요와 투기적 수요로 구성된다. 시장이자율은 통화공급과 통화수요가 일치할 때 결정된다. 만약 민간의 유동성선호가 변화하여, 특히 화폐의 투기적 수요가 변화하면 시장이자율도 변화한다. 이자율의 변화는 기업투자도 영향을 받아서 변화한다. 이처럼 케인즈의 화폐수요이론은 화폐의 민간수요 변화에 따라서 이자율과 기업투자가 결정

된다고 생각하는 유동성선호이론이라고 명명한다.

결과적으로 만약 통화량을 변화시키게 되면 이는 1차적으로 이자율에 영향을 주고 투자수요를 변화시켜서 총수요가 변화되기 때문에 물가수준보다는 산출수준에 더 큰 영향을 준다고 보았다. 고전학파의 화폐수량설에서는 화폐와 생산의 이분성dichotomy에 따라서 화폐는 생산과 아무런 관계가 없고 화폐의 증가는 물가만 상승시킨다고 보았다. 그러나 케인즈는 화폐의 수요나 공급량 변화는 이자율을 변화시켜서 실물생산에 영향을 미치기 때문에 자신의 이론을 화폐생산이론money theory of production이라고 하였다.

3. 유동성함정과 통화정책

아담 스미스에 의해 경제학이 시작된 이래 케인즈 이전까지의 고전적 경제이론은 가계, 기업 등 각 경제주체의 자율적이고 사적私的 이익극대화가 사회 전체의 이익극대화로 연결된다고 보았다. 또, 시장의 가격기능에 의해 항상 경제는 수요와 공급이 일치하는 안정적인 균형상태를 유지할 수 있다고 보았다.

그러나 케인즈는 종전의 경제이론에서 중요한 변수로 고려되지 않던 경제주체의 기대 및 화폐를 그의 분석에 도입하여 경제가 수요와 공급이 일치하지 않는 상태에서도 균형을 이룰 수 있다는 견해를 피력하였다. 즉, 이른바 유효수요이론에 바탕을 두고 구매력이 있는 유효수요가 부족할 경우 경제는 수요와 공급이 일치하지 않더라도 균형을 유지할 수 있다고 분석하였다. 이러한 케인즈의 분석은 균형상태에서는 경제 내의 수요와 공급이 항상 일치한다고 믿는 고전적 경제이론의 틀을 완전히 뒤집는 것이었다. 또한 케인즈는 이러한 유효수요의 부족에 의한 초과공급이 대공황과 같은 불황을 유발한 것이고 유효수요 창출은 시장의 자체적인 기능에 의해서는 해결할 수 없으므로 정부의 적극적인 개입이 요구된다고 주장하였다.

케인즈는 통화정책과 재정정책 중 재정정책을 보다 선호하고 통화정책은 경기활성화에는 별 효과가 없다고 보았다. 이를 자세히 소개하면 다음과 같다. 통화수요의 이자율의 민감성은 이자율이 높을 때보다는 낮을 때 더 민감하다. 이자율이 극단적으로 낮은 상태를 가정하자. 사람들은 조만간 이자율이 상승할 것으로 예상하기 때문에 보유한 채권을 팔고 모두 현금으로 보유하려는 투기적 동기가 아주 높아진다. 왜냐하면 채권의 현재가격은 예상시장이자율로 할인해서 결정되기 때문에 향후 시장이자율의 상승이 예상되면 채권가격이 하락하여 채권보유자는 손해를 본다. 채권가격이 하락할 것을 아는 사람들은 이를 보유하지 않으려 하고 오히려 현금을 보유하려 할 것이다.

이런 상황에서 정부가 통화정책을 써서 통화확대정책을 사용하여 현금을 공급해도 돈은 현금으로만 보유되고 이자율을 더 이상 낮추지 못하여 실물경제를 부양하지 못한다. 극단적 현금선호는 오히려 통화의 유통속도만 떨어뜨리게 될 것이다. 전통적 화폐수량설을 주장한 케인즈의 스승인 마샬은 화폐의 유통속도가 단기간에 변하지 않는다고 생각했으나 케인즈는 이를 부정하였다.

이처럼 케인즈는 이자율이 극도로 낮은 상태에서는 정부가 통화량을 증가시켜도 현금으로만 보유되고 이자율에 영향을 미칠 수 없어서 정책이 철저하게 효과가 없게 되는 것을 '유동성함정'이라 표현했다.

이러한 유동성함정 상황에서는 정부가 돈을 풀어도 현금으로 보유하지 증권이나 채권을 사지 않는다. 설사 사더라도 기업이 불황인 상태에서는 투자해 봐야 실익이 없다고 생각하면 돈을 빌려 투자하지 않는다는 것이다. 따라서 불황기는 통화정책보다 정부가 직접 대규모소비를 하는 총수요정책이 더 바람직하다는 것이다.

따라서 케인즈학파의 주장은 신고전학파의 통화주의자들과 많은 논쟁을 겪었다. 특히 통화정책과 재정정책의 장단기 효과에 대해서 두 학파의 학자들 간에 많은 논쟁이 있었다. 케인즈학파의 학자들은 재정정책을 선호했지만, 통화주의자들은 재정정책의 구축효과 등을 지적하며 통화정책이 우월하다고 하였다. 경제 대공황 이후에 사람들은 존 케인즈의 주장에 관심을 기울이기 시작했고, 케인즈는 자신의 저서 『고용, 이자 및 화폐의 일반 이론』에서 완전고용을 실현・유지하기 위해서는 자유방임주의가 아닌 소비와 투자, 즉 유효수요를 확보하기 위한 정부의 보완책(공공지출)이 필요하다고 주장했다. 이하에서는 이러한 케인즈의 일반이론을 살펴보고자 한다.

그림 10 화폐시장과 이자율의 관계

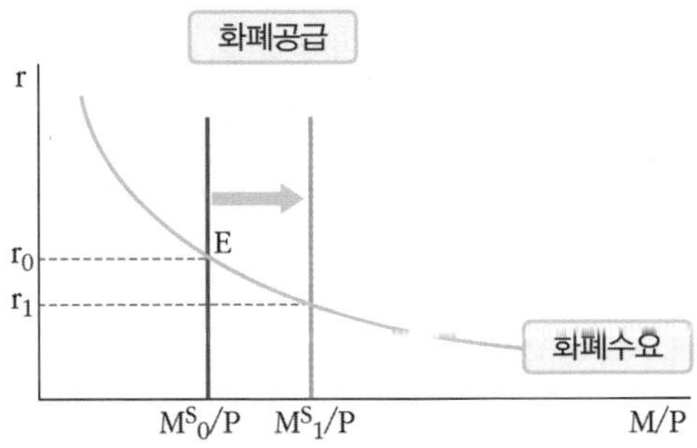

4. 고용, 이자 및 화폐의 일반이론

케인즈J. M. Keynes가 말하기를 "경제학은 내면의 성찰과 가치를 취급하는 학문으로 동기와 기대 및 심리적인 불확실함을 다루는 학문이다. 우리는 경제학의 소재를 불변하는 균질의 것으로 생각하지 않도록 늘 경계해야 한다."고 하였다. 케인즈 경제학은 대부분의 대중심리학에 관한 것이다. 이는 예상하지 못한 인플레이션이나 불황처럼 과거의 사건이 준거점이 되지 않는 상황에서 선택해야 하는 인간행동에 관한 것이다.

케인즈주의Keynes principle는 유효수요의 원리에 입각하여, 경기순환을 안정시키고 완전고용을 실현시키기 위해서는 국가의 적극적 개입이 필요하다는 사상으로서 케인즈가 주장했다. 케인즈는 "완전 고용을 실현, 유지하기 위해서는 자유방임주의가 아닌 정부의 보완책이 필요하다."라고 주장하면서 20세기 초반 정부의 적극적인 시장 개입을 주장하였다.

케인즈 경제학은 여러 경제학자들이 자유방임주의의 실패로 인한 것으로 여기는 문제점들을 해결하기 위해 개발되었다. 케인즈는 '자유방임의 종언'이란 글에서 자유방임주의를 비난하였다. 인간이 자기이익을 추구하는 것이 항상 공익과 일치하는 것이 아니고 보이지 않는 손의 신화는 경제학적 연역일 뿐 현실세계에는 맞지 않는 허구라고 주장하였다. 자신의 이익만을 위해 행동하는 개인들은 공익이라는 선을 달성하기에는 너무나 무지하고 미약한 존재라고 주장하였다. 케인즈의 이론은 거시경제적 흐름이 각 개인들의 미시적 행동을 압도할 수 있다고 말한다. 경제적 과정을 잠재 생산의 지속적인 성장으로 보는 18세기 후반 이후 고전파 경제학자들의 관점과는 달리, 케인즈는 특히 불황기에 경제를 이끌어 가는 요소로서 상품에 대한 총수요를 강조했다. 거시경제학의 새로운 관점을 제시한 일반이론은 1900년대 초 미국과 유럽을 강타한 대공황이라는 사건이 발생하지 않았다면 만들어지지 않았을지도 모른다.

기존의 경제 이론, 즉 고전학파 경제학은 "공급은 스스로 수요를 창조한다."는 세이의 법칙Say's law에 근거하고 있다. 세이의 법칙에 따르면 상품이 공급되면 그 가치만큼 소득이 창출되고, 이 소득이 수요로 이어지기 때문에 과잉생산은 일어날 수 없다. 일시적으로 초과공급이나 실업이 발생할 수 있지만 물가와 임금의 신속한 조정을 통해 불균형이 해소된다는 것이 고전학파 경제학의 가정이다.

그러나 1929년부터 1933년간 미국의 실업률은 25%까지 증가하였고 국민소득은 10년 전으로 후퇴하였다. 직업을 잃고 파산하여 유랑하는 실업자들이 도처에 널렸고 경제는 계속 추락하고 있었지만 고전학파가 주장하는 자유방임주의에 따라서 작동해야 할 '보이지 않는 손'은 전혀 작동하지 않았다. 경기침체기에 대부분의 사람들이 미래 경기를 최악으로 예측하는 상황이 발생한다면 소비자들은 대부분 절약하고 소비하지 않으려 할 것이다. 이처럼 불확실한 미래를 대비하여 현재 소비를 줄이고 장래를 위한 저축을 해두려는 절약의 미덕이 개별 소비자 입장에서는 합리적인 선택이다. 그런데 소비자 전체가 똑같이 소비하지 않으면 기업은 생산을 감축할 수밖에 없고 상품이 안팔리므로 해고와 구조조정을 할 수밖에 없다. 실업자는 양산되고 이는 또 다시 소비감축으로 나타나서 경제는 불황상태가 될 것이다. 이러한 불황에서 소비자와 기업이 지출을 줄이면 남은 선택은 정부가 소비를 증가시키는 방법밖에 없다고 보았다.

그 때까지도 영국 고전학파에서는 국가의 간섭을 악으로 간주하는 시장주의가 지배하고 있었고 이에 따라서 미국은 대공황을 자연스러운 현상으로 여기고 '불이 진화될 때까지' 기다리자고 고집하였다. 반면 케인즈는 불이 자연스럽게 진화될 것을 기다리면 '장기적으로 우리 모두 죽는다.'며 정부가 유효수요와 고용확대를 위하여 무슨 일이든 해야 한다고 주장하였다. 이런 관점에서 케인즈는 1930년대의 높은 실업률과 디플레이션에 대하여 거시적인 규모에서 대처하려면 정부가 정책적으로 소비의 역할을 주도해야 한다고 주장하였다. 불황기에 정부가 지출을 늘리면 시민들의 소비와 투자가 유도되어 경제가 정상 상태를 회복한다는 케인즈의 주장은 공급측면 경제학에 반대되는 의미로서 소비측면 경제학이라 할 수 있을 것이다. 즉, 공급이 수요를 창출한다는 세이의 법칙을 뒤집었다. 오히려 수요가 공급을 창출한다는 관점에서 "지출은 스스로 소득을 창출한다."고 말하였다. 이처럼 케인즈는 좋은 삶을 위해서는 고용이 필수적이라는 수요관점의 새로운 경제학 시대를 열었다. 대공황 이후에 세계 각국은 모두 케인즈 경제이론과 정책을 채택했고 케인즈 경제학은 전후 1950년대~1960년대의 장기호황에 기여했다. 물론 장기호황에는 전후 복구 수요의 증가와 자본가와 노동자 간의 협력이라는 요인도 작용했다.

요컨대 케인즈의 주된 관심은 시장의 불안전성을 제거하여 고용을 창출하고 소비가 확대되는 경제적인 풍요로운 삶을 만들고 나아가 지적이고 문화와 예술이 번창하는 사회를 만들고자 하였다.

그림 11 **대공황 시기에 대규모 예금 인출 사태를 맞은 뉴욕의 은행**

5. 케인즈 경제이론의 한계

1970년대 초에 스태그플레이션 현상이 나타났을 때 케인즈주의 경제학은 한계를 드러냈다. 정부가 재정지출을 확대하고 통화공급을 늘려도 기업의 투자는 부진했고 물가상승만 유발했다. 경기침체와 물가상승이 병행하는 스태그플레이션이 발생한 것이다. 영국 노동당과 각국 사회민주당 정부는 스태그플레이션을 막기 위해 노동자들에게 임금인상 자제를 요청했지만 노동자들로서는 실질임금의 저하는 받아들일 수 없었다. 케인즈 경제학의 핵심적 약점은 투자를 자본가가 주도하는 것을 당연하게 보고 정부는 이것을 간접적으로 조절하거나 보완하는 역할을 하면 된다고 본 데 있다.

이 틈을 타고 자본가들이 반격을 해왔다. 스태그플레이션 극복책으로 물가인상을 억제하고 민간투자를 증대시켜야 하는데 이를 위해서는 규제를 완화하고, 공기업을 민영화하고, 재정을 축소하며, 통화발행을 엄격하게 억제해야 한다는 것이다. 이것이 바로 통화주의, 공급주도 경제학 등 신자유주의 경제이론이다. 그러나 일각에서 이러한 신자유주의에 입각한 경제정책노선은 불평등과 금융 불안정을 심화시켜 결국 2007년부터 시작되는 세계경제 위기를 초래했다는 주장이 제기되면서 케인즈의 경제학이 다시 주목을 받고 있다.

그림 12 **스태그플레이션과 경기침체**

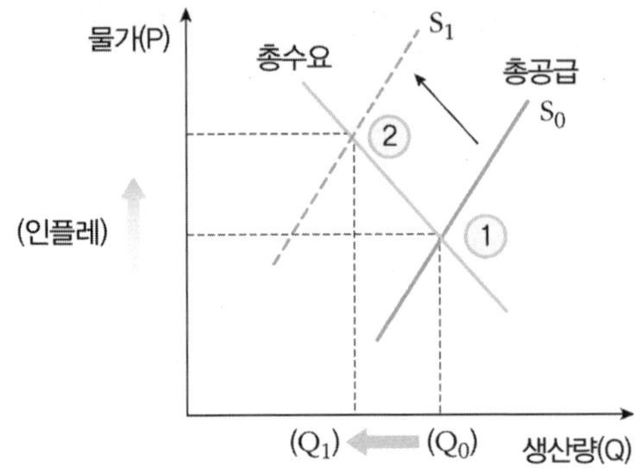

제7절
통화주의학파의 경제학

1. 통화주의의 배경

통화주의monetarism는 거시 경제의 변동에 화폐 공급량(통화 공급량) 및 화폐를 공급하는 중앙은행의 역할을 중시하는 경제학으로 시장에 개입하지 말고 화폐 공급량을 통해 경기를 조절하자고 주장한다. 이들은 통화량을 조절하는 정부의 통화정책의 역할을 중요시한다. 화폐 공급량의 변동이 단기의 실질 경제성장 및 장기 인플레이션에 대해 결정적으로 중요한 영향을 미친다고 생각한다. 재량적 재정 정책의 성향을 강하게 가지고 있었던 케인즈의 총수요관리정책과 반대되는 입장으로 화폐수량이론에 기초하고 있다. 프리드먼, 멜쩌, 브루너 등이 이 학파를 대표한다. 1950년대 후반부터 시작되었고 1970년대 물가불안이 심해지면서 조직적으로 반케인즈학파의 논리를 전개하였다. 프리드먼은 1929년 대공황도 경제활동이 위축되기 시작했음에도 불구하고 중앙은행이 통화 공급을 줄임으로써 야기됐다고 진단했다.

통화주의의 사상적 배경에는 오스트리아의 하이에크의 신자유주의사상에 기초하고 있다. 2차 세계대전 후 사회주의국가들이 들어서면서 국가의 중앙집권적 계획경제로 개인의 자유가 제약되고 시장경제가 정부에 의해 제한당하면서 하이에크는 개인적 자유와 자유경쟁에 의한 시장경제의 복귀를 주장하였다. 밀턴 프리드먼Milton Freidman은 이러한 신자유주의의 영향으로 자유방임적 경쟁 시장경제가 효율적이라는 입장 하에 화폐 공급량이 단기적인 경제 변동에 큰 영향을 미친다고 생각하였다. 그는 재량적인 화폐 공급 및 금융 정책에 대하여 부정적이었고, 규칙에 기반한 정책을 펼쳐야 한다고 주장한다. 이것은 경제 상황에 대한 정부 중앙은행의 인식 지연과 정책이 실시될 때까지의 지연, 그리고 효과가 실제로 파급될 때까지의 지연 등 각종 지연의 존재 등으로 재량으로 화폐를 공급하려고 해도 항상 적절한 공급을 할 수 없고, 그 괴리가 거시 경제에 큰 영향을 주기 때문에 오히려 경제에 불필요한 변화를 만들 수 있기 때문이다.

통화주의에 의하면 케인즈는 물가를 일정하게 조정된 것으로 보기 때문에 물가문제를 무시하고 있다고 비판한다. 케인즈는 화폐부문의 실물부분에 대한 영향은 이자율경로를 통해 설명함으로써 결과적으로 통화량의 방만한 증가를 가져와서 인플레이션을 야기하였다고 비판한다. 통화주의학파의 주요 주장은 다음과 같다.

첫째, 자유시장경제는 효율적인 경제체제이다. 정부의 재정정책의 개입은 시장경제의 효율성을 저해하여 오히려 경제불안정을 가져온다.

둘째, 장기적으로 경제는 항상 잠재 GDP수준에 수렴하지만 단기적으로는 총수요부족으로 불완전고용이 발생할 수 있다. 이의 대책으로는 재량적 정책이 아닌 통화량의 일정한 준칙에 의존하여 증가시키는 자동안정화 장치가 필요하다.

셋째, 총수요를 관리할 때 재정정책은 효과가 미미하지만 통화정책의 효과는 강력하다. 케인즈의 화폐수요가 이자율에 영향을 받는 것을 인정하면서 고전학파의 화폐수요함수를 주장한다.

넷째, 통화량 변화가 총수요에 미치는 영향은 실질화폐잔고경로(자산경로)가 크고 이자율 경로는 작다. 따라서 통화정책의 주요 지표는 이자율이 아닌 통화량 자체이다.

2. 신화폐수량설

프리드먼의 신화폐수량설은 전통적 화폐수량설과 다르게 현금잔고수요비율$_k$과 화폐유통속도$_v$가 일정하다고 보지 않는다, 화폐수요는 명목이자율, 물가수준, 물가수준의 예상변화율, 유동성에 대한 선호, 항상소득의 함수로 간주한다. 가령, 이자율이 높으면 화폐보유에 따른 기회비용이 증가하므로 현금보유를 감소시키고 높은 이자가 기대되는 주식이나 채권 등에 투자할 것이다. 화폐수요는 물가가 증가해도 감소한다. 급격한 화폐가치 하락을 막기 위해서 조금이라도 이자를 받을 수 있으면 투자한다. 화폐는 변동소득이 아니라 항상소득에 영향을 받는다. 그러므로 화폐수요는 항상소득, 부, 이자율, 자본이득률, 물가상승률 등 복합적인 요소에 의하여 영향을 받는다.

그러나 화폐수요가 이자율에 비탄력적으로 민감하지 않다고 보았다. 실제 미국경제에서 화폐수요의 이자율 탄력성은 −0.155에 불과하다는 것이다. 반면 화폐수요의 실질소득 탄력성은 약 1.4 정도로 소득에 매우 민감하다. 그러므로 신화폐수량설에서 프리드먼의 주장은 두 가지로 정리된다.

첫째, 화폐수요는 이자율에 대하여 비탄력적이다. 이는 화폐수요가 이자율에 매우 민감하다는 케인즈의 주장과 반대되는 것이다. 따라서 통화량 증가가 이자율에 민감해 화폐수요로 모두 사라질 것이라는 케인즈 주장과 상반되고 통화량 증가가 물가상승으로 이어진다는 전통적 화폐수량설과 다르다. 통화량 증가는 단기적으로 실물경제에 영향을 미쳐서 GDP를 증가시킨다. 즉, 통화량을 증가시키면 통화량이 단기적으로 화폐소득을 증가시키고 고용을 증가시켜서 GDP와 물가상승을 가져오므로 실물경제에 영향을 미친다고 보았다.

둘째, 화폐유통속도나 화폐보유비율이 안정적이기 때문에 통화량이 실물부문에 미치는 기간은 단기적이고, 장기적으로 화폐증가는 물가상승률로 이어진다. 그는 이를 다음과 같이 설명한다. 중앙은행이 경기부양을 위하여 화폐량을 증가시키면 금융기관들은 자금을 투자하거나 대출을 증가시킬 것이다. 결과적으로 개인과 기업은 화폐가 더 증가했다는 화폐환상을 갖게 되어 소비재를 사거나 기업은 투자를 증가시킬 것이므로 당연히 실물부분이 자극받아 GDP는 증가한다. 그런데 사람들은 통화량 증가로 물가가 상승했다는 것을 깨닫게 되고 예상물가가 실제물가에 미치지 못함을 깨닫게 되면서 예상물가를 실제물가에 일치시키기 때문에 명목이자율이 상승한다. 결과적으로 화폐공급과 수요가 일치하게 되어서 GDP는 원상태로 돌아가게 된다.

그러므로 통화주의자들은 경제가 불완전고용상태에 있다면 단기적으로 통화량 확대가 실물부문에 영향을 미쳐서 고용과 GDP를 증가시키지만 장기적으로는 그 효과가 없다고 보았다. 하지만 불경기로 불완전 고용상태에서는 정부지출 확대로 민간소비와 투자가 감소하게 되는 재정정책보다 통화정책이 효과적이라고 보았다.

3. 자연실업률

고전학파에서는 총수요와 총공급이 일치한다고 간주하므로 일할 능력과 일할 의사가 있는데도 불구하고 고용이 되지 않는 비자발적 실업은 존재하지 않는다. 신고전학파에서도 장기적으로 화폐임금에 따른 노동공급의 신축성 때문에 완전고용이 이루어진다고 본다.

그러나 케인즈와 케인즈학파의 경우 총공급과 총수요가 항상 일치하는 것이 아니므로 비자발적 실업이 존재한다고 보았다. 케인즈는 비자발적 실업을 줄이고 완전고용을 달성하기 위하여 재정정책을 통하여 유효수요를 증가시켜야 한다고 주장하였다. 하지만 케인즈도 완전고용이 현실에서 달성 가능한 것은 아니라고 생각하였다. 항상 마찰적 실업이나 자발적 실업자는 존재하기 마련이기 때문이다.

프리드먼은 이러한 완전고용이라는 목표를 위하여 정부가 통화를 확대하는 정책은 바람직하지 않다고 케인즈를 비판한다. 프리드먼은 화폐정책은 완전고용보다는 '자연실업률'을 목표로 해야 한다고 주장하였다. 자연실업률이란 예상물가상승률과 현실물가상승률이 같아질 때 장기균형실업률로 정의하였다. 예상물가상승률은 사람들이 과거 경험에 기초하여 앞으로 예상하게 되는 물가상승률을 의미한다. 사람들은 이 예상물가상승률에 근거를 두고 소비나 투자를 결정한다. 만약 정부가 경기부양을 위하여 갑자기 통화량을 증가시킨다면 단기적으로 사람들이 예상하는 물가상승률과 현실물가상승률은 차이가 날 것이다. 하지만 시간이 흐르면서 장기적으로 사람들은 예상물가상승률을 현실물가상승률에 맞추어 수정하게 될 것이라고 주장한다. 프리드먼은 이처럼 예상물가상승률과 현실물가상승률이 일치될 때도 실업은 존재하는데 그 때의 실업률을 일종의 이상적인 실업률로서 자연실업률이라고 명명하였다. 그러므로 자연실업률은 완전고용상태에서 달성되는 실업률이 아니고 장기적으로 안정적인 물가수준에서 현실적으로 달성 가능한 실업률을 의미한다. 자연실업률 상태에서는 정부가 재정확대정책을 실시하여도 실업률을 더 이상 낮출 수 없다는 것이다.

그러나 케인즈학파에서는 통화량이 증대되었을 때 명목단위가 오르면 임금이나 소득이 올랐다고 받아들이는 화폐환상이 완전히 없어지는 것이 아니고 노동자들이 예상물가상승률을 임금에 정확히 100% 반영해서 요구할 수는 없기 때문에 자연실업률을 정확히 정의하기는 무리라고 보았다.

그림 13 **밀턴 프리드먼** – "정책은 사람을 도와야지 특정집단을 돕는 것으로 변질되어선 안된다."

제8절

새고전학파의 경제학

new-classic economics

1. 새고전학파의 등장배경과 주요특징

1970년대 들어서면서 케인즈학파가 주장하던 정부개입을 통한 유효수요의 창출은 1970년대 유류파동과 함께 에너지 가격의 증가와 동시에 높은 실업이 병존하는 문제로 정책이 효과를 발휘하지 못하였다. 이에 따라서 케인즈학파와 통화주의자들이 재정정책과 통화정책 중 어느 것이 더 효과적인지 논쟁을 하는 동안 이 두 학파를 동시에 비판하는 급진적인 통화주의이론이 등장하였는데 이들을 새고전학파 new-classic economics라 한다. 새고전학파는 1970년대에 물가가 오르면서 실업이 동시에 증가하는 스태그플레이션 현상으로 케인즈학파의 한계를 지적하면서 등장하였다. 이들은 고전학파와 신고전학파의 정신을 이어받아서 거시경제학을 재구성하려는 학자들로 구성된다. 즉, 이들은 루카스, 사전트, 월리스, 바로, 프레스코트 등으로서 통화주의 입장을 더욱 강화시키고자 하였다. 즉, 고전학파, 신고전학파처럼 정부의 재정

금융정책은 단기와 장기 모두 효과가 없다고 주장하였다. 이들은 일명 합리적 기대학파라고도 한다. 새고전학파의 케인즈 경제에 대한 비판은 다음과 같다.

첫째, 케인즈학파가 주장하는 가격변수의 경직성은 제도적 요인이나 심리적 요인에 기초하여 설명하고 있어서 미시적 기초이론이 부족한 주먹구구식rule of thumb 이론이다.

둘째, 경제주체는 일반적으로 주어진 정보를 최대한 활용하여 미래상황을 합리적으로 예상하고 합리적 예상에 기초하여 행동한다. 그러나 케인즈학파가 주장하는 화폐환상은 사람들의 합리적 기대와 예상을 무시한다. 즉, 화폐환상이론은 합리성이 없는 잘못된 이론이다.

셋째, 케인즈학파의 재량적 경제정책은 예상된 정책변화와 예상되지 못한 정책변화가 상이하다는 점을 간과하였고, 재량적 경제정책은 정부정책에 대한 민간의 신뢰성을 낮추어 정책효과를 약화시킨다는 사실을 인지하지 못하였다.

넷째, 케인즈학파에서는 소비함수, 투자함수, 화폐수요함수 등 함수의 안전성과 함수의 매개변수들이 일정하다고 가정하여 이론을 만들었다. 그러나 경제정책이나 경제상황이 바뀌면 각 함수의 파라메타가 변화하기 때문에 케인즈학파의 정책효과의 모형은 근본적으로 잘못된 이론체계이다. 가령, 한계소비성향이나 한계저축성향 등은 경제정책이나 경기상황에 따라서 변화하기 때문에 항상 일정을 가정하고 분석하는 것은 잘못되었다는 것이다.

2. 합리적 기대이론

이와 같은 문제의식 속에서 새고전학파는 새로운 이론을 제시하고자 하였는데 그 기본은 가격변수의 신축성과 합리적 예상가설을 주장한다. 이들을 하나씩 제시하면 다음과 같다.

첫째, 경제주체가 합리적으로 행동하게 되면 가격변수가 신축적이고 예상이 완전하여 경제는 완전고용상태가 달성된다.

둘째, 예상이 합리적이기 때문에 예상된 경제정책은 단기와 장기 모두 효과를 보이지 못한다. 이를 새고전학파의 정책무력성의 명제 proposition of policy ineffectiveness라고 한다.

셋째, 예상 못한 경제정책은 단기적으로 실질변수에 영향을 줄 수 있지만 경제주체가 곧 정책변화를 인식하고 적응하므로 장기적으로 정책변화는 이전의 상태로 복원되므로 장기적으로 정책무력성의 명제가 작용한다.

넷째, 반복되는 재량정책은 정부정책에 대한 신뢰를 떨어뜨려서 효과를 보이지 못한다. 경제정책은 공개적이고 체계적이어야 한다.

이처럼 합리적 기대주의자들이 주장하는 논점은 사람들이 고도의 지적능력을 가지고 있어서 정보를 입수하면 바로 자신의 행동에 반영한다. 가령, 정부가 통화량을 증가시킨다는 것을 알게 되는 순간에 바로 인플레이션을 예상해서 노동자들은 임금인상을 요구하게 될 것이고 기업의 투자는 생각밖에 크지 않게 된다는 것이다. 그러므로 정부가 어설프게 정책을 바꾸는 것은 시장에 효과가 없으니 하지 말라는 것이다. 가령, 불경기에 정부가 재정확대정책을 실시하고 중앙은행이 통화량을 증가시킨다고 가정하자. 합리적 기대이론에 따르면 국민들은 이미 정부의 경기확장의도를 알기 때문에 불경기에 실업증가로 임금을 낮춰서 일하려는 노동자들이 임금을 낮추지 않은 채 버티고 기다린다는 것이다. 이처럼 정부의 불필요한 개입으로 상품가격과 노동가격의 기능이 시장에서 작동하지 않아서 자동적인 경기회복이 더 늦어지는 결과를 초래한다는 것이다. 또한 정부가 민간의 소비와 기업투자를 촉진하기 위하여 세금을 삭감하고 세수를 보충하기 위하여 국채를 발행한다고 하자. 합리적인 소비자와 기업은 정부가 삭감해준 세금이 언젠가는 국민들이 다시 부담하게 된다는 사실을 알기 때문에 이를 지출하지 않고 모두 저축해 버린다면 정부가 의도한 정책이 성공할 수가 없다는 것이다.

이처럼 합리적 기대이론은 경제주체의 합리성이 명확하고 수학적 완전성 때문에 논리적으로 받아들여졌다. 그러나 실제 개인이 완전한 정보를 입수하고 이를 곧바로 의사결정에 반영한다는 것은 현실적으로 가능하지 않다는 점에서 비판을 받는다. 합리적 기대이론이 이론은 명확하고 완전해 보이지만 실물경제에서 일어나는 상황은 고려하지 못한 다양한 요소가 작용하고 복합적이기 때문에 이론에서 제시한 만큼 신속하고 즉각적으로 반응되고 시장이 움직인다고 보기는 어렵다.

합리적 기대이론은 1981년 로널드 레이건 대통령이 집권한 이후 미국 경제정책의 근간이 됐다. 이 이론을 기반으로 '작은 정부'를 지향하고 규제를 완화하는 것이 세계적인 대세였다. 이른바 '신자유주의 경제'가 열렸다.

그림 14 **로버트 루카스** - "공립학교에서 과학이란 교과목은 다른 사람들이 오래 전에 발견해 놓은 사실들을 체계적이지 못한 방법으로 끝없이 나열해 놓은 것에 불과했다. 대학에서는 과학적인 발견이 이루어지는 과정에 대해 배울 수 있었지만, 직업으로 고려할 만큼 흥미를 끌지는 못했다. 내가 보고 싶었던 것은 정치와 사회문제였다."

제9절
새케인즈학파의 경제학

1. 새케인즈학파의 등장배경과 특징

(1) 등장배경

새케인즈학파는 케인즈 경제학이 부족했던 미시경제학적 기반을 제공하기 위해 노력하는 현대 경제학파이다. 새케인즈학파는 새고전학파의 지지자들이 케인즈 경제학에 대해 행했던 비판에 대한 반응으로 발전했다. 이는 새고전학파가 주장하는 이론으로 시장이 항상 균형상태에 있고 물가와 명목임금 등의 가격변수가 신속히 조정된다는 주장에 대응하여 시장불균형이 일반적이라 주장한다. 케인즈와 케인즈학파는 가격변수가 매우 느리게 변화하므로 단기적으로 상당히 경직적이라고 생각하였다. 특히 불황기에는 가격변수가 경직적이므로 비자발적 실업이 발생하며 총수요관리정책이 효과적이다. 이러한 케인즈학파의 가격변수 경직성의 가정에 대한 비판이 계속되어 왔다. 이에 대하여 케인즈학파가 상대적 임금하락이라는 심리적 요인과 노동조합의 저항이나 최저임금제도 등 제도적 요인으로만 설명을 하였기에 경제주체의 효용극대화와 이윤극대화라는 최적화 행위가 반영되지 않았다는 비판을 받아왔다.

1980년대 초에 세계적인 불황으로 경제침체가 계속되자 케인즈학파를 계승하려는 학자들이 1983년 영국 런던에서 케인지언 권리위원회를 결성하였다. 이들은 경제주체의 합리성, 경제안정화정책의 위험성, 공급측면의 소홀 등 케인즈학파의 약점에 대한 지적과 비판을 겸허히 받아들이면서도 케인즈학파의 근본적인 문제인식으로 가격변수의 경직성과 완전하지 않은 상태의 균형(비청산균형)이 현실에서 일어난다고 주장하면서 케인즈학파를 재건하기로 단합하였다. 이 새케인즈학파는 케인즈가 주장한 가격변수의 경직성을 미시적 이론인 경제주체의 최적화 행위에 기반하여 설명하고자 시도하였다. 대표적인 학자들로는 피셔, 맨큐, 블랑사르, 로머, 볼 등을 들 수 있다.

새케인즈학파는 오히려 새고전학파의 가격과 임금의 신축성을 비현실적인 가정이라고 비난하면서 다른 한편으로 합리적 기대를 받아들여서 경제현상을 설명하려고 시도하였다. 이들은 케인즈학파가 명목임금과 가격의 경직성을 가정한 점에 초점을 맞추어서 현실적으로 경직성이 경제주체의 최적화 행위와 일치됨을 보이고자 노력하였다. 합리적 기대를 받아들여 미시적 기초를 추구하나, 불완전 경쟁으로 인한 시장실패가 가능하다고 생각하는 점이 새고전학파와의 차이다. 메뉴비용 등으로 합리적 기대가 존재해도 단기에 가격이 경직적이기 때문에 통화 정책은 유효하다고 주장했다.

(2) 주요특징

새케인즈학파가 하나의 통일된 이론체계를 가지고 있지는 않지만 주요특징으로는 가격변수가 경직성을 갖는다는 점과 가격변수가 경직적이면 수량조정으로 불완전한 균형이 이루어지고 수요측면의 변화가 실물변수에 영향을 미친다는 점 등을 들 수 있다. 이들의 기본 특징을 간략히 요약하면 다음과 같다.

첫째, 현실세계는 완전경쟁이 일반적이지 않고 불완전경쟁이 일반적이라는 것이다. 완전경쟁시장에서 개별경제주체는 시장가격을 받아들일 수밖에 없지만 불완전경제시장에서 개별기업은 가격설정에 영향을 줄 수 있다. 즉, 불완전경쟁시장에서 개별경제주체는 시장여건의 변화에 대응하여 자신의 목표인 효용이나 이윤을 극대화하기 위하여 가격이나 수량을 스스로 선택할 수 있다는 것이다. 이처럼 불완전경쟁시장에서는 합리적 행위의 결과로 가격은 경직적일 수 있다는 주장이다.

둘째, 가격변수가 경직적이면 수량조정으로 불완전 균형이 발생할 수 있고 경제정책에 의한 수요측면의 변화는 실질변수에 영향을 미칠 수 있다. 즉, 가격변수의 경직성으로 시장의 불균형이 발생하면 정부는 재정정책으로 이러한 불균형을 해소할 수 있다는 것이다.

셋째, 새케인즈학파는 시장경제의 작동에 관한 보다 상세한 분석을 통하여 조정비용, 조정실패, 외부효과 등의 개념을 사용하여 정부정책의 필요성을 주장한다. 가령, 불완전한 시장의 여건 하에서 경제주체가 최적화 행위를 추구하려면 조정$_{\text{coordination}}$비용이 들어간다. 조정비용에는 상황을 파악하기 위한 정보수집비용, 가격변화에 따른 메뉴비용,

고객관리를 위한 비용 등이 포함된다. 합리적인 주체는 이 조정비용과 가격변화로 얻는 수익을 비교하여 가격변경의 수준을 결정한다. 또한 가격변수가 경직적이면 조정이 안 되는 조정실패coordination failure가 발생하여 사회적 최적이 실현되지 못할 수도 있다. 나아가 개별기업의 행위는 비록 직접적 영향은 작아도 거시경제적 외부효과를 발생시키기 때문에 사회적 후생에 영향을 줄 수가 있다. 즉, 개별기업이 가격을 인하하면 이는 연쇄적인 가격인하를 가져올 수 있어서 사회적 수요는 상당히 증가할 수 있다는 것이다.

이처럼 경제주체들이 합리적 기대로 미래를 정확히 예상하더라도 가격변수의 경직성과 시장불균형이 존재하면 정부의 단기 총수요관리정책은 국민소득에 영향을 미친다. 또한 국민들의 예상 못한 정책변경 뿐만 아니라 예상된 정책변경도 물가와 임금의 경직성으로 국민소득은 변동한다. 따라서 가격변수가 경직적이어서 경제가 불황에 들어가면 시장은 경직성으로 자율적으로 경제주체 간 협력이 이루어지기 어려워서 조정실패가 발생한다. 조정실패가 발생하면 정부는 시장에 개입하여 선의의 재량적 경제정책으로 경제활성화를 이끌어야 한다. 이는 케인즈학파와 동일하게 시장경제는 완전한 균형이 이루어지기 어렵기 때문에 정부의 정책개입이 필요하다는 입장을 견지하는 것이다.

2. 가격변수의 경직성이론

새케인즈학파의 가격변수 경직성에 대한 이론은 다양하지만 여기서는 크게 3가지 형태로 구분한다. 이들은 각각 생산물(상품)가격경직성이론, 임금경직성이론, 이자율경직성이론 등이다. 이를 간략히 제시하면 다음과 같다.

(1) 상품가격경직성이론

이는 테일러와 피셔 등이 주장한 것으로 상충되는 가격설정모형과 메뉴비용모형이 있다. 상품가격설정모형이란 기업들이 가격을 같은 날에 조정하지 않기 때문에 물가가 비신축적으로 상승하여 생산이 증가하게 되고 이 때 총수요를 증가시키는 체계적인 안정화정책은 국민소득을 증가시키는데 효과가 있다고 주장한다. 가령 현실에서 독과점기업들은 가격을 동일한 날 동일하게 조정하지 않는다. 만약 독과점기업이 상대 기업에 비하여 먼저 가격을 올리면 상대기업은 그 보다 적게 가격을 올리므로 서로 눈치를 보며 가격조정을 한다. 그러면 상품가격은 경직성을 가지게 된다는 것이다. 즉, 가격을 조정하지 않으려는 경향이 생긴다.

다른 한편으로 가격을 조정하면 가격변경에 따르는 비용이 드는데 이것이 메뉴비용이라고 한다. 가령, 가격변동시 메뉴판 제작비, 광고홍보비, 상대기업과 가격경쟁위험 등이 수반된다. 이런 메뉴비용을 생각하면 가격을 조정하기가 어려워 경직성을 갖는다는 것이다.

(2) 임금경직성이론

임금경직성이론에는 크게 4가지 유형이 있다. 아자리아디스와 메일리는 묵시적 고용계약모형, 테일러와 피셔는 장기임금계약모형, 애컬로프는 효율성 임금가설, 린벡은 내부자–외부자모형 등을 주장하였다. 이를 하나씩 간략히 설명하면 다음과 같다.

첫째, 고용계약에 명시적 계약뿐만 아니라 묵시적 계약도 포함된다. 묵시적 고용계약모형이란 계약기간 동안은 노동자가 명목임금은 일정기간 동안 고정되어 유지되므로 경직성을 갖는다는 것이다.

둘째, 묵시적 고용계약과 비슷하게 장기임금계약모형도 노사 모두가 장기적이고 안정적인 관계를 유지하는 것을 선호하므로 장기임금을 유지하는 경향이 있다는 것이다. 따라서 단기적으로는 명목임금이 경직성을 갖는 것으로 나타난다는 것이다. 따라서 장기임금계약 기간 내에 정부가 안정화정책을 실시하면 단기에 국민소득을 변화시킬 수 있다고 본다.

셋째, 효율성 임금가설이란 노동의 실질임금이 높을수록 노동효율이 높아진다는 것이다. 노동효율이 높아지는 이유로는 높은 실질임금은 유능한 인력확보, 노동자의 직무태만 방지, 노동자의 이직을 줄여서 생산성을 높여준다는 것이다. 효율성 임금은 노동자의 생산성이 최대가 되도록 하는 실질임금수준으로 단기에는 그 수준이 잘 변화하지 않는다는 것이다. 그러나 노동시장 전체로 보면 효율성 임금이 시장실질임금보다 높아서 노동의 초과공급과 비자발적 실업이 나타나게 된다고 주장한다.

넷째, 내부자－외부자모형이란 노동시장이 취업자(내부자)와 실직자(외부자)로 구성되어 있고 실질임금수준은 주로 내부자만을 고려하기에 외부자까지 감안한 시장실질임금보다 높아져서 경기가 회복되어도 실업률이 낮아지지 않고 과거의 높은 수준을 유지하는 이력현상hysteresis phenomenon이 발생한다는 내용이다. 실제로 기업은 노동이동에 따르는 조정비용 때문에 내부자를 외부자로 쉽게 교체하기 어렵다. 따라서 내부자들은 노동조합을 위하여 임금협상과정에서 외부자를 고려하지 않고 자신들만 고용되도록 높은 실질임금을 요구한다. 실제 1980년대와 1990년에 유럽에서 과거의 실업률이 현재의 실업률에 영향을 미치는 이력현상이 나타났다.

(3) 이자율경직성이론

이는 일명 신용할당모형이라고 한다. 금융시장에서 대부자인 은행과 차입자인 대출신청자 사이에 정보의 비대칭이 발생하면 이자율은 일정수준에서 경직성을 보이기 때문에 자금시장에서 초과수요가 발생할 때 항상 이자율이 상승하여 초과수요를 완전히 제거한다는 생각은 잘못된 것이다. 자금차입자인 기업은 자신의 신용상태에 대한 충분한 정보를 가지고 있지만 금융기관들은 기업의 신용상태에 관한 제한된 정보를 갖고 있으므로 양자 간에는 정보의 비대칭성이 발생한다. 금융기관이 기업의 신용상태에 관한 충분한 정보를 갖지 못하면 역선택과 도덕적 해이 문제가 발생한다.

차입자들의 역선택이란 정보의 비대칭성에 따라서 채무불이행의 위험이 높은 불량차입자들이 높은 이자를 지불하고도 차입하기를 원하게 되면 이들에게 금융기관은 대출하게 될 수 있다는 것이다. 차입자의 도덕적 해이란 정보의 비대칭성으로 높은 이자율로 자금을 차입한 사람들은 고수익–고위험의 투자계획을 세워서 도산할 위험이 높아진다는 것이다.

이를 염려하여 자금의 초과수요에도 불구하고 이자율을 계속 낮게 유지할 수가 있다는 설명이다. 이 경우 금융기관들은 일정한 이자율 수준에서 우량차입자들에게 제한된 신용할당을 하려고 하고 이 때 이자율은 경직적이게 된다. 이처럼 금융기관의 이자율 인상은 금융기관의 대출이자 수입을 증가시키지만, 반면 역선택과 차입자의 도덕적 해이를 초래하여 대출자금의 회수불능의 위험을 증가시킨다. 이러한 상황에서 금융기관들은 두 가지를 동시에 고려하여 대출예상이윤이 극대화되도록 이자율을 결정하게 될 것이다. 이 때 이자율을 고정하는 것이 이윤극대화에 유리하다고 판단하면 이자율은 상당기간 경직성을 가지게 된다.

지금까지 케인즈학파로부터 통화주의학파, 새고전학파, 새케인즈학파에 이르기까지 다양한 학파들이 시장과 정부의 역할을 중심으로 서로 상이한 주장을 펼쳐왔다. 이를 객관화하여 시장균형과 정부정책에 따라 상호 비교하여 제시하는 것이 좋을 것으로 판단이 된다. 4개 학파의 주장하는 바를 비교하여 제시하면 대략 〈표 1〉과 같이 요약할 수 있다. 이는 주로 시장과 정부 개입정책의 역할에 관한 것들을 중심으로 정리한 것이다.

케인즈학파와 새케인즈학파는 시장균형의 힘을 신뢰하지 않기 때문에 시장은 항상 불완전균형을 이룬다고 보았으나 고전학파와 신고전학파를 계승하는 통화주의학파와 새고전학파는 시장의 힘을 신뢰하여 시장균형이 달성되는 것으로 보고 있다. 이러한 차이로 시장정보나 가격변수에 대한 시각도 서로 상이하다. 케인즈와 새케인즈학파는 시장정보가 불완전하고 가격은 화폐환상 등으로 신속히 움직이지 못한다고 보고 있지만 통화주의학파와 새고전학파는 경제주체는 합리적이어서 다양한 정보를 신속히 입수할 수 있고 정보에 대한 예상이 완전하다고 본다. 기대예상의 관점에서는 케인즈학파와 통화주의학파는 개별

경제주체들이 경제변수의 값을 예상할 때 과거의 경험을 기초로 미래를 예측한다. 그리고 그 예측이 빗나가면 기대치의 오차를 다시 수정해 나간다고 생각하였다. 반면 새고전학파와 새케인즈학파는 경제주체들이 경제변수에 영향을 미치는 과거, 현재, 미래의 정부정책과 연관된 변수들과 이용가능한 모든 정보를 이용하여 합리적으로 기대하여 예측한다고 본다.

표 1 **4개 학파의 비교**

구분	케인즈학파	통화주의학파	새고전학파	새케인즈학파
접근방법	거시경제적 접근	거시경제적 접근	미시경제적 접근	미시경제적 접근
시장균형	시장불균형	시장균형	항상 시장균형	시장불균형
정보상황	불완전정보	완전정보	완전정보	불완전정보
가격변수	비신축적	신축적	신축적	비신축적
기대예상	적응적 기대	적응적 기대	합리적 기대	합리적 기대
재정정책	단기: 큰 효과 장기: 효과없음	단기: 미미한 효과 장기: 효과없음	단기: 효과없음 장기: 효과없음	단기: 효과적 장기: 효과없음
금융정책	단기: 미미한 효과 장기: 효과없음	단기: 큰 효과 장기: 효과없음	단기: 비효과적(예상된 정책), 효과적(비예상된 정책) 장기: 효과없음	단기: 효과적 장기: 효과없음
정책방향	재량적 단기재정정책과 정부 개입주의	준칙적 단기금융정책과 정부 비개입주의	총수요관리는 효과없고 정부의 비개입주의	준칙과 재량을 혼합한 총수요관리 정책과 정부 개입주의

한편, 정부의 재정정책에서 케인즈학파와 새케인즈학파는 단기에 효과적이라고 보지만 정부개입에 부정적인 통화주의학파와 새고전학파는 단기에 효과가 없다고 본다. 장기적으로는 모두 효과가 없다. 반면 금융정책에서 케인즈학파는 통화정책 효과는 미미하다고 보고 통화주의와 새케인즈학파는 대체로 효과적이라고 보았지만 새고전학파는 합리적 기대예상에 따라서 효과가 있을 수도 있고 없을 수도 있다고 보았다. 물론 장기적으로는 모두 효과가 없다고 본다. 정부의 개입에 대해서는 케인즈학파와 새케인즈학파는 단기정책 효과를 주장하고 정부개입을 주장하지만 통화주의학파와 새고전학파는 단기금융정책을 주장하며 가능한 정부의 비개입을 옹호한다.

그림 15 **필립 피셔** – "성장주에 투자하고 장기보유 하라."

제10절

2000년대 이후 경제학의 변화

1. 경제학의 최근 추이

이상과 같이 시장과 정부의 역할에 관한 관점의 차이를 중심으로 크게는 고전학파와 케인즈학파의 논쟁이 역사적으로 진행되어 왔고 아직도 이러한 관점을 중심으로 다양한 주장들이 계속되어 오고 있다. 정부가 시장에 어느 정도 개입할 것이냐를 두고 서로 다른 주장을 하면서 발전하고 있다. 그러나 아담 스미스의 보이지 않는 손의 원리는 여전히 경제이론의 중심을 차지하고 있는 것도 사실이다. 앞서 살펴본 바와 같이 1960년~1970년에 케인즈학파와 통화주의 간의 논쟁은 1980년대 이후 새고전학파와 새케인즈학파 간의 논쟁으로 연결되었다. 새고전학파는 시장이 적절하게 작동하기 때문에 수요부족은 없고 가격과 수요변화는 경기순환과 관계없는 것으로 생산성변화를 반영한 것이고 실업은 경기순환에 대한 노동자의 선택으로 간주하였다. 반면 새케인즈학파는 시장이 효율적이지 못하므로 경기부진에 적극 대응해야 한다고 주장하였다.

1990년대에 들어오면서 새케인즈학파도 통화정책만으로 경기변동은 완화할 수 있다고 주장하였고 새고전학파도 통화정책보다 더 나쁜 재정정책이 별로 사용되지 않았기에 미국 연방은행의 통화정책을 크게 비난하지 않았다. 따라서 2008년의 글로벌 금융위기가 발생하기까지 미국에서는 경기변동을 완화하기 위하여 주로 통화정책을 사용하고 재정정책은 거의 사용하지 않았다.

그러나 2008년 불거진 세계 금융위기가 발생하면서 시장경제가 작동하지 않게 되었고 통화주의학파와 새고전학파의 주장이 현실과 부합하지 않게 되면서 설득력을 잃게 되었다. 금융위기로 경제가 침체되고 시장이 원활히 움직이지 않으므로 세계 각국은 무작정 돈을 풀고 보는 양적확대 정책을 동원하면서까지 경기 부양에 나서는 한편, 위기의 재발원인을 투기자금의 과도한 국가 간 이동으로 보고 단기 자금의 국가 간 이동을 규제하는 방안을 강구하려고 하였다.

이처럼 글로벌 경제위기를 타개하기 위하여 미국을 비롯한 각국이 재정지출을 확대하면서 새고전학파와 새케인즈학파 간의 재정확대 정책에 대한 대립이 다시 점화되기도 하였다. 그러나 이러한 주류경제학은 금융위기를 예측하지도 못하고 이를 해결하기 위한 정확한 대안도 일관되게 제시하지 못함에 따라서 현실경제의 해결방안에 대한 경제학과 경제학자들의 주장은 신뢰를 잃게 되었다. 또한 경제학이 경제가 직면한 현안들에 대한 구체적인 해법을 제시하지 못하고 때로는 강 건너 불 보듯 하는 태도를 보이면서 경제학 무용론까지 나오는 실정이다.

이로 인하여 정부의 시장 개입 정도를 둘러싼 논란과는 별도로 경제학의 기본 전제라고 할 수 있는 '인간의 합리성' 자체를 인정하지 않거나 합리성만을 중요시하는 한계를 지적하는 이론도 나타났다. 마르크스 경제가 그러했듯이 시장의 균형과 효율성의 한계를 지적하는 새로운 경제학으로는 진화경제학evolutionary economics, 제도경제학institution economics, 행동경제학 등이 나타났다. 이들의 핵심을 간략히 소개하면 다음과 같다.

첫째, 진화경제학은 진화론과 심리학을 활용해 그동안 경제학이 설명하지 못했던 비합리적 현상에 대한 답을 내놓고자 등장하였다. 진화경제학은 경제 진화가 생물 진화와 구조적으로 유사성을 갖고 있다고 보고, 경제제도의 핵심주체인 인간과 기술의 바탕이 되는 지식의 진화에 초점을 맞춘 경제이론이다. 그동안 주류 경제학에서는 '사람은 합리적인 이성을 가지고 있고 합리성에 기반하여 효율 극대화를 추구한다.', '가장 효율적인 주체가 경제를 이끌고 궁극적으로 균형적 · 효율적 경제시스템이 유지된다.'고 주장한다. 그러나 진화경제학자들은 생물 진화가 기후조건, 서식지 같은 물리적 환경뿐 아니라 다른 생물의 진화에도 영향을 받는 것처럼 인간의 경제적 행동도 서로 영향을 주고받아 형성된다고 본다. 즉, 사람들은 지식 외에 믿음, 감정 등을 갖고 있고 이것이 모여서 관행 또는 제도의 차이를 가져온다. 효율은 떨어지더라도 더 우월한 관행과 제도를 갖고 있는 주체가 살아남을 수 있다. 진화경제학에서는 경제주체의 합리성은 없다. 진화경제학에서는 고전경제학에서와 달리 하나의 유일하고 효율적인 균형만 있는 것이 아니라 경제주체의 선택에 따라 효율성 외에 다른 조건에 의한 다수의 균형점이 존재할 수 있다고 본다.

그림 16 진화경제학과 생물의 진화

둘째, 제도경제학은 노르웨이 출신의 베블런에 의하여 생성되었다. 제도경제학은 유무형의 사회제도(사회구조)가 경제에 중요한 역할을 담당한다고 보고 이에 무관심한 고전학파를 비판하는 데에서 출발하였다. 특히 제도경제학도 경제행위에는 습관적 사고와 같은 심리적 요인이 중요하다고 보았다. 이러한 심리적 요인이 인간의 관계와 인간들이 만들어낸 정치와 사회의 구조에 영향을 미친다고 보았다. 물론 제도학파는 인간의 심리적 영향을 강조함으로써 행동경제학의 발전에도 일정부분 영향을 미치게 되었다. 그러므로 제도학파들은 경제행위는 정치사회의 형태, 사상, 법률, 전통과 문화 등 사회구조와 관계 속에서 생성된다고 보았다. 실제 미국에서도 남북전쟁 이후 제1차 세계대전이 일어난 기간 동안 자본주의는 크게 발전했지만 노동자들은 장시간 노동, 열악한 주거환경, 대량의 실업자 발생 등 모순된 사회구조 속에서 생활하였다. 이러한 급속한 경제성장 속에서 열악한 노동자들의 생활은 고전학파의 수요경제학이 주장하는 시장의 자유방임과 정부간섭의 최소화로 발생한 것이었다. 따라서 제도학자들은 경제적 모순이 발생하면 고전학파의 주장대로 그대로 둘 것이 아니라 사회제도를 정부가 관리해야 한다고 주장한다.

그림 17 **베블런** – "상층계급의 두드러진 소비는 사회적 지위를 과시하기 위해 자각 없이 이뤄진다."

셋째, 행동경제학은 허버트 사이먼Herbert A. Simon이 경제학의 합리성의 가정을 약화시켜 근사합리적 행동을 보이는 인간상을 분석단위로 삼은 데서 출발하였다. 주류경제학은 모든 인간이 주어진 정보 하에서 최선의 판단을 한다는 '합리적 경제인' 가정에서 시작한다. 여전히 대다수의 경제학자들은 합리적 경제인의 가정에서 출발하고 있다. 그러나 행동경제학에서는 인간은 제한적으로 적당히 합리적이다. 특히 행동경제학은 인간의 심리적 작용을 경제학에 적용시킨다. 인간의 심리는 항상 이성적이고 합리적일 수 없고 충동적이고 비합리적일 수 있다.

사실 비합리적인 심리특성을 최초로 강조한 사람은 아담 스미스였다. 그는 경제행위를 결정할 때 심리적 요인이 중요하다고 주장한 바 있다. 또한 '사람은 동일한 재화라면 만족감보다 불만족감을 더 크게 느낀다.'라고 하여 행동경제학의 위험회피이론과 동일한 주장을 한 바 있다. 뿐만 아니라 앞서 살펴본 케인즈도 거시경제의 움직임에는 인간의 심리적 요인이 작용한다고 보았다. 화폐환상money illusion이나 야성적 충동animal spirit 등 인간의 충동적이고 비합리적인 심리특성에 따라서 경제행위가 이루어질 수 있다고 주장한 바 있다.

특히 행동경제학에서 일어나는 인간의 자그마한 비이성적 선택이 주식과 증권 가격에는 충분히 유의미한 변화를 일으키고 있고 거시경제학에서는 행동경제학에서 관측된 비합리성이 거시경제 자체에 '충격'을 줄만한지에 대해 논란이 분분한 편이다. 동시에 행동경제학은 실험경제학이 보다 활발하게 연구되는 계기가 되었고, 실험경제학은 다양한 계량분석과 자료획득을 통해 경제학 전반에 크게 기여하는 계기가 되기도 하였다.

그런데 과연 행동경제학이 전통적인 주류경제학을 대체할 수 있는 경제학인가?에 대해서는 아직도 진행 중이다. 행동경제학은 기존의 주류경제학의 방법과는 다른 접근을 제시하므로 경제사상사의 일부라고 볼 수 있다. 행동경제학에서 현재까지 밝혀낸 사실들은 기존의 이론들이 많은 상황에서 잘 성립하지 않고 오히려 행동경제학적 접근이 인간의 경제행위를 보다 일관성 있게 설명할 수 있다는 정도이다. 기존 경제학이론은 어떻게 수정해야할지, 밝혀낸 사실들을 어떻게 반영하여 비합리성을 고려한 경제행위를 할지 등에 관한 체계적인 이론은 아직 진행되어야 할 것으로 보인다.

2. 전통적 주류 경제학의 한계와 대안

경제학은 여러 가지 복잡한 경제여건과 환경 속에서 가장 적합한 수단을 찾아내서 국민경제에 가장 적절하게 그것이 사용되도록 해야 한다. 경제학은 사실 너무 난해하고 복잡할 뿐만 아니라 어떤 샘플을 선택하여 치밀한 관찰을 통하여 과학적인 실험을 할 수 있는 것도 아니다. 오늘날 위대한 경제학자로 알려진 아담 스미스, 마르크스, 케인즈 등은 과거의 경제분석을 주로 연구하였으나 미래를 예측하는 미래학자들은 아니었다. 즉, 과거의 경제가 어떻게 오늘날과 같이 변화되었는지를 연구하여 이를 기초로 이론을 만들어낸 사람들이다.

우리가 알아야 할 진실은 '경제학이란 아담 스미스와 그 이후 학자들이 기술한 바와 같이 정확한 법칙에 따라서 움직이는 과학은 아니고 일반적으로 그러한 경향을 파악하는 학문'이다. 가령, 가격이 오르면 수요가 줄어드는 것이 일반적이지만 항상 그렇지 않은 경우도 있다. 남들이 사면 같이 사고 싶어 하는 베블런 효과가 있는 재화의 경우는 가격이 오를수록 더 수요가 증가할 수 있다. 한국의 부동산 거품도 이와 비슷하여 수요법칙에 따라 움직이지 않는다. 따라서 문제의 진단과 처방이 부정확하여 갈팡질팡한다. 합리적 대처가 어려운 것은 부동산 시장만이 아니다. 주식시장의 경우도 장기적으로는 미래 현금흐름에 대한 합리적 기대를 반영하여 주가가 움직인다고 볼 수 있다. 투자자들은 일반적으로 한계수입과 한계비용이 일치되는 지점까지 최대한 투자를 한다. 하지만 단기적으로 외부의 환경변화나 충격이 발생하면 시장은 출렁이고 법칙이 전혀 작동하지 않는다. 동물적 감각만이 살아움직일 수도 있다. 이처럼 시장은 때때로 외부의 충격에 민감하게 반응하여 정상적인 상황에서 당연하게 받아들여지는 경제법칙도 전혀 소용이 없을 수도 있다. 이와 같이 예측불가능한 것들을 경제학자들이 모두 미리 알아낼 수는 없다. 또한 이들이 시장을 교란할 때 시장은 어디로 튈지 모르는 럭비공과 같아서 정확히 진단하고 대응책을 제시하는 것도 대단히 어렵다. 이것이 경제학과 경제학자들이 직면한 경제 문제이기에 그 한계가 분명히 존재한다.

그러므로 지금까지 살펴본 위대한 경제학자들도 일반적인 것과 특수한 예외적인 상황을 구별하기 어려웠고 현재와 미래 간에 완전하게 균형을 잡을 수 없었다. 뿐만 아니라 미시적인 현상과 거시적인 현상을 동시에 완벽하게 정통하게 분석할 수 있는 경제학자들도 거의 없었다. 하지만 경제학자들은 언급한 바와 같이 일반적으로 일어나는 경제의 움직임에 대한 경향은 보여주었고 시장과 정부는 상호작용하는 관계에 있다는 것을 인식하고 이들 간에 적절한 균형점을 찾고자 하였다.

그러나 시장이 완벽하게 작동하지 않는 한 이를 교정하기 위한 힘이 요구되고 정부의 역할은 필요하다. 물론 가장 바람직한 것은 정부의 개입의 여지가 없이 시장이 잘 작동하여 움직이는 것이 가장 바람직하지만 오늘날 시장은 자동적으로 내버려두기에는 너무 많은 요소들이 관여하여 복잡하고 정교하여서 내버려둘 수가 없다. 특히 외부적 충격이나 내부적 교란요인의 움직임이 너무 클 때, 시장은 이를 스스로 교정하지 못하거나 왜곡이 발생할 수 있기 때문에 정부는 이런 요인들의 발생을 억제하거나 최소화하는 노력을 경주해야만 한다. 이처럼 정부가 시장의 효율을 회복시키거나 불공정한 것을 바로잡기 위하여 시장에 관여하게 되면 개입에 따른 순기능과 부작용이 있기 마련이다. 아무에게도 유익하지 않은 바람은 불지 않는 법이라는 영국 속담이 있듯이 그 어떤 정책도 모두를 유익하게만 하거나 모두에게 불이익만 주는 정책은 없다. 즉, 정부의 경제정책도 어떤 사람에게 이익을 주기도 하고 다른 사람들에게는 불이익을 주기마련이다.

그러므로 바람직한 정부의 개입은 제로섬게임이 아니라 다수에게 이익을 줄 수 있는 정책이어야 하고 공정한 룰을 보장해 줄 수 있는 정책이 되어야 할 것이다. 좋은 경제정책은 단기적으로 대중의 요구와 부합하지 않을 수도 있지만 국민들에게 정확한 신호와 정보를 제공하고 바람직한 방향을 설득하는 노력이 수반되어야 한다. 좋은 경제정책도 피해자들이 발생하기 때문에 경제학을 통하여 경제학자들은 정부에 피해자들을 최소화하는 효율적 정책을 선택하여 집행하도록 조언한다.

나아가 경제학의 최근 추이에서 언급하였듯이 경제학은 살아 움직이는 생물과 같아서 항상 이성에 기초한 합리성으로만 의사결정이 이루어지는 것은 아니라는 것이 경제정책의 효과를 불확실하게 만들기도 한다. 경제에서 의사결정을 하는 경제주체들은 이성뿐만 아니라 감정을 가진 존재이고 때로는 불완전한 정보나 착각으로 제한된 합리성 속에서 결정해야 하는 상황이 오히려 일반적일 수 있다.

그러나 전통적인 주류경제학에서의 자신의 이익을 합리적으로 추구하는 존재로서 합리적인 경제인을 의미하는 호모이코노미쿠스homo economicus는 사랑, 미움, 기쁨, 슬픔과 같은 인간 감정을 완전히 제거한 이성적인 인간을 전제한다. 이러한 이성적인 인간의 주요 특징은 물질에 대한 끝없는 욕망과 그 욕망을 최대한 충족시키기 위하여 자원을 효율적으로 사용해야 한다. 또한 인간의 모든 행동에는 자신의 이익을 우선적으로 고려하는 이기심self-interest이 깔려있다. 사실 아담 스미스가 말하는 이기심은 주류경제학이 말하는 이기심과 다르다. 아담 스미스의 이기심은 남을 생각하지 않고 자신의 이익만을 챙긴다는 의미가 아니고 자신의 이익을 중요하게 생각하는 태도를 말한다. 하지만 주류경제학에서는 도덕과 윤리 그리고 공정성을 포함한 감정을 이성과 함께 가진 인간이 아니라 감정을 배제한 합리적 이성에 기초한 인간을 전제하고 있다.

이처럼 전통경제학에서 의미하는 완전한 정보와 철저한 합리성에 기초한 이성적 인간은 현실적으로 존재하지 않는다. 현실에서 인간은 상황파악 능력에도 한계가 있고 신체의 능력과 시간과 환경에 따라서도 인지능력은 차이가 있다. 또한 적절한 의사결정에 필요한 완전한 정보도 없고 이 모든 정보를 종합하여 완벽한 계산을 할 수도 없다. 즉, 인간은 세상의 모든 일을 다 알지 못하고 심지어 자기 주변의 단순한 상황도 제대로 이해하지 못하는 경우가 많다. 이러한 불완전한 인간은 자기에게 주어진 정보와 인지할 수 있는 범위 내의 지식을 근거로 직면한 문제에 대한 의사결정을 하는 것이 일반적이다. 거의 대부분의 삶의 결정은 어림짐작으로 의사결정을 내린다고 해도 과언이 아니다. 나아가 인간은 이기적이긴 하지만 항상 이기적으로 행동하지도 않는다. 때로는 자신의 이익을 포기하고 남을 위하여 자신의 시간을 봉사활동에 사용하기도 하고 헌신도 하며 헌혈도 한다.

이에 여기서는 철두철미하게 완벽하고 합리적인 이성적인 인간을 전제하지 않고 현실에서 널리 볼 수 있는 이성과 감성을 동시에 가진 일반적인 인간을 대상으로 경제행위를 하는 경제학으로 수정해서 바라보고 인간의 행위를 분석해 볼 필요가 있다. 이는 기존 경제학의 한계를 지적하고 현실성 있는 경제로 접근하려는 노력의 일환이 될 것이다. 이러한 행동경제학의 접근은 주류경제학에서도 받아들여지기 시작했고 기존 경제학의 이론이 수정되고 있으므로 이에 대한 다양한 이론과 사례를 학습해 볼 필요가 있다. 이하 제2장에서는 행동경제학의 등장과 행동경제학의 주요 의제들을 하나씩 소개하고자 한다.

제2장

행동경제학의 주요 이론

제1절

경제학과 심리학의 만남

1. 행동경제학의 태동과 발전과정

행동경제학이란 인간이 실제 경제행위를 할 때 어떻게 행동하고 어떤 현상이 발생하는지를 연구하는 학문이다. 이는 인간 내면의 심리를 기초로 이루어지는 경제행위의 의사결정을 체계적으로 연구하는 학문이다. 행동경제학은 기존의 전통경제학이 고수해온 인간의 합리성, 이기심을 부정한다. 하지만 인간이 완전히 비합리적이고 비이기적인 존재라고 보지는 않고 전통경제학에서 말하는 완전합리적, 완전이기적이라는 점을 부정한다. 행동경제학이 말하는 비합리적이라는 것은 전혀 정형화되지 않은 행동이 아니라 합리성의 기준에서 벗어났다는 것을 보여주고자 하는 것이다. 인간의 행동이 비합리적이기는 하지만 일정한 경향을 보이고 있기에 예측가능한 행동으로서 경제에 미치는 영향이 매우 지대하다.

전통경제학에서 말하는 경제적 인간homo economicus 혹은 합리적 경제인은 지극히 합리적으로 행동하고 타인을 배려하지 않고 자신의 이익만을 추구하는 사람들을 말한다. 합리적 경제인은 자신에게 이익이 되는 일이라면 즉각 실행하고, 불이익이 되는 일은 절대 하지 않는다. 합리적인 경제인은 원래 현명한 사람을 의미하는 호모사피엔스라는 용어를 경제행위에 적용하여 만든 것이다.

인간의 경제행위를 이해하기 위하여 충동적이고 비합리적인 심리를 강조하였던 사람은 아담 스미스로 알려져 있다. 제1장에서 살펴보았듯이 아담 스미스는 1776년 『국부론』에서 '보이지 않는 손'을 설명하면서 합리적 의사결정을 통한 시장경제의 효율성을 주장하여 주류경제학의 효시가 되었다. 그런데 『국부론』만큼 알려져 있지는 않지만 아담 스미스가 1759년에 『국부론』에 영향을 준 『도덕감정론』을 출간하였다. 이 책에서 아담 스미스가 언급하였듯이 인간의 경제적 행동은 다양한 심리적 감정들에 의하여 영향을 받고 심리적 감정들은 이성적 마음으로 진정된다고 보았다. 또한 인간은 자신의 이익만을 고려해서 움직이지는 않고 다른 인간들에게 동정심을 보인다는 것이다.

사실 아담 스미스 이후 초기 경제학자들은 인간의 감정, 충동, 도덕 등과 같은 심리적 요인을 경제학에서 다루어 온 것으로 보인다. 가령, 신고전학파의 한계효용체감의 법칙도 인간의 심리에 기초하고 있다. 그러나 그 이후 20세기 초에 들어오면서 주류의 경제학자들은 『도덕감정론』에서 주장한 도덕적 인간을 도외시하고 『국부론』에서 언급한 이기심에 주로 초점을 맞춘 합리적 인간을 가정함으로써 감정이 배제된 이성에 기초한 경제인을 대상으로 이론을 전개하게 된 것으로 보인다.

18세기 이후 심리적 요인을 강조한 경제학자들은 20세기 초반에 다시 나타난다. 1910년대 베블런 등 제도경제학자는 경제이론에서 심리적 요인의 도입이 필요하다고 주장하였다. 인간의 심리적 요인이 인간의 관계와 인간들이 만들어낸 정치와 사회의 구조 등 제도에 영향을 미친다고 보았다. 특히 제도학파가 강조하는 인간의 습관적 사고는 행동경제학에서 주장하는 비합리적 요인의 하나인 인간의 휴리스틱 경향에 직결되므로 행동경제학의 발전에도 일정부분 영향을 미치게 되었다. 제도학파의 제도란 '개인과 사회의 특정관계나 특정기능에 관한 지배적인 사고습관'을 말한다. 그러므로 제도학파들은 정치사회의 형태, 사상, 법률, 전통과 문화 등 사회구조와 관계가 경제행위에 영향을 준다고 보았다. 나아가 거시경제학자인 어빙 피셔Irving Fisher와 케인즈도 인간의 심리가 경제현상에 지대한 영향을 주는 요인이라고 주장하였다. 피셔와 케인즈는 화폐가치를 착각하는 화폐환상을 일으키는 것은 비합리적이라는 심리적인 요인을 지적하였다. 케인즈는 합리성보다는 야성적 충동이 오히려 경제행위를 잘 설명할 수 있다고 주장하였다. 케인즈는 인간의 비합리성이 경제운용에 영향을 미친다는 것을 그의 저서 『고용, 이자 및 화폐의 일반이론』에서 언급하고 있다. 특히 인지착각, 공정성, 군중행동, 사회적 지위나 감정, 야심 같은 심리와 사회학적 요소의 중요성을 강조하고 있다.

행동경제학이란 단어를 처음 사용한 학자는 1958년에 존슨Johnson과 볼딩Boulding이다. 이들은 주류경제학의 합리성체계가 심리적 요인을 간과하고 있다고 지적하였다. 경제학에 심리학 도입의 필요성을 주장한 것이다. 1960년대 이후 행동경제학의 선두 주자로 인식되는 학자는 허버트 사이먼Herbert A. Simon과 조지 카토나George Katona를 들 수 있다.

사이먼은 인간이 경제적 행위를 하기 전에 직면하는 정보의 제약을 인식하였고 이를 제한된 합리성이라 불렀다. 이 제한된 합리성 하에서 실제 선택이 이루어진다고 보았다. 사이먼은 주류경제학이 가정하는 합리성에 대하여 인간 인지능력에 한계가 있음을 체계적으로 비판한 최초의 학자이다. 따라서 경제학은 제한된 합리성을 가진 인간을 대상으로 이론을 만들어야 한다고 주장하였다. 사이먼은 합리성이 선택의 결과가 아닌 선택의 과정이나 방법에 대해서 논의가 필요하다는 '절차적 합리성'을 만들어 냈고 인간의 선택은 최적화 기준으로 이루어지는 것이 아니고 일정 수준 이상이 되면 선택하는 '만족수준원리'를 내세웠다. 마음의 성격을 파악하는 것은 사회제도와 사회행동, 경제학, 정치학 등에서 제외시킬 수 없는 부분으로 간주하였다. 사이먼은 인간 이성의 합리성에 관한 가정은 인간 마음에 대한 가정으로 바뀌어야 한다고 주장하였다. 심리학을 전공한 카토나는 『경제행동의 심리학적 분석』이란 저서에서 경제주체의 동기, 태도, 걱정 등과 같은 인간심리가 경기상승, 인플레이션, 경기후퇴 등에 어떻게 관여하고 반응하는지를 보고자 하였다. 즉, 경제적 현상과 심리적 요인 간의 관계에 관심을 가졌다.

한편, 행동경제학은 경제학과 심리학이 재결합하면서 만들어진 것으로 심리학적 특성이 강하게 작용하고 있다. 이러한 흐름에 기여한 것이 인지심리학 혹은 인지과학이라는 영역이다. 인지심리학은 지각, 이해, 기억, 사고, 학습, 추론, 문제해결과 인간의 고차 인지기능을 연구대상으로 한다. 뇌과학, 신경과학, 신경심리학, 정보과학, 언어학, 인공지능, 컴퓨터 과학 등과 연계되어 있다. 심리학의 연구 방법뿐만 아니라, 인지심리학의 연구 성과를 바탕으로 컴퓨터 처리 모형을 구축하거나 사람의 인지모형을 재검증하는 방법이 이용되고 있다. 최근에는 의식과 감정, 감성과 같은 문제도 다루고 있다. 1970년대에 이르면서 판단과 의사결정의 문제에 인지심리학자의 실험과 연구가 많이 증가하였다. 인지심리학에서 진화론의 영향으로 진화심리학이 탄생했고 뇌과학과 연결되어 인지신경심리학도 파생되었다. 이들도 행동경제학에 영향을 미치고 있다.

1970년대에 본격적으로 행동경제학이라는 분야를 개척한 대니얼 카너먼Daniel Kahneman과 아모스 트버스키Amos Tversky는 심리학과 출신의 심리학자로 상당 부분을 심리학적 설명에 의존하고 있다. 과거에 사이먼과 카토나가 인간의 비합리적 심리특성을 경제이론 모형 내에서 설명하지 못하여 경제학자들의 인정을 받지 못하였으나 이들은 인간의 비합리적인 심리특성을 경제모형으로 설명함으로써 많은 관심을 받게 되었다. 이들이 1974년 『Science』지에 발표한 "습관적 생각에 기초한 행동과 오류문제", 그리고 1979년 『Econometrica』에 게재한 "전망이론: 위험하에 의사결정" 등은 주류경제학이 수용할 수 있도록 경제모형화를 시도한 것들이었다. 카너먼은 그의 대표 이론인 전망이론prospect theory으로 2002년 노벨경제학상을 수상하기도 했다. 이 분야를 본격적으로 개척했다고 평가받는 이 논문은 피인용수가 무려 3만회 이상이라고 하고 경제학 분야 인용 상위 10위 내에 들어간다. 이들의 성과는 수많은 후속연구를 가져왔고 2000년대에 들어서면서 경제학의 연구분야뿐만 아니라 실제 정책적 활용에 있어서도 가장 활발한 분야로 성장하고 있다.

행동경제학의 발전과 밀접히 연관된 분야가 실험경제학 분야이다. 2002년 미국 조지메이슨 대학의 버논 스미스Vernon L. Smith는 카너먼과 함께 공동으로 노벨경제학상을 수상하였다. 행동경제학과 실험경제학이 공동으로 노벨경제학상을 수상한 이유는 실험적 방법 없이는 행동경제학의 발전을 생각할 수 없기 때문이었다. 행동경제학이 실험적 방법을 다양하게 사용한다. 기존의 주류경제학은 합리적 이성에 근거한 효용함수와 수리적 모형에 기초한 결과를 도출하는 방법을 사용한다. 그러나 행동경제학에서는 합리성을 가정하고 행동을 분석하는 기존 방법을 적용하는 것이 부적합하므로 그 대안적 방법으로 심리실험이나 피실험자의 행동과 반응을 직접 관찰하는 방법을 사용하였다. 이것이 바로 실험경제학의 방법론을 활용한 것이다. 실제 카너먼과 트버스키의 논문이 발표된 1979년 이후 행동경제학 논문과 함께 실험경제학 논문이 급속히 증가하는 연관성을 보여주고 있다.

본질적으로 행동경제학에서 관측되는 인간의 행동들은 미시이론의 기반이 되는 인간선택의 합리성 공리Axiom들을 문제시한다. 따라서 미시경제학과 상당히 밀접한 관련이 있다. 동시에 시장의 합리성을 믿지 않고 부정적으로 보기 때문에 거시경제적 관점에서 케인즈학파와 친숙하다. 재무경제학의 대가인 로버트 쉴러Robert Shiller는 행동재무학이라는 분야를 개척해 최근의 금융위기를 설명하는 키워드로 '비이성적 과열'을 들고 있다. 이외에도 실제로 케인즈가 경제에 있어 심리법칙을 강조하였음을 이유로 조지 애컬로프George Akerlorf는 케인즈를 최초의 행동경제학자로 언급하기도 하였다. 행동재무학의 권위자인 리처드 탈러Richard Thaler도 합리적 경제인이라는 가정은 비현실적이라고 본다. 탈러도 제한적 합리성bounded rationality에 기반한 경제학 분야인 행동경제학behavioral economics을 체계화시킨 공로로 2017년 노벨경제학상을 수상하였다. 탈러의 주된 생각은 시장 중심의 접근은 불완전하다는 것이다.

탈러는 "기존의 주류경제학은 사람들이 굉장히 합리적이며 감정이 없다고 가정한다. 사람들은 마치 컴퓨터처럼 계산하며 자신을 완전히 조절한다."라고 말한 바 있다. 탈러는 인간 합리성을 강하게 믿는 것으로 알려진 시카고 대학교의 교수임에도 이를 받아들이는 것으로 보아 경제학계에서 행동경제학의 결과를 널리 받아들이고 있다는 것을 의미한다.

2. 인간의 제한된 합리성

전통적으로 주류경제학에서 합리적이고 이기적인 경제주체를 가정할 때 그 합리성의 의미는 인간이 자신의 행위가 어느 것이 얼마나 유익한지 정확하고 일관되게 판단내릴 수 있다는 것이다. 또한 이기적이라는 의미는 판단기준이 자신에게 초점이 맞춰져 있고 타인이나 사회에 유익한지는 고려하지 않는다는 것을 말한다. 앞서 설명하였듯이 행동경제학은 주류경제학의 합리적이고 이기적인 경제인에 의문을 제기한다. 하지만 주류경제학에서 합리성과 이기심에서 벗어난 예외적인 선호는 크게 문제시 하지 않았다. 그 이유로 대다수는 합리적인 경제인이고 비합리적인 경제인은 거의 없기 때문에 대세에는 영향을 주지 않는다는 것이다. 설사 합리성과 이기심에서 벗어나더라도 시간이 흘러 장기화되고 학습하면서 점차 합리성과 이기심의 양식을 배워나갈 것이다. 만약 이에 적응하지 못하면 시장에서 점차 배제되고 퇴출될 것이라고 본다.

이러한 주류경제학파의 생각과는 다르게 합리성과 이기심은 상실한 결정의 결과는 평균으로 수렴하기보다 극단적으로 한 방향으로 치우쳐서 예상 못한 결과로 나타나거나 시간이 지나도 학습과 경쟁에서 교정이 되지 못하는 상황이 빈번하게 발생하고 있다는 점이다. 이처럼 행동경제학이 제기하는 주요 문제는 인간이 합리적인가? 그리고 인간이 항상 이기적인가?에 대한 것으로 요약할 수 있다.

허버트 사이먼Herbert A. Simon은 인간의 의사결정의 수수께끼를 밝히는데 일생을 바쳤다. 그의 가장 중요한 발견은 제한된 합리성이다. 인간은 합리적 존재rational being가 아니라 합리적이려고 노력하는, 합리를 지향하는 존재intendedly rational being이다. 그에 의하면 인간은 해결해야 할 문제의 크기가 자신의 문제해결능력보다 큰 경우 완벽하게 합리적일 수 없다고 보았다. 제한된 합리성의 원리는 효용극대화와 이익이 인간행동의 결정적인 동기라는 전통적 주류경제학의 이론을 뒤집는 것이다. 때때로 합리지향적인 인간이 의사결정을 할 때, 이성적 요인과 감정적 요인이 목적지향적인 행동을 촉진하거나 방해하는 역할을 한다. 사이몬에 의하면 불확실성, 대안형성의 곤란성, 계산능력의 한계 등과 같은 합리성의 제약요인들이 현실적으로 존재하므로 탐색과정을 이론적인 논의에 고려하여, 의사결정의 기준을 최적수준에서 만족수준으로 바꾸어야 한다고 주장한다.

사이먼은 전지전능한 신이 아닌 인간의 시각으로 여러 대안에 대한 의사결정을 위한 논리를 세우고자 하였다. 그는 합리성을 실체적 합리성과 절차적 합리성으로 구분하고 절차적 합리성을 제안하였다. 실체적 합리성이란 주어진 제약조건 하에서 부과된 한계 안에서 주어진 목표의 성취에 가장 적합하게 행동하는 경우로서 선택의 결과에 초점을 맞춘다. 실체적 합리성은 현실의 불확실성으로 그 제한을 받는다. 절차적 합리성은 선택에 도달하기까지 합당한 절차나 과정을 따르는 경우로서 선택의 '과정'에 초점을 맞춘다. 인간은 자신이 가진 문제해결 역량보다 문제의 크기가 훨씬 크다면 실체적 합리성을 달성하기는 어렵다.

따라서 기거렌저와 셀턴Gigerenzer and Selten, 2001에 따르면 제한된 합리성 하에서의 의사결정의 과정을 중요시하는 절차적 합리성의 선택 원칙은 다음과 같은 세 가지로 정리할 수 있다.

첫째, 탐색이 단계적step-by-step으로 이루어지는 단순탐색규칙simple search rules을 따른다. 한 단계에서 획득한 정보를 가지고 조정을 하고 다음 단계에서 다시 정보를 얻어서 또 다시 조정을 하는 형태로 탐색을 반복해 나가는 방법이다.
둘째, 열망수준을 만족시키는 선에서 탐색을 중지하는 단순중지규칙simple stopping rules을 따른다.
셋째, 한정된 양의 정보가 획득되면 탐색을 중단하고 가장 그럴듯하게 보이는 근거에 기초하여 선호되는 대안을 선택하는 단순결정규칙simple decision rules을 따른다.

사이먼이 제한적 합리성을 주장할 때 그의 생각은 절차적 합리성에 초점을 둔 것으로 보고 이를 실천할 수 있는 방법을 제시하고자 하였다. 그러므로 제한된 합리성은 이론이나 원리라기보다는 인간이 실제 살아가면서 의사결정을 할 때 사용하는 방법이라고 보는 것이 타당하다. 그러한 방법으로 절차적 합리성을 추구한다고 보아야 한다.

(1) 인간이 제한된 합리성

1979년 카너먼과 트버스키의 전망이론에서 주류경제학의 기대효용이론에 대한 대안이론을 제시하였다. 이들에 의하면 1) 인간은 소득이나 부의 절대수준보다는 자신이 정한 어느 준거소득의 기준점의 변화에 민감하다. 2) 자신의 기준점을 기준으로 정(+)의 이동에 대해서는 위험회피성을 띠고 부(−)의 이동에 대해서는 위험선호성을 가진다는 것이다. 3) 손실에 대해서는 같은 금액일지라도 더 민감하게 반응한다. 이 전망이론은 인간이 손실회피편향, 현상유지편향, 닻내림효과 등의 이론으로 발전되었다. 이처럼 인간은 주류경제학에서 주장하는 것과는 다르게 동일한 사안과 동일한 금액에 대하여 똑같이 반응하는 것이 아니라 일관되게 비합리적으로 반응한다는 것을 보였다.

따라서 인간은 같은 금액의 이득과 손실에 대하여 다르게 판단하는 심리구조를 가지고 있고, 어떤 재화를 구입하기 전과 구입한 후에 그 재화에 대한 가치를 달리하거나 이익이 되는 상황에도 공정하지 않으면 그것이 불공정하다고 생각하여 받아들이지 않는 등 비합리적인 행동을 보인다는 점이다. 또한 현실에서는 합리적인 결정을 하기에는 주어진 정보가 너무 제한적인 경우가 대부분이고 완벽한 정보가 주어지는 경우는 오히려 예외적이어서 합리성을 보이기에는 너무 제약이 많다는 것이다. 뿐만 아니라 현실적으로 정보가 많을 경우에는 오히려 과다한 정보로 인하여 보다 정확하고 신속한 의사결정을 내리기가 더욱 어려워지는 경우가 일반적으로 일어난다는 것이다. 이처럼 인간이 직면한 현실은 합리성을 발휘하기에는 너무 동떨어져 있기에 제한된 합리성 하에서 경제행위를 하는 것이 오히려 일반적이라고 주장한다. 제한된 합리성은 결국 '합리성의 한계limits of rationality'를 의미한다. 합리성의 한계들은 지식의 불완전성, 예측의 곤란성, 그리고 가능한 대안의 고려 범위의 제한성을 모두 포함한다. 만족할 만한 수준에서 선택이 이루어진다는 만족화satisficing 관점을 채택하고, 여러 차원이 고려된다차원의 합리성 모델을 제시한다. 이들은 최적보다는 만족에 기초해서 의사결정을 내리는 절차적 합리성을 주장한다.

(2) 이기심과 이타심

인간들은 주류경제학에서 가정하는 것처럼 항상 자신만의 이익을 추구하는 존재가 아니고 타인과 사회 전체의 이익도 고려한다는 것이 여러 실험에서 나타나고 있다. 이들 결과를 요약하면 인간은 종종 자신의 이익이 줄어들더라도 타인에게 이득이 된다면 타인에게 이득을 주는 쪽으로 행동한다는 것이다. 또한 자신에게 이득이 되지만 집단 내에서 불평등하다고 생각하면 자신의 이익을 줄이는 방향에 동의한다는 것이다. 나아가 상대방의 불의한 행동을 보면 자신의 이익을 희생해서라도 그 불의한 행동을 응징하는 태도를 보인다는 점이다. 이러한 마음은 상대를 알지 못하는 상황에서도, 그들과의 관계가 미래에 지속되지 않는 상황에서도 이타적인 행동은 나타난다. 인간은 태어날 때 이기적이거나 이타적으로 태어나는 것은 아니다. 인간의 이기심과 이타심은 사회적 맥락이나 사회적 제도에 영향을 받는다고 보아야 한다. 또한 제도와 관계 속에서 이기적으로 혹은 이타적으로 변화되어 간다. 즉, 인간은 일관되게 이기적이거나 이타적인 것이 아니라 사회적 관계와 제도에 따라서 이기적으로 혹은 이타적으로 행동하게 된다.

따라서 인간의 의사결정은 자신만을 생각하기 보다는 타인과 사회 전체를 고려하는 측면이 중요하게 고려된다는 것이다. 인간이 오히려 이타심, 상호성, 공정성 등의 성향을 보인다는 사실 자체는 인정되어야 하고 개인이 아니라 사회와 전체를 고려하는 생각이 깊은 인간일수록 이타심의 수준은 더 높다는 점이다. 이러한 성향을 어떻게 경제이론에 반영할 것인지를 찾아보는 것이 필요할 것이다. 즉, 이들을 반영할 수 있는 경제의 법칙이나 이론을 만들어 나가는 것이 중요하다.

나아가 우리가 사회적 공익을 증진하는 선택이 이루어지려면 인간의 이기심보다는 이타심을 보다 높일 수 있도록 사회적 관계와 제도가 마련될 필요가 있다. 사회관계와 제도가 인간의 행위와 동기에 영향을 미친다면 효율성은 경제적 이익의 관점뿐만 아니라 사회제도도 포함하여 인간의 이타심을 높일 수 있는 방향으로 변화되고 수정되어 나가는 것이 필요하다. 궁극적으로 행동경제학자들은 이기적 이익을 추구하는 개인들 속에서 이기심과 이타심을 조화시키고 이를 통하여 조화된 사회적 이익을 증진시켜 나가려면 이기심과 이타심이 적절한 때 나타날 수 있도록 반영하여 사회집단과 제도도 합리성을 추구하는 경제이론에 포함시킬 것을 주장한다.

그림 18 **대니얼 카너먼** – "나는 깜짝 놀랐다. 심리학자 입장에서 인간은 완전히 합리적이지도 이기적이지도 않으며 취향도 불안정하다."

대니얼 카너먼

아모스 트버스키

제2절

주류경제학의 합리적 이론

행동경제학은 주류경제학의 합리적 이론을 비판하면서 다른 대안을 제시하고 있으므로 행동경제의 이론과 주류경제학의 합리적 이론을 비교해 볼 필요가 있다. 이에 주류경제학의 인간의 합리성에 관한 주요 이론을 소개하고자 한다. 특히 행동경제학에서는 주류경제학의 개인과 선호체계, 기대효용이론 등에 많은 문제점과 비판을 하고 있으므로 이 영역에 국한하여 주류경제학의 주장을 이하에서 먼저 살펴보고자 한다.

1. 주류경제학의 기본 가정과 특성

주류경제학에서 중요시하는 기본 가정은 첫째, 개인의 합리적 선택이고, 둘째, 시장의 가격기구의 조정기능이다. 개인들이 시장을 통하여 재화를 합리적으로 선택하면 시장의 가격은 이를 적절히 조정해서

수요와 공급을 맞추어준다. 따라서 주류경제학은 가격을 경제활동의 균형을 가져오는 최상의 도구로 생각한다. 이를 자세히 설명하면 다음과 같다.

경제란 재화를 생산, 분배, 교환, 소비하는 과정의 경제활동을 말한다. 인간은 궁극적으로 소비의 주체이고 노동과 자본을 투입하여 생산활동을 통하여 재화를 만들고 이를 인간이 소비함으로써 그 효용을 충족한다. 경제주체에는 기업과 정부가 있으나 이들은 개별적 인간이 아니고 궁극적으로는 이들에 속한 기관의 주체인 인간들이 재화를 소비한다는 관점에서 주류경제학은 개인의 재화소비와 그 소비를 통한 효용의 극대화를 중요하게 보았다.

사실 생산, 분배, 교환, 소비는 모두 개인의 선택으로 귀결된다. 생산은 생산요소와 중간재에 대한 선택을 통하여 생산활동으로 이윤을 극대화하는 것이다. 분배도 생산요소 서비스 제공에 대한 교환과 거래를 통한 개인들의 선택이 결합되어 있다. 교환도 재화나 자원의 판매를 매개로 이루어지는 선택활동이다. 소비는 당연히 개인들이 자신의 필요로서 효용극대화를 위하여 원하는 재화를 사는 선택을 하는 것이다.

합리적인 경제인은 이처럼 선택을 중요시하기에 이에 기초한 주류경제학은 합리적인 선택이론을 체계화하였다. 그 중에서도 각 개인에 초점을 두고 있기에 소비와 효용에 중점을 두었고 이는 재화를 선택하는 소비자선택이론으로 발전되었다. 인간의 효용의 측정은 소비에 가치를 둔 한계효용학파에 기초를 두고 있다. 이들에 의하면 효용이란 내면적이고 심리적인 것으로 수치적으로 측정하기는 어렵다고 보지만 다른 대안 간에 서수적으로 효용의 순서는 정할 수 있다고 생각하였다. 또한 서수적 효용도 시장을 통하여 표현될 때에 측정가능한 것으로 보았는데 이를 현시선호이론이라 한다. 즉, 현시선호이론에서 효용이란 객관적으로 시장에서 표시되어 드러나고 관찰된 선택 자체를 중요시하고 합리적인 인간을 가정하기에 선택의 일관성을 부여할 수 있다고 본다.

실제 재화나 생산요소의 거래는 시장에서 이루어지는 구매와 판매의 과정에서 선택으로 나타난다. 구매자와 판매자가 재화나 생산요소에 부여하는 가치가 일치할 때 선택이 매매로 일어난다. 개인의 선택은 가격을 통하여 조정된다. 시장에서 거래는 가격을 매개로 이루어진다. 이처럼 시장에서 가격을 매개로 수요자에게 각 가격에 대응하는 수요량의 관계를 보여주는 수요법칙을 제공하고 마찬가지로 공급자에게 각 가격에 대응하는 공급량의 관계를 보여주는 공급법칙을 제공한다. 주류경제학에 의하면 개별수요와 개별공급이 모이면 시장수요곡선과 시장공급곡선을 형성하게 되고 개인의 선택과 시장의 가격이 영향을 주고받으면서 균형이 성립한다고 본다. 즉, 개인의 합리적 선택은 시장의 가격기구를 통하여 조정되는 것이다.

재화의 소비자나 생산자는 각각 독립적으로 자신의 효용이나 이익을 극대화하고자 한다. 합리적인 경제인은 이익의 극대화를 추구하고 이는 바로 최적화 행위를 말한다. 즉, 최적화란 주어진 예산 하에서 효용이나 이익을 극대화하는 행위이다. 재화나 생산요소 간의 대체가능성은 재화 간의 보완관계와 대체관계에 따라서 효용이나 이익극대화에 기여한다. 개인들은 효용과 이익의 한계효용 혹은 한계이익을 통하여 극대화를 추구한다.

실제 사회에는 개인에 따라서 선호와 소득이나 부가 다르고 주어진 예산에 따라서 각자의 선택범위와 효용의 수준은 다 상이하다. 하지만 각 개인은 합리적 선택을 한다는 점에서 동일하고 이러한 합리적 선택은 시장의 가격기구를 통하여 각자가 원하는 재화와 가격으로 수용이 가능하다. 그러므로 각 개인이 자신의 선호에 따라서 부여하는 재화 간의 다른 한계효용의 상대적 비율인 한계대체비율은 각 재화의 시장가격의 상대비율로 나타나고 선택의 일관성은 시장의 일물일가로 나타나게 된다.

요컨대 시장경제에서 개인의 합리성과 경쟁적 시장의 두 가지 요소는 모두 중요하다. 특히 주류경제학은 개인과 관련하여 첫째, 합리적인 선택과 관련하여 타인의 영향을 받지 않는 독립적인 개인, 안정적이고 일관된 선호, 서로 독립적인 예산제약과 선호 등을 가정하고 있다. 둘째, 선택대상이 되는 재화들에 대해서는 각 대안들의 독립성, 재화의 대체가능성, 전용가능성을 가정한다. 셋째, 선택행위의 목표에서는 효용 혹은 이익(비용)의 극대화(극소화)를 목표로 한다. 넷째, 선택상황에 관해서는 절차와 관련하여 항상 일관성을 전제로 한다. 이하에서는 이러한 주류경제학의 특성을 하나씩 자세히 살펴보고자 한다.

주류경제학은 시장의 균형을 중요시한다. 개별경제 주체들의 최적화 행위는 시장을 통하여 나타나고 이들이 모여서 이루어진 것이 시장의 균형이다. 여기서 균형이란 어떤 상태가 이루어지면 새로운 외생적 요인이 작동하지 않은 한 그 상태를 계속 유지하려는 경향이 있을 때를 말한다. 즉, 시장에서 서로 상반된 여러 힘들이 서로 일치된 상태를 균형이라 한다. 따라서 수요곡선과 공급곡선이 교차하는 점을 균형점이라 하고 이점에서 성립하는 가격을 균형가격이라 한다. 새로운 힘이 작용하지 않는한 균형가격은 그 수준에서 유지된다.

2. 개인과 선호체계

(1) 선택의 주체로서 개인

1) 독립적인 개인

선택의 주체인 개인들은 선택을 할 때, 이웃이나 친척 등 다른 개인들의 선택에 영향을 받지 않고 항상 독립적으로 선택을 한다는 것이 주류경제학의 가정이다. 가령, 다른 사람들이 재화 중에 무엇을 선택하든 관계없이 항상 나는 내가 좋아하는 것을 선택한다고 가정한다. 시장에서 개인들은 개인적으로 존재하고 사물을 개인적으로 지각하고 선택한다. 개인이 선택행위와 분석의 단위가 된다는 것은 개인이 스스로 선택하고 자율적으로 판단한다는 것을 의미한다. 이는 개인이 자신의 선호, 제약정도, 선택대상과 선택상황, 시장의 조건 등을 잘 파악하고 있어야 한다는 것을 의미한다. 개인은 스스로 선택하므로 타인의 선택을 의식하지 않고 영향을 받지도 않는다.

여기서 합리적 인간은 개인이지 관계적인 인간이나 집단이 아니다. 주류경제학에서는 개인들이 형성하는 관계, 집단, 조직 등은 각 개인들로 구성된 것으로서 이는 개인들로 분해되고 개인들과 다른 독립적인 주체로 바라보지는 않는다. 즉, 사회조직이나 사회단체 등은 분석의 대상으로 보지 않는다.

주류경제학에서는 선택의 주체도 개인으로 보고 선택대상도 개체로 파악한다. 대상을 분석적으로 파악하려면 사물을 독립적인 개체나 부분들로 분해해서 봐야 한다는 것이다. 이 개인들은 의존적이지도 않고 상호작용하지도 않으며 집단으로 모일 때 새로운 것을 만들어내지도 않는다. 개인들이 복합성을 가지지 않기 때문에 이들의 영향은 개인들의 단순합으로 볼 수 있다. 이러한 독립적인 개인의 특성을 개인의 독립성, 가합성, 분리가능성, 가합적 분리가능성 등으로 명명한다.

독립적인 개인은 자신이 좋아하는 것을 스스로 알고 있으므로 좋아하는 재화를 잘 구별하여 선택할 수 있다. 개인이 필요한 재화를 자신의 선택에 의해서 구입한다는 관점에서 효용을 극대화할 수 있고 주어진 예산으로 보다 높은 효용을 달성한다는 관점에서 효율성을 달성하는 것이다.

합리적인 개인은 시장에서 재화에 대한 완전한 정보를 갖기 때문에 재화를 정확히 판별하고 그 특성을 파악할 수 있다고 가정한다. 가령, 실체와 형식, 내용의 질, 실질과 허구 등 모두 인식하고 판별할 수 있다. 겉포장이나 상표에 혼란을 일으키지 않고 내면의 실질적 가치를 정확히 판별해 낼 수 있다고 본다. 또한 물가가 변동하면 화폐의 가치가 하락하고 이로 인하여 명목변수와 실질변수가 변화하여 실질가치의 변동을 가져온다는 것을 판단하고 이를 감안하여 의사결정에 고려한다. 이런 능력을 가진 것이 독립적인 개인으로서 합리성을 의미한다.

2) 일관된 선호체계

각 개인은 자신이 좋아하는 것에 대한 일관되고 안정적인 선호체계를 가지고 있다. 주류경제에서는 선호의 다양성도 중요하지만 선호의 안정성과 일관성이 더 중요하다. 선호 안정성이란 각 개인이 동일한 상황에서 같은 재화에 대하여 동일하게 평가해야 한다는 것이다.

주류경제에서 선호는 일정기간 안정적으로 간주하여 선호의 형성이나 변화 등에는 초점을 두지 않았다. 시간변화에 따라서 이러한 선호체계는 변화하지 않고 다른 재화에 의해서도 영향을 받지 않는다. 즉, A라는 재화를 오늘 B라는 재화보다 더 좋아 했다면 내일도 일관되게 그런 선호체계가 유지되어야 하고 C라는 재화가 있다고 해서 그 선호체계가 바뀌어서는 안된다.

개인의 선호체계를 좀 더 구체적이고 체계적으로 표현하기 위하여 도입된 것이 효용함수utility function이다. 효용함수란 특정 상품의 묶음이 개인에게 주는 만족감의 정도를 하나의 실수로 나타내 주는 함수이다. 이 효용함수가 존재한다면 아무리 많은 상품묶음이 존재하여도 각 상품묶음이 하나의 숫자로 계산되어 나오므로 개인이 선호하는 순서대로 이들을 배열할 수 있다.

효용함수의 선호체계를 설명하는 공리axiom의 성격은 다음과 같다. 공리란 어떤 이론에서 가장 기본이 되는 가정을 말한다.

첫째, 완전성completeness이다. 이는 어떤 두 개의 상품묶음을 놓고 비교하더라도 둘 중에 더 선호되는 것을 판별하거나 둘 중에 차이가 없다는 판단을 내릴 수 있다는 것이다.

둘째, 이행성transitivity이다. 개인이 재화 A를 재화 B보다 선호하고 재화 B와 C 중에 B를 선호한다면 재화 A와 C 중에서 당연히 A를 선호해야 한다는 것이다.

셋째, 연속성continuity이다. 소비자 선호가 변화할 때, 연속적으로 변화해 나가고 갑작스런 변화는 없다는 것이다. 즉, 두 상품묶음의 양이 약간 변화하면 개인의 선호도 약간씩 변화한다는 것이다.

넷째, 강단조성strong monotonicity이다. 재화가 늘어나면 효용은 더 증가함을 의미한다. 즉, 재화가 늘어날수록 효용도 더 증가한다.

이러한 네 가지 공리는 합리적인 선호체계가 갖추어야 할 당연한 성격이라고 할 수 있다. 앞서 언급하였듯이 상품묶음에 대한 효용은 효용의 절대적 수준이 아닌 서수적 효용ordinal utility이다. 개인의 효용은 상품묶음에 대한 각 효용이 같은 수준을 연결한 무차별곡선으로 표시할 수 있다. 즉 무차별곡선은 개인별로 서로 같은 효용수준을 표시하는 상이한 재화의 묶음들을 연결한 선이다. [그림 19]와 같이 개인마다 재화에 대한 선호가 다르므로 개인마다 재화묶음에 대한 효용수준을 보여주는 무차별곡선의 기울기 형태는 서로 상이하다. 가령, x재와 y재라는 두 상이한 상품의 종류 중 어느 재화를 더 선호하느냐에 따라서 무차별곡선의 형태는 달라진다. 무차별곡선의 장점은 개인의 선호에 근거하여 재화의 묶음들이 지닌 여러 차원의 문제를 하나의 척도로 전환하여 문제를 간단하게 만든다. 무차별곡선 상에서 효용이 같으려면 한 재화 x가 증가하여 효용이 추가되면 y가 감소하여 효용이 줄어들어야 한 무차별곡선 상에 있는 점들의 총효용은 변화가 없고 동일하게 유지된다. 따라서 무차별곡선의 기울기는 우하향해야 이 조건을 만족시킬 수 있다. 또한 그 기울기의 크기는 개인의 선호에 따라서 다 다르다.

그림 19 무차별곡선과 상이한 선호체계

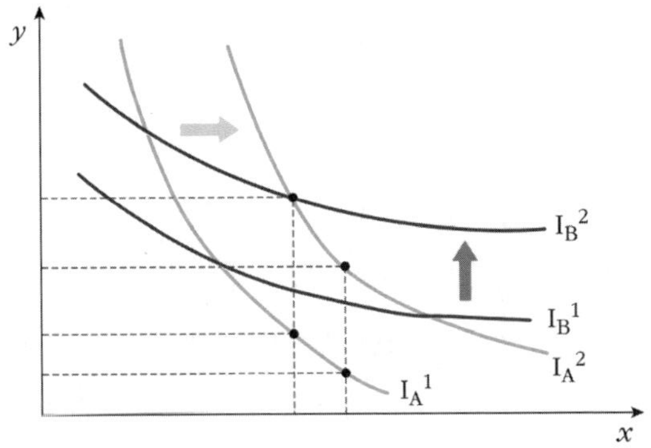

주류경제는 선택의 자유를 강조하기에 선택의 범위가 많을수록 더 좋은 선택을 할 수 있다고 본다. 그러므로 많은 대안 중에 하나를 선택할 경우 한 대안을 선택한 비용을 기회비용의 개념으로 계산한다. 즉, 선택한 비용을 실제 지불한 비용인 절대비용보다 이를 선택함으로써 포기한 다른 대안들의 비용으로 계산한다.

3) 소득제약과 선호의 관계

각 개인은 소득에 제약이 있으므로 자신의 욕망에 따라서 모든 것을 다 살 수는 없다. 개인들은 소득제약이 있으므로 주어진 소득제약 내에서 자신이 선택할 수 있는 것을 선택한다. 주류경제의 선택은 선호와 소득, 소득과 제약 사이에 독립성을 가정한다. 즉, 개인의 선호와 개인의 소득제약은 무관하다. 다시 말하면 소득이 없다고 해서 비싼 재화를 선호하지 말라는 법은 없다. 소득이 없어도 브랜드 상품을 선호할 수는 있다. 선호가 소득제약에 영향을 주지 않는 것처럼, 소득제약이 선호에 영향을 주지는 않는다. 그러므로 독립성에 대한 반론도 있지만 개인의 선호와 선택의 자유는 독립성이 유지되기에 가능하다.

(2) 선택의 목표

재화의 선택 대상으로는 시장에서 거래되는 재화를 말한다. 개인이 선택할 수 있는 대상들은 서로 독립적이어서 각각 따로 평가한다. 개인에게 주어진 소득으로 선택할 수 있는 대상은 다수이고 이들은 상호 독립적이다. 다수의 대상들 가운데서 개인들은 자신에게 가장 유리한 것을 합리적으로 선택한다. 주류경제에서 독점이나 과점을 부정적으로 보는 근거는 이들이 선택의 여지와 선택의 폭을 없애기 때문이다. 소득이 동일하더라도 선택의 여지가 많으면 이에 따른 즐거움이나 효용이 더 증가한다. 선택범위는 소득수준, 가격과 물가, 산업, 사회의 발전정도에 따라 달라진다. 여러 재화들이 존재할 경우 그 관계를 대체관계와 보완관계로 나누지만 각 재화들은 기본적으로 독립적으로 존재하고 거래된다. 물론 현실적으로 개별 재화 간에 대체와 보완관계로 인하여 효용이 추가되기도 하고 감소하기도 하지만 주류경제에서는 각자가 독립적이라 가정하여 상호의존적인 관계가 효용에 미치는 영향을 고려하지 않는다. 주류경제에서는 개인, 재화, 선호, 선택 등은 모두 각자 독립적이고 서로 간에도 독립적이다. 재화소비에서 얻는 효용도 다른 시점 간에 독립적이다. 가령, 과거에 여행가서 먹었던 기억에 남는 음식을 다시 방문하여 먹을 때, 효용이 더 증가할 수도 있다. 그러나 주류경제는 습관이나 기억 등의 영향을 인정하지 않는다.

한편, 선택가능한 재화는 서로 대체가 가능한 속성을 갖는다. 재화의 크기가 크더라도 시장 전체의 재화는 나눌 수 있는데 이는 화폐로 자유롭게 전용할 수 있다. 이를 대체가능성이라 한다. 주류경제에서는 선택가능한 재화들을 기능적으로 보지 않고 재화보유에서 나오는 효용관점에서 파악하였다. 이들 재화 간에는 대체 혹은 보완관계에 있을 수 있지만 이들 사이에 가중치를 부여하여 하나의 수량으로 합산이 가능하고 결합효용이 가장 높은 대상을 선택한다. 선택가능한 재화는 이들의 속성과 차원에 따라서 서로 대체가 가능하다고 가정한다. 가령, 볼펜이 바나나를 기능적으로 대신할 수 없지만 개인이 두 재화에서 얻는 효용으로 측정하면 바나나를 먹지 않아서 잃는 효용을 볼펜을 사용하여 얻는 효용으로 대체할 수 있다. 주류경제는 재화의 묶음을 통하여 재화 간에 연속적으로 서로 대체가 가능하고 보상할 수 있다고 본다. 이 전제를 통하여 무차별곡선이 도출되었다. 또한 모든 재화는 분할이 가능하다고 가정한다. 여기서의 의미는 개별 1단위의 재화는 분할할 수 없지만 시장에 존재하는 다수의 재화는 각각 분할할 수 있다고 보았다. 따라서 여러 재화 간에 서로 대체하는 것이 불가능하지는 않다고 보고 있다. 이에 기초하여 주류경제는 전형적인 개인의 선택대상으로 가장 간단한 두 재화의 묶음을 전제하여 이론을 적용하였다.

언급하였듯이 무차별곡선에서 재화들 사이에 연속적인 대체가 가능하다고 전제한다. 대체율은 미세하게 분할이 가능한 수량이라는 점에서 시장균형에서는 두 재화에 대한 시장가격의 상대비율과 동일하다. 개인차원에서 재화의 대체는 마음속의 교환비율과 같다고 볼 수 있다.

(3) 선택방법

첫째, 개인은 자신의 소득제약 한도 내에서 선호와 이익을 가장 극대화하는 재화를 선택한다. 개인은 효용, 이윤, 만족, 편익을 극대화하는 반면에 고통, 노동, 비용은 극소화하는 선택을 한다. 각 개인은 이런 최적화의 선택을 일관되게 추구하는데 이는 합리성에 속하는 속성이다. 주류경제에서는 모든 경제활동이 소비로 모아지므로 효용에 기초하여 극대화를 측정한다. 합리적 선택을 위하여 개인은 선택대상이나 선택 상황에 관한 충분한 정보를 가지고 있고 이를 효율적으로 활용한다. 이것이 합리적 선택이다. 즉, 정보는 기본적으로 시장경제체제를 통하여 모든 개인들에게 동등하게 공급되고 각 개인들은 그 정보를 효율적으로 처리하여 의사결정에 활용한다. 주류경제는 개인의 합리성과 시장가격기구에 기초하여 효율성을 달성한다고 본다. 즉, 개인들은 소유하고 있는 정보를 효율적으로 처리하여 합리적인 선택을 하고 이것이 가격에 반영되어서 시장이 효율적으로 움직인다. 결국 효율성은 개인과 시장 모두에서 달성된다. 시장경제가 강조하는 자율, 형평, 효율의 정신 가운데 시장경제는 효율을 가장 우선시한다.

주류경제에서 주장하는 효율시장가설이란 주식시장에서 주가에 모든 정보가 포함되어 있어서 주식시장은 효율적으로 움직인다는 가설이다. 이는 개인 차원에서 정보처리의 효율성을 가정할 뿐만 아니라 시장에서도 효율성이 달성된다고 보는 것이다. 물론 주류경제에서도 정보가 현실적으로 불완전할 수는 있지만 정보는 살 수 있고 재화처럼 가격기구를 통하여 수급이 조정될 수 있기에 마음만 먹으면 정보는 얻을 수 있고 합리적인 경제인은 정보를 얻는다는 것이다. 정보를 얻을수록 정보처리의 효율성과 합리적 선택은 보다 효율적임을 인정한다.

둘째, 개인의 의사결정은 단기적으로는 실수하거나 잘못된 결정을 할 수 있다. 그러나 장기적으로는 그 실수나 잘못을 통하여 학습하고 경험하기에 완전에 가까운 결정을 할 수 있다고 본다. 주류경제에서도 개인들이 항상 합리적이라고 생각하지는 않는다. 주류경제에서 단기적으로 생각할 시간부족, 정보불완전, 경험과 학습부족, 외부효과, 거래비용 등으로 선택이 불완전할 수 있음을 인정한다. 특히 거래비용은 시장이 불완전하여 일어나는 추가비용인데 이것도 정보를 얻기 위해 비용을 들이면 줄일 수 있는 것이다. 주류경제에서는 장기적으로 이런 요인들이 학습으로 교정된다고 본다.

셋째, 개인들이 선택대상을 선택할 때, 그 대상들의 순서, 관계, 조합 등의 제시방식이 바뀌어도 개인들의 선택에는 영향이 없고 바뀌지 않는다. 가령, 재화를 하나씩 구매하든지 전체를 구매하든지 그 선택의 결과는 같다. 상점의 재화의 배열방식이 달라져도 개인들이 선호하는 재화의 선택에는 변함이 없다.

넷째, 선택상황은 객관적으로 주어진 경우 이를 다르게 진술해도 개인의 선택은 변함이 없다. 가령, 수술로 생명을 보전할 확률은 60%라고 말하는 것이나 수술로 사망할 확률이 40%라고 말하는 것은 동일하기 때문에 환자의 수술에 대한 선택에 영향을 미치지 않는다고 본다. 그러므로 의사결정을 해야 할 개인이 선택상황이 어떻게 주어지든 정확히 상황을 파악하기 때문에 의사결정은 변화하지 않는다. 따라서 선택상황에 대한 서술방식의 차이나 선택의 유도방식은 결과에 영향을 주지 않는다. 이는 절차관련 불변성, 서술관련 불변성으로 주류경제에서는 명시적으로 언급하고 있지는 않지만 암묵적으로 이를 전제하고 있다고 봐야 한다.

이처럼 주류경제학의 합리적 이론에서 전제하고 있는 사항들은 개인이 선택의 주체이고 개인이 안정되고 일관된 선호를 가지며, 개인이 각자의 선호를 잘 알고 있다는 점이다. 개인은 선호에 따라서 효용을 극대화하고 선택대상의 정확한 질과 상황을 파악할 수 있으며 상황변화로 인한 실질가치를 파악할 수 있다. 또한 개인들은 다양하게 주어지는 정보를 효율적으로 잘 이용한다는 점들이다. 주류경제에서는 계층이나 집단, 조직은 대상이 안되고 타인의 관여는 문제시할 수 없으며 선호에 대한 개인의 절대적 계산능력을 신뢰한다. 따라서 정보를 잘못 이해하거나 정보를 놓칠 수 없고 실수할 수도 없다. 이러한 경제인이 바로 주류경제학이 전제하는 합리적 경제인이다.

3. 기대효용이론

미래가 불투명한 상황에서 인간들은 직면한 문제를 해결하기 위하여 어떻게 의사결정을 하였는가 하는 점은 하나의 관심사이다. 오랜 과거에 상고시대의 인간들은 점술이나 미신에 의지하여 그 해결책을 마련하였다. 시대가 흐르면서 중세에는 종교에 의하여 거의 모든 의사결정이 이루어졌고 이후에는 관습적으로 늘 해오던 방식대로 결정하였다. 18세기에 들어오면서 연역이나 귀납적 방법 등이 발전하였지만 여전히 알 수 없는 미래를 예측하기 위하여 사용한 방법은 신의 존재와 믿음에 의존하였다. 신의 존재를 믿을 것인가 말 것인가?의 문제를 해결하기 위하여 지옥이 존재할 확률과 지옥에서 치러야 할 비용을 기준으로 생각하였다. 결론적으로 말하면 지옥이 존재할 가능성이 아주 작을지라도 지옥에서 치러야 할 고통의 비용이 무한대라면 신을 믿는 것이 낫다는 주장이 설득력을 얻었다. 18세기 학자들은 이처럼 위험 분석을 행하여 대안들의 가치를 평가하고 사건의 불활실성에 확률을 고려하여 바람직한 선택을 결정하고자 하였다.

상이한 위험을 갖는 대안들 중에서 어떻게 하면 최선의 대안을 선택할 수 있는가? 기대효용이론은 효용함수를 이용하라고 한다. 경제주체들은 불확실한 미래에 일어날 수 있는 상황에 대하여 확률분포를 기초로 의사결정을 한다. 가령, 주택당첨확률이 0.1이고 당첨주택복권의 상금이 1억인 주택복권을 가정하자. 이 복권의 기대수익은 1천만원(0.1×1억원+0.9×0원)이다. 이 때 1천만원을 가진 사람의 입장에서 주택복권의 기대수익과 자신의 1천만원은 동일한 것이기 때문에 자신의 1천만원과 주택복권의 가치는 무차별하다. 그러나 1천만원과 동일한 기대수익을 가진 주택복권이라 하더라도 실현될 가능성은 현금인 1천만원이 주택복권보다 더 높다. 그러므로 의사결정을 할 때 기대수익만을 기준으로 할 수는 없고 거기에 수반되는 위험정도를 고려하는 것이 필요하다.

이러한 의사결정의 방식은 1940년대 존 폰 노이만John von Neumann과 오스카 모르겐슈테른Oskar Morgenstern의 기대효용이론expected utility theory으로 나타나서 주류경제학의 주요한 이론으로 받아들여지고 있다. 이 기대효용이론은 이처럼 불확실성이 존재할 때, 사람들이 선택의 결과로 얻는 것은 기대수익이 아니라 사람들이 얻는 기대효용을 기준으로 해야 한다는 것이다. 즉, 효용함수는 화폐가 증가하면 사람들의 만족감인 효용도 증가할 것이다. 이에 의하면 여러 대안 가운데 사안별로 발생할 확률과 사안의 효용을 곱한 기대효용이 최대가 되는 대안을 선택하는 것이 가장 적합하다는 점이다. 즉, 노이만과 모르겐슈테른의 효용함수에 의하면 의사결정의 기준이 기대수익이 아닌 사람들의 기대

만족 내지 기대효용이 중요하고 합리적 의사결정자는 기대효용expected utility을 극대화하려고 한다. 사람들의 화폐에 대한 효용함수를 $u=u$(화폐)라고 두자.

앞서 언급한 주택복권에서 1억원이 당첨될 확률은 0.1이고 당첨 안 될 확률은 0.9이므로 이 복권의 기대수익은 1천만원이지만 기대효용은 $0.1\times u$(10천만원)$(=0.1\times u$(10천만원)$+0.9\times$(0천만원))이다. 그리고 현금으로 지니고 있는 1천만원의 효용은 u(1천만원)으로 표시한다고 하자. 또한 현금 1억원의 효용은 u(10천만원)로 표시된다. [그림 20]은 사람의 위험에 대한 성향과 효용함수를 기초로 수익과 효용 간의 관계를 보여준다. 그런데 효용함수인 u는 사람들에 따라서 상이하다. 사람들의 유형은 위험에 대하여 반응하는 세 가지 형태가 있다. 즉, 위험을 회피하는 사람, 위험에 중립적인 사람, 위험을 선호하는 사람으로 분류된다. 이러한 사람의 유형에 따라서 기대효용함수의 형태는 상이한 세 가지 형태로 나타난다.

첫째, 수익 1천만원이 주는 효용 u(1천만원)과 복권의 기대효용인 $0.1\times u$(10천만원)$+0.9\times$(0천만원)을 비교했을 때 효용 u(1천만원)이 더 큰 경우에는 위험회피적이라고 한다. 즉, 기대수익이 같은 경우, 확실하게 보장되는 수익의 효용이 위험이 존재하면서 얻는 기대효용보다 더 선호되는 경우를 말한다. 이는 위험회피자의 선호를 말한다. 즉, 위험회피자는 수익이 점차 증가할수록 효용은 더욱 감소하는 형태의 효용함수를 갖는다.

둘째, 1천만원의 효용인 u(1천만원)이 복권의 기대효용인 $0.1\times u$(10천만원)$+0.9\times$(0천만원)보다 작은 경우는 위험선호적이라 한다.

이 경우는 위험이 없는 경우보다 위험이 있는 경우에 효용이 더 높다는 것을 말한다. 위험선호적인 사람들은 확실하게 실현되는 수익에서 얻는 효용보다 위험이 존재하는 기대효용을 더 선호한다고 말할 수 있다. 즉, 위험선호자는 위험회피자와는 반대로 수익이 점차 증가할수록 효용은 더욱 증가하는 형태의 효용함수를 갖는다. 즉, 체증형 효용곡선이 된다.

셋째, 수익 1천만원의 효용과 복권의 기대효용이 동일한 경우는 위험중립적인 선호라고 명명한다. 위험중립적인 선호에서는 위험의 존재는 효용에 영향을 주지 않는다. 이 경우에는 수익 1천만원의 효용과 복권의 기대효용이 항상 같아서 확률은 효용과 무관하다. 위험중립자는 수익이 점차 증가하더라도 효용의 증가분인 한계효용이 항상 일정하다. 즉, 효용함수는 직선 형태가 된다.

그림 20 **위험에 대한 인간유형별 기대효용과 실제효용의 관계**

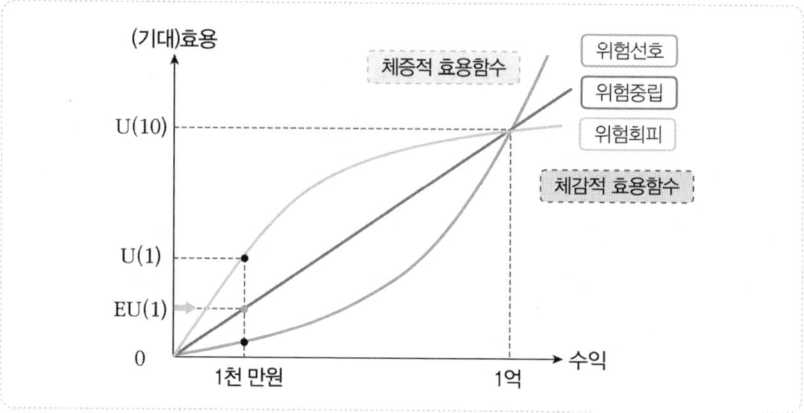

나아가 위험회피적인 선호를 가진 사람들에게 위험부담을 제거해 줄 수 있는 최소한의 보상을 우리는 위험프리미엄이라고 한다. 사실 사람들은 일상생활에서 위험을 완전히 제거하는 것이 가능하지 않지만 가능한 그 위험이 발생하더라도 이를 보장받을 수 있는 방법을 선택할 수 있다면 선택하려고 한다. 가령, 자동차피해에 대하여 어떤 사람은 타인의 차와 타인의 손상에 대한 보험만을 가입하는 사람도 있고 자신과 타인 등 대인에 대한 보험만 가입하는 사람도 있다. 어떤 사람은 이를 모두 보장받을 수 있는 타인과 타인의 차뿐만 아니라 자신과 자기의 차도 모두 보장받는 종합보험을 들기도 한다. 어떤 사람들은 종합 자동차보험을 들었기에 자동차수리와 보상비용을 보험으로 충당할 수 있다는 사실 자체로 인하여 얻는 마음의 안정과 평화가 보험료보다 더 귀중하다고 생각한다. 이와 반대로 어떤 사람들은 보험료의 비용부담이 크다고 생각하여 가능한 최소한의 피해에 대한 보험만 보장받으면 된다고 생각하고 절약한 보험료의 일부를 다른 곳에 사용하기도 한다.

이처럼 위험을 제거하거나 허용하는데 필요한 최소한의 금전적 보상이 위험프리미엄이다. 따라서 위험회피자도 확실한 수익보다 기대수익이 매우 크다면 위험을 택할 수도 있다. 가령, 추가 보험금액이 추가로 보장받는 위험의 효용가치보다 적다면 추가보장을 받는 보험을 선택할 것이다. 이처럼 위험프리미엄은 의사결정자가 선호를 바꾸는 최소한의 보상수준을 보여주게 된다.

제3절

행동경제학의 주요이론

카너먼과 트버스키 등 행동경제학자들이 제시한 행동경제학의 대표적 이론으로는 인간 자체에 존재하는 두 시스템, 가치와 전망이론, 휴리스틱과 편향 등을 들 수 있다. 가치와 전망이론 안에서 준거의존성, 민감도체감성, 손실회피성, 소유효과 등이 나오게 된다. 휴리스틱과 편향에서는 대표성 휴리스틱, 가용성 휴리스틱, 닻내림 휴리스틱, 확증편향, 현상유지편향 등이 포함되고 있다. 그 외 다양한 이론들이 개발되고 있는데 여기 이론부문에서는 추가적으로 간략하게 심리회계와 프레이밍, 근접효과와 후광효과, 자유주의적 온정주의를 발췌하여 소개하고자 한다. 그 외 다양한 이론들은 이 책의 뒷부분에 나오는 사례부분에서 직접 다루게 될 것이다.

1. 인간사고의 두 시스템

위대한 천재들도 때로는 바보 같은 실수를 범하는 경우를 많이 본다. 사람이 때로는 똑똑하지만 동시에 우둔할 수도 있다. 인간의 뇌는 복잡한 구조를 가지고 있다. 때로는 단순한 일에 반응하기고 하고 때로는 복잡한 일에 숙고하기도 한다. 인간은 과거의 실수를 통하여 학습한다고 알려져 있다. 그러나 과거의 실수를 쉽게 잊어버리는 존재도 인간이기에 똑같은 실수를 자주 반복한다. 행동경제학은 인간들의 잘못된 편향이나 판단실수로 합리적인 의사결정이 이루어지지 못할 때, 그러한 실수나 잘못을 인지하고 더 이상 반복하지 않도록 도와주고자 하는 것이다.

행동경제학은 주류경제학에서 주로 현시선호이론과 기대효용이론이 가정하는 합리성을 문제시한다. 주류경제학이 가정하는 인간의 합리성의 가장 큰 문제점은 현실적인 인간이 아닌 이상적인 인간을 전제한다는 점이다. 행동경제학의 카너먼과 트버스키에 의하면 인간의 인지행동과 선택은 두 가지 체계를 가지고 있다고 본다. 그 두 가지체계는 직관적이고 본능적인 자동시스템과 깊은 사고를 요구하는 숙고시스템이다. 자동시스템은 감성, 직관, 본능, 습관 등에 따라서 자동적으로 움직이는 감성적 마음이고 숙고시스템은 논리적 사고와 분석, 계산을 하는 이성적인 부분으로 느리게 반응한다. 두 시스템에 대한 비교는 〈표 2〉와 같다.

표 2 두뇌의 자동시스템과 숙고시스템의 비교

자동시스템	숙고시스템
통제할 수 없다.	통제할 수 있다.
노력이 필요없다.	노력이 요구된다.
결합적이다.	연역적이다.
신속하다.	느리다.
무의식적이다.	의식적이다.
능란하다.	규칙을 따른다.

자료: 리처드 탈러 · 캐스 선스타인, 『넛지』, 2017, p. 41.

자동시스템은 직관적이고 본능적이라서 즉각적으로 뇌가 반응하여 사고가 필요없기 때문에 행위나 통제가 되지 않는다. 노력이 필요없고 의식하지 않으며 본능적이어서 즉각적으로 신속하게 반응한다. 생활에서 예를 들면 지하철 승강기에서 넘어지려 할 때 즉각적으로 균형을 잡으려는 행위나 어린아이를 보고 귀여워하는 행위, 자동차가 코너링을 할 때 쏠림에 대해 반응하는 행위 등은 다 자동시스템이 작동하는 것이다. 반대로 숙고시스템은 보다 신중하고 의식적이어서 느리게 진행되고 스스로 통제할 수 있다. 의식적으로 생각하는 사고가 필요하고 일정한 방식으로 규정을 지키려는 노력이 수반된다. 인생에서 결혼이나 취직을 하거나 중대한 일을 결정할 때는 숙고시스템을 가동한다. 책을 쓰는 작가들이나 작곡이나 미술작품을 준비하는 작곡가와 화가들은 그들의 작업을 완성하기 위하여 숙고시스템을 많이 사용한다. 한국 사람들이 국어를 말할 때는 자동시스템을 사용하지만 영어 같은 외국어를 말할 때는 숙고시스템을 활용한다. 결국 자동시스템은 직감으로 본능적으로 반응하는 것이고 숙고시스템은 의식적으로 사고하는 것을 말한다. 행동경제학자들은 자동시스템에서 편향이 있고 숙고시스템에서 제한된 합리성이 작용한다고 말한다. 이러한 편향과 제한된 합리성이 존재하기에 인간들이 문제에 직면할 때 항상 완전할 수 없고 선입견과 제한된 합리성 속에서 의사결정을 하게 된다는 것이다.

이와 같이 인간은 이 두 시스템을 통하여 두 가지 자아를 가지게 된다. 행동하는 자아와 계획하는 자아이다. 행동하는 자아는 자동시스템에서 나오고 계획하는 자아는 숙고시스템에서 나온다. 인간은 행동하는 자아가 잘 통제가 안 되서 실수하거나 실패하는 경우에는 계획하는 자아의 도움을 받아서 이를 통제하게 된다. 행동하는 자아는 때때로 혹은 자주 잘 통제가 안 되어서 계획하는 자아가 이를 따라가지 못한다. 가령, 회의가 오전 8시에 있어서 핸드폰의 알람을 7시에 맞춰두고 잤는데 막상 아침 7시가 되었을 때 졸음을 계속하려는 행동하는 자아는 10분만 더 자려하지만 통제가 안 되서 거의 8시에 일어난다. 이처럼 우리는 일상에서 행동하는 자아와 계획하는 자아 간에 끝임 없는 전쟁을 하게 된다.

한편, 주류경제학은 인간의 두 체계 중 숙고시스템만을 대상으로 연구해 왔다는 것이다. 가령, 주류경제의 효용이론은 자동시스템을 배제하고 논리적이고 이성적인 사고에 기초한 효용극대화를 측정하고자 하였다. 즉, 감성, 직관, 습관 등에 기초하여 충동구매나 생각없이 습관적으로 행하는 행동은 그 대상이 되지 않는다. 그러나 실제 인간이 의사결정을 할 때, 예상하는 효용과 실제 선택 후 경험하는 효용은 다르다. 그러나 주류경제에서는 이것을 인정하지 않는다.

행동경제학의 주된 분야는 경제학과 심리학이다. 행동경제학이 경제학 관점에서 제시한 이론은 전망이론이고 심리학 관점에서 제시하는 것은 각종 인간의 편향이다. 주류경제의 기대효용이론에서 제시한 것이 효용함수와 확률인데 행동경제학에서는 가치함수와 확률가중치 내지 의사결정가중치로 이를 대신한다. 기대효용이론에 의하면 인간은 수익과 확률을 곱한 기대효용을 보고 여러 대안 중에서 가장 기대효용이 큰 대안을 선택한다. 반면 전망이론에서는 수익이 주는 가치에 확률가중치 내지 의사결정가중치를 곱하여 계산한 가중된 가치를 보고 여러 가중된 가치 중 가장 가중된 가치가 높은 대안을 선택한다.

이처럼 행동경제학의 주요 분석 수단은 전망이론에서 제시한 가중된 가치이고 심리학적 수단으로 도입한 것이 각종 다양한 심리적 편향이다. 이들은 모두 인간의 감성적 마음과 이성적 마음을 모두 고려할 때 나올 수 있는 것들이다.

2. 가치와 전망이론

행동경제학에서 선택의 기준은 효용이 아니라 가치를 중요시한다. 개인이 선택을 할 때 준거의존성reference dependence을 많이 고려한다. 준거의존성이란 인간이 의사결정을 할 때 과거의 익숙해진 습관이나 성향, 삶의 태도 등을 고려하여 결정을 한다는 것이다. 사람이 생각하는 기준은 과거수준뿐만 아니라 미래에 대한 예상이나 목표에 의해서도 정해질 수 있다. 이는 사람들이 원하거나 받아들일 수 있는 목표수준을 의미한다. 예를 들어 올해 받고 싶은 연봉의 수준이라든가, 모으고 싶은 자산의 목표수준, 입학하고 싶은 대학이나 대학에 들어가기 위해 달성하고자 하는 점수, 유지하고 싶은 몸무게의 목표수준 등 일상에서 일어나는 다양한 희망들이 있을 수 있다. 이는 최적이 아니라 달성하고 싶은 만족스런 수준을 의미한다.

가령, 최근 미세먼지가 심각한 상태로 우리의 건강을 위협하고 있다. 이 악화된 미세먼지를 받아들이는 사람들의 태도도 과거에 미세먼지의 수준이 어떤 수준에서 생활했는가에 따라서 다르게 받아들인다. 만약 어떤 사람이 미세먼지가 심한 중국의 북경에서 살다가 서울로 이사 온 사람이라면 서울의 미세먼지 수준은 그렇게 심각하지 않다고 인식할 수 있다. 그러나 미세먼지가 거의 없는 미국이나 호주의 도시에서 살던 사람이 서울로 이사 오면 서울의 동일한 미세먼지에 대하여 매우 심각하다고 받아들일 것이다. 또 다른 사례로 목욕탕에서 열탕에 있다가 온탕으로 옮긴 경우와 냉탕에서 온탕으로 옮길 경우에 느끼는 온도는 다르다. 열탕에서 온탕으로 옮긴 사람은 뜨겁지 않다고 느끼지만 냉탕에서 온탕으로 옮긴 사람은 같은 온탕이지만 뜨겁다고 느끼게 된다. 같은 수준이지만 사람들의 과거의 상태수준에 따라서 동일한 온도나 환경을 다르게 인식한다는 것이다.

이처럼 사람들은 어떤 환경에 오래 있으면 적응이 되어서 이를 별로 느끼지 못하거나 습관이 되어 버린다. 행동경제학은 이러한 적응과 습관의 기능을 중요시 한다. 인간은 주어진 상태나 환경이 변화되는 과도기에는 즐거움과 고통을 느끼고 이 상태가 계속 유지되면 별로 느끼지 못한다고 한다. 예를 들어 가난한 사람이 갑자기 복권이 당첨되거나 땅값이 상승하여 부자가 되면 대단한 행복감을 느끼지만 부자의 상태가 오래 지속되면 별로 행복감을 느끼지 못한다는 것이다. 반대의 경우도 마찬가지이다. 이처럼 행동경제학은 사람들이 정한 기준이나 적응, 습관 등과 같은 요인을 중요하게 생각한다. 그런데 이러한 기준과 습관은 과거의 결과나 미래의 예상이나 희망에 근거하지만 새로운 정보나 환경이 바뀌더라도 수시로 즉각적으로 변화하지는 않는다.

이러한 요인들은 주로 개인차원에서 정해지지만 사회적으로 혹은 국가적으로 정해지는 경우도 있다. 한 때 우리나라에서 보통사람의 기준에 대한 논란이 많았다. 소득, 자산, 아파트 평수, 자녀수를 기준으로 보통사람을 사회국가적으로 평가하는 때가 있었다. 이러한 보통사람의 기준을 근거로 사람들은 자신의 삶의 수준이 보통사람에 속하는지 그 보다 나은지를 판단하기도 하였다. 그러므로 사람의 행복도 개인이 정한 기준에 의하여 결정되기도 하지만 나의 이웃의 삶이나 사회적으로 정해진 기준에 의하여 자신이 행복하기도 하고 불행을 느끼기도 한다.

주류경제학에서는 동일한 효용은 무차별하다고 간주하고 같은 무차별곡선 상에 있으면 효용이 같으므로 동일한 만족감을 준다고 간주한다. 그러나 행동경제학에서는 기준과 습관이 중요하기 때문에 [그림 21]에서 보듯이 동일한 무차별곡선에 있어도 가치기준과 습관에 따라서 같은 무차별곡선 상의 점도 같은 선호점이 될 수는 없다고 주장한다. 소비자의 효용이 소득과 휴가라는 두 요소에 의해 정해진다고 가정하자. 주류경제학에 의하면 A점과 B점은 만족감이 동일하기 때문에 굳이 A에서 B로 혹은 B에서 A로 이동하려하지 않는다. 그러나 행동경제학에서는 기준점이 중요하다. 소비자들 가운데는 소득을 휴가보다 더 원하는 사람도 있고 휴가를 소득보다 더 중요시 하는 사람들도 있기에 그 기준점이 중요하다는 것이다. 가령, A점에서 휴가를 더 원하는 사람은 가치기준이 소득보다는 휴가이기에 B점을 더 원할 수 있다. 비록 소득을 잃더라도 휴가를 더 얻는 것을 원한다. 반면에 휴가를 더 중시하는 사람은 B점에서 A점으로 이동하라고 하면 이를 반대할 것이다. 왜냐하면 휴가를 소유한 이득으로 보는 사람은 휴가가 중요한 가치이기 때문에 소득과 바꾸려 하지 않는다. 이러한 가치기준을 도입할 경우 기존의 무차별곡선이 예상하지 못하는 선택의 두 가지 측면이 나타나게 된다. 첫째, 선호는 고정되지 않고 가치의 기준점에 따라서 변화한다. 둘째, 무차별곡선 상에서 선호의 이동은 가치기준이 다르기에 단점이 장점보다 커 보이면 현 상태를 유지하려는 편향이 생기게 된다. 이는 이후 전망이론에서 설명하는 손실회피편향으로 설명이 될 수 있다. 소비자는 자신의 가치기준에서 볼 때, 선호하는 재화에 강력히 치우쳐 있기 때문에 가급적 큰 변화보다는 작은 변화를 선호하거나 아니면 현 상태를 그대로 유지하려는 경향을 보이게 된다. 이는 행동경제학에서 현상유지편향으로 부르는 현상과도 연결된다.

그림 21 **가치기준과 무차별곡선의 문제점**

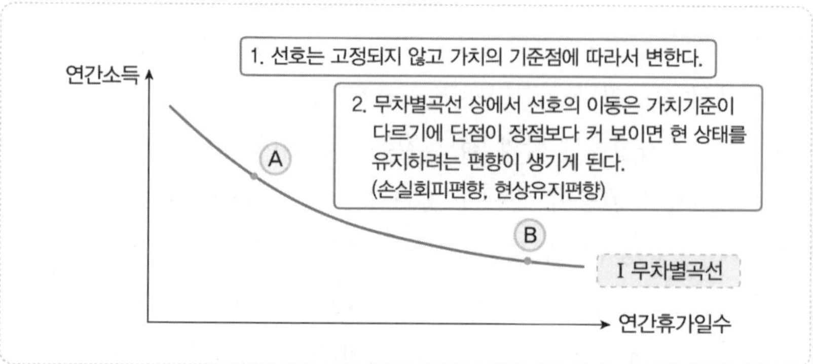

이처럼 행동경제학자들은 의사결정에서 주류경제학에서 주장하는 것처럼 효용이나 최적이 중요하지는 않다고 간주한다. 오히려 사람

들의 의사결정에는 어떤 준거기준reference이나 습관이 보다 중요한 요소로서 이들의 변화나 차이가 중요하다고 생각한다. 이러한 배경에서 전망이론prospect theory이 나왔다. 전망이론이란 1979년 카너먼과 트버스키가 주장한 것으로 준거의존성, 민감도체감성, 손실회피성을 포함하는 새로운 가치함수이다. 전망이론에 따르면 이익의 경우, 사람들의 선택은 불확실한 이익보다는 확실한 이익을 선호한다. 반대로 손실의 경우, 확실한 손실보다는 불확실한 손실을 선호한다는 것이다. 카너먼과 트버스키는 기존 주류경제학의 효용함수와는 다르게 가치함수를 고려한 전망이론을 수립하였다. 전망이론은 준거의존성reference dependence, 민감도체감성diminishing sensitivity, 손실회피성loss aversion의 속성을 포함하는 가치함수를 기초로 제시한다. 준거의존성이란 인간은 절대적인 가치의 변화보다는 상대적인 가치의 변화에 더 민감하다. 따라서 어느 수준을 기준으로 잡느냐에 따라서 대상의 평가가 달라진다는 것이다. 가령, 소득을 기준으로 볼 때, 소득수준이 5천만원과 4천만원인 두 사람 중에 누가 더 행복하냐고 묻는다면 당연히 소득이 5천만원인 사람이 더 행복할 것이다. 그러나 두 사람의 작년의 연봉이 각각 5천 5백만원과 3천 5백만원이었다고 한다면 연봉 4천만원인 사람이 더 행복할 것이다. 이처럼 준거의존성은 상대적 출발점인 기준이 어디부터 시작되느냐에 따라서 다르다는 것을 강조한다. 이처럼 사람들이 만족감과 직접적으로 연결되는 것은 소득과 재산 그 자체가 아니라 이들의 변화양태라고 말할 수 있다. 쉽게 말하여 이득을 보았느냐 손실을 보았느냐가 만족감에 결정적인 요인이라는 것이다.

손실회피성은 사람들은 동일한 이익과 손실에 대해서도 동일한 손실에 더 민감하게 반응하고 더 슬퍼한다는 것을 의미한다. 따라서 사람들은 할 수만 있다면 이익보다는 손실(고통)을 더 줄이려고 한다는 것이다. 또한 손실회피편향은 사람들이 가진 것보다 더 낫거나 더 좋은 것을 얻기 위하여 현재 가진 것을 위험에 처하지 않으려 하는 마음 상태를 의미한다. 손실회피성에 따르면 앞서 언급한 소득을 5백만원 잃은 사람과 5백만원을 얻은 사람 중 5백만원을 얻은 사람의 행복보다 5백만원을 잃은 사람의 불행(고통)이 더 아프다는 것이다. 잃은 5백만원은 나중에 5백만원의 이득을 얻으면 깨끗이 상쇄될 수 있는 동일한 금액이므로 이득이든 손해이든 금액이 얼마냐가 중요하지 손해에 특별히 민감하게 반응할 필요는 없는 것이다. 그러나 실제 인간은 상식과 다르게 이렇게 같은 금액에 다른 반응을 보이고 있는 것이다. 주류경제학에서도 인정하듯이 사람에 따라서 위험을 기피하는 사례가 제시되고 있다. 사람들은 위험부담을 싫어한다기보다 손해를 볼 수 있다는 두려움을 더 싫어한다는 점이다. 자신이 소유하고 있는 것을 잃을지도 모른다는 두려움이 사람들의 의사결정에 더 큰 영향을 미친다. 행동경제학자들은 이러한 손실회피성이 인간의 본질적인 특성이라고 주장한다. 반대로 전통적 주류경제학에서는 기대효용함수에 의하여 한계효용체감의 법칙에 따라서 이익이나 손실은 일정하게 동일한 효용이 증가 내지 감소할 뿐이라고 간주한다.

기대이론에서는 이러한 인간 심리의 세 가지 특성을 반영하여 [그림 22]에서 볼 수 있듯이 이익영역에서는 체감적$_{\text{concave}}$ 증가함수, 손실영역에서는 체증적$_{\text{convex}}$ 감소함수의 S자 모형을 제시하고 있다. 따라서 손실영역의 가치가 이익영역의 가치보다 더 크게 감소하는 형태를 보여주고 있다.

이러한 전망이론이 제시한 선택에 따르면 사람들은 이익의 경우에 불확실한 이익보다는 확실한 이익을 더 선호하고 손실의 경우에 확실한 손실보다는 불확실한 손실을 더 선호한다고 말할 수 있다. 가령, 비록 불확실한 이익이 더 크고 확실한 이익이 더 작더라도 더 작은 확실한 이익을 선호한다.

이처럼 사람들은 손실회피편향이 있기 때문에 미국기업들은 분기말이나 연말이 되기 전에 자신들의 경영환경이 어렵다는 등의 부정적 정보를 미리 알리려고 한다. 그 이유는 실제 기업의 실적보다 시장의 기대수준이 높다면 이 기대수준을 낮추는 것이 필요하다. 즉, 시장의 기대수준을 낮춰두어야 이 기대수준을 넘어서는 실적이 발표될 때 투자자들에게 좋은 이미지를 줄 뿐만 아니라 주가부양에 유리하기 때문이다.

그림 22 전망이론의 가치함수

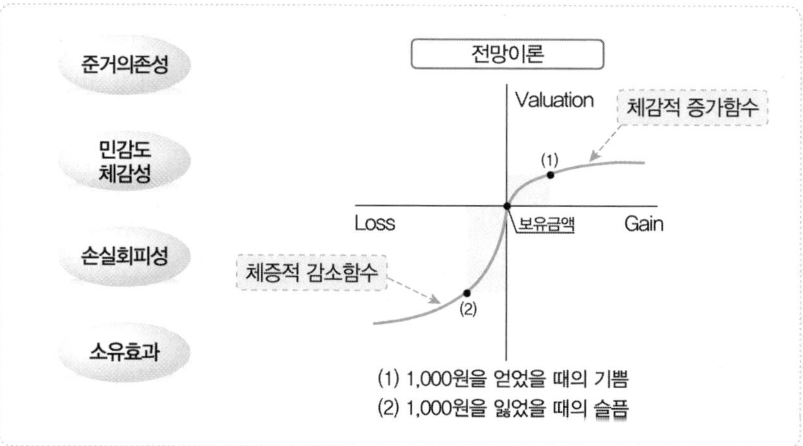

그러므로 실적이 나쁠수록 미리 시장에 알리는 것이 나중에 알리는 것보다 더 유리하다. 잔뜩 기대했는데 매우 나쁜 실적을 보이면 실망한 투자자들은 두려움과 공포에 사로잡힐 수도 있기 때문에 이후부터는 기업이 무슨 소리를 해도 신뢰하지 않게 된다. 할 수만 있다면 미리미리 시장의 투자자들에게 충분한 정보를 제공하여 우리 기업이 믿음이 가는 기업이라는 것을 알리는 것이 중요하다.

소유효과는 손실회피편향과 밀접히 관련되어 있다. 소유효과란 어떤 재화를 보유한 사람이 그 재화를 갖고 있지 않은 사람보다 그 가치를 더 높게 평가하는 것을 말한다. 소유효과는 사람들이 소유하고 있는 것을 잃어버리는 것을 싫어하는 태도에서 나타난다. 사람들은 지금 자신이 가지고 있는 것을 잃어버릴 수 있다는 걱정으로 많이 두려워하는 경향이 있고 이런 손실회피적인 태도가 자기가 가지고 있는 것에 집착하는 경향을 가져오게 된다고 한다. 즉, 자신이 소유하고 있는 자산이나 재화를 잃어버리는 것을 두려워하고 싫어하기 때문에 높은 가격이나 보상을 지급하지 않으면 내어놓지 않겠다는 생각을 갖게 된다. 일반적으로 재화를 소유하게 되면 가지게 되는 세 가지 비이성적인 습성이 있는데 이는 다음과 같다.

첫째, 오랫동안 소유하고 있는 것에 대한 깊은 집착을 들 수 있다. 사람들은 자기 자신이 오랫동안 소유하면 할수록 그 소지품에 대한 강한 애정을 갖는 경향이 있다. 오랫동안 소지한 물건은 많은 추억과 자신의 삶이 투영된 일부이기에 집착을 하여 높은 가치를 부여한다. 뿐만 아니라 소유하면서부터 자신의 것이라는 인식을 갖게 되면 강한 애착을 갖는 경향이 생겨난다.

둘째, 일단 소유하게 되면 얻을 때 가치보다 잃어버릴 때의 두려움이 더 크기 때문에 잃어버리는 것에 더 집착한다. 이로 인하여 오래된 옛날 물건을 버리지 못하고 쌓아둔다거나 많은 추억이 남아있는 낡은 집을 팔지 못하고 계속 살려고 하는 경향 등이 바로 이에 속한다.

셋째, 상품을 거래할 때, 소유한 물건을 판매하는 자뿐만 아니라 구매자도 그 물건의 가치를 평가한다. 가령, 소유한 집을 판매하는 사람은 그 집을 사용하면서 좋았던 점들에 많은 가치를 부여하는 반면에 그 집을 구매하려는 사람은 그 집에 안좋은 점들이 없나에 더 관심을 두고 보게 된다. 소유자입장에서는 소유효과가 작용하고 구매자 입장에서는 손실회피가 작용하는 것이다.

이러한 소유효과를 자극하는 마케팅 전술 중의 하나가 무료로 먼저 상품을 체험해보라는 것이다. 한 달간 무료체험하고 한 달 후 구입하라는 식의 마케팅 전략이다. 또한 통신요금이나 케이블TV 요금을 몇 달 무료로 하거나 할인요금으로 제공하겠다는 전략도 이에 해당한다. 주류경제학의 합리성 관점에서 보면 상품의 소유가 그 가치평가에 영향을 미친다는 것은 받아들일 수 없다. 재화에 대한 평가는 그 재화의 소유여부와 관계없이 항상 동일해야 하기 때문이다.

소유효과의 일종으로 가상의 소유의식virtual ownership도 재화가치에 영향을 미친다. 가상의 소유의식이란 아직 소유하지 않았지만 재화를 보는 순간 소유하고 싶은 욕구가 생기면서 내 것이라고 생각하는 것을 말한다. 많은 기업들은 가상의 소유의식을 소비자들에게 심기 위하여 마케팅 전략에 이를 활용하기도 한다. 미국 시카고의 레이크쇼우 드라이브lake show drive를 달리는 벤츠자동차의 영상을 보면서 많은 시카고 시민들은 자신들이 이 벤츠를 운전하고 있다고 생각하게 된다. 또한 여성들은 유명한 연예인이 선전하는 화장품 광고나 패션광고를 보며 그 재화를 자신이 사용하는 것을 상상한다.

소유효과는 조건부가치평가contingent valuation에도 나타난다. 조건부가치평가란 환경, 건강, 안전, 문화재 등 시장에서 거래되지 않는 것의 가치를 측정할 때 사용하는 방법이다. 조건부가치평가방법에는 지불의사WTP: willingness to pay와 수용의사WTA: willingness to accept가 있다. 지불의사WTP는 추가적으로 얻게 되는 재화에 대하여 얼마를 더 지불할 용의가 있는지를 묻는 방법이다. 가령, 수질을 1ppm 개선하는데 얼마를 지불할 용의가 있는지를 직접 사람들에게 묻는 방법이다. 반면 수용의사WTA는 추가적으로 재화를 상실하게 될 때 얼마나 돈을 받을 의향이 있는지 묻는 방법이다. 가령, 수질을 1ppm 악화시킬 때 돈을 얼마나 받고 이를 수용하겠는지를 측정한다. 지불의사는 추가적인 재화를 얻기 위하여 돈을 지불하는 것이고 수용의사는 소유하고 있는 재화를 잃는 대가로 보상받고자 하는 돈을 의미하는 것이므로 이는 일종의 손실회피와 소유효과에 비유할 수 있다. WTP는 재화를 얻는데 따라서 돈을 지불해야 하는 것이므로 손실을 회피하기 위하여 가급적이면 돈을 적게 지불하려 할 것이다. 즉, 얻는 재화에 대해서는 가능하면 적은 돈을 지불하고자 할 것이다. 반대로 WTA는 가지고 있던 재화를 잃는 것에 대하여 생각하게 하므로 이미 가지고 있던 재화를 포기하는 것에 대한 것이다. 이 경우는 소유효과가 작용하므로 보다 많은 보상을 해주기를 원하는 것이다. 결과적으로 동일한 재화라 하더라도 손실회피와 소유효과의 특징을 지닌 WTP와 WTA로 재화의 가치를 측정하면 동일한 재화의 가치가 다르게 측정되는 것이다. 결과는 WTA가

WTP보다 더 크게 되고 재화의 종류에 따라서 그 차이는 매우 클 수도 있다.

그림 23 지불의사와 수용의사

한편, 민감성의 체감은 이익이나 손실에 대한 반응이 점점 둔화되거나 감소하는 것을 의미한다. 사람들은 일정한 기준을 가지고 있는데 소득이 자신이 생각한 기준을 넘어서서 초과하는 정도가 점점 커질수록 추가되는 소득으로부터 얻는 추가적인 즐거움은 감소하고, 반대로 기준에 미달하는 소득의 수준이 점점 커져도 그로 인하여 추가되는 고통은 감소한다. 소득이 평소소득보다 3천만원 더 늘어났을 때 얻는 만족감은 소득이 1천만원 증가했을 때 느끼는 만족감의 세 배가 되지는 않는다. 따라서 사람들은 더 큰 이익이 있어도 확률이 낮은 일에 쉽게 도전하지 않고 더 큰 손실이 발생해도 확률이 낮은 일에 쉽게 도전한다. 가령, 도박에서 상당한 돈을 잃으면 돈을 딸 확률이 낮음에도 불구하고 이를 찾기 위하여 도전한다. 나아가 소유효과를 이용하여 기업들은 제품의 제작에 직접 소비자가 참여하여 제품의 디자인을 바꾸고 형태를 바꾸도록 하는 프로그램을 동원하여 자신이 제작과정에 참여한 제품에 깊은 애착을 가지도록 유도하는 전략을 사용하기도 한다.

3. 휴리스틱heuristic과 편향

행동경제학자들은 사람들이 확률평가나 가치의 예측과 같은 복잡한 문제에 직면했을 때 실제는 이를 복잡하게 계산하거나 고민하지 않고 매우 단순한 판단과정으로 만드는 휴리스틱 방법을 사용하여 의사결정을 한다고 믿는다. 휴리스틱은 그리스 언어에서 '발견하기'라는 의미를 갖는다. 이는 과학적인 방법에 의한 것이 아니라 정보가 불완전한 상황에서 시행착오나 경험을 통하여 지식을 얻게 되는 과정을 말한다. 사람들은 이런 문제를 그렇게 고민하지 않고 어림짐작이나 고정된 편향에 기초하여 결정해 버린다. 일명 잘 추측하는 기술을 말한다.

고정적 편향 혹은 어림짐작으로 이해되는 휴리스틱은 사람들이 자신의 경험에 기초하여 문제를 해결하는 것을 의미한다. 문제에 대한 명확한 정보가 없거나 그 근거를 찾기가 어려울 경우 일반적으로 사람들이 사용하는 방법이다. 가령, 물체와의 거리는 물체의 선명도clarity에 의하여 결정된다. 물체가 명확하게 보이면 더 가까이 위치한 것 같지만 흐릿하면 물체가 멀리 떨어진 것처럼 보인다. 이처럼 선명도를 기준으로 물체와의 거리를 측정하는 지표로 사용하면 편향된 판단을 하기 쉽다.

카너먼과 트버스키는 휴리스틱을 이용하는 여러 방법을 소개했다. 이들 중 대표적인 방법으로 대표성repesentive 휴리스틱, 가용성availability 휴리스틱, 닻내림anchoring 휴리스틱을 들 수 있다. 이를 하나씩 소개하면 다음과 같다.

첫째, 대표성 휴리스틱이란 의사결정을 할 때, 사람들이 가지고 있는 문제에 대한 대표성이나 전형적인 특징을 기초로 선입견이나 고정관념을 가지고 판단하게 되는 것을 말한다. 가령, 백인들이 아시아인들보다 체격이 좋다는 선입견을 가지고 있는 경우, 백인 축구선수가 아시아 축구선수보다 축구를 잘 한다고 생각하고 선수를 선발하는데 활용하는 경우 대표성 휴리스틱이 있다고 말한다. 사람들이 의사결정을 할 때, 자기 자신이 가지고 있는 고정관념이나 선입견에 비추어 이를 판단의 기준으로 삼는 경우가 많이 발생한다. 가령, 오늘 아침에 택시를 타고 회사에 출근하는데 신호등에 한 번도 안 걸리고 최단 코스로 빠른 시간에 출근하게 되면 오늘 무슨 좋은 징조가 있다거나 좋은 일이 일어날 것이라고 생각하는 경향이 있다. 이는 어떤 징조나 다른 좋은 일과는 관계없는 것으로 신호등에 걸리고 안 걸리고는 그 날 신호가 변하는 확률에 따라서 일어나는 것에 불과하다. 또한 유명한 배구선수가 여러 차례 연속해서 스파이크로 득점을 올리면 사람들은 이 선수가 스파이크를 하면 계속 성공할 것이라고 믿는다.

그림 24 **대표성 휴리스틱**

아시아 축구선수 VS 백인 축구선수

미국 와인 VS 프랑스 와인

대표적인 선입견에 기초하여 휴리스틱으로 판단하는 예를 간단히 들어보자. 사람들에게 프랑스 와인과 미국 와인, 볼리비아 와인을 알려주고 가장 맛있는 와인을 알려달라고 하면 프랑스 와인을 선택한다. 그러나 사람들에게 와인의 출처가 어디인지 알려주지 않고 세 종류의 와인 중 가장 맛있는 와인을 고르라고 할 경우 미국산을 선택하는 경우가 많다. 이 처럼 사전적으로 알게 된 정보에 따라서 맛에 대한 판단이 달라진다면 사전적 정보나 판단이 사람들의 결정에 심각한 영향을 미치게 된다는 것이다. 대표성 휴리스틱은 과거의 경험에 기초하여 정보를 처리하는 인간의 뇌가 정보를 처리하는 방식의 하나라 할 수 있다. 가령, 아시아계 미국인들은 일반 미국인들보다 수학에 뛰어나다는 믿음이나 여성들은 수학에 약하다고 생각하는 고정관념은 일종의 휴리스틱이다. 이 고정관념은 판단에 수월하지만 잘못된 판단을 내리게 만들 수도 있다.

둘째, 가용성 휴리스틱이란 어떤 사건의 발생빈도나 사고의 확률은 사람들이 그 사건의 발생을 얼마나 쉽게 떠올릴 수 있는지에 따라서 평가하는 것을 의미한다. 다른 사건들보다 쉽게 생각이 떠오르는 어떤 사건들은 더 많이 발생하는 것처럼 느껴진다. 이처럼 사람들의 생각에 보다 자주 떠오르는 사건들은 사건의 친숙성이나 심각성 등이 주관적 확률판단에 더 큰 영향을 미친다. 가령, 항공기 사고를 당해본 사람은 뉴스를 통해서 항공기 사고를 시청한 사람보다 항공기 사고의 위험을 훨씬 높게 평가한다. 그러나 실제 항공기 사고로 죽을 확률은 통계적으로 천백만 분의 일이라고 한다. 통계적으로 보면 항공기 사고로 사망할 확률이 번개에 맞아 죽을 확률보다 낮다. 심지어 핵사고로 인해 죽을 확률보다도 더 낮다. 걸어가다 넘어지거나 추락해 죽을 확률이 약 2만 번 중에 한 번 꼴이라면 번개에 맞아 죽을 확률은 약 2백만 분의 일, 핵사고로 사망할 확률이 천만 분의 일인 것에 비한다면 항공기 사고 사망률은 대단히 낮은 가능성임을 알 수 있다. 한국에서 동계올림픽게임이 열리면서 동계올림픽을 즐기는 수요자들이 크게 증가하였다. 하지만 점차 동계올림픽에 대한 기억이 흐릿해지면서 이를 즐기는 사람들도 점차 감소하였다. 이처럼 가용성 휴리스틱으로 인한 편향은 그 편향으로 잘못된 정책을 세우거나 시행하게 만드는 오류를 유발할 수 있다.

그림 25 **가용성 휴리스틱**

항공기 사고 VS 번개 맞을 확률

휴리스틱의 한 종류로서 확증편향도 최근에 많이 주목을 받고 있다. 확증편향이란 선택편향의 한 종류로서 자신의 선입견을 확증하는 정보만을 선택적으로 받아들이는 경향을 말한다. 자신이 믿고 있는 사실에 반대되는 정보들에 대해서는 외면한다. 이는 일종의 "불완전한 근거의 오류"the fallacy of incomplete evidence와 비슷하다. 유사한 표현으로 "내 편 편향"myside-bias이라고 표현할 수도 있다. 한마디로 말하면 '사람은 보고 싶은 것만 보고 듣고 싶은 것만 듣는다.'는 것을 말한다. 사람들은 스스로에 대한 자신의 믿음에 부합하는 피드백을 얻기를 열망하고 이끌어내려 한다. 이처럼 사람들은 새로운 정보를 받으면 자의적으로 해석하는데 편향되어 있다. 확증편향이 발생하는 원인은 1) 과도한 자신감과 잘못된 믿음, 2) 유사한 정보에 대한 견해의 양극화 등을 들 수 있다. 예를 들면, 자기 자신이 우월하다는 자만심을 가진 사람이 회의나 모임에 나타나면 자신의 우월함을 인정하는 지인들을 찾고 이들이 칭찬의 말을 해줄 것을 유도하며, 자신의 관점과 영향력을 드러내려 할 것이다. 회의나 모임 후에 그 사람은 자신의 영향력이 약했던 대화는 거의 기억하지 못하고, 자신이 주도했던 대화의 내용과 그 설득력에 대해서는 훨씬 잘 기억하게 된다. 확증편향이 그 사람으로 하여금 자신의 형태를 그렇게 가져가는 것이다.

역사적으로 보면 수많은 사람들이 확증편향의 오류에 빠져서 많은 실수들을 저질러 왔다. 특히 특정 정당을 지지하는 사람들은 지지하는 정당에서 좋은 정책이 나오면 이를 지지하고 좋아하지만 이에 반대하는 사람이나 지적에 대해서는 무시하거나 비난한다. 반대로 이 정당을 반대하는 사람들은 그 정당의 정책을 비판하고 문제점을 지적하는 기사에 보다 관심을 기울이고 그 논지를 따라간다. 이는 흔히 우파 유권자들이 한국일보나 한겨레신문 등은 신문 취급도 하지 않고, 좌파 유권자들이 조선일보, 중앙일보, 동아일보 등은 읽지 않으려 하는 이유를 설명할 수 있다. 그러므로 확증편향에 치우치지 않기 위해서는 서로 다른 논조의 신문을 나란히 놓고 교차검증을 해보는 것이 필요하다. 대부분의 사람들은 자신의 견해를 반대하는 사람들을 좋아하지 않는다. 이러한 확증편향을 이겨내고 올바른 판단력과 객관성을 유지하기 위해서는 남다른 노력과 균형감각이 필요하다. 오피니언 리더들은 자신과 의견이 유사한 다른 논객들과 많은 교류를 나누고 모임을 갖지만, 자신과 생각이 다른 사람들과는 자주 만나려 하지 않는다. 이처럼 정치나 시사 이슈에 관심이 많은 사람들은 확증편향이 매우 일반적으로 일어나는 현상이라고 느낄 것이다.

그림 26 **선호와 확증편향**

확증편향을 성차별에 적용해 보자. 남성은 남성이 차별받는 요소만 들고와서 여성 상위시대이기에 남자가 더 많은 책임을 지고 피해를 입는다고 주장한다. 반면 여성은 여성이 겪는 차별들만 모아놓고 여성 차별이 심각하다고 주장한다. 서로 보고싶은 점만 보고 주장하는 것이다. 이처럼 서로가 다른 근거를 기준으로 하여 서로가 차별받는다고 주장하고 다른 관점을 고려하지 않는다. 실은 남성과 여성이 모두 이득보는 점과 손해보는 점이 다 존재하는데도 말이다. 확증편향은 어느 조직에도 일어난다. 특히 기업에도 존재한다. 기업의 CEO는 최선의 마케팅 전략을 수립하기 위해 직원들의 중지를 모으는 것이 아니라, 자신이 선호하는 마케팅 전략이 옳다는 것을 확인하고 싶어서 형식적으로 회의를 활용하는 경우도 있다.

셋째, 닻내림anchoring 휴리스틱이란 사람들의 선택은 초기값에서 출발하여 그 값을 조정하여 최종적인 답을 내리는데 최종적인 선택은 그 초기값에 편향된 추정값을 가진다는 것이다. 초기값 주위를 맴돈다는 것은 최초 출발점에 적응이 되어서 이를 벗어나지 못하고 충분히 조정하지 못한다는 것이다. 닻을 내린 곳에 배가 정박을 하는 것과 같이 처음 주어진 정보가 정신적인 기준이 되어서 이후 판단에 영향을 미친다는 것이다. 앞으로 어떤 것을 추정할 때, 과거에 주어진 것이 추정에 영향을 미칠 때 이러한 현상이 발생한다.

동물의 경우 태어나면 처음 본 사물을 따라 다니는 습관이 있다. 대부분의 경우 어미나 자신을 돌봐주는 대상을 따라다니게 된다. 이와 같이 사람도 처음 강하게 인식된 것을 중심으로 선택을 하고 한번 내린 결정을 지속적으로 유지하는 현상이 닻내림 휴리스틱이다. 가령, 두 집단을 나누어 동일한 일을 시킨다고 하자. 한 집단에게는 시간당 낮은 금액(1만원)으로 일을 시키고 다른 집단에게는 시간당 높은 금액(3만원)으로 일을 시킨 후 그 다음에 다시 동일한 일을 시키기 위하여 받고 싶은 시간당 금액을 제시하라고 하면 두 집단 간에 최초에 제시한 시간당 임금에서 크게 벗어나지 않는다는 것이다. 즉, 최초에 1만원을 제시한 집단에 속한 사람들은 1만원 주위의 임금을 요구하고 최초에 3만을 제시한 집단의 사람들은 3만원 주위의 임금을 요구한다는 것이다. 이러한 닻내림 휴리스틱은 한 번 적용되면 오랫동안 지속되는 경향이 있다.

특히 기부금을 모금할 때, 기부자에게 기부액수에 따라서 상이한 예우를 해준다고 하고 그 기부금 수준에 따른 예우수준을 제시하면 그 기부금 수준이 바로 닻내림 휴리스틱으로 작용하게 된다. 가령, 대학에 50억을 기부할 경우 캠퍼스 내에 동상을 세워준다는 기준을 제시하면 기부자는 50억이 바로 닻내림 휴리스틱으로 작용하게 되어 동상을 세우고 싶으면 50억을 기부하게 된다.

그림 27 **닻내림 휴리스틱**(1) - 간디의 젊은 시절 사진을 본 사람은 37세로 답변, 간디의 노인 시절 사진을 본 사람은 64세로 답변

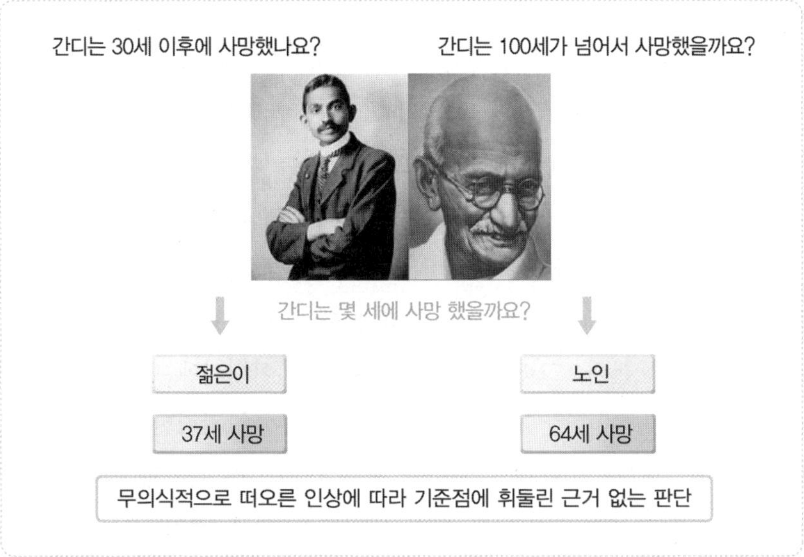

그림 28 **닻내림 휴리스틱**(2)

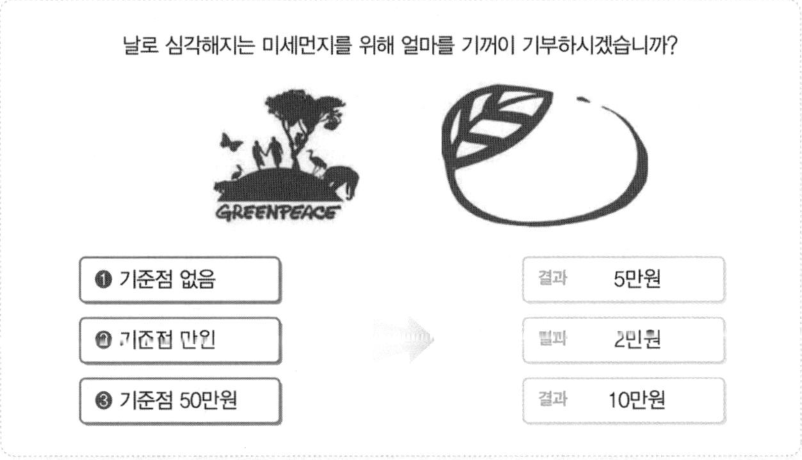

4. 심리회계와 프레이밍

심리회계란 사람들이 돈의 출처에 따라서 심적인 구분을 달리해 둔다는 것이다. 돈이 어떤 경로를 통하여 들어왔는지에 따라 사용처를 다르게 구분하는 경향이 있다고 본다. 돈의 범주에 따라서 각각 다른 소비성향을 갖는다고 보는 것이다. 주류경제학에서는 심리회계라는 개념을 인정하지는 않는다. 주류경제의 대체가능성이란 의미는 도박으로 벌어들인 1백만원이나 급여로 받은 1백만원, 세금환급으로 받은 1백만원이 동일하다는 것이다. 도박, 급여, 세금환급 등 어떤 경로로 얻은 돈이건 간에 출처에 관계없이 동일하기 때문에 사용하는 데는 아무런 차이가 없다고 본다. 그러나 인간은 컴퓨터가 아니기에 대부분 사람들은 매일 수입과 지출을 기록할 만한 계산능력이나 강력한 의지를 갖고 있지 못하다. 그리고 매일의 지출을 모든 장기적인 계획과 균형시켜서 계산해 가면서 고려하는 것도 어렵고 그렇게 하는 것이 정신적으로도 아주 피곤한 일이다.

이로 인하여 사람들은 돈관리를 심리회계라는 장부로 분류해 둔다. 가령, 힘든 노동으로 번 돈과 공짜로 번 돈을 전혀 다른 종류의 돈으로 생각하여 지출한다. 주류경제학 관점에서는 이것은 동일한 돈이기 때문에 매우 불합리한 생각이지만 실제 사람들의 심리는 그렇게 구분하고 있고 노동으로 번 돈이 아닌 공짜 돈이 없어지면 어차피 없던 돈이 아니냐라고 생각한다. 공짜 돈과 같이 심리회계에 부담이 없는 돈은 그 가치가 낮아서 신중하게 고려하지 않고 쉽게 사용해 버리는 경향이 있다.

그림 29 심리회계장부로 분류

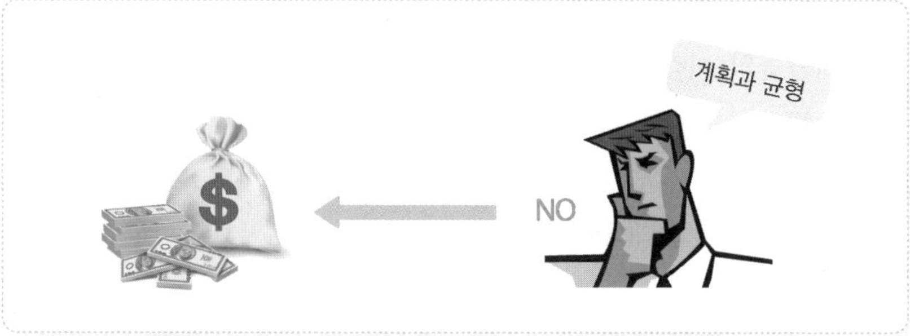

한편, 프레이밍 효과framing effect란 일명 틀짜기 효과라고 한다. 프레이밍 효과에 따르면 사람들의 선택은 사람들에게 질문하는 방식이나 어떤 짜여진 틀에 의존하여 결정된다는 것이다. 즉, 사람들이 선택을 할 때, 특정한 결정틀에 의존하여 결정한다고 본다. 특정한 선택과 관련하여 행동, 수반되는 과정 등을 인식하는 짜여진 틀이 중요한 역할을 하게 된다. 이러한 틀은 지각, 직관, 추론, 선택의 각 단계에 영향을 미치게 된다. 사람들이 동일한 사물을 볼 때도 자신이 가진 관점에 따라서 이를 다르게 보게 되는 것도 각 사람이 상이한 틀을 가지고 있기 때문이다. 그러므로 어떤 틀을 가지고 사물을 바라보느냐에 따라서 사물을 완전히 다르게 인식하기도 한다. 가령, 사물을 긍정적인 면으로 보는 사람과 부정적인 면으로 보는 사람은 동일한 사물을 봐도 그에 대한 해석이 다르고 그 대응이 다를 수밖에 없다. 이는 사람이 다른 사람을 보는 관점에도 적용되는 것이다. 미운 면만 보는 사람은 다른 사람이 그 어떤 좋은 일을 하여도 밉게만 여겨지는 것도 바로 미운 면만 보는 사람이 가지고 있는 삐딱한 틀로 인한 것이다.

이러한 틀짜기 효과는 특히 대통령 선거나 투표에서 득표를 위해서 정치인들이 많이 이용하는 수단 중의 하나이다. 정치구호를 만들 때 상대방 후보의 가장 취약한 점을 지적하는 구호를 만들어 선전함으로써 사람들의 시각을 그 틀에서 바라보게 하여 득표로 연결하는데 사용하곤 한다.

그림 30 프레이밍 효과(틀짜기 효과)

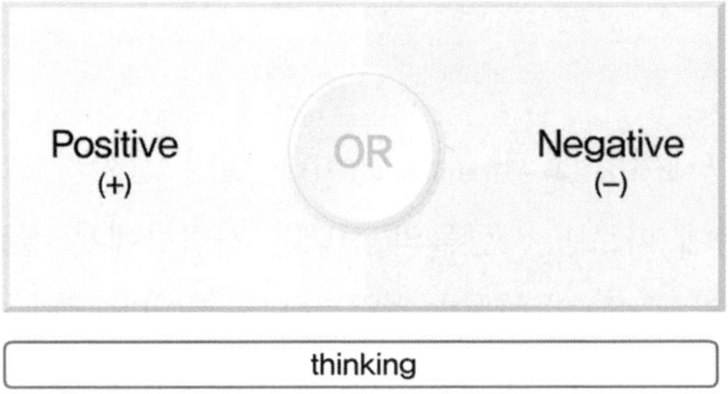

5. 근접효과와 후광효과

근접효과란 가까이 있을수록 더 친해지는 효과를 말한다. 근접성은 이웃 간의 불화의 원인이 되기도 하지만 친밀감을 결정하는 가장 중요한 요인이 된다. 근접효과는 이웃끼리 가까이 지내면 이웃사촌이라는 말이 있듯이 이웃이 먼 친척보다 더 가깝게 느껴지는 경향을 표현한 말이다. 또한 우리 속담에 근묵자흑이란 격언이 있다. 너무 가까이 붙어있으면 가까이 있는 사람과 비슷해진다는 것이다. 좋은 영향을 받으려면 주변에 좋은 사람들을 많이 두는 것이 좋다. 근접효과는 단순노출효과 혹은 에펠탑효과와도 유사한 개념이다. 단지 자주 보는 것만으로도 대상에 대한 호감이 증가하는 것을 말한다. 이것이 에펠탑효과로 불려진 계기는 1889년 프랑스혁명 100주년을 맞아서 열린 만국박람회의 기념조형물이 에펠탑이었다. 설치 당시에 에펠탑은 보기 흉한 철골구조물로 고풍스럽고 낭만적인 도시인 파리와 어울리지 않고 파리의 이미지를 망칠 것이라는 이유로 많은 시민들이 설치를 반대하였다. 프랑스정부는 20년 후에 철거하기로 하고 겨우 건설했는데 시간이 지나면서 파리 시민들은 에펠탑의 높이 때문에 매일 봐야 했다. 자꾸 보다보니 점차 정이 가고 찾아오는 사람들이 늘어났다. 지금은 매년 2천5백만 명이나 되는 사람들이 에펠탑을 보러 와서 프랑스의 관광명소 중 1위가 되었다.

또한 이는 시간적으로 통계적인 자료나 일반이론보다 최근에 발생한 구체적 사건이나 경험을 더 중시하는 것을 말하기도 한다. 주변에서 쉽게 그 사례를 찾을 수 있거나 떠올릴 수 있다면 사람들은 그 사건이 발생할 확률이 낮더라도 발생가능성을 더 높게 평가하는 경향을 갖는다. 자신이나 자신과 가까운 사람이 경험한 사건은 일반 통계자료가 알려주는 것보다 더 위험하다고 인식한다거나 신문방송에서 많이 기사화된 사건들은 쉽게 기억하지만 그렇지 않은 것은 잘 기억하지 않는다. 신문이나 뉴스에 사실이나 사건이 보도되는 것도 지역의 거리가 가까울수록 근접효과가 커져서 빨리 보도되지만 해당지역과 거리가 멀리 떨어진 지역에서는 그 사건을 보도하지 않거나 크게 다루지 않는다. 가령, 서울에서 지방의 뉴스를 별로 할애하지는 않는다. 미국 뉴욕에서 2011년 9월 11일 쌍둥이 건물 테러사건이 일어났을 때, 미국민들은 거의 1년 가까이 비행기를 타지 않으려 했다. 항공기 테러사건이 미국민들에게 너무나 큰 충격을 주었기 때문이다. 이는 근접효과의 대표적인 사례이다.

그림 31 에펠탑효과

후광효과halo effect란 어떤 대상의 한 가지나 일부분에 대한 평가가 그 대상의 다른 일부나 나머지 전체에 대해 영향을 미치는 현상을 말한다. 간단히 말하면 우리 속담에 '한 가지를 보면 열 가지를 알 수 있다.'는 말이 있다. 하나를 잘하면 나머지도 모두 잘할 것이라고 판단하거나 한 가지를 못하면 나머지도 모두 못할 것이라고 판단하는 성향을 말한다. 긍정적 후광효과는 평가대상에게 긍정적으로 작용하여 유리한 영향을 주지만 부정적 후광효과는 반대로 평가 대상에게 불리하게 작용하게 된다. 한국과 같이 학벌사회에서는 출신대학이 어디냐에 따라서 출신대학이 평생 후광효과로 작용하고 따라다니게 된다. 출신대학이 좋으면 그 사람은 능력이 뛰어나기 때문에 무엇이든 맡기면 잘할 것이라고 생각하고 출신대학이 나쁘면 능력이 안되기 때문에 뭐든지 맡겨도 신뢰하지 않는 경향이 있다.

이러한 후광효과는 우리 일상에서 널리 발견할 수 있다. 책을 판매할 때 잘 팔리게 하기 위하여 유명한 사람들이나 해당 분야의 전문가들에게 추천사를 받아서 책의 표지에 첨부한다든지 표지에 '하버드대학 강의서'라는 문구를 넣어서 하버드대학이라는 후광이 책의 판매에 영향을 미치게 하는 것이다. 또한 기업의 비즈니스에도 후광효과는 나타난다. 가령, 유명한 대기업이 특정 지역에 주택을 건설한다면 대기업의 이름이 후광효과로 작용하여 그 주택은 좋은 주택일 것이라고 평가하는 경향이 있다. 또한 영화 시사회에 유명인을 참여시키거나 광고에 유명인들의 소감을 첨부하기도 한다. 이처럼 후광효과는 소비심리를 이용해야 하는 마케팅과 광고분야 등에서 판촉을 위한 수단으로 많이 활용된다. 이러한 후광효과는 자신이 가진 믿음을 정당화하는 선입견이자 확증편향의 일종이자 의사결정의 오류이다. 하지만 후광효과가 발생하는 순간에는 대부분의 경우 이를 적절한 논리로 받아들이는 게 인간의 심리이다. 특정 재화에 대하여 사전적으로 잘 모르는 상태에서 일부를 보고 나머지를 유추하는 것은 의사결정을 하기 위한 좋은 방법이고 수월한 수단이기 때문에 사람들은 쉽게 이를 받아들이는 것 같다.

6. 넛지

주류경제학에서 정책적 개입은 개인들에게 조세를 부과하거나 벌금을 부과하여 특정한 선택을 금지하거나 비용이 수반되게 하여 개인의 선택을 규제한다. 이와 같은 정책개입은 시장의 가격체계를 왜곡시켜서 공익을 위한다는 명분하에서 개인들의 자유를 침해할 여지가 있을 수 있다. 행동경제학자들은 제한된 합리성을 가진 인간을 대상으로 할 경우 기존과는 다르게 시장에 직접적인 개입 없이도 새로운 정책을 도입하여 원하는 바람직한 결과를 얻을 수 있다고 주장한다.

선스타인과 탈러 같은 학자들은 행동경제학에서 넛지nudge를 제시하고 있다. 넛지란 개인들의 다양한 기회를 건드리지 않고, 가격체계에 변화를 주지 않으면서 개인들의 선택을 바람직한 방향으로 안내할 수 있다는 것이다. 합리적인 경제주체라면 선택 대안을 제시하는 순서에 따라서 선택의 순서가 바뀌어서는 안되지만 현실에서 합리적이지 못한 경제주체들의 경우 대안이 배열되는 순서에 따라서 결정이 일관되지 못하고 바뀌는 문제가 발생한다. 가령, 대형마트의 재화 가운데 소비자가 별로 찾지 않는 것을 구석의 끝에 배치한다든가, 필수적인 재화는 가장 끝에 배열하여 지나가면서 다른 다양한 재화를 보고 사고 싶은 욕망이 생기도록 만들기도 한다. 또한 장기기증을 많이 받기 위하여 사망시 장기기증을 하는 것을 기본으로 해두고 기증을 원치 않는 사람들은 신고하도록 하면 비합리적인 경제주체들은 설정된 순서나 제시된 기준에 따르게 되어서 기업이나 정부가 원하는 바람직한 방향으로 이끌어갈 수가 있다는 것이다. 이처럼 가격체계나 개인들의 다양한 기회를 손대지 않고도 개인의 선택을 변화시킬 수 있다는 점에서 이러한 개입을 넛지라고 한다.

그림 32 **리처드 탈러** – "자기 과신을 경계하라."

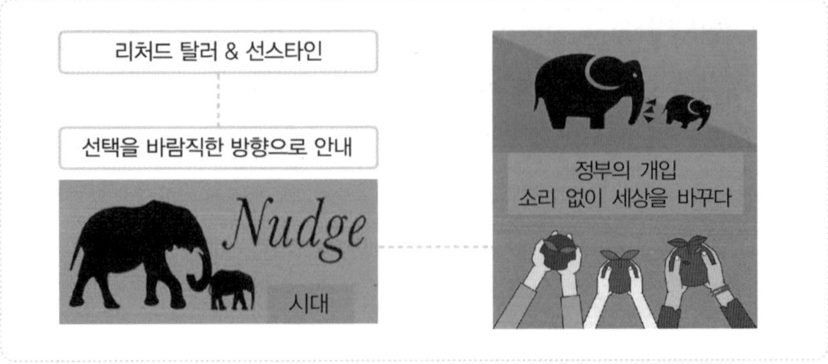

제4절

주류경제학과 행동경제학의 비교

1. 주류경제학과 행동경제학의 인간비교

주류경제학의 인간은 이해타산적이고 자신의 이익만을 추구하는 이기적 인간이다. 개인은 선택을 할 때, 항상 합리성을 가지고 실수하지 않는다. 개인들이 다양한 선호를 가지지만 각자 취향과 선호에 따라서 자신의 소득으로 다양한 대안들 중에 자신의 만족을 최대화하는 최적의 대안을 선택한다. 합리적인 인간은 정확한 계산능력을 가지고 있고 인간의 판단은 정확한 계산능력에서 나온다. 특히 주류경제학의 인간은 완전한 정보와 완전한 정보를 처리할 수 있다. 사람들은 자신의 소득, 기호, 선호를 정확히 잘 알고 있고 선택대상으로서 재화나 서비스의 가격과 품질까지도 정확히 알고 있다. 가격이 재화의 모든 정보를 다 보여주지 못하기 때문에 사람들은 재화의 품질도 완전히 알고 있어서 이에 기초하여 합리적으로 선택한다. 생산자도 마찬가지로 자신의 자산과 부채, 생산기술을 정확히 파악하고 있고 시장상황을 잘 파악하여 생산방법에 맞추어 생산량수준을 정확히 결정할 수 있다. 물론 생산수준에 따른 비용과 이윤도 잘 파악하고 있다. 그러므로 주류경제학에서 말하는 합리적 인간은 선택능력과 전문지식을 받아들이는 능력을 갖고 있는 존재로 간주한다. 그러나 주류경제학은 사람의 마음과 감정을 고려하지 않고 감각적인 자료, 정보, 지식을 일반자료나 정보와 구분하지 않고 있다.

반면 행동경제학의 인간은 주류경제학에서 가정하는 것처럼 항상 자신만의 이익을 추구하지는 않고 타인과 사회 전체의 이익도 고려한다고 본다. 자신에게 이익이 안되어도 타인에게 유익하게 행동하거나 집단 내에서 불평등한 방향이라면 자신의 이익을 줄이는 결정도 받아들인다는 것이다. 즉, 인간의 의사결정은 일반적으로 자신만을 생각하기보다 타인과 사회 전체를 고려해서 하는 경향이 있다고 본다. 행동경제학자들은 인간의 인지와 판단을 내리는데 두 가지 체계가 존재한다고 본다. 제1의 체계인 자동시스템은 감성, 직관과 본능, 습관에 따라서 거의 반사적으로 작동한다. 우리가 일상적으로 생활하기 위하여 행하는 행위들이나 생활 습관들이 거의 여기에 속한다. 자동시스템은 깊은 생각이 아니라 의사소통의 맥락에 예민하다. 제2의 체계인 숙고시스템은 논리적 사고나 추론과 깊은 의미를 해석하는 과정이 필요하므로 계산과 사고에 따라서 느리게 작동한다. 주류경제학이 채택하고 있는 것이 바로 인간의 숙고시스템이고 자동시스템은 무시하고 있다. 따라서 행동경제학에서는 인간이 두 체계를 동시에 가지고 있다고 보기에 의사결정 시점에서 예상하거나 기대하는 효용과 실제 선택 후 경험하는 효용이 다름을 인정한다.

2. 선택이론 비교

주류경제에서는 사람들이 안정적인 선호체계를 가지고 있다고 생각하여 상품을 정확히 판별하는 완전성, 선호의 일관된 순서를 정하는 이행성, 다른 재화에 영향을 받지 않는 선호의 독립성, 선호가 연속적으로 변화하는 연속성, 재화가 증가하면 효용도 증가하는 강단조성 등을 가정한다. 이에 대하여 행동경제학에서는 이러한 공리의 문제점을 다음과 같이 비판한다.

첫째, 완전성은 선호하는 재화의 순서를 한번 정하면 재화의 순서가 바뀌더라도 선호하는 순서는 일관되게 유지된다는 것이다. 행동경제학자들은 완전성과 이행성에 대하여 다음과 같이 지적한다. 인간은 제한된 인지능력과 정보능력으로 인하여 직면한 일을 여러 차원에서 일관되게 비교하여 가중치를 부여하고 이의 순서를 정확하게 파악하는 것이 쉽지가 않다. 사물을 보는 관점이 바뀌면 특정 관점이 부각되지만 다른 차원이 무시되거나 아예 제외될 수가 있다. 보는 관점이 달라지면 비교가능한 것을 판별하는 완전성과 일관성을 보여주는 이행성이 서로 맞지 않을 수 있다. 가령, 여성 소비자가 화장품 중 유명한 샤넬, 랑콤, 크리스찬디올 중에서 선호하는 화장품을 선택한다고 할 때, 향기의 관점에서는 샤넬, 랑콤, 크리스찬디올의 순서로 좋아하지만 색조의 관점에서는 크리스찬디올, 랑콤, 샤넬의 순서로 선호한다고 가정하자. 이 경우 샤넬과 크리스찬디올은 향기를 부각시키느냐, 색조를 부각시키느냐에 따라서 선호하는 순서가 뒤바뀌게 되고 이행성의 공리가 무너져서 일관성이 결여된다. 그러면 주류경제학에서 주장하는 선호의 일관성을 의미하는 이행성 공리가 성립하지 않을 수 있다. 실제로는 재화나 선택의 다양한 관점이 있어서 사람들이 항상 완전성과 이행성을 만족하기는 어렵다. 이처럼 현실은 여러 차원이 존재하고 이들 사이에 비교가 어려워서 선택이 일관될 수가 없다는 것이다. 즉, 재화 간에 선호가 역전되거나 선호의 일관성이 유지되지 못하게 된다.

둘째, 주류경제학자들은 다른 재화에 영향을 받지 않는 선호의 독립성을 주장하였다. 그러나 행동경제학자들은 재화들은 서로 보완관계나 대체관계를 가지는 재화들이 있을 뿐만 아니라 다른 재화와 같이 배열될 경우에는 비교가 되기 때문에 선호의 독립성이 유지되기 어렵다고 본다. 가령, 커피 한 잔과 콜라 한 잔의 상품묶음과 햄버거 한 개와 콜라 한 잔의 상품묶음이 같은 무차별곡선 상에서 동일한 만족감을 준다고 한다면 커피와 콜라는 무관한 재화이거나 대체재에 가깝고 햄버거와 콜라는 보완관계로 인하여 만족감이 더 높아진 것이기에 공통요소인 콜라를 제거하고 커피와 햄버거를 비교한다면 커피가 더 만족감이 높은 재화일 것이다. 그러나 주류경제학은 재화 간에 이러한 보완관계와 대체관계를 포함하지 않고 항상 재화는 분리가 가능하며 독립적으로 효용이 측정되고 다른 재화의 영향을 받지 않는다고 간주한다. 즉, 주류경제에서는 효용의 결정에서 재화의 독립성을 강조하므로 앞의 상품묶음에서 공통요소인 콜라를 제거하거나 콜라를 같이 묶어서 커피와 햄버거를 평가해도 그 효용은 변하지 않는다는 주장이다. 반대로 행동경제학에서는 재화 간에는 보완성과 상호의존성이 있기 때문에 서로 독립적이지 않고 심리적 가치가 이에 따라서 변동하기 때문에 독립성은 유지되기 어렵다는 것이다.

셋째, 주류경제학이 주장하는 선호의 연속성과 강단조성에서 소비자 효용은 재화량에 비례해서 증가할 뿐이고 선택상황이나 절차의 변화 등은 무시하였다. 즉, 선택상황이나 절차가 바뀌더라도 선택에는 영향을 주지 않고 오직 재화의 양에 비례해서 효용은 늘어난다고 주장하였다. 선택상황은 항상 객관적으로 주어진 것이므로 절차는 고려대상이 아니다. 주류경제학에서 재화는 다양하게 존재하고 그 중에서 원하는 것을 선택할 수 있지만 다양한 제시방법, 해석, 절차의 변경 등은 고려하지 않는다. 사람들은 대안이 나오는 순서와 무관하게 이 대안들을 종합적으로 고려하여 자신에게 가장 적합한 대안을 선택한다.

그러나 행동경제학에 의하면 사람들은 선택의 대안들이나 상황에 대하여 각자 생각하고 해석하는 과정을 거친다. 사람들은 다른 사람들이 대안들을 제시하는 형태, 선택을 유도하는 형태, 대안들을 제시하는 순서 등에 따라서 동일한 대안에 대해서도 다르게 인지하고 해석한다. 이로 인하여 좋아하는 선호가 달라지고 선택도 달라질 뿐 아니라 그 만족감도 영향을 받는다. 시장의 가격이나 소득과는 무관하게 선택상황이나 절차가 바뀌면 사람들의 인지가 바뀌고 선호와 선택도 달라진다는 것이 행동경제학의 입장이다.

이처럼 사람들이 보는 관점이 바뀌거나, 선호가 서로 의존하거나, 선택상황이나 절차가 바뀌게 되면 사람들의 안정적인 선호체계가 무너지게 되고 일관된 선호가 유지될 수 없다고 보는 것이 행동경제학의 관점이다. 특히 초기에 대안을 적절하게 잘 제시하는 것은 대안들이 제시되는 순서와 절차를 바꾸는 것으로서 사람들로 하여금 대안을 보는 시각과 선호를 바꿀 수 있기 때문에 선택에 변화를 가져오게 된다는 것이다. 이처럼 먼저 초기에 대안을 잘 설정해 두는 예로서 노후연금보험, 장기기증, 의료 등의 다양한 분야에서 사람들이 보다 합리적으로 선택하도록 유도할 수 있다. 이것을 리처드 탈러는 넛지라고 표현하였다. 이처럼 행동경제학자들은 선택상황이 선택결과에 영향을 준다고 보기 때문에 선택의 구조를 설계하는데 많은 노력이 필요하다고 주장한다. 가령, 자동차판매점에서 풀옵션을 장착한 자동차와 그와 반대로 기본옵션만 들어가 있고 옵션을 하나씩 추가하는 자동차를 판매할 때, 풀옵션이 장착된 자동차의 매출액이 훨씬 높다는 조사결과가 있다. 이는 바로 자동차의 옵션을 초기에 풀옵션으로 설계하는 것과 기본옵션으로 설계하는 차이가 매출액의 차이를 보여주는 대표적인 사례이다.

3. 기대효용이론 비교

주류경제학에서는 불확실성 하에서 효용의 기대에 관한 기대효용가설을 이론화하였다. 이는 불확실성 하에 선택은 기대수익이 아니라 사람들이 얻는 기대효용이 최대화되도록 한다는 것이다. 이는 사안별로 발생할 확률과 각 사안의 효용을 곱한 기대효용이 최대가 되는 대안을 선택하는 것이 합리적이라는 것이다. 앞서 살펴본 바와 같이 행동경제학자들은 사람들이 최종적인 결과보다는 변화가 중요하다는 점을 지적하였다. 처음에 어떤 소득수준에서 출발하여 변화되어 왔는지가 중요하며 같은 크기의 이득과 손실이라도 효용에 미치는 절대적 크기가 서로 다르다는 것이다. 같은 크기의 이득보다는 손실에 더 민감하게 반응하는 손실회피적 태도를 보인다. 이에 대한 주류경제학과 행동경제학의 차이점을 보다 자세하게 비교하면 다음과 같다.

첫째, 주류경제학에서는 그 불확실한 결과가 어떤 확률로 나타나는지, 별다른 해석이나 구체적 설명이 부족하다. 행동경제학자들은 주류경제학의 확률에 대한 설명이나 해석이 부족함을 지적한다. 실제 사람들은 위험이라는 불확실한 상황이 가지고 있는 확률에 대해 굉장히 민감하게 반응하지만 기대효용가설은 이를 반영하지 못한다는 것이다. 행동경제학자들은 사람들이 확률에 민감하게 반응하는 것을 고려하여 확률 가중probability weighting 내지 의사결정가중치를 제시한다.

둘째, 행동경제학에서는 사람들은 재화의 효용을 평가할 때 주변 환경을 보고 그 기준에 기반하여 상대적으로 재화의 효용을 평가하는 경향이 있다고 주장한다. 즉, 자신이 속한 기준집단이 못사는 사람들에 속해 있는 경우와 잘사는 사람들이 속해 있는 경우 그 기준집단이 다르기 때문에 같은 재화를 소비하더라도 그 만족감이 달라진다는 것이다. 만족감의 수준이 소속된 기준집단에 따라서 달라질 수 있다는 것이다. 가령, 한 개인이 소속된 사회 안에서 자신의 소득이 평균에 미치지 못할 경우 그 만족감은 저하되지만 반대로 소속된 사회에서 자신의 소득수준이 높을 경우 상대적으로 만족감은 높아지게 된다. 그러나 기대효용함수에서는 준거의존성이 개인의 효용함수에 영향을 준다는 사실을 인정하지 않는다. 또한 개인의 손실회피성이란 성향도 고려하지 않는다.

셋째, 상이한 시점 간 선호에 대한 문제로서 주류경제학에서는 미래의 효용을 매 시점에 일정하게 동일한 할인율로 할인을 한다. 주류경제학에서는 사람들이 미래에 대한 계획을 세우면 사람들은 합리적이므로 계획에 따라 일정하게 추진되고 행동이 이루진다고 전제한다. 그러나 행동경제학에서는 사람들이 미래에 대한 계획을 세워도 계획대로 잘 실천하지 않는 경우가 많다는 점을 지적한다. 예를 들어, 새해부터 담배를 끊기로 해놓고 작심삼일이 되거나 학원에 돈을 내고 수강신청

했으나 처음에는 잘 가다가 날이 갈수록 점점 수업에 빠지고 기한이 다 되갈 무렵에는 아예 가지 않는 경우이다. 또한 매일 일정 운동을 통해서 살을 빼기로 했지만 실제는 제대로 실천하지 못하는 경우가 많다. 이처럼 상이한 시점에 걸쳐서 불일치한time inconsistent 행동을 기대효용 모델에 표현하면 할인을 일정하게 할 것이 아니라 시간에 따라서 다른 할인율을 적용해야 하는 것이다. 즉, 사람들의 행동에 따르면 현재에서 더 멀어질수록 할인을 더 많이 하는 경향이 있다는 것이다.

넷째, 주류경제학에서 개인들은 자신의 효용은 자기 자신의 소비에만 의존하는 것으로 가정한다. 그런데 현실에서 개인들의 효용은 자기 자신의 소비에만 의존하는 것이 아니라 타인의 소비에도 영향을 받아서 다른 사람이 구입하면 같이 구입하기도 한다. 또한 개인들은 타인의 효용을 위하여 돈을 기부하거나 자신의 소비를 포기하기도 한다.

다섯째, 주류경제학에서 개인이 효용극대화를 위하여 주어진 정보를 최대한 활용하여 합리적인 결정을 할 때, 가정하는 합리성은 논리적이고 절차적인 합리성을 말한다. 그러나 행동경제학에서는 개인들이 효용을 극대화하는 것이 아니고 자신이 정한 일정한 수준에 이르면 만족한다는 것이다. 이 때 사람들의 의사결정 과정에서 나타나는 것은 절차적인 것이 아니라 경험적인heuristic 의사결정을 따른다는 것이다. 자신이 가지고 있는 경험에 기초하여 추정해서 의사결정을 한다는 것이다. 같은 논리로 주류경제학의 기대효용에서는 뭔가를 소비하기로 결정할 때의 의사결정의 효용과 실제 경험한 효용 사이에 아무런 차이를 주지 않는다. 그러나 행동경제학에서는 의사결정의 효용과 실제 경험한 효용 사이에는 엄연히 차이가 있음을 주장한다. 예를 들면, 상품을 보고 사기로 결정할 때 상품에서 예상되는 즐거움은 의사결정 당시의 효용이고 상품을 소비하고 얻는 효용은 실제로 경험하는 효용인 것이다.

4. 주류경제학과 행동경제학의 주요 특징 요약

주류경제학인 신고전학파의 경제이론은 앞서 살펴본 바와 같이 인간이 언제나 합리적으로 선택하는 경제적 인간을 전제로 이론을 전개한다. 반면 행동경제학에서 인간은 제한적인 합리성을 가지고 있고 때로는 인간의 비이성적인 경향에 초점을 두고 있다. 제한된 합리성과 제한된 시간, 제한된 정보 등의 영향으로 인간의 선택이 자신의 심리상태나 특정한 행동양식에 크게 영향을 받는데 주목한다.

주류경제학은 사람들의 행동을 기술할 때, 크게 두 가지 전제를 가정한다. 하나가 사람들은 기본적으로 합리적으로 행동한다는 것이고, 나머지 하나가 자신의 이익을 추구한다는 점이다. 이에 기초하여 시장과 정부의 역할을 규정하려고 하였다. 시장은 합리적인 사람들이 개인적으로 자신의 이익을 추구하면 시장은 자연스럽게 균형을 이루게 된다고 보았다. 이는 시장의 균형을 가져오는 가격 기구가 자율적으로 조정되어서 효율적인 자원배분이 가능하게 한다고 보았다. 주류경제학인 신고전주의학파의 관점에서 시장의 실패로서 예를 들면, 정보의 비대칭성 혹은 공공재의 공급부족과 같은 문제가 존재하는 경우에 개인들이 합리적인 선택을 방해받기 때문에 정부가 개입해야 된다고 주장하였다.

반면에 행동경제학에서는 주류경제학과 다르게 사람들이 비합리적으로 행동할 때는 거기에 특정하게 체계적인 유형이 있을 수 있다고 주장한다. 행동경제학자들은 사람들이 비합리적이긴 하지만 거기에 일정한 유형이 있고 그 유형은 환경에 반응하여 나름의 예견되는 경로를 보여주기 때문에 그러한 정보를 모아서 예측 가능한 모형을 정립할 수 있다고 주장한다. 기본적으로 행동경제학자들은 주로 기존의 주류경제학에서 무시하였지만 심리학에서 인간의 심리상태에서 중요하게 간주되는 내적 요인들을 경제학의 영역으로 옮겨오는 것이다. 인간의 심리상태를 도입함으로써 인간의 행동을 더 잘 이해할 수 있고 정책개입이 없이도 보다 적합한 해결방안들을 모색해 볼 수 있다고 생각한다. 지금까지 주류경제학에서 인간은 이기심을 추구하기에 이익을 주거나 보상체계를 변화시켜서 사람들의 행동을 조정하려는 정책개입을 권고하였다. 이와 같은 주류경제학과 행동경제학의 차이점을 여러 관점에서 종합적으로 비교하면 〈표 3〉과 같다.

표 3 주류경제학과 행동경제학의 주요 특징 비교

	주류경제학	행동경제학
인간의 합리성	완전한 합리성	제한적인 합리성
연구방법론	연역적 분석	귀납적 분석
인접학문	물리학	심리학
정부역할	시장실패의 해결위한 개입	원하는 의사결정의 유도위한 개입
정책수단	직접규제, 경제적 유인	정책수단 사용 없이 의사결정과정 조정

첫째, 인간의 합리성에 대한 가정이 상이하다. 주류경제학은 완전히 합리적인 인간을 가정하고 이에 기초하여 기대효용이론을 제시하였다. 반면 행동경제학은 인간의 비합리성을 인정하고 오히려 가치를

중시하여 전망이론을 주장한다.

둘째, 연구방법론이 상이하다. 주류경제학은 가정에 기초한 연역적인 방법을 주로 사용하고 수학이나 계량분석에 의존한다. 반면에 행동경제학은 실험을 통한 귀납적인 인과관계를 분석하고 통계학을 활용하지만 주로 설문조사나 현장조사 및 실험에 의존한다.

셋째, 인접학문의 영역이 다소 다르다. 주류경제학은 전반적으로 이론과 논리체계를 중시하고 물리학의 균형을 많이 원용하였다. 반면 행동경제학은 심리학의 인간심리이론을 많이 도입하고 보편적인 이론체계를 중시하기보다는 개별적인 사례의 의미에 초점을 둔다.

넷째, 정부의 역할에 차이가 있다. 주류경제학은 시장이 원활하게 작동하지 못하여 시장실패가 발생할 경우 이를 해결하기 위하여 정부의 개입이 필요하다고 주장한다. 반면 행동경제학은 사람들의 심리상태를 파악하여 바람직한 의사결정을 유도하기 위한 개입을 주장한다.

다섯째, 정부의 정책수단에 차이가 있다, 주류경제학은 강제적인 직접규제나 경제적 유인책으로 인센티브 정책을 사용한다. 반면 행동경제학은 사람들의 의사결정과정의 변화를 유도한다.

제3장

심리경제의 삶의 적용

제1절

가치와 전망이론의 적용

1. 가치와 전망이론

(1) 사람은 이익과 손실 가운데 어느 것을 더 중요시 하는가?

행동경제학자이자 심리학자인 대니얼 카너먼Daniel Kahneman과 아모스 트버스키Amos Tversky는 사람이 불확실성 또는 위험을 수반하는 의사결정에 직면할 때 나타나는 특이행동을 발표한 바 있다. 즉, 이들은 "전망이론Prospect theory: 위험 하에서의 결정에 대한 분석Prospect Theory: An Analysis of Decision under Risk"에서 주류경제학이론의 대안으로 준거의존성reference dependency, 민감도체감성diminishing sensitivity, 손실회피성loss aversion의 세 가지 요인을 제시하였다.

이들의 행동경제학이론은 기존 경제학의 기대효용이론에서 더 나아가 심리에 기반을 두고 인간의 판단 및 선택 문제를 좀 더 현실적으로 설명하고자 한 것이다. 즉, 이들에 의하면 사람은 효용이 아닌 가치에 근거하여 의사결정을 한다는 것이다.

전망이론을 이해하기 위해서는 카너먼과 트버스키가 왜 불확실성 상황에서의 합리적 선택을 설명하기 위해 정립된 주류경제학이론, 즉 '기대효용이론expected utility theory'에 거부감을 갖고 있었는지를 알아보는 것이 필요하다. 주류경제학의 기대효용이론에 따르면, 사람들은 자신의 선택에 따른 결과가 확실하지 않을 때에는 기대효용EU: expected utility이 가장 높은 행위를 선택하게 된다고 한다. 즉, 사람은 각자 자신의 이익을 최대한 실현할 수 있는 방식으로 의사결정을 내린다는 것이다. 기대효용이론도 사람들의 합리적 행태에 관한 다음의 몇 가지 가정을 전제로 한다. 첫째, 사람에게는 위험(확률)을 평가할 수 있는 능력이 있다. 예컨대, 사람들이 비행기를 부담 없이 타는 이유가 추락 가능성이 거의 없음을 잘 알기 때문이라는 것이다. 둘째, 사람은 동일한 이득과 손실에 대해 대칭적symmetric으로 반응한다. 100만원을 얻는 즐거움과 뜻하지 않은 100만원의 분실로부터 유발되는 고통이 방향은 다르지만 그 크기는 동일하다는 것이다. 셋째, 사람의 주된 관심사는 불확실성 상황에서의 선택에 따라서 최종적으로 얻게 되는 부wealth 혹은 소득의 절대적 크기이다. 사람은 다른 사람의 부 또는 소득과 비교해서 스스로의 선택으로 인한 결과를 평가하지 않는다는 것이다.

이와 반대로 전망이론은 기대효용이론과 다르게 불확실성의 상황에서 사람들의 합리적 선택을 기대하기 어렵다고 주장한다. 전망이론을 지지하는 연구자들은 다수의 심리실험을 통하여 불확실성 상황에서 기대효용이론의 기본 전제와 반대되는 사람들의 특이행태anomalies를 다음과 같이 세 가지로 제시하였다. 첫째, 전망이론에서는 '준거점reference point'이라는 개념을 중시한다. 사람은 주어진 준거점에 따라 감정이 달라진다는 것이다. 기대효용이론에서는 준거점을 0으로 보는 반면, 전망이론에서는 선택자들의 가치를 준거점과 비교하여 이득과 손실로 구분한다. 준거점의존성은 가치를 준거점을 기준으로 나타나는 변화로 평가한다는 것이다. 어느 회사의 A와 B과장의 연봉은 각각 5,000만원과 4,000만원이다. 당연히 연봉이 높은 A과장의 행복도가 더 높다고 생각할 것이다. 하지만 전년도 연봉을 비교해보니 A과장은 5,300만원, B과장은 3,800만원이었다면 연봉이 줄어든 A과장보다 B과장이 더 행복하다는 것이다. 이처럼 어떤 기준이냐에 따라 판단기준이 달라지는 것을 준거의존성 혹은 기준의존성이라 한다. 그리고 동일하게 5,000만원의 연봉을 받기로 한 경우에도 한 사람은 작년에 비해 인상되었고 다른 사람은 작년에 비해 삭감되었다면 반응은 달라질 수밖에 없다.

둘째, 기대효용이론에서는 선택에 따른 이득과 손실의 양이 동일하다면, 여기서 오는 효용 또는 비효용 역시 동일하다고 간주한다. 반면 전망이론에서는 이득과 손실의 양이 동일하다고 할지라도 이득에서 발생하는 효용 대비 손실에서 오는 비효용이 더 크게 느끼는데, 이는 인간의 손실회피loss aversion편향에 기인한다고 주장한다. 예를 들어, 기대효용이론에서는 어떤 사람이 10만원을 얻는 것과 10만원을 잃어버리는 것이 동일하게 간주되는 반면, 전망이론에서는 10만원을 잃어버리는 것이 더 큰 고통을 유발한다고 본다. 그래서 이익은 나누고 손실은 합치라는 말이 있다. 즉, 이익은 합하는 것보다는 나누는 것이 사람들에게 더 큰 만족을 준다. 예를 들어 제품을 20%로 통합하여 할인한다고 선전하는 것 보다는 방문할인 10%, 계절할인 5%, 특가할인 5% 능 분리해서 총 20%를 할인한다고 이야기하는 것이 더 효과적이다. 가령,

파리바게트에서 이익은 나누라는 원칙에 맞춰서 해피포인트도 적립해 주고 오케이캐시백도 적립하는 등 이중으로 적립하거나 이중으로 빵값을 할인해 줌으로써 소비자가 받는 이익이 큰 것처럼 느끼게 한다. 이익을 나누라는 원칙은 누구에게 선물을 줄 때에도 5만원짜리의 하나의 선물보다는 3만원과 2만원이라는 두 개의 선물을 준비해서 하나를 먼저 주고 잠시 후 다른 하나를 주는 것이 상대방을 보다 행복하게 할 수 있다. 이와는 반대로 손실은 나누는 것보다 합해서 처리하는 것이 손실을 받는 사람들의 고통을 줄여줄 수 있다. 가령, 임금을 200백만원 삭감해야 한다고 할 때, 100만원을 삭감하고 일정 시간이 경과된 다음에 또 다시 100만원을 삭감하는 것보다는 한번에 바로 200만원을 삭감하는 것이 직원들의 고통을 경감시키는 방법이다. 고통은 자주 주는 것보다 한 번만 주는 것이 적게 자극한다.

셋째, 민감도체감성은 처음에 작은 변화에도 민감하게 반응하지만 변화의 폭이 커질수록 체감되는 효용은 둔화된다는 것이다. 처음에 100만원의 투자손실을 입었을 때는 그 손실을 매우 크게 느끼지만 이후 다시 100만원의 손실을 입으면 처음만큼 크게 느껴지지는 않는다. 이처럼 우리는 액수가 커질수록 금액이 오르거나 내리는 것에 대한 민감도가 낮아진다. 이 이론에서는 이득과 손실의 크기가 작을수록 사람들이 좀 더 이득과 손실에 민감하게 반응한다고 주장한다. 왜 이런 현상이 발생하는 것일까? 대체로 사람은 위험(확률)을 제대로 평가하지 못한다. 사람들에게 비행기의 추락 가능성이 통계적으로 극히 낮다고 아무리 설명해도 확률에 익숙하지 않은 탓으로 추락에 대한 불안감을 해소시킬 수는 없다는 것이다. 비행기를 타는 것은 추락할 확률을 낮게 평가해서가 아니라, 장거리 이동을 위한 마땅한 대안이 없기에 어쩔 수 없이 탄다는 것이다. 그 다음으로 사람은 이득보다 손실에 대해 비대칭적으로 더 민감하게 반응한다. 사람의 심리 저변에 손실회피loss aversion편향이 뿌리 깊게 자리하고 있다는 것이다. 예컨대, 100만원을 얻는 횡재로부터 느끼는 즐거움보다 100만원 분실이 사람들에게 유발하는 고통의 크기가 훨씬 더 크다는 것이다. 나아가 사람의 주된 관심사는 선택에 따라서 최종적으로 얻게 되는 부 또는 소득의 절대적 크기가 아니라, 상대적인 이득과 손실이다. 이는 사람이 불확실성 상황에서의 선택으로 인한 결과를 상대적으로 평가할 수 있는 기준이 없다는 것이다. 즉, 부 또는 소득의 절대적 크기가 커지더라도 상대적 박탈감으로 인해 사람은 자신이 불행하다고 느낄 수 있다는 것이다. 나의 소득이 10% 증가할 때 남의 소득도 10% 증가하면 부유해졌다고 느끼지 않지만, 남의 소득이 그대로라면 부유해졌다고 느끼게 되는 것도 이 때문이라 풀이할 수 있다.

전망이론을 만든 아모스 트버스키와 대니얼 카너먼은 두 사람 생각이 애초에 둘 중 누구에게서 나왔는지 기억할 수 없을 때가 많았다고 한다. 이들 생각은 상호작용이라는 연금술에서 나온 부산물처럼 느껴져서, 두 사람 모두 특정 생각이 누구 것인지를 구별하는 것은 의미가 없다고 생각했다. 그런데 출처가 분명한 것도 있었는데 위험 부담이 따르는 결정을 내리는 사람은 특히 변화에 민감하다는 생각은 카너먼에게서 시작되었다. 하지만 그 생각이 대단히 값진 의미를 갖게 된 것은 그 뒤에 트버스키가 한 말 덕분이었다. 1974년이 저물어가던 어느 날, 트버스키와 카너먼이 사람들에게 제시했던 도박을 살펴보던 중에 트버스키가 카너먼에게 물었다. “플러스를 마이너스로 바꾸면 어떻게 될까?” 그때까지 도박은 여러 이익 사이에서의 선택이었다. “500

달러를 무조건 받겠는가, 50%의 확률로 1,000달러를 받겠는가?" 그런데 트버스키가 이제 이렇게 물었다. 손실이라면 어떨까? 카너먼과 트버스키의 이론은 잠재적 이익과 잠재적 손실에 맞닥뜨렸을 때 사람들의 기분이 사뭇 다르다는 점에 주목했다. 손실은 어떤 사람이 자신의 '준거점'보다 나쁜 상황에 처했을 때를 말한다.

그렇다면 준거점 혹은 기준점은 무엇일까? 쉽게 표현하면 출발점이다. 현재 내 상태의 시작점을 말한다. 현재 내 상태보다 더 나빠지면 손실이다. 하지만 누군가의 현재 상태를 어떻게 결정할까? 실험에서 손실은 꽤 명확하지만 현실에서는 그렇게 명확하지 않은 경우가 많다. 증권거래소에서 전문 거래인이 상여금을 100만달러로 기대했다가 50만달러만 받는다면, 손실을 봤다고 느끼고 손실을 본 듯이 행동한다. 이 사람에게는 얼마를 받으리라는 기대가 준거점이 된다. 이 기대는 고정된 수치가 아니며, 다양한 방식으로 바뀔 수 있다. 준거점은 개별적인 인간의 마음 상태이다. 심지어 뻔한 도박에서도 사람들의 준거점을 바꿔 손실을 이익처럼, 이익을 손실처럼 보이게 할 수 있다. 이런 식으로 사람들의 선택을 교묘히 조종할 수 있는데, 선택을 설명하는 방식만 바꿔도 가능하다. 두 사람은 이 준거점을 다음과 같이 증명하고자 했다.

문제 A 현재 소유 상태에 관계없이 1,000달러를 받았다. 아래의 둘 중 하나를 골라야 한다면 어느 것을 고르겠는가?

1. 50% 확률로 1,000달러 받기
2. 500달러 무조건 받기

거의 모든 사람이 무조건 받는 2번을 택했다.

문제 B 현재 소유 상태에 관계없이 2,000달러를 받았다. 아래의 둘 중 하나를 골라야 한다면 어느 것을 고르겠는가?

3. 50% 확률로 1,000달러 잃기
4. 500달러 무조건 잃기

이때는 거의 모든 사람이 도박인 3번을 택했다.

두 문제는 사실상 똑같다. 도박을 택했다면 2,000달러를 손에 쥘 확률은 두 경우 모두 50%이고, 확정된 결과를 택했다면 두 경우 모두 1,500달러를 손에 쥔다. 그런데 확정된 결과를 손실로 표현해 놓으면 사람들은 도박을 택하고, 확정된 결과를 이익으로 표현해 놓으면 확정된 결과를 택했다. 이처럼 이익이냐 손실이냐를 판가름하는 준거점은 고정된 수치가 아니라 심리 상태였다. "이익이냐 손실이냐는 문제표현 방식, 그리고 이익 또는 손실이 발생하는 맥락에 달렸다." 이는 카너먼과 트버스키의 '가치이론'의 첫 번째 초고에서 대략 설명한 내용이다.

1970년대 초부터 30여 년 동안 전망 이론을 연구한 두 학자들 가운데 카너먼은 그 업적을 인정받아 2002년 노벨경제학상을 수상했다. 그러나 공동연구자인 트버스키는 안타깝게도 수상 시점 이전에 이미 세상을 떠나 수상의 기회를 놓쳤다. 그후 경제학자 리처드 탈러는 이들의 '가치이론' 초고를 얻었다. 그리고 곧바로 그 논문의 논리를 알게 되었고 그에 압도되었다. 나중에 '전망이론prospect theory'이라 불리게 된 이론은 경제학자들이 이해할 수 있는 언어로 표현되었다.

그림 33 전망 이론

(2) 가치이론과 운명의 그래프

미국의 경제학자 게리 베커Gary Becker의 인적자본형성human capital formation이론은 사람들이 얼마나 많은 돈과 시간을 투자할 것인지, 향후 경력을 통해 얼마나 많은 돈을 벌어들일 수 있을 것인지, 그리고 얼마나 행복한 삶을 누릴 수 있을 것인지 정확하게 예측함으로써 자신이 받을 특정한 형태의 교육을 선택한다고 가정한다. 하지만 현실적으로 그처럼 신중한 분석을 통하여 진학을 선택하는 학생들은 거의 없다. 실제로 많은 학생들은 그저 제일 괜찮아 보이는 전공을 선택한다. 최적화를 기본 개념으로 삼는 기대효용이론은 이윤을 극대화하는 방향으로 움직인다고 규정하고 있다. 수학자 존 폰 노이만John von Neuman과

경제학자 오스카 모르겐슈테른Oskar Morgenstern은 불확실성 하에서의 의사결정을 내리는 '기대효용이론expected utility theory'을 발표했다. 합리적 선택에 관한 일련의 원리들을 나열했고 그 원리들을 따르고자 하는 사람들의 행동 방식을 이끌어냈다.

그런데 카너먼과 트버스키는 현실 속에서 사람들이 내리는 실질적인 결정을 정확하게 예측하기 위한 대안으로 전망이론을 제시했는데 이는 인간의 행동에 관한 이론이다. 전망이론에서 주장하는 부의 효용곡선인 가치함수 그래프의 S자 곡선은 좌측과 우측 모두 민감성 체감을 동일하게 드러내고 있다. 하지만 특정 지점에서 이익 곡선보다 손실 곡선이 더 가파른 형태를 취하고 있다. 이 S자형 곡선에는 인간의 본성에 대한 중요한 지혜가 담겨있다. 이는 왼쪽으로 이동할수록 효용은 더 크게 떨어지고 손실이 더 고통스럽게 느껴지게 한다. 그리고 부의 증가에 점점 둔감해진다는 말은 부의 감소에 점점 민감해진다는 의미인데, 이는 전통적인 모형과는 다른 것이다. 예를 들면, 그들은 부의 초점을 부의 수준에서 부의 변화로 옮겨야 한다고 생각했다. 연말에 기대하지 않았던 보너스가 나왔을 때를 생각해 보면 알 수 있다. 모든 변화는 우리를 더 행복하거나 더 불행하게 만들며 사람들은 수준이 아니라 변화의 차원에서 삶을 경험한다.

기존 경제학의 기대효용이론과 인간 심리의 전망이론을 비교했을 때 다른 점은 크게 세 가지이다. 먼저, 전망이론에서는 '준거점Reference Point'이라는 개념을 중시한다. 기대효용이론에서는 준거점을 0으로 보는 반면, 전망이론에서는 선택자들의 가치를 준거점과 비교하여 이득과 손실로 구분한다. 둘째, 기대효용이론에서는 선택에 따른 이득과 손실의 양이 동일하다고 간주하는 반면 전망이론에서는 이득과 손실의 양이 동일하다고 할지라도 이득에서 발생하는 효용 대비 손실에서 오는 비효용이 더 크며, 이는 인간의 손실회피Loss Aversion편향에 기인한다고 주장한다. 셋째, 이득과 손실의 크기가 작을수록 사람들이 좀 더 이득과 손실에 민감하게 반응한다고 주장한다.

실질적으로 위험회피라는 개념을 처음으로 제시한 인물은 상트페테르부르크의 역설Saint Peters burg paradox을 해결하기 위해 모든 학문을 공부했던 다니엘 베르누이Daniel Bernoulli이다. 그는 이 개념을 설명하는 과정에서 사람들의 행복은 돈이 많아질수록 증가하지만 그 증가율은 점점 감소한다고 가정했는데 이런 현상은 '민감도체감원리'라고도 불린다. 한 직원에게 10만 달러의 효용은 빌 게이츠의 10만 달러 효용보다 크다. 그리고 부의 한계 효용 체감이 적용된 첫 번째 1,000달러의 효용이 두 번째 1,000달러의 효용보다 크다. 이런 형태의 효용 곡선은 위험회피편향을 보여준다. 즉 두 번째 1,000달러의 가치는 첫 번째 1,000달러의 가치보다 낮기 때문에 1,000달러를 얻기 위해 첫 번째 1,000달러를 날려 버릴 위험을 감수하지 않는다. 베르누이 이후 많은 경제학 모형들은 사람들이 경험하는 부의 한계효용 체감을 기본적인 가정으로 삼았다.

인간의 또 다른 기본적인 특징을 보여주는 베버–페흐너의 법칙Weber- Fechner's law에 의하면 어떤 변수의 변화에 대한 '최소식별차이JND: Just Noticeable Difference'는 그 변수의 크기에 비례한다는 것이다. 즉, 495달러짜리 TV를 살 때보다 45달러짜리 라디오를 살 때 사람들은 10달러를 아끼기 위해 10분을 투자하려 한다. TV를 살 때 절약할 수 있는 10달러는 최소식별차이가 되지 못하기 때문이다. 그런데 이와 반대로 사람들이 이익과 손실 모두에서 민감성 체증을 보인다는 사실은 또 다른 중요한 의미를 내포하고 있다. 그것은 사람들이 이익에서는 위험회피적이지만 손실에서는 위험선호적이라는 사실이다. 사람들이 손실의 측면에서 위험선호적이라는 근거는 이익의 측면에서 위험회피적이라는 근거와 논리적인 맥락에서 동일하다. 손실의 슬픔은 이익의 기쁨보다 더 크다. 두 번째 100달러를 잃는 고통은 첫 번째 100달러를 잃어버리는 고통보다 더 약하다. 그렇기 때문에 손실이 전혀 없는 가능성을 잡기 위해 많은 것을 잃어버릴 위험을 기꺼이 무릅쓰기도 한다. 손실 곡선이 더 가파른 형태를 취하고 있는 것은 손실은 이익이 주는 기쁨보다 손실이 주는 슬픔이 더 크다는 소유효과를 의미한다. 우리는 와인을 한 병 빼앗기는 고통이 와인을 한 병 얻는 것보다 큰 현상을 '손실회피'라고 부른다. 우리는 삶을 변화의 과정에서 전망이론의 그래프를 통해 많은 통찰을 배울 수 있다.

그림 34 **베르누이의 대수법칙** - 우연히 일어날 만한 사상에 대해서 그와 같은 일이 일어날 확률은 사상을 모으는 수가 다수라면 어느 만큼 사상이 일어나는데 대한 경향은 그만큼 진실에 근접할 확률이 된다는 법칙이다.

야코프 베르누이
Jakob Bernoulli
1655–1705

요한 베르누이
Johann Bernoulli
1667–1748(a. St.)

다니엘 베르누이
Daniel Bernoulli
1700–1782(a. St.)

(3) 인간의 동기와 선호역전현상

경제학 이론의 핵심적인 논리 기반으로 사람들은 '분명한 선호'를 가지고 있다는 것이다. 주류경제학자들은 자신이 무엇을 좋아하는지 일관되게 잘 알고 있다는 믿음을 가지고 있다고 주장한다. 주류경제학자들은 일관된 선호가 없다는 것은 곧 최적화할 수 있는 대상이 없다는 뜻이기에 부드러운 아메리카 커피를 좋아하는 동시에 프렌치 커피를 좋아한다는 것을 이해하지 못한다. 경제학자들은 현실적으로 해결할 수 없는 상황에서도 인간은 최적화를 추구하고, 시장은 안정적 균형에 도달하며, 학습할 기회가 있기에 사람들이 그 문제를 해결할 수 있다고 주장한다. 그들은 시장이야말로 종종 실수를 저지르는 사람들을 훈련시킬 수 있다고 이야기 한다. 그러나 시장이 우리를 합리적인 행위자로 바꿔놓는다고 주장할 수 있는 논리적인 근거는 없다. 물론 일상에서 사소한 일을 선택하는 경우 충분한 연습 기회들을 통해 올바르게 처리하는 방법을 배울 수 있다. 하지만 주택, 대출, 직장을 선택할 때는 충분한 연습이나 학습 기회를 가질 수 없다. 따라서 우리는 위험이 높은 일보다 위험이 낮은 일들을 더 올바르게 처리할 수 있다. 고위험 상황에서 의사결정의 질은 떨어질 수밖에 없다.

행동경제학자들에 의하면 사람들이 합리적인 경제모형에 따라 선택하는 것처럼 행동하지 않는다는 사실을 보여준다. 우리는 워런 버핏처럼 투자하지 않고 프랑스요리 전문가인 송용상 셰프처럼 요리하지 않는다. 사람들은 항상 올바른 판단을 내리는 것처럼 행동하지 않는다. 때로는 비만으로 건강을 위하여 음식을 절제해야 하는 사람도 다양한 요리가 있어서 음식의 절제가 안되는 뷔페레스토랑을 찾는다. 그리고 저녁을 엄청나게 먹고 나서도 디저트까지 먹는다. 이미 디저트를 포함해 식사비를 모두 지불했기 때문이다. 또한 고급 자동차를 사고 나서 차에 흠집이 나거나 잘못될까봐서 당분간 차를 몰고 나가지 않고 집에 모셔 두기도 한다.

주류경제학자들이 당황스럽게도, 심리학자인 사라 리흐텐슈타인 Sarah Lichtenstein과 파울 슬로빅 Paul Slovic은 조건에 따라서 선택이 바뀌는 '선호역전 preference reversal'이라는 사실을 주장하였다. 선호역전현상이란 조건이나 시간의 가깝고 먼 정도에 따라서 사람들의 선호가 바뀌는 현상을 말한다. 선호역전의 한 예로, 조건을 다르게 설명하거나 제시하면 선호가 뒤바뀌는 현상이 현실에서 일어난다는 것이다. 가령, 의사가 환자에게 A라는 수술은 90%의 확률로 성공한다는 것을 말할 때와 A수술은 10%의 확률로 실패할 수 있다는 것을 제안할 때 환자는 다른 선택을 한다는 것이다. 또한 시간의 차이에 따른 선호역전의 사례로, 사람들은 건강을 유지하려면 인스턴트 식품을 멀리해야 함을 잘 안다. 그러나 건강식은 시간이 많이 걸리지만 인스턴트 식품은 쉽고 빠르게 구할 수 있고 시간을 절약해 주기 때문에, 건강이 나빠지는 것은 먼 미래이고 지금 당장의 편리함을 위하여 인스턴트 식품을 선택한다는 것이다. 이처럼 사람들은 자주 선호하는 선택이 아니라 선호역전의 역선택을 한다.

최근 뇌과학자들의 연구에 따르면 "선호역전은 단순히 심리 때문이 아니라 뇌반응의 결과"라고 밝힌다. 맥크루와 레입슨 등은 가까운 장래의 작은 이익과 먼 장래의 큰 이익을 선택할 때의 뇌의 활동상태를 조사한 결과에 의하면 두 이익에 대하여 활성화되는 뇌의 부분이 상이한 것을 발견하였다. 가까운 장래의 작은 이익은 뇌에서 '감정'을 느끼는 부분이, 먼 미래의 큰 이익은 '인지와 생각'을 느끼는 부분이 활성화됐다. 감정 부분이 이기면 전자를, 인지 부분이 이기면 후자를 택한다는 것이다. '감정의 욕구'와 '의지의 힘'의 대결은 질문의 유형에 따라서도 변화한다. 가령 '프레이밍'에 따라서도 달라진다. "일주일 뒤에 100만원을 갚아라"와 "168시간 뒤에 100만원을 갚아라"는 느낌이 다르다. 어떤 질문이냐에 따라 선호역전이 일어날 수 있다.

이에 1979년에 데이빗 그레더David M. Grether와 찰스 플롯Charles R. Plott은 어디서 이러한 '선호역전'의 아이러니한 결과가 나왔는지 알고 싶어 했다. 그들이 세운 가설은 '동기'였다. 1명의 일병을 구하기 위해 8명의 아군이 희생을 감수한다는 내용의 "라이언 일병구하기"를 통하여 동기가 선호역전이 될 수 있음을 알게 한다. 이는 단순한 계산이 아니라 낙오된 한명의 병사 또한 미국의 국민이며 명예로운 군인이므로 단 한명의 병사마저도 버리지 않겠다는 미국의 결연한 의지의 표상이다. 이처럼 인간은 때때로 '동기와 명분' 때문에 비합리적인 결정을 내리기도 한다. 비슷하게 영화 "아이 인더 스카이eye in the sky"에서도 시간에 따른 선호역전현상을 표현하고 있다. 영국 합동사령부의 작전 지휘관 파월 대령은 댄 포드라는 자살폭탄테러리스트를 생포하는 대신 사살하기로 하고 영국 법무장관에게 폭격 허가를 요청한다. 그런데 문제는 폭격대상 저택 앞에는 빵을 파는 소녀가 있다. 이를 위성화면으로 보고 있던 미국 네바다 공군기지에 있는 드론 조종사들은 좀처럼 폭격 방아쇠를 당기지 못한다. 댄 포드의 자살폭탄이 실행되면 평균 80명의 민간인이 죽는다. 대신 폭격을 하면 1명의 아이는 죽지만 80명의 미래의 희생자는 구할 수 있다. 지금 당장의 1명과 두 달 후 미래의 80명의 죽음 앞에서도 드론 조종사들은 쉽게 결정을 내리지 못한다. 고도의 훈련을 받은 드론 조종사들이 결단을 늦추는 것을 단순히 감정 때문이라고 볼 수 있을까? 이들의 망설임에는 시간의 차이도 영향을 미친다는 것을 설명한다.

그림 35 선호역전현상

2. 손실회피편향

(1) 왜 우리는 "가만 있으면 중간은 간다."고 하는가?

"가만 있으면 중간은 간다."는 속담이 있다. 이는 어떤 일이나 사안에 대해 가만히 있으면 넘어갈 텐데 괜히 잘 해보려다가 오히려 일을 그르치는 경우를 경계하는 의미로 사용되는 말이다. 심리학자이자 행동경제학자인 아모스 트버스키와 대니얼 카너먼은 이 속담의 의미를 '손실회피loss aversion'라는 개념으로 설명하고자 했다. 이들이 말하는 손실회피는 사람들이 얻은 것의 가치보다 잃어버리는 것의 가치를 크게 평가하여 동일한 재화라도 잃는 것을 더 싫어한다는 것을 지적한다. 예컨대, 1만원을 잃어버렸을 때 느끼는 상실감은 1만원을 얻었을 때 느끼는 행복감보다 크다는 것이다. 정서적으로 2배의 차이가 난다는 실험결과도 있다. 동전을 던져서 앞면이 나오면 100달러를 벌고, 뒷면이 나오면 50달러를 잃는 게임이 있다고 가정해보자. 대부분의 사람은 이런 게임을 하지 않으려고 한다. 100달러의 이익보다 50달러의 손실을 더 크게 느끼기 때문이다. 경제학자들은 기대이익이 더 크다는 이유로 이 게임을 해야 한다고 주장한다. 하지만 사람들은 손실회피심리 때문에 다른 선택을 한다. 손실회피편향은 '현상유지편향'과 '매몰비용효과'와도 관련이 있다. 즉, 현재 상태의 변화가 손실이 예상될 경우, 사람들은 현재 상태를 바꾸지 않고 그대로 유지하려는 현상유지편향의 성향을 보인다. 뿐만 아니라 매몰비용이 자주 발생하는 이유도 이미 진행된 일을 중단할 경우, 매몰비용은 전부 손실이 된다. 추진되어 온 일을 진행하면 손실이 될 것인지? 아닌지? 확실하지 않지만 그 일을 중단하는 순간, 손실로 확정된다. 사람들은 손실회피편향을 갖고 있고 손실의 고통이 동일금액의 이익으로 인한 즐거움보다 훨씬 크기 때문에 손실을 확정하려고 하지 않는 경향이 있다. 따라서 매몰비용이 발생하는 사업에도 손실을 회피하기 위하여 현상을 유지하려는 성향이 발생한다. 즉, 어떤 사업을 중단하면 손실이 확정되고 사업이 실패로 돌아가서 책임을 져야 하지만 그 사업을 지속하면 손실이 확정되기까지 일정 기간이 걸리므로 당장 실패의 책임을 질 필요는 없기 때문이다.

손실회피편향은 우리의 일상생활의 곳곳에서 확인할 수 있다. 우선적으로 조직 관리에 적용해 보자. 우리는 공무원이나 회사원에 대해서 일에 적극적이지 않을 때, 너무도 쉽게 '복지부동'이라거나 '무사안일'이라고 비판한다. 역지사지해 볼 필요도 있지 않을까? 혼자서 의사결정을 내리고 책임을 지는 구조를 가진 조직에선 직원들이 위험을 기피하는 경향을 보이는 건 당연한 일이다. 위험을 감수하여 잘해내면 성과급을 받겠지만, 반대의 경우 일자리를 빼앗길 정도라면 그런 일을 하겠는가? 이와 관련하여 롤프 도벨리는 다음과 같이 말한다. “어느 회사에서든 거의 모든 경우에 출세를 위협하는 요인들이 성공 가능성을 능가한다.” 이제 회사의 상관으로서 직원들에게 위험을 감수하려는 자세가 부족하다고 불평하는 사람이 있다면, 이것이 바로 손실회피편향 때문이라는 것을 인식해야 할 것이다. 대부분의 사람들은 긍정적인 일보다 부정적인 일에 더 민감하게 반응한다. 나쁜 태도는 좋은 태도보다 더 오래 기억에 남는다. 물론 예외 없는 법칙은 없다고 사람들은 예외를 적용한다. 우리 자신에 관한 일일 때는 그렇게 한다.

손실회피편향은 주식 투자에서 자주 나타난다. 우리 주변에선 “절대 손해를 보지 않겠다.”며 버티다가 더 큰 손해를 입은 사람들을 쉽게 만날 수 있다. 매수한 주식이 계속 하락세일 때 휴지 조각이 될 위험을 피하려면 당연히 주식 가치가 반토막이 난 시점일지라도 손절매(앞으로 주가가 더욱 하락할 것으로 예상해 가지고 있는 주식을 매입 가격 이하로 손해를 감수하고 파는 일)를 해야 하지만 투자자는 주식을 구매할 당시의 가격과 현재 가격의 차이에 따른 손실을 좀처럼 인정하지 않다가 더 큰 손해를 입는다.

다른 한편으로 이를 신용카드 사용에 적용해 보자. 사람들은 내 수중의 지갑 속 현금보다는 신용카드로 제품 구입 후 결제하기를 좋아한다. 결제방법도 일시불보다는 결제 기간이 더 길수록 쉽게 신용카드를 사용하게 되는 것도 손실회피편향의 일종이다. 지금 내 수중에 있는 현금을 지불한다면 바로 손실감을 느끼지만 신용카드는 지금 당장이 아닌 몇 개월 후 거래명세서가 날아온 시점에 이르러서 손실감으로 느끼기 때문이다. 따라서 신용카드로 지불하면 당장의 심리적 손실회피에 편리하다.

마지막으로 미끼상품 마케팅loss-leader marketing도 소비자들의 손실회피편향을 이용한 것이다. 광고나 전단지를 보고 매장에 가면 이미 재고가 소진된 후이거나 생각보다 품질이 마음에 들지 않는 경우가 많다. 이런 상황에서도 손실회피 본능을 아주 자연스럽게 소비자들에게 주입시키고 있다. 즉, 일단 매장에 온 이상, 빈손으로 돌아가는 것은 왠지 손해본 것 같아 하나라도 상품을 구매하려는 소비자 심리를 이용한 것이다. 또는 비교적 가격이 낮은 상품 한두 가지를 원가 이하로 판매한다. 대형마트는 이걸 광고해서 손님을 유혹한다. 그 상품을 사러 간 손님이 그거 하나만 사들고 가지는 않을 것이다. 시간 손실을 의식해서 마트를 방문하였으니 마트 구경이나 하자고 돌아다니다가 쇼핑을 할 가능성이 매우 높다. 대형마트는 바로 이러한 인간의 심리를 노리는 것이다. 따라서 중요하거나 비싼 제품일수록 미끼상품에 쉽게 현혹되지 말고 계획구매를 하려는 시도가 필요하다.

그림 36 **손실회피편향**

(2) 금연 실패? '계획자'와 '실행자'의 차이

손실회피편향은 '현재지향편향present bias'과도 관련이 있다. 인간은 미래의 효용과 비용에 대해서 그렇게 합리적으로 판단하지 못한다. 특히 현재에 지나치게 큰 비중을 둔다는 것이 이 심리적 편향의 핵심이다. 금연을 실행하지 못하는 것도 흡연으로 지금 현재 누리는 즐거움이 크기 때문으로 미래에 내가 누릴 것들을 연기하거나 포기하는 것도 바로 이 편향 때문이다. 하지만 100세 시대를 앞두고 건강한 노후를 대비하고 싶다면 건강에 안 좋은 습관과 관련하여 현재지향편향부터 극복해야 할 것이다.

탈러 교수는 1980년 박사학위 논문을 쓸 당시부터 손실회피라는 현상에 주목했다. 그가 박사 논문에서 사용한 사례 하나를 예로 들어보자. 그는 사람들에게 미래에 0.001%의 확률로 치사율 100%의 희귀병에 걸릴 위험이 있을 때 이 병을 완벽히 예방할 수 있는 백신을 사기 위해 얼마를 지불할 용의가 있는지를 물었다. 그러고 나서 또 다른 경우를 들어, 지금은 건강한 상태인데 0.001%의 확률로 죽을 수도 있는 의학 실험에 참가를 권유 받는다면 이 실험에 참가하기 위해 최소한 얼마를 받아야 한다고 생각하는지를 물었다. 같은 크기의 위험인데도 전자와 같이 이득을 주는 방향으로의 변화보다 후자처럼 손실이 발생하는 방향으로의 변화에 대해 사람들은 두 배가 넘는 가격을 불렀다. 즉, 같은 크기라도 이득보다 손실에 훨씬 민감하게 반응하더라는 것이다.

탈러 교수는 손실회피현상이 다양한 거래와 의사결정에 나타난다는 사실을 확인했다. 그는 한 병에 5달러에 구매한 와인을 50달러가 넘는데도 팔려고 하지 않는 심리를 통하여 소유효과를 설명하고 있다. 이처럼 소유효과는 내 자신의 소유물의 가치가 실제보다 더 크다고 생각하는 성향인데, 벼룩시장에 가본 경우라면 쉽게 이해할 수 있는 개념이다. 즉 내가 5만원에 팔려는 생각으로 가지고 나온 중고 LCD모니터를 손님은 최소한 5만원 보다는 적은 금액으로 구입하고자 한다. 그 반대 상황에서도 마찬가지로 파는 사람과 사는 사람 간 가격차이가 발생하는 이유가 바로 소유효과 때문이다. 소유효과가 발생할 때 우리 뇌를 살펴보면 우리 뇌는 손실과 이득을 서로 다른 부위에서 관장한다고 한다. 이득은 쾌락중추인 측좌핵nucleus accumbens과 보상을 기대하는 내측전전두엽mPFC에서 관장하고 손실과 고통은 본능적인 직감으로 예상하는 뇌섬엽insula에서 관장한다. 우리가 위험한 투자를 결정할 때, 측좌핵과 뇌섬엽이 동시에 작동하는데 보통 이성보다는 본능이 우세하게 된다. 즉, 손실을 더 크게 생각한다는 의미다. 2008년 스탠퍼드대 브라이언 넛슨B. Knutson은 24명의 남녀 뇌에서 전두엽에 자리 잡은 측좌핵 등을 기능성 자기공명영상FMRI 장치로 들여다보는 실험을 해보니 손실에 대한 두려움이 소유효과의 주된 요인임을 확인하였다. 결국 소유효과는 아끼는 물건에 대한 애착이 아닌 단지 자신의 소유물을 남에게 넘기는 것을 손실로 여기는 심리상태이다. 한마디로 남 주기 아깝다는 심리다.

탈러는 우리가 계획을 세우고 이를 실행해 나갈 때 흔히 실패하는 이유에 대해서 다음과 같이 설명한다. 미래의 계획을 세울 때 우리는 합리적 계획자처럼 행동한다. 10일째 되는 날 담배를 끊는 계획을 세우고 있다고 해보자. 미래 10일째 되는 날은 엄청나게 괴로울 것이지만 그 괴로움은 11일째 되는 날(그리고 그 이후) 얻게 되는 건강에

그림 37 뇌의 구조와 기능

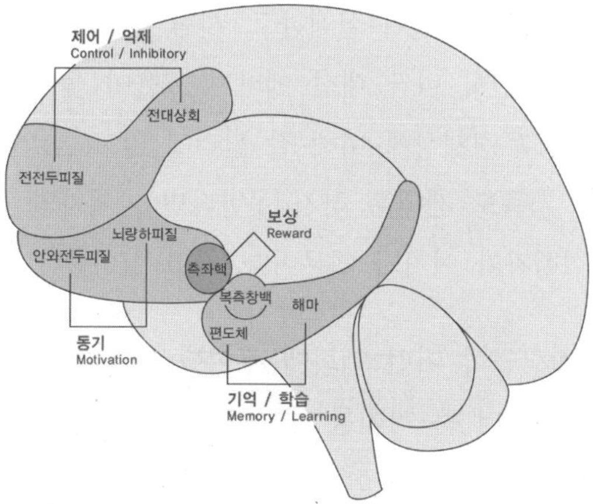

비교하면 아무것도 아님을 알게 될 것이다. 따라서 합리적 계획자의 입장에서 10일째 담배를 끊겠다는 결심을 할 것이다. 하지만 10일이 지나 실제로 오늘이 담배를 끊어야 하는 그날이 되었다고 하자. 이제 우리는 계획을 실행에 옮기는 실행자 입장에 서게 되는데, 실행자가 비교해야 하는 것은 10일째와 11일째가 아니라 당장 오늘과 내일이다. 그런데 실행자의 입장에 서보니 모든 게 반대로 보인다. 지금 당장 담배를 피우지 않음으로써 얻게 될 괴로움은 내일 얻게 될 건강보다 훨씬 크게 느껴진다. 똑같이 하루를 사이에 두고 두 사건을 비교할 때(담배와 건강), 멀리 봤을 때는 건강이 중요했는데 지금 보니까 담배가 중요하게 보이는 것이다. 둘 다 하루를 사이에 두고 비교한 것인데도 10일째와 11일째를 비교할 때와 오늘과 내일을 비교할 때가 다르다는 것, 똑같은 하루 차이인데도 당장 눈앞의 차이를 더 크게 느끼게 된다는 것이 문제이다. 따라서 우리가 "계획자"의 입장에 서 있을 때는 합리적으로 계획을 세울 수 있을지 몰라도, "실행자"로서 당장의 실천을 앞두고는 눈앞의 이득과 손실이 너무 크게 느껴진다는 것이다. 탈러에 따르면, "새해 계획이 번번이 실패하고, 시험 준비와 보고서 작성은 벼락치기를 면치 못하며, 비싼 대신 에너지 효율이 높아 전기세를 아낄 수 있는 제품은 그 경제성에 비해 잘 팔리지 않고, 금연도 다이어트도 노년을 대비한 저축도 제대로 하지 못한다면 계획자와 실행자의 갈등에서 번번이 실행자가 이기기 때문이다."라고 설명했다.

애초에 사람들이 어떤 재화에 부여했던 가치보다 그 재화를 가졌다는 이유만으로 더 큰 가치를 매기기 시작한다면 그만큼 거래는 위축될 것이고, 그만큼 시장은 잘 작동하지 않게 될 것이다. 손실회피편향은 사람들이 일자리를 옮길 기회가 왔을 때 막상 옮기기를 주저하게 만든다. 대부분의 사람들이 일자리를 옮겼을 때 얻게 되는 기대이득보다 그 과정에서 발생할 손실을 더 크게 평가하여 옮기는 게 정말 유리하고 그래야 할 때조차 옮기지 못하는 일이 생긴다는 것이다. 그럼 우리는 어떻게 해야 하는가? 손실회피편향은 인간의 인지편향으로 우리 머리속에 깊이 뿌리 박혀있기 때문에 제거할 수는 없다. 인간의 뇌는 손실에 대해 부정적으로 반응하도록 훈련되고 적응되어 있기 때문이다. 손실회피 심리를 최대한 활용하는 전략은 어떨까?

(3) 손실회피심리를 최대한 활용하라

인류는 생존에 필수적인 의식주의 결핍과 투쟁하며 살아왔다. 농업혁명과 산업혁명은 인류에게 꿈꾸던 풍요를 주었다. 이러한 생산혁명의 궁극적 목적은 인류를 위한 것이었지만, 인간은 생산의 수단으로 여겨지고 이런 과정에서 보면 인간은 상대적으로 상실감을 받게 되었다. 과거 결핍의 시대에 인간들은 '인간의 동기'에 대한 고민은 필요 없었다. 하지만 지금은 그 당연한 동기가 상실되는 것에 당황하고 있다. 동기뿐만이 아닌 인간의 선호가 더 중요한 이슈가 되고 있다. 과거에는 일만 주면 감사해하던 직원들이 이제는 불만을 얘기하고 거부하고, 심지어 직장을 그만둔다. 인간이 더 중요한 시대이기 때문이다. 이런 동기와 선호의 문제는 소비 측면에서 더 중요해지고 있다. 기본 욕구가 결핍되었을 때, 인간이 추구하는 바는 비슷해진다. 지금까지 많은 학문 분야에서, 심지어 심리학에서도 상대적으로 인간이 상실될 수 있었던 이유도 아마 인간의 보편성만 보려고 했기 때문이다. 사회과학에서 개인차는 그리 중요하지 않았다. 그냥 무작위 오차random error 정도로 취급되었다. 하지만 최근 연구 작업에서는 인간의 행동 결정에 미치는 그 개인차에 초점을 맞추는 경우가 점점 많아지고 있다.

어찌 보면 모든 회사가 만들고 싶어 했던 '더 좋은' 제품은 사람들이 같은 걸 원할 때나 가능했다. 모든 사람이 각자 다른 제품을 원한다면, 더 이상 '더 좋은' 제품은 존재하지 않는다. 경영학과 경제학이 점점 심리학과 가까워지는 이유는 더 이상 인간이 획일적으로 무엇인가를 동일하게 원한다는 가정이 불가능하기 때문일 것이다. 그래서 사람 단위 분석이 중요해졌다.

탈러는 행동경제학의 통찰력을 이용하여 사람들의 행동을 바람직한 방향으로 유도할 수 있다고 주장하였다. 그러한 유도하는 개입을 '팔꿈치로 쿡 찌른다'는 의미인 넛지nudge라 불렀다. 정부는 에너지 과소비를 억제하기 위하여 "에너지 절약을 실천하면 가구당 연간 35만원을 절약할 것"이라는 정보를 제공할 수 있다. 하지만 손실회피 이론에 의하면 같은 정보라도 "에너지 절약을 실천하지 않으면 연간 35만원을 잃을 것"이라고 하는 편이 더 효과적이다. 사람들의 행동을 좋은 방향으로 유도하는 다른 사례로 정부가 연금 가입을 독려하려 한다고 해보자. 그렇다면 '가입'을 기본 선택default으로 설정하고 '탈퇴'를 허용하는 편이 '미가입'을 기본 선택으로 설정하고 '가입'을 허용하는 것보다 좋을 것이다. 자신이 무엇을 원하는지 뚜렷하게 아는 사람은 어차피 본인이 원하는 것을 선택하겠지만, 그렇지 않은 사람은 기본 선택지를 포기하는 것을 꺼릴 수도 있기 때문이다.

하버드대 롤런드 프라이어 교수와 동료 연구자들은 미국 시카고 근처 초등학교 교사들을 대상으로 무작위 통제 실험을 했다. 일부 교사들은 가르친 학생들의 성적이 오를 경우, 금전적 보상을 받았고, 다른 교사들은 미리 돈을 받고 학생들 성적이 오르지 않을 경우 그 돈을 반납하도록 하였다. 학생들의 수학 성적을 분석해보니, 받은 돈을 반납해야 했던 교사의 학생들 수학 성적이 더 크게 올랐다. 이는 교사들에게 더 효과적인 인센티브를 주기 위하여 손실회피와 넛지 아이디어를 이용한 사례라고 할 수 있다.

일상생활 속에서 손실회피편향으로 인한 의사결정의 실수를 줄이기 위해서는 어떻게 해야 할까? 예를 들어 기분이 우울할 때는 비합리적인 구매행위를 막기 위해서 쇼핑은 하지 않는 것이 좋다. 사람들이 우울한 기분일 때, 그 원인이 되는 대상을 빨리 처분하여 소유효과를 사라지게 만드는 동시에 기분전환을 위해 새로운 대상에 대한 소유효과를 발휘하기 때문이다. 유혹에 약하여 충동적이거나 과도한 쇼핑을 억제하기 어려운 사람은 가족이나 친구와 같이 동반자를 대동하는 것이 하나의 대안이 된다. 또한 소유한 집을 가급적 빨리 처분하려는 집소유자는 보통 집의 매매가격을 낮춰준다. 그러나 이와 반대로 매매

가격을 낮추지 않고 구입희망자의 향후 보유가치를 높게 만들어주는 것이 오히려 집을 쉽게 현시세 혹은 보다 높은 가격에 팔 수도 있다. 화장실이나 주방시설을 교체하거나 실내소품을 아름답게 재배치하여 포근한 느낌을 주거나 평안한 음악을 틀어둔다거나 하여 집의 소유가치를 높일 수 있다.

반대로 최근 손실회피편향을 역이용하는 사례로서 생명보험이나 임플란트 같은 치과치료보장보험을 들 수 있다. 이들 광고가 지향하는 점은 소비자들의 심리적 불안감을 증폭시키고 이를 해소하기 위한 방편으로 미래시점에서의 손실회피편향을 자극하는 것이다. 사망시의 위험 등의 광고를 본 소비자들은 이런 위험에서 회피하기 위하여 종신보험에 가입하려 하고 가입상품에서도 때때로 사망보험금을 1억에서 2억으로 과다하게 책정하는 실수를 범한다. 납입하는 보험금의 현재가치가 향후 받게 될 보험금의 미래가치보다 더 크기 때문에 비합리적인 투자를 하게 된다.

(4) 세상에 공짜는 없다

흥미로운 점은 추석 당일 고속도로를 찾은 차량 숫자가 2016년보다 2017년에 유독 더 많았다고 한다. 정부가 명절 연휴 3일 동안 고속도로 통행요금을 면제한 것이다. 추석을 친지들과 함께 보내는 일은 예나 지금이나 변함이 없는 풍습이고, 차량 보유 숫자는 1년간 눈에 띄게 증가하지 않았을 것이다. 바로 추석 고속도로 정체 현상은 행동경제학자들의 공짜에 관한 기존 연구 결과와 비슷한 양상을 보였다. 사람들은 상품을 고를 때 가격을 보면서 상품을 구매한 후 얻게 될 편익을 계산하는데 가격이 '0'일 때는 전과 확연히 다른 소비 성향을 보인다. '공짜라면 양잿물도 마신다.'는 우리 속담이 행동경제학자들 실험에서 여러 차례 검증된 셈이다.

이러한 현상은 듀크대 교수인 댄 애리얼리Dan Ariely뿐만 아니라 MIT 박사과정에 있는 학생들의 연구 결과에 의해 잘 설명되고 있다. 이성을 마비시키는 공짜의 매력을 MIT 박사과정에 있는 학생들이 실험을 통해 관찰했다. 그들은 린트 트러플Lindt truffles과 허쉬 키세스Hirshey's Kisses 라는 두 종류의 초콜릿을 진열했다. 크림 빛으로 먹음직스러운 160년 전통의 린트 트러플은 개당 15센트, 앙증맞은 허쉬 키세스는 개당 1센트에 판매 했다. 학생들은 트러플과 키세스의 가격과 품질을 비교한 뒤 73%는 트러플을 27%는 키세스를 선택했다. 그리고 첫 번째 실험에 참가한 학생들에게 키세스를 공짜에 주기로 하고 린트 트러플은 14센트에 판매했다. 학생들의 반응은 주류경제학에 따르면 비용수익의 결정을 내릴 때 그대로여야 한다. 하지만 키세스는 갑자기 인기상품이 되어 69%의 학생들이 선택했다. 이렇게 우리는 비이성적이며 또한 예측가능한 존재이다.

전통적인 경제 이론에 따르면 합리적 의사 결정을 하는 인간은 어떤 선택을 할 때, 그것으로 얻는 만족, 즉 효용utility과 지불해야 할 비용cost을 비교해 보고 순편익net benefit이 큰 대안을 택한다. 따라서 위 실험과 같이 두 개의 초콜릿 가격을 모두 동일하게 1센트씩 인하했을 때 선택하기 전 학생들이 직면한 두 초콜릿에 대한 순편익 차이는 전과 달라질 것이 없다. 그런데도 특정 초콜릿 가격이 공짜가 되자 학생들은 전과 다른 선택을 하는 일관성 없는 행동을 보였다. 행동경제학자들은 이 같은 현상의 원인을 미래의 손해에 대해 지나치게 염려하는 인간의 손실회피loss aversion편향에서 찾았다. 행동경제학자들은 이러한 손실회피편향을 자신의 실험에서 확인하기 위하여 초콜릿 가격을 각각 0.5센트씩 인하해서 학생들 반응을 추가로 관찰했다. 실험 결과, 허쉬 키세스 초콜릿을 고를 때 0.5센트의 위험이 있는 경우에는 행동 패턴이 1센트일 때와 특별히 다르지 않은 것을 확인할 수 있었다.

공짜에 대한 경제학자들의 견해를 수집할 때 빠뜨릴 수 없는 유명한 격언이 있다. 바로 노벨경제학상 수상자인 밀턴 프리드먼Milton Friedman이 생전에 자주 인용했던 '세상에 공짜 점심은 없다.'는 말이다. 이 말에는 기회비용의 개념이 포함되어 있다. 기회비용의 사전적 정의를 찾아보면 다음과 같다. 기회비용이란 '어떤 선택을 했을 때 그 선택으로 포기해야 하는 다른 여러 대안들 가운데 가장 큰 대안의 가치'이다. 현실에서 사람들은 암묵적 비용이 포함된 기회비용을 종종 간과한다. 이는 앞에서 살펴본 고속도로 이용과 초콜릿 선택에서도 쉽게 확인할 수 있다. 사람들은 자기 호주머니에서 직접 빠져나가는 고속도로 통행요금이나 초콜릿 비용(명시적 비용)은 인지하면서도 암묵적 비용은 꼼꼼하게 따지지 않았다. 초콜릿 가격이 100원에서 0원으로 바뀜에 따라서 명시적 비용이 사라졌다고 해서 여전히 남아 있는 일부 기회비용을 무시하면 실제로는 공짜가 아닌데 공짜라고 착각하여 불합리한 선택들을 하게 된다.

고속도로 통행요금이 '0'원이 되자 사람들은 명시적 비용이 없는 상황을 즐겼다. 평소라면 국도로 귀경하던 사람들도 고속도로를 이용하고, 웬만하면 고향집에서 연휴 마지막까지 있던 사람들도 일찍 자기 집으로 돌아오는 선택을 했다. 이런 선택들이 증가하자 결과적으로 사람들은 다른 비용을 지불하게 되었다. 도로가 정체되어서 이동시간이 길어진 만큼 주유비가 더 늘었을 것이고, 차에서 짜증을 내면서 시간만 보냈다면 그 시간에 할 수 있었던 생산적인 일들로 얻게 될 편익을 대가로 지불한 셈이다. 따라서 사회 전체적으로 발생한 비용은 고속도로를 무료로 개방함에 따라 한국도로공사가 징수하지 못한 매출 감소액뿐만 아니라 많은 사람이 추가로 지불한 주유비, 정체로 인해 낭비했던 시간에 대한 기회비용까지 포함해야 한다. 또한 주요 구간에서는 지나친 정체로 인한 대기 오염까지 비용에 포함해야 할지도 모르겠다.

앞서 소개했던 프리드먼을 필두로 시카고학파 경제학자들이 주창하는 합리적 기대가설rational expectations hypothesis에 따르면 인간은 지금까지 자신이 얻은 정보와 이용 가능한 모든 정보를 취합하여 미래를 예측하고, 가장 효율적인 선택을 한다. 따라서 올해 고속도로에서 고생했던 사람들 가운데 상당수는 내년 연휴 때 통행요금이 무료라도 지금처럼 혼잡한 날 고속도로를 찾지는 않을 것이다. 그렇지만 정부가 이 같은 인간의 손실회피편향을 정책에 반영한다면 고속도로 정체를 좀 더 효과적으로 개선할 수도 있을 것이다. 가령, 명절 연휴 3일간 통행료를 전면 면제하는 것보다 연휴가 5일일 때는 통행료를 60%씩 할인하고, 4일일 때는 75%씩 요금을 탄력적으로 할인해 교통량을 분산시키는 것은 어떨까?

(5) 공짜일 때 왜 비싼 값을 치를까?

이렇게 우리가 저항할 수 없는 '공짜'란 도대체 무엇일까? 공짜를 의미하는데 표현되는 수단의 하나인 '0'이란 숫자의 역사를 살펴보면 0의 개념을 최초로 고안한 것은 고대 바빌론 사람들이었다. 그들은 수를 표기할 때 비게 되는 자리를 채우는 기호로 사용하였다. 고대 인도의 학자 핑갈라Pingala는 1에 0을 덧붙여 두 자릿수를 얻었다. 마야인과 로마인은 수 체계에 0의 자리를 만들었다. 0이 본격적으로 자리를 잡은 것은 서기 498년으로 인도의 천문학자 아리아바타Aryabhata가 "10의 배수 값이 되는 자리를 만들라sthanam sthanam dasa gunam"고 하여 십진법 기반의 기수법이 탄생하면서이다. 그때부터 0은 전성기를 맞는다. 그 후 0은 아랍세계에서 이베리아반도를 거쳐 유럽에 전해지고 대서양을 건너 마침내 실리콘밸리에서 다양한 쓰임새를 갖는다. 나아가 0이라는 개념이 돈에 적용되면서 그 쓰임이 아주 많아졌는데 이는 자신의 결정을 내리는데도 사용된다.

유럽 호텔에는 VIP 전용 클럽 라운지가 없는 곳이 의외로 많다. 반대로 미국계 프랜차이즈 호텔의 경우, VIP 등급 손님에게 클럽 라운지 서비스는 기본이다. 라운지가 없는 경우 보상 차원에서 VIP 등급 손님에게 무료 아침식사, 카페나 바bar에서 무료음료 쿠폰 등을 제공한다. 일부 호텔은 하루 몇 달러 이내에서 식음료 매장에서 쓸 수 있는 식음료허용코너F&B allowance를 제공한다. 공짜라면 양잿물도 마시는 것이 사람 심리여서 호텔에서 공짜 식음료 쿠폰이나 수당을 제공하면 자신도 모르게 발길이 식당이나 바bar로 향한다. 호텔 생활이 길어지면 허리띠도 따라서 길어지는 이유이다.

이러한 현상은 일상생활에서 자주 발생한다. 평소에 애용하는 영양크림을 사러 백화점에 갔다가 백화점을 나올 때 그다지 선호하지 않던 영양크림 두 개를 들고 나온다. 공짜에 현혹되어서 원하지도 않던 1+1 영양크림을 구입한 경우이다. 영양크림 하나를 공짜로 얻었다는 즐거운 기분에 친구와 맥주 한잔을 하기 위하여 바에 들른다. 칼로리제로 맥주와 3칼로리의 맥주가 있다. 두 맥주의 칼로리는 무시해도 좋을 만큼 별 것 아니지만 우리는 건강을 생각하여 칼로리제로 맥주를 선택하고 다시 한번 좋은 선택이라고 흐뭇해한다. 그리고 기분 좋게 한 접시의 감자튀김을 안주로 주문한다. 이러한 사실을 이해한 마케팅 전문가들은 팔고 싶은 제품에 뭔가를 공짜로 제공한다.

그렇다면 우리는 왜 원하지도 않는 제품인데 공짜라고 하면 분별없이 구입하는 걸까? 대부분의 거래에는 상한선과 하한선이 있는데 공짜라고 하면 하한선을 망각하게 된다. 공짜의 매력은 손실회피와 깊은 관련이 있다. 공짜가 아닌 제품을 선택할 때에는 거기에 잘못된 의사결정의 위험이 있지만 공짜 제품을 손에 넣는 순간 손해의 가능성은 완전히 사라진다. 이론적으로 공짜를 거저 얻는다고 하면 경제적인 손해가 없다. 그리고 공짜로 뭔가를 얻으면 기분이 좋아지게 마련이다. 0은 가격의 한 형태가 아니다. 그것은 비이성적인 감정을 유발한다. 이러한 이유로 세계에서 공짜효과zero price effect는 독자적인 영역을 가지고 있다. 또한 0이라는 개념은 시간에도 적용된다. 우리는 박물관 입장료가 그리 비싸지 않음에도 입장료가 무료인 날을 택하여 예술에 대한 욕구를 충족시키고 싶어 한다. 이런 욕망은 나 혼자만 느끼는 감정이

그림 38 **밀턴 프리드먼** – "세상에 공짜 점심은 없다(There's no such thing as a free lunch)."

아니기 때문에 입장료가 무료인 날이면 많은 사람들도 박물관을 동시에 방문하게 된다. 많은 사람들의 방문으로 인하여 긴 줄은 서야 하고 작품을 제대로 감상하기 어렵다. 다음에는 이런 날은 오지 말아야지 하면서도 다시 잊어버리곤 한다. 다음에 박물관 가는 날은 역시나 무료 입장이 가능한 날로 공짜라는 이미지가 작동한다.

3. 소유효과와 현상유지편향

(1) 내가 얼마나 공을 들였는데

미국의 행동경제학자 리처드 탈러Richard H. Thaler는 어떤 대상을 소유한 뒤 그 대상에 대한 애착이 생겨 객관적인 가치 이상을 부여하는 심리적 현상을 가리켜 '소유효과endowment effect'라는 이름을 붙였다. 우리말로 '보유효과', '부존효과', '초기부존효과'로 번역해 쓰기도 하고, '관성효과inertia effect', '박탈회피divestiture aversion'라고도 한다. 탈러는 앞서 언급한 것처럼 1병에 5달러에 구매한 와인을 50달러가 넘는데도 팔려고 하지 않는 심리를 통하여 소유효과를 설명하였다. 이는 자신과 관련이 있는 것에 가치를 더 부여하는 자기중심성 때문에 발생하는 것이다. 소유효과는 아끼는 물건에 대한 애착이라기보다는 자신의 소유물을 남에게 넘기는 것을 손실로 여기는, 즉 한마디로 남 주기 아깝다는 심리라는 것이다. 한번 내손에 들어온 물건에 대해서는 객관적 가치보다 더 높은 가치가 부여된다. 이는 비슷하게 성경에 나오는 달란트 이야기에서, 달란트를 받아 땅속에 파묻었던 한 어리석은 하인처럼, 투자를 통해 장래에 얻게 될 가치보다 자칫하면 잃을 수 있는 현재의 가치를 훨씬 크게 평가하는 것과 같다.

피터 웨버Peter Webber 감독의 영화 〈진주 귀걸이를 한 소녀Girl with a pearl earring〉에서는 네덜란드의 국보급 화가인 얀 베르메르Jan Vermeer에 대한 이야기가 나온다. 영화 초반에 여주인공 그리트(진주 귀걸이를 한 소녀의 모델)가 처음 베르메르의 집을 방문하는 장면이 있다. 그런데 묘하게도 화면에 보이는 것은 베르메르의 이웃집이 파산하여 재산이 차압되고 살림들이 강제로 몰수되는 장면이다. 미망인인 듯 보이는 한 여성이 거칠게 다루어지는 세간들을 움켜쥐며 절규하는 모습도 잠깐 비춰진다. 이 장면은 결국 베르메르의 비극적 인생을 암시하는 복선이 된다. 실제로 베르메르는 경제적 압박을 견디다 못해 43세의 젊은 나이에 요절하였다. 그가 죽자마자 채권자들은 그의 세간과 작품들을 그야말로 헐값으로 경매에 넘겼다. 지금은 천문학적 가격대를 형성하고 있는 그의 작품들이지만 당시에는 떨이로 팔려나갔다는 게 믿겨지지 않을 것이다. 구매하는 사람의 입장에서 바라보면 전혀 부당한 일이 아닐 것이다. 베르메르가 사용했던 팔레트 혹은 렘브란트가 수집했던

그림 39 네덜란드의 국보급 화가인 얀 베르메르(Jan Vermeer)(좌)의 〈진주 귀걸이를 한 소녀(Girl with a pearl earring)〉(우)

터키식 의상 한 벌이 당시의 구매자에게 어떤 의미가 있었을까? 별 쓸모도 없고 낡았으며 게다가 '파산자'가 쓰다 남겼다는 불길한 딱지까지 붙은 중고품일 뿐이었을 것이다.

이처럼 예술가들의 비극적 인생을 묘사한 전기 영화에는 그들이 생전 아끼던 유품들이 경매에서 헐값으로 팔려나가는 장면이 간혹 등장한다. 예술가에게 영감을 주었고, 그의 애정 어린 손길이 닿은 평생을 두고 모아온 수집품이 푼돈에 팔리고 무지한 사람들에 의해 함부로 다루어지는 것을 보면 가슴 아프다. 실제로 온갖 것들을 수집했던 렘브란트는 살아생전에 자신의 귀중한 컬렉션이 그런 식으로 처분되는 것을 보아야만 했다. 이렇듯 '내가 소유했던 것'에 느끼는 가치와 제3자의 입장에서 바라보는 가치는 크게 다를 수밖에 없다. 백화점 진열대에 무수히 놓여있는 상품과 내가 선택하여 공들이고 아끼며 사용해왔던 물건의 가치는 전혀 다른 것이다. 이러한 '소유효과endowment effect'는 인간의 경제활동 중 상당 부분을 설명하는 것으로 받아들여진다.

듀크 대학의 경제학자 댄 애리얼리는 대학 농구의 결승전 입장권의 가격에 대한 실험을 하였다. 이 표를 구하려면 며칠 전부터 매표소 밖에서 밤을 새며 기다려야만 했다. 게다가 자기 차례가 되면 추첨을 하는데 추첨에서 떨어지면 아무리 며칠 밤을 꼬박 기다렸어도 표를 살 수가 없다. 애리얼리는 마지막 순간에 추첨에서 떨어져서 표를 구하지 못한 사람들에게 전화를 걸었다. 만약 지금이라도 표를 구할 수 있다면 얼마를 지불할 용의가 있는지 물었다. 100명에게 물은 결과, 그들이 제시한 가격의 평균은 170달러였다. 이번에는 표를 구한 운 좋은 사람들에게 어쩔 수 없이 표를 팔아야 한다면 최소한 얼마를 받겠느냐고 역시 100명에게 물었다. 이 때 평균 가격은 2,400달러로서 15

배 가까이 차이가 났다. 우리나라에도 이러한 사례는 많이 발생한다. 심지어 정부 행사로서 무료인 '2018 대중문화예술상' 행사 티켓은 '방탄소년단BTS이 훈장을 받기 위하여 나온다.'는 이유만으로 150만원에 거래되기도 하였다.

경제학에서 흔히 상정하는 합리적인 소비자라면, 물건을 구매할 때 지불하고 싶은 금액과 소유한 물건을 양도할 때 받고 싶은 금액이 일치해야만 할 것이다. 그러나 우리의 삶을 살펴보면 후자가 전자보다 훨씬 더 크게 보인다. 내가 소유하면 애정이 깃들고 추억이 가미 된다. 냉정한 자본주의에서는 감가상각이라 해서 중고품이 될수록 가치가 떨어지는 것이라고 못 박아놓았지만, 경제 논리와 인간의 실제 마음이 맞아떨어지지는 않는 것 같다. 이렇듯 한번 내 손에 들어온 물건에 대해서는 다른 무엇과도 바꿀 수 없는 가치가 부여된다.

그런데 이런 심리를 역이용해서 물건을 파는 상술이 늘어나고 있다. 가끔 '한 달 무료 체험 이벤트'에 당첨되었으니 물건을 가져가라는 광고 메시지가 들어온다. 마음에 들면 돈을 내고 계속 쓰고 그렇지 않으면 반환하면 된다는 건데, 절반 이상의 사람들은 반환하지 않고 그냥 쓴다고 한다. 또한 어떤 상품을 사려고 마음을 먹었는데 다른 사람이 먼저 그 상품을 가져가버리면 마음이 아프다. 특히 경매에서 이런 일이 많이 발생한다. 소유하고 있는 물건이 아니라 거의 소유할 뻔한 물건에 대해서도 발휘되는 이런 심리적 소유권을 가리켜서 '가상소유권virtual ownership'이라고 하는데, 이 또한 소유효과를 유발한다. 가상소유권의 한 사례로서 경매 시장은 이런 점을 이용한다. 조금씩 입찰가를 올리며 남들과 경쟁하다 보면 나중에는 처음에 생각했던 가격보다 훨씬 더 많은 돈을 주고서라도 그 물건을 사고자 한다. 경쟁하는 과정에서 그 물건에 대해 일종의 '가상소유권'이 생기기 때문이다.

경매에 참가해서 그림 한 점을 사려는 사람을 가정해 보자. 경매가를 부를 때마다 그 그림이 이미 자신의 것인 양 착각이 든다. 그러다 상대가 더 높은 경매가를 외치면 손해를 본 것 같아 참을 수가 없다. 그래서 더 높은 경매가를 불러서 그 그림을 산다. 때로는 그림을 얻긴 하지만 치열한 경쟁으로 너무 높은 가격으로 구입하여 '승자의 저주'를 맛보기도 한다. 즉, 경쟁이 과열되어 지나치게 높은 경매가로 낙찰받은 개인 또는 기업이 종국엔 경제적으로는 패배자가 되고 마는 것이다. 크리스티즈나 소더비즈 같은 경매 하우스들은 그런 심리를 가장 잘 이용하는 곳이기도 하다. 이런 심리 때문에 대형 경매, 예를 들어 자원의 시굴권이나 휴대전화 이동통신의 주파수 소유권에 대한 경매에서 때로는 실제 가치보다 훨씬 더 비싼 값을 치르기도 한다.

집값은 언제나 가장 주목받는 경제 화두 중 하나다. 최근 한국에서 집 가진 사람은 '하우스푸어', 전월세자는 '렌트푸어'가 되고 있는 현상도 어느 정도는 소유효과로 설명할 수 있다. 어느 부부가 번 돈으로 자신들의 집을 마련하면 인생의 추억이 깃들어 정이 들고 보수비도 많이 들인 내 집에 대한 소유효과 때문에 심리적 손실감을 피하기 위해 낮은 가격에 집을 파는 걸 싫어한다. 반면 집을 새로 구입하려는 사람에겐 이런 소유효과가 없기 때문에 가격 형성이 어려워져서 거래가 이루어지지 않는 현상이 발생한다.

직장 또한 이러한 소유효과가 나타난다. 취업의 성취과정이 어려울수록 이탈도 어려워진다. 이직률을 낮추는 아주 효과적인 방법 중 하나가 뽑을 때 아주 어렵게 뽑는 것이라고 한다. 아니면 면접과정을 여러 번 거치거나 해서 입사한 사람 입장에서는 내가 이렇게 힘든 과정을 거쳐서 이 직업을 가졌다고 느끼면 이미 애착이 형성되게 된다는 것이다. 소유효과는 우리를 지나치게 모든 것에 얽매이게 한다.

(2) 이케아 효과

이케아 효과는 하버드대학 마이클 노튼Michel Norton과 듀크대 댄 애리얼리Dan Ariely 교수, 툴레인대의 대니얼 모촌Daniel Mochon에 의해 주장되었다. 이들은 이케아 가구를 자신이 직접 노동을 하며 조립하면서 결과물에 대한 애정이 생긴다고 주장하였다.

이케아는 힘을 사용하는 남성성을 발휘하기 좋은 장소라고 한다. 무거운 물건을 배송해 주지 않기 때문이다. 배송을 직접하는 순간 인정받는 기분, 그러면 이 가구는 그냥 가구가 아니라 소유효과뿐만 아니라 과시욕이나 혹은 누군가에게 인정받고 싶은 욕망이나 욕구를 건드리는 경향까지 추가 된다. 초보자가 이케아 가구를 조립하는 데는 시간이 상당히 오래 걸린다. 사람에 따라 며칠이 걸리기도 한다. 하지만 이런 과정에서 자신의 노동력이 투입되어서 무언가를 생산하게 되면 자신의 자긍심과 역량이 커졌다는 느낌을 받는다. 따라서 평소에 자신감이 부족한 사람일수록 이케아 효과의 영향을 받을 가능성이 더 크다고 한다. 또한 이제는 불편함이 요구되는 사회이다. 많은 기업들이 고객의 편의성을 충족시키기 위해 노력하는 편이지만 일부 기업들은 고객을 불편하게 함으로써 관심을 이끌기도 한다. 이용자들은 편의성이 약간은 떨어지더라도 다른 가치가 좀 더 높다면 불편함을 기꺼이 수용하기 때문이다.

사람들이 불편함을 때때로 수용하는 이유에는 몇 가지가 있다. 첫 번째, 가격이 저렴하여 예산이 절약이 되기 때문이다. 고객이 불편함을 감수하고 고객의 시간과 신체적 노력을 들이면 가격이 낮아지기 때문에 고객의 금전적인 부담이 줄어든다. 둘째, 재미와 모험심을 불러일으키기 때문이다. 사람들은 완제품을 구매하는 것보다 자신이 직접 물건을 조립하면서 느끼는 재미와 모험심을 느끼는 것을 좋아하기 때문이다. 진화심리학 쪽에서는 이 현상을 먹을 것이 부족했던 원시시대에 인간의 생존 가능성을 높여준 유익한 성향이라고 주장한다. 만일 힘겨운 노동이나 실패를 거듭한 사냥의 결과로 먹잇감을 겨우 얻게 되었다면 맛이 별로 없을지라도 감사하면서 맛있게 먹었을 것이라는 것이 이들의 주장이다. 이케아 효과는 실험에서도 찾아볼 수 있다. 노턴과 동료들은 피험자들에게 종이접기를 시키는 실험을 했다. 그리고 심혈을 기울여 만든 각자의 작품들을 한데 모아 경매에 붙였다. 그랬더니 작품의 질과 상관없이 대부분의 피험자들은 웃돈을 줘서라도 자신이 만든 작품을 구매하기를 희망했는데 이 역시 들인 노력이 제품에 대한 사랑으로 전환되는 경우라고 볼 수 있다.

이케아 효과는 마케팅 분야에서 효과적으로 응용될 수 있다. 고객들로 하여금 자신이 원하는 그리고 자신의 취향에 적합한 제품을 가질 수 있도록 유도할 수 있다. 이러한 점은 고객들의 만족도를 더욱 증가시킬 수 있고 마케팅을 진행하는 회사 입장에서도 고객들을 장기적으로 유치시키는데 도움이 더 될 것이다. 또한 이는 가격을 다운시킴으로써 상이한 고객계층을 수요자로 끌어들일 수 있다는 점에서 의사결정의 선택권을 소비자에게 주는 것이다. 즉, 소득이 높거나 바빠서 시간이 없는 사람들은 완성품을 구입하고 소득이 부족하거나 시간이 많은 사람들은 가격이 저렴한 조립이 필요한 제품을 구입하여 직접 조립하도록 하는 것이다. 이케아 효과는 고객의 참여를 통해 가치를 느끼는 것과 귀찮은 설정을 하게 하는 것 사이의 '미묘한 균형'을 이해할 필요가 있다.

그림 40 이케아 효과

(3) 왜 기업들은 '무조건 100% 환불 보장'을 외치는가?

기존 마케팅 전략에서 소유효과를 이용한 대표적 사례는 체험 마케팅이다. 기업이 손해보는 장사를 한다고 볼 수 있겠는가? 손해보는 것처럼 보이는 장사의 한 사례로 '100% 환불 보장' 마케팅을 구사하는 기업이 많다. 그런데 기업들이 왜 때때로 100% 환불마케팅을 할까? 물론 무료 사용 기간에 제한을 두긴 하지만, 3개월까지 허용하는 제품들도 있다. 기업들은 도대체 무얼 믿고 그러는 것일까? 상품을 구입한 후 좀 사용하다가 되돌려 보내는 것을 상습적으로 하는 소비자들이 있을 텐데 말이다. 그러나 실제 반품률은 1~2% 수준으로 그들은 극소수에 불과하다고 한다. 그 짧은 시간에 이미 정情이 들었기 때문일까? 대다수 소비자는 일단 자기 것이 된 물건을 다시 내놓으려 하지 않는다. 김치냉장고 딤채는 제품 출시 초기인 1996년 약 200명의 품질평가단을 모집하고 이들에게 3개월간 무료로 김치냉장고 제품을 사용해본 후 구매 여부를 결정하게 했다. 결과는 놀랍게도 100% 구매로 이어졌다. 이러한 현상은 분명 품질만으로 설명이 안 되는 이유가 있다. 이는 가상소유권이 생기고 애착이 생긴 결과이다. 인간은 물건이든 사회적 지위이든 일단 무언가를 소유하고 나면 그것을 갖고 있지 않을 때보다 그것을 가지고 있을 때 높이 평가하는 성향을 가지고 있다. 더욱 흥미로운 건 이런 종류의 실험에서 피험자들에게 그들의 생각이 비합리적이라고 설명을 하면 이에 동의하지 않고 집요하게 반박하는 경향이 나타난다는 점이다.

자신이 맡은 일에 대해서도 소유효과가 발생한다. 자산운영회사에서 펀드를 운영하는 펀드매니저들은 같은 회사의 주식을 몇 년간 취급하다 보면 자기도 모르게 소유효과가 생겨 주가가 떨어지는데도 미련을 버리지 못하고 제때에 판매하지 못하는 경우가 생긴다. 그래서 일부 자산운영회사에서는 일정 기간이 지나면 직원들이 담당하는 주식을 순환하도록 하는 규정을 실시한다. 상품을 개발하는 기획부 또는 연구·개발 부서 직원들이 자신이 기획·개발한 상품에 대해 강한 집착을 보여서 냉정한 판단을 그르치는 것이나 벤처기업의 창업주들이 창업에 대한 애착 때문에 인수·합병시 자사의 가치를 과대평가하는 것도 소유효과 때문이다.

소유효과의 이러한 심리 상태를 문화에도 연장해 볼 수 있다. 한국의 '완장 문화'는 소유효과의 극단적 형태로 볼 수 있다. 소설가 이외수는 완장에 대하여 이런 정의를 내렸다. “자신의 임무를 타인들에게 식별시키기 위해 팔에 착용하는 표장에 지나지 않는다. 그러나 소인배들은 완장을 착용하게 되면 갑자기 자신을 영웅시하여 권력을 남용하고 타인을 멸시하려는 습성을 가지게 된다. 서민층일수록 완장에 약하고 특권층일수록 완장에 강하다.” 즉, 국민에게 봉사를 하라고 준 권력을 사유화하여 국민 위에 군림하려 드는 게 바로 ‘완장 문화’이다.

(4) 버리자니 아까운 ‘계륵’

중국의 고전 『삼국지』의 한 대목을 살펴보자. 세력을 넓혀 가던 유비가 조조의 땅, 한중을 빼앗아 버렸다. 화가 난 조조는 즉시 대군을 이끌고 유비를 치러 나섰다. 그러나 유비의 군사들은 험악한 지형을 이용해서 조조 군을 물리치고, 한 술 더 떠서 조조 군대의 식량 보급로를 막아 버렸다. 식량이 떨어지면 조조와 군사들은 밥을 굶을 판이었다.

한중을 포기하고 돌아가느냐 마느냐, 조조는 판단이 서지 않았다. 화가 난다고 준비도 없이 달려 나온 것이 한편으로는 후회스럽기도 했다. 그러던 어느 날, 저녁밥으로 닭의 갈비 부위로 끓인 국이 나왔다. 별로 먹을 것이 없는 닭갈비를 보고 조조가 이렇게나 식량이 없나 하고 생각하고 있을 때, 한 장수가 들어와서 물었다. “오늘 밤 암호를 무엇으로 하면 좋겠습니까?” 조조는 물끄러미 닭갈비 국을 바라보다가 대답했다. “‘계륵’으로 하라.” ‘계륵’이란 닭의 갈비란 뜻이다. 암호를 전달받은 양수가 갑자기 부하들에게 짐을 꾸리라고 했다. 이상하게 여긴 주위의 장수들이 까닭을 묻자 양수가 말했다. “먹자니 먹을게 별로 없고 버리자니 아까운 것이 닭갈비 아니오? 왕께서 계륵이라고 하신 것은 한중 땅이 닭갈비 같은 땅이라는 뜻이오. 그러니 곧 군사를 돌리라고 하실 것이오." 이 이야기에서 비롯된 '계륵'이란 말은 '별 소용은 없지만 그냥 버리기도 아까운 경우'에 쓰는 말이 되었다. 어떤 일이나 물건이 '계륵'이 되는 것은 '남 주기 싫은 마음', '손해를 보기 싫은 마음'이 작용하기 때문이다. 바로 소유효과의 한 모습이다.

그림 41 **계륵**

먹자니 먹기 싫고 버리자니 아까운 계륵의 대표적인 사례로 자주 언급되는 것은 남녀 간에 사귈 때이다. 예를 들어 나에게 특별히 마음에 드는 남자는 없는데 내 주위에 맴도는 남자들은 별로 마음에 들지 않는다. 영화 〈바람과 함께 사라지다〉에 나오는 여주인공인 스칼렛 오하라가 애슐리 윌크스를 만나기 전까지 보였던 성향이다. 그녀는 남자들의 주목을 한 몸에 받고 싶은 욕망이 강해서 야유회 같은 곳에서는 일부러 활달하게 행동하고 매력을 마음껏 드러내어서 남자들의 시선을 전부 자기에게 집중시키고자 한다. 그녀는 주위에 관심이 없던 남자라고 하여도 그 남자가 다른 여자에게 관심을 보이면 갑자기 그 남자에게 다가가서 매력을 과시한다.

스칼렛 오하라와 같은 여자의 마음이 바로 버리자니 아까운 계륵과 같은 마음이다. 즉, '내가 사귀긴 싫고 남 주긴 아깝고, 하지만 내 어장에 계속 남아줬으면 좋겠다.'라고 생각한다. 영화에서 여주인공 스칼렛 오하라는 주위에 거의 모든 남자를 자기 것으로 만들었던 소유효과가 매우 강했던 사람이다. 겉으로는 굉장히 나긋나긋하고 한없이 여성스러워 보이지만 자세히 살펴보면 상대방에 대한 강박적인 집착이 장난이 아니다. 함께 지내보면 주변 사람들의 혼이 빠져나갈 듯한 반사회성을 드러내 보이는 성격을 소유한 여성은 스칼렛 오하라의 사례를 들어 설명이 되곤 한다. 이 성격이 무서운 것은 단순히 남자의 마음을 들었다 놓았다 하는 어장관리를 하는 정도가 아니라 이를 넘어서 실제로 서로를 고통스럽게 하는 파국적인 관계로 치달아 갈 수 있다고 한다. 이는 집착으로 지나친 소유효과라고 할 수 있다.

그림 42 영화 〈바람과 함께 사라지다〉의 스칼렛 오하라

(5) 현상유지편향status quo bias

– 왜 '옛 애인'과 '옛 직장'이 그리워질까? –

사랑이 식어버린 애인과 이별을 하고 새로운 애인을 찾는 데에 성공한 사람들은 시간이 흐르면 옛 애인을 그리워할 가능성이 매우 높다고 한다. 옛 애인과의 공유한 시간이 길면 길수록 그럴 가능성은 더욱 높아진다. 직장도 마찬가지로 그러하다. 이러한 옛 애인과 옛 직장을 그리워하는 이유는 현상유지편향 때문이라고 한다. 많은 사람들이 후회라는 감정을 회피하기 때문에 현상을 유지하려 한다. 현상유지편향이란 현상유지를 선호하는 의사결정에서 나타나는 지각적 편향을 말한다. 사람들은 현재의 성립된 행동이나 상태를 계속 유지하고 특별한 이득이 주어지지 않는 이상 바꾸지 않으려는 경향을 가지고 있다.

이러한 현상유지편향은 윌리엄 새뮤얼슨William Samuelson과 리처드 제크하우저Richard Zeckhauser가 1988년 『위험과 불확실성 저널Journal of Risk and Uncertainty』에 발표한 "의사 결정에서 현상유지편향Status Quo Bias in Decision Making"이라는 논문에서 처음 이름붙인 것이다. 이들은 사람들이 현재의 상태에 그대로 머물고자 하는 강한 바람을 갖고 있다는 것을 실험을 통해 입증했다. 주식을 상속받은 A그룹과 현금을 상속받은 B그룹에게 다양한 자산에 투자할 수 있도록 했다. 과연 두 그룹의 투자 성향은 어떻게 달랐을까? 현금을 상속받은 상속자들은 자유롭게 투자를 하였으나 주식을 상속받은 상속자들은 현상유지편향이 작용하여 물려받은 것을 그대로 보관하였다고 한다. 주식 상속자들은 '팔아서 후회하면 어떻게 하지?'라는 심리가 작용한 것이다. 이후 이를 뒷받침하는 수많은 논문이 발표되었고 행동경제학자인 카너먼, 탈러와 네쉬는 이러한 현상유지편향을 증명하는 실험을 연구한 바 있다. 현상유지편향은 소유효과endowment effect, 손실회피편향과 연관되어 있고 전망이론Prospect theory의 내용 속에 포함되어 있다. 이러한 현상유지편향은 많은 사회적, 경제적, 정치적 분야에서 관찰되고 이용되고 있다.

그림 43 **현상유지편향**

주식을 상속 받은 A 포트폴리오

현금을 상속 받은 B 포트폴리오

원래 현상유지편향Status Quo Bias은 과거 원시시대의 결과물이기도 하다. 원시시대에는 안전한 것이 별로 없기 때문에 항상 목숨의 위협을 느끼며 살아갔다. 원래 하던 안전한 방식을 벗어나면 죽을 수도 있는 환경이었다. 항상 하던 대로 하는 것이 가장 안전하다는 본능의 신호였다. 하지만 현대 사회는 과거 원시시대와는 달리 목숨에 위협을 받는 상황은 거의 없음에도 변화는 많은 노력과 위험이 수반될 수 있기 때문에 확실하지 않은 이상 바꾸는 것을 꺼려한다. 물론 자신의 현상을 유지하려는 심리가 항상 나쁜 것만은 아니다. 익숙함은 편안함을 가져오고 그러한 편안함은 행복감을 느끼게 해준다. 하지만 자신의 위치에서 더 앞으로 나아가고 싶고, 더욱 발전을 하고 싶어 하는 사람이 현상유지편향을 극복하지 못한다면 항상 제자리에 맴돌게 될 것이다. 새로운 것을 두려워한다면 당연히 발전도 없다. 삶에서 수시로 의사결정을 해야 하는 인간에게 이러한 현상유지편향으로 인해서 놓치는 부분과 얻는 부분이 무엇이고 변화와 현상유지 중 어느 것이 더 유리한지는 항상 고민거리이다.

앞서 언급하였듯이 우리는 자신이 다니던 직장을 그만두고 싶지만 막연한 두려움과 후회할까봐 직장을 쉽게 바꾸지 못한다. 직장의 장점을 찾고 다른 곳도 여기와 별반 다르지 않다고 생각하려 애쓴다. 그리고 어느 순간부터는 현실에 순응하면서 살아가게 된다. 세상은 빠른 속도로 변화하고 있다. 틀에 박힌 생활은 나중에 찾아오는 예기치 못한 급작스러운 환경 변화를 더욱 따라가기 힘들게 만들 것이다. 따라서 항상 새로운 것을 받아들일 준비가 되어 있어야 미래의 환경 변화에 빠르게 대처할 수 있을 것이라 믿는다. 물론 무엇인가를 새롭게 시도한다고 해도 실패하는 경우가 성공하는 경우보다 더 많을 것이다. 하지만 그러한 실패에서도 무엇인가를 깨닫고 배우면 자신의 인생을 더욱 견고하고 단단하게 만들 수 있을 것이다.

'하던 대로 해'라는 말은 일상생활은 물론 직장 생활 중에도 쉽게 들린다. 별 문제 없는 한 애인을 굳이 바꿔야 하나 아리송하다. 변화를 시도했다가 손해를 봤을 때의 후회가 현 상태를 유지했다가 손해를 봤을 때의 그것보다 더 크기 때문이다. 본인의 행동으로 물결을 일으키면 파동에 대한 책임은 온전히 자신의 몫이 된다. 변화의 선택으로 결과가 좋지 못하면 후회가 깊은 것도 그런 이유 때문이다.

4. 앵커링 효과

(1) 새끼거위의 법칙

박물학자 콘라드 로렌츠Konrad Lorenz는 새끼거위가 알을 깨고 처음 본 사람인 자신을 졸졸 따라다니는 모습을 관찰한 후, 새끼거위가 처음 본 사물 가운데 움직이는 것에 애착을 갖게 된다는 사실을 알게 되었다. 이를 통하여 새끼거위가 주변에서 접한 것을 바탕으로 최초의 결정을 내릴 뿐만 아니라 한번 내린 결정은 끝까지 고수한다는 사실을 입증했다. 그는 이런 현상을 '각인imprinting'이라고 하였다. 거위에게 통용되는 이 원리는 행동경제학에서 '앵커anchor'이다. 이를 '앵커링 효과anchoring effect'라고 한다.

그림 44 **앵커링 효과(1)**

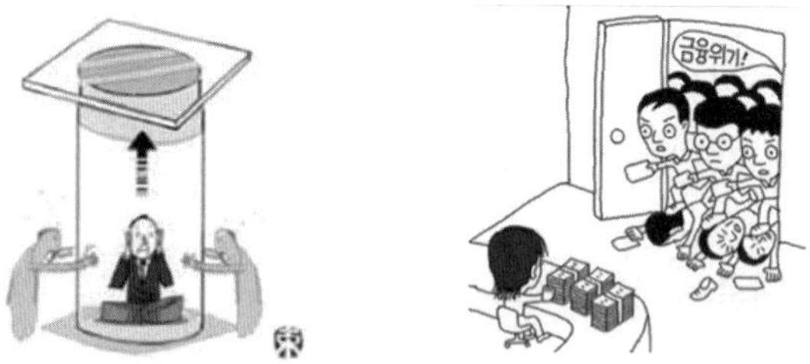

그렇다면 이러한 각인은 우리 삶에서 어떠한 역할을 할까? 우리는 왜 앵커를 받아들이는가?

MIT슬론 경영대학원의 드라젠 프렐렉Drazen Prelec과 카네기멜론 대학의 조지 로웬슈타인George Loewenstein 교수는 임의의 것임에도 불구하고 한번 뇌리에 자리 잡으면 현재 뿐만 아니라 그 이후의 가격도 규정한다는 '임의적 일관성arbitrary coherence'을 증명하는 실험을 한다. 미래의 마케팅 전문가들 55명을 대상으로 사회보장번호 끝 두 자리를 적으라고 했다. 그런 다음 와인을 포함하여 내놓은 물품의 번호에 입찰하라고 하였다. 그렇다면 자신의 사회보장번호를 한 번 떠올려본 것만으로도 과연 그것이 앵커기능을 할까? 드라젠 프렐렉 교수는 1998년산 코트 뒤 론 와인 자불레 파라렐Fabouler Parallel 한 병을 들어올렸다. "이 와인은 '와인 스펙테이터Wine Spectator'에서 86점을 받았어요. 레드 베리, 모카, 초콜릿 맛이 나고 중간 정도의 부게감과 농도를 시니고 있는 훌륭한 레드 와인으로, 기분 좋게 음미할 수 있다고 하는군요." 이어서 1996년산 에르미타쥬 자불레 라 샤펠Hermitage Jaboulet La Chapelle을 들어 보이며 "'와인 애드버킷Wine Advocate'에서 92점을 받았고 1990년 이후에 생산된 것 가운데 가장 최상의 와인이에요. 8,100상자만 생산되었죠." 라고 이야기 한다. 그리고 차례로 무선 트랙볼trackball 마우스 로지텍Logitech에서 만든 트랙맨 마블 FX, 무선 키보드와 마우스(로지텍에서 만든 아이터치), 디자인 북(퍼펙트 패키지: 그래픽 디자인에 가치를 심는 법), 노이하우스Neuhaus에서 만든 벨기에 초콜릿 1파운드 분량 한 상자도 들어올렸다. 그리고 드라젠은 모든 품목이 적힌 서식을 나눠주었다.

"자 이제 종이 상단에 여러분의 사회보장번호 끝 두 자리를 적으세요." 그런 다음 그는 학생들에게 각 품목에 대해 자신이 지불할 수 있는 최고 가격을 두 자리로 써넣으라고 했다. 일종의 입찰가격인 셈이다. 작성했으면 종이에 그 가격으로 물건을 살 것인지 말 것인지 '예' 아니면 '아니요'로 표시하라고 했다. 낙찰된 학생을 발표했다. 각 품목당 최고가를 적어낸 학생은 그가 적어낸 가격이 아니라 두 번째로 높은 가격을 적어낸 학생의 가격을 지불하고 물건을 가져갔다. 이것을 가리켜 두 번째로 높은 가격, 즉 '차순위가격' 경매라고 한다. 윌리엄 비커리William Vickery는 이런 형태의 경매가 사람들의 높은 관심 속에서 자신이 지불하고자 하는 최고가에 입찰할 수 있는 환경을 만들어낸다는 것을 입증하여 노벨 경제학상을 받았다. 이는 이베이 옥션에서 사용하고 있는 경매 방식이기도 하다.

학생들은 이 실습을 즐겁게 했다. 하지만 그들은 사회보장번호 끝 두 자리를 적은 것이 그들의 최종 입찰가에 영향을 미쳤는지 물었을 때 절대로 아니라고 했다. 하지만 결과는 사회보장번호 끝 두 자리가 앵커 역할을 했다. 사회보장번호 끝 두 자리가 80~99인 학생들은 아주 높은 가격을 매긴 반면, 끝 두 자리가 1~20인 학생들은 아주 낮은 가격을 매겼다. 예를 들어, 끝 두 자리가 상위 20% 안에 드는 학생들은 무선 키보드에 평균 56달러를 매긴 반면, 하위 20% 안에 드는 학생들은 평균 16달러를 매겼다. 결과적으로 사회보장번호가 끝 두 자리 상위 20% 안에 드는 학생들은 사회보장번호 끝 두 자리가 하위 20% 안에 드는 학생들보다 216%에서 346%까지 높게 가격을 매긴 것이다. 그러면 사회보장번호 끝 두 자리가 높은 사람들은 이런 생각을 할지도 모르겠다. "그렇다면 내가 일평생 모든 것에 터무니없이 비싼 값을 치르고 살아왔단 말이야?" 여기서 말하고자 하는 것은 사회보장번호가 앵커로 작용했다는 것이다. 이런 현상이 이성적으로 보이는가? 이와 같은 실험을 MIT 최고경영자 과정의 임원과 관리자를 대상으로도 진행했는데, 역시나 다른 상품의 가격을 매길 때 사회보장번호가 영향을 미친다는 결과를 얻었다.

이 실험 결과에는 또 다른 흥미로운 부분이 있었다. 물품가격을 매기는 것이 임의적임에도 불구하고 거기엔 논리적이며 일관된 측면이 있었다. 서로 관련이 있는 두 물품의 가격을 매긴 것을 보면, 두 품목의 가격이 놀라울 정도로 논리적이다. 한 사람도 빠짐없이 트랙볼 마우스보다 키보드, 그리고 1998년산 코트 뒤 론보다 1996년산 에르미타쥬에 더 높은 가격을 매겼다. 이는 동일한 상품군에 속하는 다른 품목의 가격을 매길 때 처음 매긴 가격, 즉 앵커를 기준으로 삼는다는 것을 뜻한다. 따라서 처음 매긴 가격은 넓은 의미에서 '임의적'이며 그것은 무작위 질문에 대한 답에 영향을 받는다. 그런데 일단 임의의 가격이 정해지면 그것은 물건 값을 매길 때도 영향을 미칠 뿐만 아니라 그와 유사한 제품의 가격을 매길 때도 영향을 미친다는 것이다.

(2) 인간은 흔들리는 갈대

앵커링 효과anchoring effect는 배가 닻anchor을 내리면 닻과 배를 연결한 밧줄의 범위 내에서만 움직일 수 있듯이, 처음에 인상적이었던 숫자나 사물이 기준점이 되어 그 후의 판단에 왜곡 혹은 편파적인 영향을 미치는 현상을 말한다. 방송 뉴스 진행자를 가리켜 남녀 공용 표현으로 줄여서 앵커anchor라고 부르는 앵커의 역사는 약 60년이다. 1952년 미국 CBS-TV가 민주당·공화당 전당대회의 보도 진행을 맡은 월터 크론카이트Walter Cronkite에게 최초로 '앵커'라는 말을 사용하였다. 앵커는 배가 항구에 정박할 때 내리는 '닻'이다. 닻의 기능이 그렇듯이, 닻은 은유적으로 안정을 가져다주는 지주라는 뜻으로 쓰인다. 뉴스프로그램의 앵커는 기자들의 뉴스 보도를 총괄하여 그 어떤 질서와 조화를 부여하는 중심적인 역할을 한다.

대니얼 카너먼이 제시한 앵커링 효과의 다른 이름으로 사용되는 닻내림효과 혹은 '정박 효과'도 그런 은유적 의미를 끌어다 쓴 작명이다. 닻내림효과는 배가 어느 지점에 닻을 내리면 그 이상 움직이지 못하듯이, 인간의 사고가 처음에 제시된 하나의 이미지나 기억에 각인되면 어떤 판단도 그 영향을 받아 새로운 정보를 수용하지 않거나 이를 부분적으로만 수정하는 행동 특성을 말한다. 그래서 '기준점과 조정 anchoring and adjustment 휴리스틱'이라고도 한다. 우리는 내가 잘 모르는 정보를 가지고 이야기를 해야 할 때 누군가 먼저 기준점을 제시하면 그로부터 멀리 떨어진 개념이나 값을 제시하기 어렵게 된다.

닻내림효과는 비즈니스 협상에도 널리 사용된다. 먼저 말하는 사람이 자신에게 유리한 쪽으로 가격을 조율할 가능성이 높다고 한다. 먼저 등장한 협상 가격이 서로의 머리속에 기준으로 남기 때문이다. 이는 단순히 상품 마케팅에만 국한되는 것이 아니다. 소비자들은 모호하거나 극히 한정된 선택지 앞에서 본인이 선호하는 바를 잘 모르는 경우가 많다. 이때 명확하거나 추가적인 선택안을 주면 기준점과 대비효과가 나타나 선택이 훨씬 수월해진다. 물건을 구매하는 것부터 형량을 구형하는 일까지 인간의 마음을 흔드는 두 효과의 메커니즘을 알아보자. 사실 닻내림효과는 누구나 다 알고 있을 뿐만 아니라 오랫동안 실천해 온 것이다. 정찰가격제가 아닌 상품의 가격은 일단 높게 부르고 본다. 아무리 값을 잘 깎는 소비자라도 높게 부른 가격을 기준점으로 해서 에누리를 시도하게 된다.

소비자의 행태를 예를 들어 생각해 보면 기준점과 조정은 소비자가 자신이 알고 있는 수치로 모종의 기준선을 설정한 후, 적절하다고 생각하는 방향으로 조정하는 방식을 의미한다. 표시 가격이 400만원인 냉장고를 보고 대다수 소비자는 다른 냉장고에 비해 비싸다고 생각하지만, 희망 소비자 가격이 500만원인데 400만원에 판매된다는 사실을 알면 이 냉장고가 싸다고 여긴다. 소비자들은 이 가격이 적정한 가격인지 아닌지 정확히 판단하지 않은 채 '100만원을 아꼈다.'고 생각한다. 대형마트에 가면 유독 990으로 끝나는 가격이 많다. 1,000단위로 끝나는 가격과 실제가격 차이는 10원에 불과한데도 훨씬 싼 제품이라고 인식한다. 인간은 복잡한 숫자를 더 작다고 인식하는 경향이 있고 '선택의 대상'을 비교하는 것이 아니라 '자신이 비교하기 쉬운 대상'을 비교한다고 한다. 이를 행동 경제학 용어로 '대비효과contrast effect'라고 한다. 즉, 기준선을 어떻게 설정하느냐에 따라 소비자의 선택이 달라진다는 것이다.

많은 기업은 기준선을 어떻게 설정하느냐에 따라 360도 달라지는 소비자의 행동 특성을 고려해 앵커링 효과를 이용한 다양한 마케팅을 구사한다. 명품업체들이 백화점 매장의 가장 눈에 띄는 곳에 3천만원짜리의 에르메스 가방을 진열하는데 명품업체의 진짜 속내는 소비자로 하여금 '아 저렇게 비싼 가방도 있는데 1/10 가격인 3백만원짜리 루이비통이나 프라다 가방은 별로 비싸지 않아'라고 착각하게 만든 후 지갑을 열게 하는 것이라고 한다. 아이폰으로 전 세계인을 열광시킨 애플도 기준점 효과를 잘 이용한 대표적 기업이다. 2007년 애플이 아이폰을 처음 출시했을 때 당시 가격은 599달러였다. 이어 애플은 몇 달 만에 399달러로 가격을 인하하였고 아이폰 판매는 폭발적으로 늘어났다. 600달러라는 기준점을 지닌 소비자들에게 '200달러 할인은 횡재'라는 심리적 자극을 가해 기준점 효과를 극대화한 것이다. 그리고 스티브 잡스가 아이패드를 들고 나왔을 때 그 물건을 예전에 본 적 있는 사람은 아무도 없었다. 잡스는 '999달러'라는 수치를 스크린에 띄우고는 모든 전문가들이 한결 같이 입을 모아서 그 물건의 적정 가격이 999달러라고 말하더라고 제품 설명회 참석자들에게 말했다. 그는 그 뒤에도 제법 오랫동안 999달러에 대해서 이야기 한끝에 마침내 아이패드의 출시 가격을 499달러라고 했다. 이 얼마나 훌륭한 가격인가? 사람들이 기쁨에 차 환호를 지르고 심지어 눈물을 흘리는 사람도 있었다고 한다. 요컨대 한 기업의 흥망성쇠는 소비자에게 앵커링 효과를 얼마나 자연스럽게 구사하느냐에 달려 있다고 해도 과언이 아닐 것이다.

그림 45 앵커링 효과(2)

우리는 필요하지 않던 물건이라도 '반짝 할인', '초특가' 표시가 붙으면 다시 돌아보게 된다. 상품 할인 행사들을 보면 하나같이 꼭 원래 판매되던 가격을 제시한다. 그리고는 그 밑에 '30% 할인', '반값 행사' 등의 표시를 한다. 원가격을 제시하지 않고, 할인 가격을 줄 수도 있는데 굳이 표시를 하는 이유는 원가격에 기준점의 닻이 내려지는 심리를 공략한 것이다. 사람들은 기준점에서 할인된 가격을 생각하며 '구입하는 것이 이득이다.'라고 생각하게 된다. 그러니 물건을 구매할 때는 사전에 뭘 구입할지를 메모하는 습관이 상당히 도움이 될 것이다. 그리고 1+1으로 샀다고 하더라도 충동구매는 결과적으로 마이너스라는 것을 기억해야 한다. '앵커링 효과' 전략을 간파하고, 그 물건이 내게 필요한지를 먼저 고민한다면 진정 합리적인 소비를 할 수 있을 것이다.

이 효과는 인간의 모든 사회활동과 일상생활에 광범위하게 지속해서 영향을 발휘한다. 앵커링 효과는 법정에서도 자주 나타난다. 독일 심리학자 프리츠 스트랙Frits Strack과 토머스 무스바일러Thomas Mussweiller가 판사들을 대상으로 한 실험을 했다. 이들은 2006년 기자들에게 강간범 재판을 맡은 판사들에게 전화를 걸어서 '강간범의 경우 형량이 3년 이하이냐 혹은 1년 이하이냐?'라는 질문을 하게 했다. 놀랍게도 '형량이 3년 이하이냐'는 질문을 받은 판사들은 평균 33개월의 징역형을 선고한 반면 '1년 이하이냐'는 질문을 받은 판사들은 평균 25개월의 징역형을 내렸다고 한다.

이처럼 어떤 일을 강요하지 않고 인간의 특성을 역으로 이용하면 무의식적으로 선택하게 하여 자신이 원하는 목적을 쉽게 이룰 수도 있다. 양형만큼이나 판단을 내리기 어려운 게 부동산 가격이다. 부동산 가격 역시 최초값에 크게 의존한다. 기행奇行으로 유명한 미국의 부동산 재벌이자 현재 미국 대통령이 된 도널드 트럼프Donald Trump는 자신이 돈을 많이 버는 비결이 앵커링 효과를 잘 이용하는 데 있다고 털어놓았다. "내가 누군가로부터 건축 의뢰를 받을 때, 나는 언제나 가격에 5,000만 달러 혹은 6,000만 달러 정도를 더 붙입니다. 고객이 7,500만 달러 정도의 비용이면 될 것 같다고 말한다면, 나는 1억 2,500만 달러 정도의 비용이 소요된다고 하고 실은 1억 달러에 짓습니다. 그래도 사람들은 내가 대단한 일을 했다고 생각합니다." 한국의 일부 아파트 부녀회 회원들은 더 대단한 일을 한다. 거짓으로 집을 팔 것처럼 광고를 내면서 집값을 거의 2배로 올려놓는 수완을 발휘한다. 2005년 6월 10일 당시 이명박 서울시장은 출입기자 오찬 간담회에서 "정부가 강남의 아파트값을 떨어뜨리려는 정책을 쓰는데 '강남 아줌마'들은 담합해서 가격을 올리는 상황이 벌어지고 있다."고 하였다. 이 또한 앵커링 효과를 이용한 값 올리기 수법이었다.

앵커링 효과의 영향은 질문을 던질 때에도 어떻게 묻느냐에 따라 큰 차이가 날 수 있다. 예컨대, "간디가 세상을 떠났을 때 나이가 100세 이상이었는가?"라는 질문을 받으면 "간디가 세상을 떠났을 때 나이가 30세였는가?"라는 질문을 받았을 때보다 간디의 사망 나이를 더 높게 추정할 가능성이 높다. 100이라는 숫자가 닻의 역할을 하는 것이다. 미국 학생들에게 "미시시피강의 길이는 8,000km보다 짧을까, 길까?"라는 질문을 던진 후에 "미시시피강은 얼마나 길까?"라는 질문을 던지면, 대다수의 학생들은 미시시피강이 8,000km보다 짧으며 길이는 약 5,500km일 거라고 대답했다. 반면 "미시시피강의 길이는 800km보다 짧을까, 길까?"라는 질문을 던진 후에 "미시시피강은 얼마나 길까?"라는 질문을 던지면, 대다수의 학생들은 미시시피강이 800km보다 길며 길이는 약 2,000km일 거라고 대답했다. 처음의 8,000과 800이라는 숫자가 닻의 역할을 함으로써 5,500과 2,000이라는 답의 격차가 나타난 것이다. "아프리카에서 UN 회원국의 비율이 어느 정도인가요?" 이렇게 사람들이 답을 잘 모를 만한 질문을 던지고, 행운의 바퀴를 돌려서 무작위로 숫자를 하나 얻게 한다. 그 다음에 20이라는 숫자를 얻은 사람에게 아프리카 나라 중 UN 회원국이 얼마나 되느냐고 물었더니

20% 또는 30%로 답했다. 마찬가지로 70이 나온 사람에게 같은 질문을 했더니 70% 또는 90%라고 대답을 했다.

17세기 프랑스 철학자 파스칼은 "인간은 생각하(흔들리)는 갈대다."라고 표현하였다. 기준점 효과에 따른 의사결정 변화를 고려할 때 인간의 본성을 이렇게 잘 묘사한 문구는 없을 듯하다. 타인이 제시한 기준점에 쉽게 동조하고 그 기준점이 자신의 선택에서 나온 것이라고 착각하는 존재가 인간인 것이다. 현대인들에겐 일상에서도 업무에서도 스트레스를 안 받고 살기란 쉽지가 않다. 만병의 원인인 스트레스로 인해 우리의 건강에는 항상 위험이 도사리고 있다. 몸이 아파 병원에 가면 의사의 처방 중에 빠지지 않는 것이 스트레스성이라고 한다. 스트레스를 가만히 생각해보면 내가 스스로 만들어 낸 것들이 대부분이다. 그렇기 때문에 심리적 방법으로 스트레스를 이겨낼 수 있는 방법은 시각적인 닻, 청각적인 닻, 신체감각적인 닻, 미각적인 닻을 이용해 행복한 순간에 닻을 내린다면 스트레스는 사라지고 소소한 행복이 시작될 것이다.

그림 46 앵커링 효과(3)

(3) 우리는 왜 스타벅스에 열광하는가?

실험결과에 따르면 임의로 처음에 접하게 되는 경험인 최초의 앵커는 이후 오랫동안 주변을 배회하며 이후의 결정에 영향을 미친다고 한다. 그래서 처음이 중요하다. 그렇다면 인간은 어떨까? 스타벅스 Starbucks를 처음 알게 되었던 최초의 결정이 장기간 지속되어 습관으로 이어지는 경험을 돌이켜 보면 그 해답을 찾을 수 있다. 6세기경 아프리카 에티오피아에 살던 '칼디'라는 양치기를 통하여 전해진 커피는 우리의 삶에 위로와 소박한 행복을 선물한다. 우리나라 국민들은 평균적으로 연간 484잔의 커피를 마신다. 우리는 저렴하고 품질 역시 높은 수준이라는 평가를 받고 있는 맥도널드 커피를 오랫동안 만족스러운 가격에 마셔왔다. 그러다가 아메리카노를 처음 공식 메뉴로 사용한 스타벅스에 첫발을 내딛고 도대체 맛이 어떠하기에 가격차이가 나는지 궁금해진다. 스타벅스 커피와 맥도널드 커피의 맛과 가격을 비교해 보니 셈이 복잡해진다. 일단 작은 컵을 주문하여 음미한다. 또 한번 스타벅스로 들어가 작은 컵으로 주문한다. 이렇게 함으로써 우리는 자신이 맨 앞에 섰던 줄에 두 번째로 줄을 선다. 맥도널드 커피가 아닌 스타벅스 커피로 자신의 결정을 또 한번 따르기로 한다. 이렇게 자신이 맨 앞에 섰던 줄에 세 번째로 줄을 선다. 그리고 시간이 가면서 스타벅스에 종종 들르게 되고, 들를 때마다 이는 자신의 취향에 입각한 선택이라는 확신을 갖게 된다. 이렇게 스타벅스 커피를 마시는 일은 습관이 된다. 스타벅스 커피를 마시는데 더 많은 돈을 지불하는 것이 당연해지면서 작은 컵에서 중간 컵으로 중간 컵에서 큰 컵으로 선택이 옮겨지는 새로운 소비곡선을 타게 된다. 그런 다음 아메리카노에서 프라푸치노 같은 다른 메뉴로도 수평이동하게 된다.

우리는 왜 처음에 만족했던 맥도널드 커피에서 스타벅스 커피로 이동하여 이 많은 돈을 지출하는 걸까? 하지만 사람들은 여러 차례 시험 후에 결정을 내린 것이므로 자신의 이런 모습을 돌아보며 고민하지는 않는다. 그런데 첫 결정에 입각하여 앵커가 정해지는 것이라면 스타벅스는 어떻게 맥도널드에 먼저 두었던 앵커를 이동시킬 수 있었을까? 고객들이 스타벅스의 새로운 가격을 앵커로 받아들인 것은 차별성 때문이다. 마이클포트의 경쟁전략에는 원가 우위에 의한 전략, 차별화에 의한 전략, 집중에 의한 전략이 있다. 스타벅스가 취했던 전략에는 '커피를 즐기는 문화적 공간'이라는 무형적 차별화와 '다양한 커피'라는 유형적 차별화가 있었기에 스타벅스 성장의 큰 원동력이 되었다. 스타벅스의 창업자 하워드 슐츠Howard Shultz는 직관력이 뛰어난 사업가였다. 그는 다른 커피숍과 차별화를 위해 많은 노력을 기울였다. 스타벅스는 분위기의 차별화를 위해 유럽풍 카페로 만들고자 했다. 초기의 스타벅스는 더 품질 좋은 원두를 사용하여 커피콩 볶는 커피향이 향기로웠다. 그리고 색다른 커피숍 분위기를 연출하기 위하여 할 수 있는 모든 것을 다했다. 커피체인점의 글로벌 강자 스타벅스의 변신은 리저브 매장으로 커피숍 개념을 대화와 업무의 공간으로 확대했다. 소비자가 커피맛과 원두에 더 관심을 갖는 취향으로 변화에 맞추어서 로스팅에서부터 바리스타가 직접 커피를 내려주는 고급 리저브 매점을 오픈하고 '패스트 드립커피' 시스템으로 맛과 속도를 구현하였다. 시애틀에 위치한 리저브1호 매점과 본사 매점에서는 술과 빵도 판매하고 있다. 이러한 노력으로 2018년 매출 규모는 무려 24.56조원으로 추정된다.

이에 대한 맥도널드의 반격도 만만치가 않다. 스타벅스로 넘어간 앵커링 효과를 다시 맥도널드로 되돌려놓기 위한 맥도널드의 노력이 지속적으로 이루어지고 있다. 맥도널드도 맥카페를 만들고 바리스타를 고용하여 커피 메뉴를 전문화시켜 대응해 왔고 또한 아주 저렴한 가격에 커피를 제공해 저가 커피시장을 공략해 왔다. 사실 2008년 이래 맥도널드와 스타벅스는 패스트푸드와 커피라는 영역을 서로 드나들며 보이지 않게 영토 확대 전쟁을 벌여왔다. 모기지 프라임 사태 이전에 커피 사업은 수직에 가까운 성장을 거듭하는 매력적인 사업으로 인식되고 있었다. 2008년 가을부터 맥도널드는 자신의 장점인 신속성과 편의성, 가격의 저렴성 등을 내세우고 거기에 추가적으로 안락함과 평안함을 갖춘 미국 1만4천여 맥도널드 매장 옆에 맥카페McCafe라 불리는 커피 전문점을 열어서 본격적으로 고객의 초심을 되돌리기 위한 경쟁에 뛰어들었다. 당시 서브프라임 모기지 사태로 구매력이 떨어진 소비자들에게 저렴한 던킨도너츠나 맥도널드의 커피는 좋은 대안이 되었다. 맥도널드는 이런 소비자의 심리를 교묘하게 파고들어 스타벅스를 공격하였다. [그림 47]은 그 당시 4달러 이상이었던 스타벅스의 커피가격을 비판하는 광고를 내걸었다. 즉, 'four bucks(4달러짜리 스타벅스 커피)를 마시면 바보다.'라는 광고를 대대적으로 선전하였다.

또한 맥도널드는 맥카페를 통하여 앉기 편안한 소파, 안정적인 느낌을 주는 클래식 음악을 선보였다. 기존의 맥도널드 전략인 '오래 앉기엔 불편한 의자'를 정반대로 기존의 맥도널드 이미지와는 전혀 다른 매장 분위기로 바꾸었다. 즉, 마치 스타벅스처럼 편하게 앉아서 무엇이든 할 수 있을만한 공간으로 전환한 것이다. 이러한 맥도널드와 스타벅스의 고객의 입맛을 끌어오려는 경쟁은 지금도 계속되고 있다.

그림 47 맥도널드의 광고

아무튼 스타벅스의 입점은 상권이 모임으로써 인구 유입이 증가하여 건물의 가격도 높아지게 한다. 그리고 지역 주민들도 '스세권'이라며 좋아한다. 최근 경제학에서도 스타벅스를 통하여 인근 상권을 분석하는 '스타벅스 경제학'이 인기를 끌 정도이다. 지금은 바다의 인어 'Siren'이란 그 심볼마크 하나만으로도 사람들은 가치를 느끼고 소유하면서 삶의 작은 기쁨을 채워가고 있는 듯하다.

(4) 돈을 받는 순간 놀이도 일이 된다

사람들은 놀이의 본질을 명확히 하기 위해서 일과 대립시켜 생각하는 경향이 많다. 일과 놀이는 같은 심신의 활동이기 때문에 양자를 명확하게 구분할 수 없으나 주관적 태도에 의해서 구별된다. 사람들이 하는 일은 자체의 목적을 가지고 활동하는 것이므로 일에 따르는 만족과 쾌감은 그 결과에 관계되어 있다. 반면 놀이는 자기 목적적이며 기쁨을 본질로 하기 때문에 활동 자체에서 쾌감을 얻는다. 에드워드Edward라는 학자는 '놀이란 임의의 공간적, 시간적 한계 내에서 일상생활의 관심사에서 떠난 진솔하고 의도적이며 현실과 분리된 활동'이라고 정의했다. 놀이에 참여하는 순간 인간은 자기 자신의 '완전한 주인이 되는 것'이다. 그러나 놀이도 외부적 목적에 의하여 규정되는 경우가 있고 일도 흥미를 느끼게 된다면 의무적 감정을 떠나서 자유롭게 활동할 수 있기 때문에 양자는 비슷한 활동이면서 서로 간의 위치의 차이가 있을 뿐이라고 할 수 있다. 그래서 양자는 서로가 접근할수록 각각의 가치를 증대시킨다. 일의 가치는 놀이의 요소를 포함할수록 더 높아지고 놀이의 가치도 역시 일의 요소를 포함하면 할수록 증가되는 것이다.

철학자 한스게오르크 가다머H. G. Gadamer는 인간의 삶의 여러 가지 양상 중에서도 놀이는 아주 특이한 현상이라고 말했다. 어떠한 대상을 원하는 이기심, 본능과도 다르고, 어떠한 대상 및 인간과의 관계에서 느끼게 되는 희로애락의 감정과도 다르다. 가능하면 바람직한 삶을 살고자 하는 마음과도 다르고, 인간 및 자연의 존재 이치에 관해 더 많이 알고자 하는 이론적 관심과도 다르다고 말했다. 이러한 놀이는 재화를 창출하지 않지만 놀이도 돈을 받는 순간 일이 된다. 이러한 특이한 현상을 잘 묘사한 문장이 있다. 영국에는 4마리 말이 끄는 마차를 타고 여름 내내 20~30마일을 달리는 부유한 신사들이 있다. 이러한 놀이의 특권을 누리려면 돈이 꽤 든다. 그런데 돈을 받고 그 특권을 누리는 순간 그것은 일이 되어서 사람들은 구속을 받게 되고 그

것을 그만두고 싶어 한다.

미국 코네티컷주의 하포드시에 위치한 마크트웨인의 집은 현재 소설가 마크트웨인을 기념하는 박물관으로 운영되고 있다. 마크 트웨인도 그의 작품 『톰 소여의 모험the adventures of Tom Sawyer』에서 이를 표현하였다. 그의 작품에서 개구쟁이 소년, 톰 소여는 폴리 아줌마의 집담장을 흰색페인트로 칠하는 일을 가지고 친구들에게 '남자아이가 담장에 흰색 페인트칠을 할 수 있는 기회가 날이면 날마다 올 것 같아?' 라며 페인트칠을 마치 즐거운 놀이인 양 이야기한다. 이것을 새로운 호기심꺼리로 받아들인 톰의 친구들은 흰색 페인트칠이 재미있다고 여기게 된다. 친구들은 그 특권을 누리기 위해 돈을 지불할 뿐만 아니라 진짜 즐거움까지 느낀다. 톰 소여는 담장 페인트 칠을 시킨 것에 대하여 자신이 돈을 주어야 하는 상황에서 오히려 친구들에게 돈을 받는 상황으로 부정적인 경험을 긍정적인 경험으로 바꾸었다.

마크 트웨인의 생각에서 알 수 있는 것은 무엇인가? 우리는 말러의 음악을 들을 것인지, 로마에서 휴가를 보낼 것인지, 결혼해서 아이를 가질 것인지 등 사소한 것에서부터 커다란 문제에 이르기까지 많은 결정에는 앵커가 중요한 역할을 한다. 하지만 처음에 행한 단순하고 임의적인 행동으로 인하여 그것이 습관이 된 인간의 이러한 비이성적인 행동을 능동적으로 개선할 수 있는 여지는 있다. '코기토 에르고 숨Cogito ergo sum', 즉 '나는 생각한다. 그러므로 존재한다.'는 철학자 데카르트R. Descartes의 명제를 떠올려 보자. 매일 5천원짜리 고급커피를 마시는 습관에서 우리는 얼마나 큰 기쁨을 누리는지 자문해야 한다. 이 돈을 아껴서 다른 일에 사용한다면 더 큰 기쁨을 누릴 수 있지 않았을까? 자신이 하는 모든 일에 어떤 행동이 반복되어 나타날 때, 그것을 꼼꼼히 따져 보는 훈련을 해야 한다. 우리는 처음에 어떤 결정을 내릴 때, 보통 그 결정이 이후에 별다른 영향을 미치지 않고 한 번으로 끝날 것이라고 생각하지만 첫 번째 결정이 이후 다른 결정에 미치는 영향력은 상당하다. 그러므로 첫 결정을 내릴 때 특별히 주의를 기울여야 한다. 철학자 소크라테스는 '반성 없는 삶이란 가치가 없다.'고 말하였다. 한 때 이성적으로 보였던 어떤 선택이 여전히 중요한지를 다시 생각해 봐야 한다. 어떤 선택이 우리 삶에 스며있는 각인과 앵커가 되어서 삶의 시간과 예산을 낭비하고 있지는 않는지 헤아려 보아야 한다.

그림 48 미국 코네티컷 하포드시의 마크 트웨인 박물관

(5) 사회규범과 시장규칙의 균형

사회규범의 영역에서 시장규칙의 영역으로 몰아갈 수 있을까? 사회규범과 시장규칙의 미묘한 균형은 비즈니스 할 때 더욱 두드러진다. 많은 회사들은 자신들의 회사를 국가와 사회에 유익한 사회적 기업으로 알리고자 노력하는데 이는 고객충성도를 바라기 때문이다. 그래서 기업들은 고객이 자신들을 한 가족이나 같은 배에 올라탄 친구로

여겨주길 바란다. 기업은 직원들과도 사회규범의 관계를 맺고자 한다. 시장에서 무형의 것이 중요해지면서 창조성이 공장의 기계보다 필수적인 것으로 여겨진다. 이는 직원들로 하여금 일에 대해서 열의와 성실성 그리고 애정을 갖도록 할 수 있기 때문이다. 고용인에 대한 피고용인의 충성도가 약한 시장에서 사회규범은 고용인들이 충실히 일하도록 동기를 부여하는 데 가장 좋은 방법이다.

이러한 기업이 만든 상품가격은 일정 가격대에 물건을 생산하는 것과 그 가격대의 구매력을 갖춘 자가 물건을 얻고자 하는 욕망 사이의 균형이다. 이 두 힘이 만나는 지점에서 시장가격이 결정되는데 이 두 힘은 서로 독립적이라고 가정한다. 인간이 이성적인 존재라면 공급과 수요가 조화를 이루는 자유시장이 가장 이상적인 모습일 것이다. 하지만 앵커를 만들어내는 조작과정을 보면 수요와 공급이 상호의존적이어서 임의적 일관성이 존재하고 소비자의 지출의지는 쉽게 조작이 가능하다. 이 말은 곧 소비자가 상품이나 서비스에 지불해야 하는 가격에도 그 영향이 미친다는 것을 의미한다. 임의적 일관성이라는 측면에서 볼 때 공급과 수요의 관계는 필요가 아니라 돈에 의해 좌우되기도 한다. 사람들이 이전 가격과 가격인상분을 기억한다면 가격변화는 수요에 영향을 미친다. 가격변화에 얼마나 민감한가는 예전에 지불했던 가격을 기억하고 그 가격에 구매결정을 했던 경험을 일관되게 유지하려는 욕구에 크게 좌우된다. 우리나라에서는 해가 바뀌는 시기가 되면 음식점을 비롯하여 각종 제품이나 서비스의 가격이 일률적으로 인상되는 것을 자주 보게 된다. 자주 가는 음식점이라도 갑자기 가격이 크게 인상된 것을 보면 한 동안은 그 음식점을 가기가 싫어진다. 그리고 외부적 요인으로 갑자기 와인 가격은 50% 인하하고 우유가격은

100% 인상한다면 많은 사람들은 와인은 많이 사겠지만 우유는 급격히 소비가 감소할 것이고 이것이 지속되면 이로 인하여 사람들은 칼슘 부족 상태가 될 수도 있다. 하지만 장기적으로 볼 때 소비자는 새로운 가격에 적응되어서 새로운 앵커가 자리를 잡게 된다면 어떻게 될까? 별 저항감 없이 종전과 비슷하게 우유를 소비할 것이다.

한편, 겨울을 나는 데 필요한 월동 음식에서 제일 중요한 김장은 입동을 기준으로 해서 시작한다. 김치의 김장은 입동 전 혹은 입동 직후에 해야 제 맛이 나기 때문이다. 그래서 입동이 지나면 본격적으로 김장할 때가 됐음을 알려주는 정학유丁學遊의 「농가월령가農家月令歌」의 '시월령' 첫머리도 김장에 대한 노래로 시작하고 있다. "시월은 초겨울이라 입동 소설 절기로다. 나뭇잎 떨어지고 나니 소리높이 난다. 듣거라 아이들아 농사일을 필하도다. 남은 일 생각하여 집안일마저 하세. 무와 배추 캐어 들여 김장을 하오리라. 앞 냇물에 정히 씻어 소금간 맞게 하소. 고추 마늘 생강 파에 젓국지 장아찌라. 독 곁에 중두리요 바탱이 항아리라. 양지에 움막 짓고 짚에 싸 깊이 묻고, 장다리무 알밤 말도 수월찮게 간수하소."

그런데 김장을 하려는데 만약 수급에 비상이 걸려서 배추값이 급등하여 금배추가 되었다면 전통적인 경제학 이론에서는 수요가 줄어야 맞다. 과연 그럴까? 분명 처음에는 자신의 앵커가격과 새로운 배추값 가격을 비교하고 인상된 가격에 경악을 금치 못할 것이다. 그 해에는 김장의 양을 줄이기도 하고 상대적으로 가격이 저렴한 무우로 김치를 담을지도 모른다. 그러나 시간이 지나면서 새로운 배추 가격이 새로운 앵커로 받아들여지고 수요는 생각 외로 크게 줄지 않을 수도 있다. 마찬가지로 정부가 휘발유 가격을 2배로 인상시킬 수 있는 정도의 세금을 부과하기로 했다면 우리는 이를 보고 휘발유 사용량을 줄이기도 하고 전기차를 구매할 생각까지 할 것이다. 하지만 김장배추의 가격인상과 비슷하게 다른 대체제가 없는 한, 시간이 좀 흐르면 새로운 앵커가 자리 잡게 되고 휘발유 소비는 새로운 가격대에서 이전 소비량에 가깝게 수렴하게 될 것이다. 가격이 몇 배 올라도 수요에 아무런 영향이 없다는 말은 아니다. 가격인상이 수요에 미치는 영향은 예상하는 것보다 훨씬 미미하다는 것이다.

이런 생각을 교육계에는 어떻게 적용할 수 있을까? 하이에크Hayek는『노예의 길the road to selfdom』이라는 책을 통하여 대중의 욕구를 정부가 추진할 수 있는 계획안으로 통합해 내어서 모두 해결해 줄 수 있다는 것은 잘못된 생각이라는 것이다. 시장이야 말로 자원을 효율적으로 배분하고 인간의 욕구를 만족시킬 수 있는 최상의 도구라는 것이다. 시장은 자율적인 메커니즘으로 인간의 욕구를 이루어준다는 것이다. 하이에크에 의하면 경쟁은 과학의 발견처럼 최우선적으로 발견의 과정이라고 보았다. '어떤 것이 보다 나은 방법인가?'하는 것은 경쟁을 통하여 나타난다고 보았다. 경쟁은 단지 효율성을 높이기 위한 수단이 아니라 하나의 인식방법으로 보았다. 그러나 교육의 경우는 이와 반대로 각자가 구매하게 해서는 안되고 교육의 가치를 이해할 수 있도록 공공의 재원으로 교육을 시켜야 한다고 주장한다. 하지만 정부가 시민의 기본교육에 재정지원을 해야 하지만 정부가 교육문제를 관리하거나 독점하는 것은 올바르지 않고 공교육의 재원은 마련하되 그 운영은 민간에 맡겨야 한다고 주장하였다.

그동안 한국교육은 너무 획일적이고 경직되어서 관료주의의 폐해가 많았던 것이 사실이다. 교육에 시장원리를 도입한다는 것은 공급자의 경쟁과 수요자의 선택을 허용한다는 것이다. 이는 교육의 국가독점을 완화하고 정부의 과도한 규제로 획일화되었던 교육을 다양화하며, 다양한 학교 가운데서 학생이 원하는 학교를 선택하도록 하고, 다양한 교육의 공급자 간에 경쟁을 통하여 수요자중심 교육을 확대하는 것을 주요 목표로 한다. 시장원리의 주요 핵심은 수요자(학습자) 중심교육, 교육선택권의 확대, 교육의 다양화, 자율과 책무의 확대 등이다. 이들을 통한 수요자의 선택의 폭을 확대하고 교육공급자들의 능동적이고 적극적인 교육의 질을 향상시키려는 노력이 이루어진다면 바람직하다고 볼 수 있다. 자본주의 국가에서 교육분야라 할지라도 각 개인이 질 높은 교육을 사적으로 추구하는 것을 근본적으로 막을 수는 없을 것이다. 그러나 교육에 시장원리를 도입하면 교육의 질적 차이가 발생할 수도 있고 경쟁은 과열되며 교육비는 더 증가하고 소외계층의 교육의 질적 저하 등 그 부작용도 발생할 수 있다. 나아가 시장규칙 도입이 교육이 강조하는 도덕, 신뢰, 협업 등 다양한 사회적 규범을 제대로 가르치지 못하게 된다면 심각한 문제가 될 수 있다. 사회적 규범의 교육은 시장규칙보다는 교육의 궁극적인 목적이나 목표를 보다 효과적으로 달성할 수 있게 해주고 시장규칙이 제공할 수 없는 인간다움과 더불어 함께하는 사회성을 길러줄 수 있기 때문이다. 그러므로 공교육의 질을 높이는 것은 바람직한 방향이지만 이러한 시장규칙의 도입으로 발생할 수 있는 부작용을 최소화할 수 있는 대안이 동시에 마련되어야 할 것이다. 그러므로 교육에서 사회규범과 시장규칙의 균형의 적정 수준을 유지한다는 것은 매우 어려운 과제 중의 하나이다.

제2절

휴리스틱과 편향의 사례

1. 인지편향

(1) "나는 평균이상이다." 낙관적 인지편향이 우리의 삶을 바꾼다

편향은 여러 관점에서 적용될 수 있다. 기준을 어떻게 정하느냐에 따라서도 달라지고, 같은 기준도 시간에 따라 달라지기도 한다. 결국 근본적으로는 환경 자체가 편향이다. 이 때문에 우리가 인간인 이상 편향에서 벗어나는 것은 불가능하다. 즉, 편향은 모든 인간이 가지고 있는 성향이다. 그러므로 이중잣대가 아닌 한 섣불리 욕할 필요는 없고, 인간이 '존재'하는 한 가질 수밖에 없는 약점이자 본질이라는 사실을 겸허하게 받아들이는 것이 좋다.

우리는 대부분 틈만 나면 내일의 '걱정거리'를 가지고 세상의 부정적인 부분에 초점을 맞추고 있다. 미래를 향한 비극적인 가설은 학습효과가 있어서 한시도 긴장을 늦출 수 없게 한다. 문제는 매사 노심초사하며 살다 보면 삶이 늘 기진맥진 상태이며 더불어 공포에 대응하느라 더 나은 미래를 그려볼 상상력을 발동하기 어려워진다. '미래는 인간에게 최고의 축복이자 저주'라고 했던 프랑스의 철학자 다니엘 밀로의 책 『미래중독자』의 내용에 따르면 호모 사피엔스가 내일이라는 상상력을 터득한 이후 인류는 항상 불확실한 미래에 대한 만성적인 불안에 시달려야 했으며 알 수 없는 미래를 대비하는 과정에서 축적과 잉여가 탄생했지만, 동시에 현대인은 '과잉'의 소용돌이라는 지옥과도 대면하게 됐다는 것이다.

생각해보면 수렵·채집 시대를 지나 지금에 이르기까지, 여전히 인간을 움직이는 두 가지 힘은 내일에 대한 공포가 아니면 내일에 대한 기대일 것이다. 만약 지금 우리가 삶의 태도를 선택할 수 있다면 '내일을 기대하는 낙관주의자가 될 것인가?, 두려워하는 비관주의자가 될 것인가?' 하는 두 가지 중의 하나일 것이다. "미래는 요구대로 이뤄지는 게 아니라 약속대로 이뤄지는 것으로 생각하라."는 아일랜드 민요가 있다. 바이드너 교수는 이를 인용하여 '미래는 어차피 좋을 것이라고 믿는 사람만이 그 결과를 처리할 의욕을 낼 수 있다.'고 확신한다. 최악의 가정으로 최소 행복을 누리는 방어적 비관주의자에 대해서는 "불행을 피하는 데 카타르시스를 느끼는 게 목적이 아니라면, 굳이 자진해서 심리적 비용을 치르며 비관주의를 선택할 이유가 없다."고 설명한다. "사람들이 자신의 현재와 미래를 어둡게 얘기하는 건 자기방어적 습관일 뿐"이라고 주장한다. 독일 낙관주의 학자 바이드너 교수가 제시한 가장 흥미로운 낙관주의 팁은 '평균이상효과Above-Average-Effect'이다. 평균이상효과란 '자신을 평균보다 훌륭하다고 생각해서 사회생활에서 상처를 덜 받는 삶의 태도'이다. 설사 이것이 인지의 왜곡일지라도 '평균이상효과'로 무장한 낙관주의자들은 그 어떤 비난에도 쉽사리 흔들리지 않는다는 것이다. "낙관주의는 아직 현실화하지 않은 일을 좋은 방향으로 생각하는 능력"이다. 만사가 잘 될 수 있다는 약속을 믿는 것이다. 중요한 건 '만사가 잘 될 것'이라는 막연한 느낌이 아니라 약속이다. 진정한 낙관주의자는 그 약속을 현실화시키기 위해 자기가 해야 할 일을 찾는다. 미국의 긍정심리학자 마틴 셀리그먼은 "낙관주의자들은 그렇지 않은 사람들보다 더 오래 살고 평균적으로 더 많은 돈을 벌며 더 많이 성공한다. 그리고 심각한 병에 걸려 수술을 하더라도 그 회복 속도가 훨씬 빠르다."고 분석했다.

그럼에도 불구하고 우리는 왜 비관적인가? 재앙에 무방비 상태였던 원시 시대의 공포 감정이 남아 있기 때문이다. 공포가 희망보다 생존에 유리했으니까 비관론자들은 우리가 결코 배신당하거나 호락호락 속임수에 넘어가지 않을 거라는 환상을 심어준다. 하지만 사람들의 사회생활은 대부분 그들이 표현하는 것보다 낙관적으로 흘러간다. 가족과 친구들은 버팀목이 되어주고 수입도 증가하고 있다. 낙관보다는 비관을 택하는 건 일종의 자기방어적 습관일 것이다. "낙관론자들은 종종 핵심 이슈를 꿰뚫어 볼 수 없는 순진한 이상주의자"로 폄하된다. 하지만 진정한 낙관주의자들은 이 모든 사태를 제대로 파악하고 있다. 어떤 생태적인 재앙과 전쟁을 치르지 않고도 세계는 지금보다 더 좋아질 수 있다. 그것은 상상의 능력이다. 왜냐하면 낙관론자들은 세계를 더 나은 환경으로 만들기 위해 실제로 최선을 다하고 있기 때문이다.

자존감이 낮아 매사 자신을 탓하고 자기 처벌과 비하를 일삼는 사람일수록 '평균이상효과'는 더욱 필요하다. 자신을 평균 이상으로 생각하면 상처를 덜 받는다. '나는 똑똑하고 체계적이고 공정하며 매력적이다.'라고 생각하자. 물론 이렇게 생각하는 것은 사실을 왜곡하는 것이다. 그러나 더 많은 비관주의자들이 '실패는 내 탓이며 항상 반복된다.'는 또 하나의 왜곡된 믿음을 갖고 있다. 이제부터 생각을 바꿔야 한다. "성공은 내 탓, 실패는 네 탓"이라는 것은 자존감을 높이는 귀여운 속임수이다. 인지적 자기 왜곡이지만 효과는 좋다. 우리에게 실행력을 의심받을 때 자기 능력을 조금 부풀려서 생각하면 상황을 더 쉽게 돌파한다. 모든 위대한 일들이 우연히 일어나진 않았다. 목표를 위해 열심히 일했고 수십 년간 낙관주의적 태도가 목표달성에 크게 기여했다. 행복은 단순히 일어나는 게 아니다. 행복을 위해서 우리는 무언가를 해야 한다.

사실 제대로 진화된 낙관주의자는 인간의 삶이 연약하고 깨어지기 쉬우며 삶엔 고통이 따르고 그 고통이 매우 빈번하다는 것을 이해한다. 다만, 그 중 스스로 해결 가능한 부분이 있다는 것을 잘 안다. 기회가 있을 때마다 난관을 보지 말고 난관에 부딪힐 때마다 기회를 보는 노력이 필요하다. 지구는 점점 더 살기 좋아졌다. '평균이상효과'로 무장한 낙관주의자들은 쉽게 안 무너진다. 비관주의를 선택하여 심리적 비용을 치르지 말아야 한다.

(2) 우리가 사랑에 빠지는 이유 – 어떤 안경으로 사랑을 보는가?

짧은 삶이 허락된 인간의 능력은 놀랍다. 그 능력은 좋은 쪽으로, 때로는 반대로 작용할 수도 있다. 우리 삶이 어떻게 전개될지 결정하는 것도 중요하지만 그 가치를 제대로 인정받지 못하는 한 가지 요인은 상황의 힘일 것이다. 인간의 가장 내밀한 감정인 사랑에 대해 생각해 보자. '마음에는 이성이 모르는 이유가 있다.'라고 파스칼은 말한다. 우리가 누군가를 사랑할 때 그건 '인간의 힘'이 아니라 '합리적으로 설명할 수 없는 어떤 신성한 힘'이 아닐까라고 생각하기도 한다. 사람들은 사랑을 성스러운 관점에서 신비로운 감정으로 여긴다. 마치 마법과 같아서 분석할 수 없는 감정이라고 생각한다. 우리는 사랑이라는 감정을 불러일으키는 요인을 신체적 매력과 성격적 특성을 중심으로 설명한다. 교육의 효과도 한몫을 한다. 우리는 상황이 조금만 바뀌어도 사랑하는 사람이 전혀 낯선 사람이 될 수 있다는 사실을 받아들이지 못한다. 누군가의 매력에 빠지기 위하여 극적인 만남이 꼭 필요한 것은 아니다. 심리학자들은 '단순한 노출이 매력지수를 높인다.'라고 설명한다. 사랑이 가장 평범한 상황에서 꽃필 수 있다는 생각은 삶의 수많은 경이로움 중 하나 일 것이다.

사랑이라는 감정은 마법에 비유되지만 장소와 같은 평범한 요소, 그리고 수요와 공급이라는 냉혹한 자유시장경제의 논리 역시 사랑이라는 감정을 좌우하는 또 다른 요인이 되기도 한다. 그리고 남녀 관계에 영향을 미치는 상황적 요소는 상호주의, 장애물, 공통적 성향일 수도 있다. 익숙함은 호감을 낳고 자연스럽게 좋은 감정을 느끼게 되는 경우가 많다. 단순히 어떤 사람이나 사물을 정기적으로 마주치기만 해도 그 사람이 더 매력적으로 보일 수 있다는 것이다. 말 한마디 섞지 않고 누군가를 계속 바라보는 것만으로도 충분히 사랑의 불꽃이 튀게 만들 수 있다는 사실을 우리는 인식하지 못한다. 왜냐하면 어떤 외모에 매력을 느끼느냐는 질문에 우리는 자신있게 특정한 '타입'에 대해 묘사하기 때문이다. 사람들은 자기만의 확실한 기준을 가지고 있다고 생각한다. 누군가 우리에게 호감이 있다는 사실을 발견하면 우리도 상대에 대한 관점이 달라지고 그에 따라서 새로운 문이 열리게 된다. 즉 자신을 좋아하는 사람에게 마음을 열고 가까이 다가가기가 쉽고 더 깊은 관계로 발전할 수 있는 관계의 시작을 할 수 있다.

사람은 온전한 자유의지에 따라서 독립성을 중시한다고 한다. 그래서 아이러니하게도 장애물로 인하여 더 상대에게 끌리게 되고 비밀스러운 관계는 그만큼 더 매혹적이다. 성경에도 언급 되듯 금지된 과일은 더 탐스러워 보인다. 금지된 관계와 비밀 공유가 서로를 들뜨게 만들기 때문이다. 그리고 아주 사소한 것이라도 자신과 비슷한 성향을 가진 사람들에게 순간적인 유대감을 느끼게 된다. 사람들은 보통 남성과 여성이 다양한 점에서 서로 다른 사고방식을 갖고 있다고 생각한다. 화성 남자와 금성 여자의 사랑에 관한 사고방식 차이는 우리 생각만큼 절대적이거나 생물학적 근거가 확실한 것도 아니다. 진화론에 따르면 자연선택에 따라서 남성과 여성은 서로 완전히 다른 사고방식을 발전시킬 수밖에 없었다는 것이다. 여성들은 한 번 마음먹을 때마다 최소한 10개월의 시간과 노력을 들여야 했고 초기 양육 또한 책임져야 했다. 그렇기 때문에 실수해서는 안 되는 입장이었다. 남성들한테는 그와 같은 한계가 없다. 또 질투의 관점에서 보면 남성들이 여성보다 배우자의 외도에 더 화를 낸다. 남성들은 자기가 그 아기의 생물학적 아버지라고 확신하기 위하여 늘 아내의 외도를 경계해야 하기 때문이다. 진화론자들은 인간의 DNA를 극복하기 위해서는 결연한 의지가 필요하다고 우리가 그렇게 믿기를 바란다.

하지만 현실에서는 작은 변화가 큰 차이를 초래한다. 노스웨스턴 대학교 연구원들이 스피드 데이팅(speed dating: 독신 남녀들이 데이트 상대를 찾기 위해 여러 사람들을 돌아가면서 잠깐씩 만나 보게 하는 행사) 실험을 통해서 밝힌 바에 따르면 이성을 선택하는 남녀의 확실한 기준 차이는 진화론이나 생물학 때문이 아니라 어느 사회에서나 비슷한 전형적인 데이트 문화 때문이라는 것이다. 일반적인 데이트의 공식을 살짝 바꿔 남성 참가자들이 자리에 앉아 있고 여성 참가자들이 방을 돌고 대화를 나눈 후 상대 참가자들을 평가하게 했다. 전통적인 남녀 관계를 살짝 바꾼 것이다. 결과는 어땠을까? 남성이 여성보다 더 까다로운 반응을 보였고 여성은 남성에게 더 끌리고 다시 만나고 싶다고 했다고 한다. 여성이 사랑이라는 감정 앞에서 더 까다롭게 구는 것은 먼저 남성들의 접근을 받는 쪽이기 때문이다. 먼저 다가가지 않아도 된다는 것은 곧 통제력을 쥐고 있다는 뜻이라는 것이다. 이는 곧 가치 있다는 뜻이자 수요가 있다는 뜻이며 선택권이 있다는 뜻이다. 남녀관계의 고정관념처럼 여성이 언제나 남성보다 까다로운 것은 아니다. 사랑에 관한 오해는 규범이 여자들을 그렇게 만들었을 가능성이 매우 크다. 물론 많은 사람들이 이러한 논리와 상황을 싫어할 수도 있다. 하지만 생각해 보면 사랑이라는 감정이 환경과 상황에 따라 달라질 수 있다는 사실이 다행일 수도 있다. 만약 사랑이 완벽한 짝을 찾는 것에 달렸다면, 수많은 사람들이 얼마나 비참한 삶을 살아야 하겠는가? 사랑이 어디에서나 꽃필 수 있다는 사실은 한편으로는 축복이다. 여행지에서 대학에서 소개팅 장소에서, 상호주의와 같은 평범한 요소들이 사랑이라는 감정을 좌우하기 때문에 거의 모든 곳에서 사랑이 꽃필 수 있는 것이다.

그림 49 **어떤 안경으로 세상을 보는가**

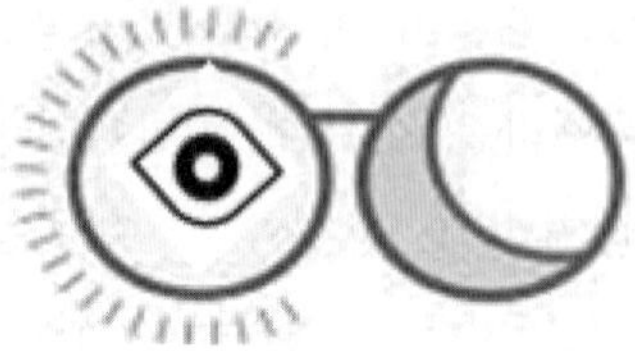

긍정적 OR 부정적

(3) 행동경제학으로 보는 사랑이란?

주류경제학에서 연애도 감정을 매개로 하는 일종의 거래이고 개인은 효용을 극대화를 원한다. 그래서 주류경제의 이론대로 사랑을 한다면 애인에게 문제가 생기거나, 더 좋은 상대가 나타나기만 하면 사람들은 애인을 언제든지 교체할 수 있어야 한다. 반면 실연당한 쪽도 상대방을 절대로 붙잡지 않을 것이다. 더 나은 효용을 얻기 위하여 떠난 애인을 붙잡는 것은 시간적으로나 감정적으로나 명백한 손해이기 때문이다. 하지만 현실의 인간들이 정말로 그렇게 하는가? 사랑에 빠진 사람은 애인이 갖고 있는 아주 큰 단점을 발견해도 '아니야 그것만 빼면 그 사람은 완벽해'라고 자기 합리화를 한다. 상대가 먼저 헤어지자고 하면 아주 괴로워하는 것이 현실이다. 이것을 설명할 수 있는 것이 바로 행동경제이론이다.

사랑하는 사람을 점점 알아가면서 느끼는 행복의 총량은 절대 1차 함수 그래프로 그려지지 않는다. 사랑을 하는 최초의 기간에는 "사랑해"라는 세 글자에도 심장이 뛰겠지만 그것이 반복되면 일상이 되고 오랜 기간 지속되다보면 의무적인 것이 되기도 하고 당연히 해야 하는 것이 된다. 반면 사랑에서 기대하는 준거기준은 계속 높아진다. 가치 함수는 0이 아니라 준거를 기준으로 움직이기 때문에 이 함수값의 기울기는 시간이 갈수록 작아진다. 하지만 많은 커플들은 연애가 효용 함수를 따를 것이라고 착각하고, 시간이 지남에 따라 늘어나는 효용 함수값(이상)과 가치 함수값(현실)의 갭을 느끼며 뭔가 잘못되었다고 생각한다. 이것이 바로 지긋지긋한 권태기의 시작이다.

요즈음은 폭력적인 애인도 사회적인 문제로 부각된다. 폭력적인 애인은 누구에게나 기피 0순위이지만, 그런 사람이 사실 내 애인이었다는 것을 알게 되었다고 곧바로 이별을 결심할 수 있는 사람은 많지 않다. 그 사람이 휘두르는 폭력보다 다른 좋은 점이 부각되기 때문이다. 처음부터 폭력적이라는 것을 알았다면 가까이 다가가지도 않았겠지만, 폭력적이라는 것을 모르는 상태에서 그 사람에게 부각된 장점을 보며 호감을 느낀 경우라면 헤어질까 말까하고 많은 고민을 한다. 특정 물건이나 사람의 장점이 너무 크게 부각되면 다른 단점들은 잘 보이지 않게 된다.

내가 발견한 애인의 단점이 심각한 수준이라는 것을 인식한 뒤에도 이별을 준비하는 것은 쉽지 않다. 무슨 이유이든 사귀던 애인을 잃는 것은 금전적/감정적 손해에 해당하고 인간은 손실을 기피하기 때문이다. 부족한 애인이더라도 그 사람의 미련에서 완전히 벗어나지 못한 상태라면 대개는 혼자가 되는 것보다는 그 사람이 곁에 있는 것이 낫다고 생각한다. 게다가 인간은 이미 사귀고 있는 애인을 버리고 다른 사람을 사귀게 될 때까지의 모험을 그리 좋아하지 않는다. 또한 폭력을 행사한 다음 날 다시는 그러지 않겠다고 비는 행동도 이별의 걸

림돌이 된다. 어제의 폭력보다는 오늘의 참회와 화해의 꽃다발을 더 생생하게 기억하기 때문이다.

이상과 같이 주류경제학에 따르면 사랑의 유통기한이 끝난 애인들은 모두 쿨하게 헤어질 수 있어야 한다. 하지만 어떻게든 붙잡아 보려고 하는 것은 현재 그 사람의 행동이 좋아서가 아니라, 지금까지 내가 그 사람에게 투자했던 시간과 돈과 감정 등을 잊지 못하기 때문이다. 이렇게 행동경제학은 이전에 설정했던 '인간의 합리성'이 불완전하다는 것을 인정함으로써 조금 더 실제와 가깝게 분석할 수 있다.

(4) 우리가 깨닫지 못하는 우리 대 그들

아파트 엘리베이터에서 예의 없이 행동하는 사람을 보고 불편한 감정을 느낀 적이 있을 것이다. 그러나 짧은 순간 상대방과 대화를 통하여 그 사람이 동문임을 아는 순간, 같은 학교를 졸업했다는 그 사실만으로도 우리는 그 사람을 다른 관점으로 바라 볼 수 있다. 이것이 바로 '동문'의 힘이다. 자신이 속한 집단에게만 보이는 관대한 마음이 이러한 태도를 바꾸게 만든다. 학연과 같이 특정 집단에 속한다는 소속감을 공유하게 되면 상대방에 대한 인식은 물론 상호작용 역시 크게 달라진다. 유대감을 느끼는 사람들에게 우리는 훨씬 더 관대하다. 반면 서로 다른 집단으로 묶여있다는 단순한 사실 자체가 사람들의 사고와 행동을 왜곡하기도 한다. 즉, 서로 다른 집단에 속한다는 사실 자체가 탐욕과 갈등의 씨앗이 될 수 있다는 뜻이다. 역사적 긴장, 한정된 자원을 둘러싼 이권다툼, 양립할 수 없는 이데올로기 등 다양한 이유로 서로 다른 집단 사이에는 적대감이 존재할 수 있다.

편견과 차별요인의 하나로 인종 문제를 예로 들어보자. 인종 문제는 삶과 죽음을 나누는 중요한 결정에도 큰 영향을 미친다. 인종이 서로 다른 집단 간의 미묘한 편견은 겉으로는 문제없어 보이는 수많은 사례에서 나타나곤 한다. 우리는 특정한 상황에서 서로 상이한 집단에 속해 있기 때문에 소속된 집단의 관점에서 생각하기 쉽다. 즉, '우리 대 그들'의 상이한 관점에 매몰되기 쉽다. 편견으로 뿌리 깊은 적대감 때문일까? 정상적인 사람이라면 차별 따위는 하지 않을 거라고 생각하는 것들이 집단과 집단 사이의 대립구조에서는 손쉽게 나타난다. 연구 결과에 따르면 자신의 집단 구성원들의 나쁜 행동은 쉽게 용서하고 쉽게 잊는 경향이 있다고 한다. 하지만 다른 집단 구성원들에게는 그와 같은 관대함을 보이지 않는다는 것이다. 자신이 소속된 집단의 구성원들에게 우리가 관대한 이유는 무엇일까? 사람들은 태어나면서부터 핵심적인 특징을 중심으로 주변에 있는 사물을 구분하고 범주화하기 시작한다. 그런 분류를 통하여 우리는 시간과 노력을 절약한다. 새로운 대상을 더 쉽게 인식할 수 있게 하는 이러한 방식은 더 중요한 일을 할 수 있는 정신적 여유 또한 제공한다. 이러한 지나친 범주화는 많은 부작용도 초래한다.

버락 오바마Barack Obama, 할리 베리Halle Berry, 타이거 우즈Tiger Woods의 공통점은 무엇인가? 세 사람 모두가 각자의 자리에서 최초의 아프리칸 아메리칸이 되었다는 것이다. 세 사람 모두 혼혈이기도 하다. 하지만 타이거 우즈가 마스터즈 토너먼트에서 우승한 첫 번째 아시아 출신 골퍼라고 말하는 사람은 없다. 사람들은 모호한 분류보다는 확실한 분류를 선호한다. 그리고 특정 인종집단은 모두 비슷해 보인다는 인식을 한다. 가령, '그 나라 사람들은 전부 똑같이 생겼다.'는 생각을 한다. 실제로 같은 인종이라고 전부 '똑같이' 생긴 것도 아닌데 사람들이 그렇게 생각하는 이유는 무엇일까? 바로 사회적 범주화 때문이다. 사람들은 상대방이 자신과 같은 집단에 속하여 있다고 결정한 후에 비로소 그의 얼굴을 자세히 관찰하기 시작한다. 사회적 범주화의 영향은 즉각적이고 광범위하다. 길을 걸을 때 경적을 울려대는 운전자에게 우리는 쉽게 분노한다. 그리고 위치가 바뀌어서 우리가 운전자가 되었을 때, 우리는 빨간 불인데도 제 멋대로 길을 건너는 다른 사람을 욕하면서 새로운 집단의 입장에 서게 된다.

중요한 것은 우리가 사람들을 분류하는 데서 그치지 않는다는 것이다. 사회적 범주화는 대상을 일반화하고 특정한 기대나 사고방식을 유발한다. 그리고 우리는 우리를 둘러싼 문화적 메시지를 형성하고 동시에 그 메시지의 영향을 받는다. 사람들은 집단 간의 분쟁이나 차별을 나쁜 사람들의 나쁜 행동이라고 설명하지만 사회적 편견은 대부분 모든 인간이 갖고 있는 보편적인 성향에 의해서 발생하고 또 지속된다. 이러한 편견은 또한 우리의 판단과 행동을 좌우한다. 우리에게 심사숙고할 시간이 주어진다고 하더라도 우리는 여전히 사회적 범주화에 따른 편견을 떨쳐버리기 어렵다. 이를 손쉽게 이해하기 위하여 흑인학생과 백인학생의 면접을 사례로 들어보자. 결과적으로 면접관들은 흑인학생보다는 백인학생과 더 오래 이야기를 나누었고 인터뷰 도중 백인학생 쪽으로 더 많이 몸을 기울이는 경향이 있었다. 면접관들은 누가 봐도 평범한 사람들이었다. 하지만 인터뷰 대상자가 누구인지에 따라 몹시 다른 태도를 보였다. 면접관들의 태도 차이가 지원자들의 태도 때문은 아니라는 점이다.

이처럼 사회적 범주화에 따른 편견은 취업 문제뿐만 아니라 일상생활 전반에 영향을 미친다. 사람들은 만나는 사람들을 사회적 범주로 분류한다. 또한 사람들은 고정관념의 영향을 받아서 무의식적으로 어떤 집단을 선호하고 다른 집단을 싫어할 수 있다. 대개 사람들은 소속된 집단 내에 있을 때 편안함을 느낀다. 가장 바람직한 것은 자신이 어떤 집단에 소속되어 있든지 상관없이 누구나 공정하게 대하고 공정하게 일을 처리하는 것이다. 이에 필요한 것은 사람을 범주화하는 편견을 뛰어넘기 위하여 노력하는 의지이다. 서로에 대한 상이한 관점이 차별을 일으킬 수 있음을 인정하고 이를 고치려한다면 이 세상은 보다 더 공정한 곳이 될 수 있다. 인간은 항상 무의식적인 편견을 갖고 있음을 인식하기만 해도 그 영향력을 줄일 수 있다. 사람들 마음속의 양심은 스스로 누구에게나 공정하게 대하라고 말한다. 하지만 현실의 환경이 이를 뒷받침해 주지 못할 수 있다. 가령, 피곤하거나, 업무가 과하거나, 혹은 불만이 많을 때, 편견에 의지하게 될 가능성이 높다는 연

그림 50 각자의 자리에서 최초의 아프리칸 아메리칸이 된 사람들

버락 오바마

할리 베리

타이거 우즈

구결과가 있다. 일상적인 생활의 기분이나 환경이 우리의 사고와 행동에 커다란 영향을 준다는 사실을 꼭 기억하자. 대부분의 사람들이 싫어하기 때문에 차별하는 것은 아니다. 사람의 마음이 따뜻하다고 늘 공정한 것도 아니다. 사랑에서든 미움에서든 눈에 보이는 것이 내면 깊은 곳의 생각을 언제나 정확히 반영하는 것은 아니다. 편견은 어쩔 수 없는 일이 아니라 의식적인 노력과 자신에 대한 통제가 수반되면 고쳐나갈 수 있다.

(5) 인지부조화

– 그건 어쩔 수 없는 일이었어. –

인지부조화cognitive dissonance란 태도와 태도, 또는 태도와 행동이 서로 일관되지 않거나 모순이 존재하는 상태를 말한다. 사람은 실제 자신의 의도가 없었다고 하더라도 일단 자신이 주체가 되어 벌인 행동을 없던 일로 치부해버리는 것이 매우 어려운 일임을 알기 때문에 이 모호한 불쾌감을 해소하기 위해 상대적으로 바꾸기 용이한 마음이나 태도를 바꾸도록 프로세스가 진행된다. 즉, 이는 이미 발생한 일에 대하여 어쩔 수 없는 일이었다고 자기합리화를 하는 것이다.

현대심리학에서 중요한 위치를 차지하고 있는 인지부조화 이론theory of cognitive dissonance은 1950년대 사회심리학자인 레온 페스팅거Leon Festinger가 종말론을 신봉하는 신도들의 집단행동을 연구하면서 처음 언급하였다. 2012년에 인류가 멸망한다는 이야기가 영화로까지 만들어지는 등 지구종말과 관련된 종교적 이슈는 아주 많다. 즉, 종말이라는 신념과 현재 아무런 일도 일어나지 않은 상황 간에 불균형이 발생하게 된다. 이 때 인지부조화를 극복하기 위하여 지구종말 날짜를 잘못 계산했다거나, 영적으로 이미 계시가 이루어졌다거나, 아니면 신도들의 믿음에 대한 회답으로 구원하기로 했다고들 한다. 바로 사건에 대한 자기정당화를 통하여 심리적 안정을 도모하고자 하는 것이다.

'그건 어쩔 수 없는 일이었어'라는 자기합리화를 쉽게 설명하는 「여우와 신 포도」라는 이솝 우화가 있다. 어느 날, 여우 한 마리가 길을 가다가 높은 가지에 매달린 포도를 보았다. 여우는 포도를 먹고 싶어서 펄쩍 뛰었다. 하지만 포도가 너무 높이 달려 있어서 여우의 발에 닿지 않았다. 여우는 여러 차례 있는 힘을 다해 뛰어 보았지만 번번이 실패했다. 여우는 결국 포도를 따 먹지 못하고 돌아가면서 말했다. "저 포도는 너무 시어서 맛이 없을 거야." 포도를 따 먹을 수 없게 되자 맛있을 거라고 했던 생각 대신에 신 포도라서 손에 넣을 가치가 없을 거라며 처음 가졌던 믿음을 버렸다. 이처럼 사람도 일을 이루기 어려워지면 이런저런 핑계를 대면서 그 일 자체는 별 의미가 없는 일이라고 자기합리화하려 한다. 비슷하게 담배가 건강에 좋지 않다는 것을 뻔히 알면서도 '흡연자들 중에 100살 넘게 사는 사람도 많아', '담배보다 교통사고로 죽는 사람이 더 많아' 하는 식으로 자기합리화를 하는 것도 모두 인지부조화를 해소하려는 것이다.

1959년에 레온 페스팅거라는 미국의 사회심리학자는 자기가 일하는 스탠퍼드 대학의 학생들을 상대로 '아주 중요한 심리 실험에 참가할 지원자를 모집합니다.'라는 공고를 냈다. 실험 중 학생들이 해야 할 일이란 단순한 계산문제를 푸는 것이었다. 이렇게 지루하고 의미 없는 작업을 한 시간이나 해야 했다. 페스팅거는 작업을 모두 마친 학생들을 두 그룹으로 나눈 뒤, 한 그룹에게는 단돈 1달러를 주고, 다른 그룹의 학생들에게는 20달러를 주면서 이렇게 부탁했다. “다음 지원자에게 실험이 재미있고 과학적 의미가 있었다고 말해 주지 않겠나? 학생들의 참여를 북돋는 의미에서 말이야.” 두 그룹 중 어느 쪽이 실험에 대해 더 좋은 평가를 내렸을까? 생각해 보면 20달러를 받은 학생들이 실험에 대해 긍정적인 평가를 내렸을 것 같다. 그러나 실험이 재미있었고 과학적인 의미도 클 것이라고 대답한 것은 예상과 달리 1달러를 받은 학생들이었다. 어떻게 이런 결과가 나왔을까? 페스팅거는 그 까닭을 인지부조화로 설명했다. 명문인 스탠퍼드대 학생으로서 단돈 1달러를 받고 지루하기만한 실험이 재미있었다고 거짓말을 하는 것은 스스로 용납할 수 없는 일이었을 것이다. 이렇게 인지부조화를 겪은 학생들은 이 실험은 ‘내가 알지 못하는 중요한 의미가 있어 나는 보상을 바라지 않고 기여를 한거야’라고 생각하기로 한 것이다. 사람들은 자기가 어리석은 선택을 했다는 것을 알고 난 후에도 어떻게든 그 선택이 어쩔 수 없는 것이었다고 믿으려 애쓴다. 합리적인 결론보다 자신의 믿음을 선택하는 것이 바로 ‘인지부조화의 원리’이다.

우리는 살아가면서 어쩔 수 없이 내키지 않는 일을 하게 될 때가 있다. 진정으로 자기 존중감이 높은 사람은 자기의 잘못된 선택이 옳았다고 끝까지 주장하는 사람이 아니라 자신의 실수를 솔직하게 인정하고 그 실수를 반복하지 않으려고 노력하는 사람일 것이다.

2. 확증편향

(1) 확증편향과 마카다미아

편향이 없는 것보다 훨씬 더 나은 것은 좋은 편향을 갖는 것일 것이다. 편향은 우리 사회가 어떤 편향을 가지고 있는지, 우리가 어떻게 살아야 하는지, 무엇이 옳고 그른지 등을 생각하게 한다. 일반적으로 사람들은 과거에 대해서는 좋은 편향을 가지고 현재에 대해서는 나쁜 편향을 가지는 경향이 있다. 가령, 사람들이 "요즘 젊은 것들은 버릇이 없다."고 말하거나 "옛날에는 어린이들이 맑고 밝은 심성으로 곱게 컸는데 요즘에는 말끝마다 욕을 하고 무서워서 못 견디겠다."고 말하기도 한다.

확증편향confirmation bias은 자신에게 유리한 정보만 선택적으로 수집하고 자기가 보고 싶은 것만 보며, 믿고 싶은 것만 믿는 현상을 말한다. 자신이 한번 옳다고 믿는 순간 생각을 잘 바꾸려 하지 않는다. 확증편향을 한 문장으로 표현하면 '거봐 내 말이 맞잖아'이다. 따라서 확증편향에 빠지면 자신의 믿음에 반대되는 새로운 정보들이 들어와도 자신의 믿음을 지키기 위해서 그것들을 무시해 버린다.

인터넷 온라인 커뮤니티에는 '한국을 무시한 외국인'이란 제목의 게시물이 올라와 있다. 도대체 그 주인공은 누굴까? 보통사람들의 생각을 대변하는 세계적인 작가이자 철학자인 알랭 드 보통Alain de Botton이다. 알랭 드 보통이 과거 '대한항공 땅콩회항' 사건 당시 JTBC '뉴스룸'에 출연 했을 때 손석희 앵커와의 인터뷰에서 조현아 전 대한항공 부사장에 대하여 언급하기를 "그녀는 다시는 일을 하지 못할 것이고, 앞으로 남은 인생을 수치스럽게 보내며, 감옥에 갈 것이다. 그녀 인생의 재앙이다."라고 표현하였다. 문학을 하는 사람으로서 알랭 드 보통이 관점에서 볼 때, 서양 언론의 모든 기사들은 '이 사람은 정말 착하고 저 사람은 정말 나빠'라고 기사화해서 그녀를 우스꽝스러운 바보로 만들었기 때문에 그녀를 비극적 인물로 생각하였다. 그리고 그는 "선악만으로 설명될 수 없는 그녀의 또 다른 측면이 빠져 있는 게 안타까웠다."라고 말했다. 하지만 알랭 드 보통의 예상과 다르게 그녀는 구속기소됐던 항소심에서 집행유예로 풀려났고 대법원에서 항로변경 부분이 무죄로 확정되었다. 이후에는 국민들이 해당 판결에 차가운 시선을 보냈지만 평창 올림픽 성화봉송 행사에 해맑은 얼굴로 참석해 빈축을 사기도 했다. 더 나아가 집행유예 기간임에도 한진 칼의 자회사인 칼호텔 네트워크 사장으로 호텔 경영에 복귀하였다. 이에 대하여 네티즌들은 "한국을 잘 몰랐던 철학자가 대한민국을 과소평가했다며 수치심은 모든 인간이 가지는 감정이 아니다."라고 표현했다.

한편, 대부분의 항공사에서는 땅콩 알레르기가 있는 사람도 있기 때문에 마카다미아Macadamia를 봉지 채 주고 있다고 한다. 하지만 '땅꽁회항' 사건이 일어난 이후, 대한항공은 조현아 전 부사장이 잘못이 없다는 것을 알리기 위해서 이 사건이 이후 마카다미아 봉지를 개봉하여 제공하는 것으로 규정을 바꿨다고 한다. 그런데 이 규정으로 문제가 발생했다. 2017년 1월 인천발 뉴욕행 대한항공 비즈니스석에 탑승했던 소년이 비행기에서 내리자 마자 병원으로 향했다. 소년의 엄마는 아들이 심한 땅콩 알레르기로 입원한 경력이 있으니 주의해 달라고 요청했다고 한다. 하지만 기내식 서비스를 하던 승무원이 견과류인 마카다미아를 규정에 따라 봉지를 개봉해서 주고 이를 무심코 먹은 소년은 호흡곤란 증세가 나타난 것이다. 당시 대한항공 측은 마카다미아는 땅콩은 아니라며 서비스 상에 문제가 없었다고 해명했다고 한다.

조현아 전 대한항공 부사장(40)의 '땅콩회항' 사건을 계기로 견과류 '마카다미아'가 상당기간 때 아닌 특수를 누렸다. 오프라인 매장과 온라인 쇼핑몰엔 마카다미아를 찾는 문의가 폭증하였고 주문량도 대폭

늘었다. 사회적 이슈화로 인하여 방송에 출연한 마카다미아 업체 관계자는 "그렇게 돈 많은 분도 고가의 제품(마카다미아)을 즐기는 방법은 몰랐던 것 같다. 마카다미아는 공기에 노출되면 금방 눅눅해지고 특유의 떫은 맛이 생긴다. 마카다미아를 가장 효과적으로 드실 수 있는 방법은 봉지 채 먹는 것"이라고 말하였다. 이처럼 지나친 임의적인 규정이나 규정의 상식 밖의 수정은 새로운 문제를 발생시킬 수 있다.

국민들에게 비난받을 것이 뻔한데 왜 그녀는 복귀하려 했을까? 그리고 그녀의 복귀와 확증편향이 무슨 관련이 있는가? '조현아 전 대한항공 부사장의 칼호텔 사장으로 복귀'라는 기사의 내용은 다음과 같이 표현하고 있다. "조 전 부사장은 한진그룹 관련 국내외 호텔을 경영해온 풍부한 경험을 바탕으로 호텔 관련 업무를 총괄하게 된다." 익명을 요구한 한 재계 관계자는 "조현아 전 부사장의 경우 당시 사회적 분위기에 휩쓸려서 필요 이상의 과도한 처벌을 받은 면이 있다. 이제는 사법 기관의 최종 판단까지 내려진 만큼 기내식과 호텔 부문 등에 독보적인 노하우를 가진 조 전 부사장의 경영 복귀에 예전과 다른 시선을 보낼 때이다."라고 말했다고 한다. 조현아 사장도 '이것 봐 나를 오랜 기간 동안 국내외 호텔을 경영해온 풍부한 경험이 있다고 평가하고 있잖아. 나를 기다리는 사람들이 많아'라며 복귀를 반대하는 목소리는 무시하고 자신에게 달콤한 말을 하는 언론을 보며 '그럼 그렇지'라는 확증편향에 빠진 것은 아닐까? 자신이 보고 싶은 면만 바라보는 확증편향은 때로는 사람을 상식을 뛰어넘게 만들기도 한다.

확증편향이 너무 지나친 사람들, 특히 권력이나 돈이 많은 사람들은 때때로 자신의 권력이나 권위를 바탕으로 자신의 왜곡되고 편협한 확증편향을 밀어 붙이고 사회적 통념을 벗어난 일들을 벌이는 경우가 많다. 여기에 부하들이나 일반인들의 맞장구까지 곁들여지면 '벌거벗은 임금님'이 탄생하게 되는 것은 다반사로 볼 수 있다. "나 자신이 얼마나 도덕적인가에 대한 생각도 내 판단과 행동에 변화를 준다. '도덕적 자기 허용 효과'가 암시하듯이, 자신이 상당히 괜찮은 사람이고 착한 일을 하고 있으며 긍정적인 성품을 지녔다고 생각하는 사람은 자신의 긍정적인 성품을 생각해본 적이 없고 자신을 의심하는 사람에 비하여 남을 도울 가능성이 적다." 대니얼 카너먼의 『생각의 해부thinking, p.61』의 내용이다. 일반적으로 자신이 상당히 괜찮은 사람이란 확신이 들면 그런 생각에 완전히 만족해 버린다. 반면에 자신의 도덕적 수준이 떨어진다고 생각하면 그 부족한 부분을 메꾸기 위하여 남을 돕고 좋은 일을 하려고 한다. 확증편향과 관련하여 우리는 스스로에게 자문하는 삶을 살 필요가 있다. "나는 상당히 괜찮은 사람인가?"

(2) 확증편향과 진주만 공격

확증편향confirmation bias 때문에 전쟁이 일어나기도 한다. 제2차 세계대전 때, 일본의 진주만 공습은 미국이 전혀 생각하지 못한 갑작스런 기습이라고 알려져 있다. 하지만 역사적 진실은 좀 다르다. 미국은 일본이 추구하는 아시아의 신질서, 곧 '대동아 공영권'을 인정하지 않겠다는 뜻을 밝혔으나 무력으로 이를 저지할 의사는 없었다. 미국의 불개입 의지를 확인한 일본은 1939년에 이르자 더욱 노골적인 팽창주의로 나가기 시작하였다. 미국령 필리핀 인근의 섬들을 강점하고 인도차이나까지 침략의 손길을 뻗쳤다. 1940년 독일, 이탈리아, 일본 간의 삼자동맹은 미국으로 하여금 어느 한 쪽으로의 선택을 실질적으로 강요하였다. 결국 미국은 중립 정책을 수정할 수밖에 없었다. 이렇게 해서 미국은 다시 한 번 세계대전의 거대한 소용돌이에 휘말려 들어갔다. 진주만 공습이 있기 2주일 전, 미국의 태평양 함대 총사령관 킴멜 Kimmel 제독은 수도 워싱턴으로부터 '일본의 급습 가능성이 있다.'는 경고를 받았다고 한다. 하지만 그는 특별히 진주만이 언급되지 않았기 때문에 진주만은 안전할 것이라고 믿었다. 이어서 진주만 공습 열흘 전, 사흘 전에도 추가로 경고를 받는다. '일본군이 자기들끼리 주고받은 암호들을 대부분 없애라고 명령했다.'는 정보를 접한 워싱턴의 지휘관은 이것이 바로 일본이 곧 전쟁을 일으킬 징조라고 보았다. 하지만 킴멜은 일본이 미국과 전쟁을 할 생각이라면 '대부분 없애라'고 하지 않고 '모두 없애라'고 했을 것이라며 자기가 편리한 대로 해석하고 무시해 버렸다. 심지어 하루 전날에 '일본 항공모함의 위치가 파악되지 않는다.'는 보고도 받았으나 그 또한 무시하였다. 그 이유는 일본이 아시아에서 싸우느라 바쁘기 때문에 진주만을 공격할 수 없을 거라는 엘리트 부하들의 말을 믿었기 때문이다. 킴멜은 '진주만은 안전할 것이다.'라는 자기 신념에 빠져서 그와 반대되는 증거들은 모조리 무시해 버리는 확증편향을 가졌던 것이다.

미국 또한 전쟁을 예상하고는 있었으나 일본이 그렇게 빨리 직접적인 행동에 나서리라고는 상상도 하지 못했다. 일본은 진주만 공격 2시간 전 미국에 선전포고하는 것을 잊지 않았다. 그러나 1941년 12월 7일 오전 7시 55분, 하와이 오하우 섬 진주만에 자리 잡은 미 해군 기지는 일요일 아침의 평온에 잠들어 있었다. 그리고 킴멜 기지 사령관은 주말 휴가로 자리를 비웠고 전투기들은 지상요원들의 동맹파업에 대비하여 좁은 운동장에 날개를 맞댄 채 빽빽히 계류되어 있었다. 이러한 무방비 상태의 진주만 미 해군기지의 피해는 엄청났다. 하루 동안의 공격에 2,403명의 군인과 민간인이 사망하고 1,178명이 부상했다. 149대의 전투기가 지상 또는 배 위에서 파괴되었다. 애리조나, 오클라호마, 테네시, 웨스트버지니아, 네바다 등 미 해군이 자랑하던 항공모함과 전투함들이 바다 속으로 가라앉았다. 거의 비슷한 시각 맥아더 장군 휘하 마닐라 주둔 미 육군 항공부대도 대만에서 발진한 일본군 전폭기의 공격을 받아 궤멸하는 비운을 맞았다.

이런 확증편향이 나타나는 이유는 무엇인가? 자신의 생각이 틀렸다는 것을 스스로 인정하기가 싫기 때문일 것이다. 사람들은 자기와 생각이 같은 사람들끼리 어울리는 것을 좋아하고, 우리 생각과 다른 생각은 듣고 싶어 하지 않는다. 즉, 사람들은 유유상종하기를 좋아한다. 확증편향은 지출한 비용이 크면 클수록 더 강해진다. '매몰비용sunk cost', 즉 과거에 지불해서 되찾을 수 없게 된 비용 때문에 계속 자신의 행동이나 프로젝트 등을 진행하는 것처럼 확증편향에 빠지면 그 동안 들인 시간, 노력, 자금이 아까워서 손해가 더 발생한다는 정보를 무시해 버린다.

이러한 확증편향은 우리 일상에서 널리 발생하는데 그 중 주식투자에서 특히 심하게 나타난다. 우리가 금융상품에 투자할 때 이러한 확증편향에서 어떻게 벗어날 수 있는가? 뮤추얼펀드 투자의 대가로 유명한 브루스 버코위츠에 의하면 아무리 유능한 주식투자자도 자신의 기업분석이나 투자결정이 잘못됐다는 정보에 귀 기울이기 보다는 자신의 결정을 정당화해 주는 뉴스나 정보만을 강조하는 확증편향에 빠지기 쉽다고 말한다. 실제로 자신이 투자한 회사가 공감할 수 없는 실망스런 실적을 발표해도 긍정적인 내용만을 찾아내려고 한다거나, 반대로 이젠 실적이 바닥을 찍고 개선될 조짐이 보여도 여전히 부정적인 사항에 집착하여 개선조짐을 무시하는 행동을 한다는 것이다. 이러한 확증편향의 위험을 피하기 위해 버코위츠는 자신의 투자결정을 정당화해 주는 뉴스나 정보를 찾지 않는다. 반대로 해당 회사가 망할 수 있는 모든 가능성을 꼼꼼히 살핀다는 것이다. 버코위츠는 "만약 그렇게 하고서도 해당 회사를 망하게 할 수 없다면, 그 회사는 정말 뭔가 있는 것"이라고 강조한다. 사람들은 투자할 때 혹시나 확증편향에 빠진 것은 아닌지 늘 경계해야 한다. '자신이 언제든 틀릴 수 있다.'는 열린 생각을 가지고 모든 사물과 사건을 바라보는 지혜를 갖출 필요가 있다.

그림 51 미국의 태평양 함대 총사령관 킴멜Kimmel 제독

'일본의 급습 가능성이 있다'는 경고를 받았으나
'진주만이 언급되지 않았다.'며 자기 편리한 대로 해석하고 무시했다.

(3) FRB 의장의 확증편향과 서브프라임 모기지 사태

앨런 그린스펀Alan Greenspan 전 미국 연방준비제도이사회FRB 의장은 버블bubble론에 대해 다음과 같이 주장한다.

> "우리는 버블이 형성되는 것도 막을 수 없고 설사 버블이 터진다고 해도 배울 것이 없다. 우리는 항상 버블에 싸여 있을 수밖에 없다."

이 주장에 의하면 버블은 항상 터진 다음에야 그것이 버블이었다는 것을 알 수 있다는 것이다. 이런 말을 한 이유는 앨런 그린스펀이 FRB 의장 재직 시절에 경고를 무시하고 낮은 금리를 유지해 버블을 만들었다는 비난에서 벗어나기 위한 핑계일까? 아무튼 그만큼 버블에 대한 판단은 어렵고 버블에 대한 종합적이고 체계적인 설명조차 부족한 것이 현실이다. 다만 경제학자들의 버블에 대한 정의를 종합하면 '버블은 시장이 비효율적이거나 투자자가 비이성적인 행동을 하거나 우연에 의하여 발생하는 것'이라고 정의할 수 있다. 버블은 정보의 부족, 단기적인 수요 불균형 등 시장 기능이 제대로 작동하지 않거나 대다수 사람이 군중심리에 이끌려 비이성적으로 자산가격 상승에 대한 '과신'이 형성되면 생길 수 있다. 지금은 금융상품의 발달로 파생상품이 범람하면서 버블이 생길 수 있는 가능성은 더욱 커져가고 있다.

예일대 경제학과 로버트 쉴러Robert Shiller 교수는 벤 버냉키 연방준비제도이사회FRB 의장에게 미국의 부동산 버블 문제에 대하여 경고의 메시지를 보냈다. 쉴러 교수가 보낸 경고의 핵심은 '전임 FRB 의장인 앨런 그린스펀의 금리인하 정책이 과도한 부동산 거품을 만들어냈다.'는 것이다. 즉, 주가 급락으로 침체에 빠진 경제를 부양하기 위하여 급격한 금리인하에 나섰지만 이것이 부동산 거품을 양산하게 된 계기라는 것이다. 쉴러 교수는 다음과 같이 우려를 표현하였다. "버냉키 의장은 미국의 주택시장에 버블이 없다고 생각하는 것 같다. 백악관 웹사이트를 봐도 버냉키 의장은 일부 투기지역을 제외하고는 주택가격 움직임은 펀더멘털fundamental이 설명해주고 있다는 입장을 가지고 있는 것처럼 보인다." 이처럼 쉴러 교수는 버블이 투기와 루머, 흥분에서 시작돼 지속 가능할 수 없는 상태까지 도달하고 마침내 폭락의 과정을 겪게 된다고 생각하였다. 쉴러 교수는 파이낸셜타임스FT와의 인터뷰에서 "버냉키 의장은 매우 훌륭하지만 행동경제학에 대한 관심은 거의 없는 것 같다. 버냉키 의장은 우리 시대의 가장 큰 혁신 중 하나인 심리학과 경제학의 접목에 대해 익숙하지 않은 것 같다."고 지적하였다. 미국의 집값은 일부 투기지역을 제외하고는 기초 내지 기반의 펀더멘털을 반영하고 있다는 버냉키의 입장과 투기가 급등을 낳고 결국 폭락을 부른다는 쉴러 교수의 입장이 묘하게 대비되는 대목이다.

이러한 쉴러 교수의 우려는 2008년 미국발 금융위기로 나타났다. 즉, 미국 부동산시장 붕괴로 이어진 서브프라임 모기지 사태subprime mortgage crisis로 나타났다. 미국 정부가 저금리 기조를 유지하면서 1990년대 중반 이후부터 미국 부동산 가격은 급격하게 상승했다. 금리가 낮은 상황에서 부동산 가격이 상승하자 사람들은 낮은 금리로 대출을 받아 투기 목적으로 집을 구입하게 된 것이다. 은행에서 서브프라임 모기지 상품을 판매하면서 신용도가 낮은 사람들도 쉽게 대출을 받아 부동산 투기에 뛰어들었다. 이에 따라 부동산가격이 상승하기 시작했다. 주택담보대출인 서브프라임 모기지론의 대출금리보다 높은 상승률을 보이는 주택가격 때문에 파산하더라도 주택가격 상승으로 보전되므로 금융회사가 손해를 보지 않는 구조가 형성되면서, 주택거래량은 큰 폭으로 증가하였다.

금융위기의 시작은 서브프라임 모기지 사태였지만 금융사에 대한 규제 완화로 인하여 미국 투자은행들이 과도한 사업을 추진하면서 손실이 확대되었다. 2004년 6월 미국에서는 통합감독대상CSE 제도의 시행으로 증권회사에 대한 총부채규제(부채 총액을 순자본의 15배 이내로 제한)의 적용이 면제되자 투자은행의 레버리지는 평균 30배에 달했다.

고수익 · 고위험을 지향한 영업 전략을 택하면서 위험에 스스로를 노출시킨 것이다. 증권화된 서브프라임 모기지론은 높은 수익률이 보장되며 신용등급이 높은 상품으로 알려졌다. 이는 거래량도 폭증했고, 외국의 자본도 대거 유입되어, 부동산 버블을 가속화시켰다. 그러나 미국이 2004년 저금리 정책을 종료하면서 미국 부동산 버블이 붕괴되기 시작했다. 서브프라임 모기지론 금리는 상승하기 시작했고, 저소득층 대출자들은 원리금을 제대로 갚지 못하게 되었다. 따라서 증권화되어 거래되던 서브프라임 모기지론을 구매한 금융기관들은 대출금 회수 불능사태에 빠져 손실이 발생하였다. 부동산 가격이 붕괴되면서 다양한 파생상품을 통해 부동산에 투자했던 투자은행의 수익은 급락하였고 그 과정에 여러 금융기관들의 동반 부실화가 초래되었다. 5대 은행 중 리먼브라더스와 베어스턴스는 파산을 맞았고, 메릴린치도 뱅크오브아메리카BOA에 합병되는 수모를 겪었다. 잠재적인 유동성을 무시한 과도한 파생상품 거래가 빚어낸 참극이었다. 이러한 사태는 미국뿐만 아니라 국제금융시장에 신용경색을 불러와서 세계적인 연쇄적 경제위기를 초래하였다. 결국 세계적인 신용경색을 가져왔고 실물경제에 악영향을 주어 세계 경제에 심각한 타격을 주었다.

위와 같은 역사적인 버블 사례를 볼 때, 버블이 발생하는 시점에서 투기에 대한 적절한 규제가 없다면 버블 붕괴시점에서 할 수 있는 일이 없다는 결론에 도달한다. 하지만 버블 붕괴에 대한 대비가 어려운 것은 '지금이 버블인지 여부'를 판단하기가 어렵다는 데 있다. 그린스펀 전 의장은 "버블은 우리에게 결코 피할 수 없다는 결론을 내리며 사람은 그것을 피하지도 못할 뿐 아니라, 배워서 피할 수 있는 방법도 모른다."는 비관적인 입장을 보였다. 경제학자 카젠버그는 거품경제에서는 단 한 가지만 빼고는 정상적인 경제상황과 다를 것이 없다고 말했다. 바로 그 한 가지가 '이성'이다. 거품경제가 형성되면 모든 경제주체의 이성이 마비된다는 의미이다. 거품경제가 붕괴된 뒤, 엄청난 직·간접적 비용을 지불하게 되는 것은 바로 집단적인 이성마비의 대가이다. 우리는 여기서 자산가격이 오를 것이라는 군중심리에 이끌려 '묻지 마' 식으로 투자하는 행태를 버려야 한다는 교훈을 얻게 된다.

그림 52 FRB의장의 확증편향과 서브프라임 모기지 사태

그림 53 헛다리 짚은 경제계 거장들

자료: 중앙일보, "미래는 만들어가는 것…객관적으로 전망하는 게 아니다.", 2010. 3. 5일자.

3. 과잉확신편향과 믿음, 소망, 사랑 그 중의 제일은 믿음

과잉확신편향이란 자신이 스스로 내리는 판단이 '실제보다' 더 옳다고 생각하는 편향을 말한다. 즉, 자신의 판단과 결정을 '실제보다' 더 과도하게 신뢰하는 것을 말한다. '서울 가본 사람과 안 가본 사람이 싸우면 안 가본 사람이 이긴다.'는 말이 이에 유사하다. 사람들은 보이는 대로 믿지 않는다. 믿는 대로 본다는 편이 맞다. 자신의 능력 또는 판단이 스스로에게 유리한 결과를 가져다 줄 것이라고 믿고 행동한다. 이를 '과잉확신편향'이라고 한다. 이에 대하여 비판하면 '자신감이 좀 넘치는 것이 좋지 않으냐?' 또는 '각박한 삶에 그 정도의 기대와 희망도 없이 무슨 재미로 살겠느냐'고 말할 수 있다.

그러나 금융회사를 통하여 투자할 경우에는 한 번 더 깊이 생각해 봐야 할 편향이다. 과잉확신편향은 이렇다 할 대표성이 없는 몇 차례의 경험을 통하여 지난번처럼 될 거라 믿고 행동하게 된다. 이를 '과거추세 지속가정편향'이라 한다. 주식시장에서 과거의 경험을 토대로 미래를 추정하고 투자 결정을 내린 후 실패하는 것도 그 때문이다. 과거의 성과란 단순한 우연이나 특별한 상황의 산물일 수도 있다. 이런 편향은 개인 투자자뿐만 아니라 소위 금융 전문가라는 사람도 자유롭지 못하다. 이 편향 때문에 개인투자자들은 과도하게 위험한 투자 상품에 투자를 한다. 그래서인지 투기하라고 만들어 놓은 경마장에서는 베팅한 돈을 잃을까봐 이 말(馬), 저 말(馬)에 분산해서 마권을 사는 사람도 주식시장에서는 '이번엔 된다.'는 확신에 빠져서 '몰빵 투자'를 하기도 한다. 또한 몇 차례의 과거 실적과 경험만을 믿고 불확실성을 과소평가한 채, 미래의 투자 수익을 예측하기도 한다. 또 그렇게 예측하는 사람의 말을 맹신하는 것은 말할 것도 없다. 인간은 본래 미래의 전망이나 예측에 흥미를 느낀다. 누군가가 앞으로 어떤 일이 일어날지 알려주길 바라고 그에 따라서 계획을 세울 수 있기를 바란다. 그래서 어디에 어떻게 투자하라든가 혹은 앞으로 금융 시장이 이렇게 될 것이라는 조언을 여기저기서 듣고 투자를 결정한다.

이러한 불합리성에 대비하여 금융선진국의 연구자들은 미래에 높은 수익을 안정적으로 보장해 줄 수 있는 투자자산을 찾으려고 노력했다. 앞선 연구자들은 막대한 연구비용을 들여서 수익을 낼만한 예측가능한 자산은 무엇인지에 관하여 많은 분석을 하였다. 팀으로 운영하는 펀드와 혼자 운영하는 펀드 중 어느 것이 성과가 좋은지, 어느 유형의 리서치 인력이 있는 증권사가 실적이 좋은지, 어떤 학교 출신의 펀드매니저가 성적이 좋은지, 정치적으로 어느 정권일 때 수익률이 유리한지를 분석하였다. 하지만 아쉽게도 변변한 답을 찾지 못하였다. 어떤 경우에 어떤 펀드나 금융상품이 좋은지 알아낼 수 있는 지속적인 지표와 이들의 상관관계는 발견되지 않았다. 다만, 투자할 때 비용을 아끼는 것이 미래의 수익을 늘리는 확실한 지표로 확인되었다. 결국 한치 앞을 모르는 불확실한 금융환경에서 반드시 필요한 것은 투자 원칙과 비용 절감이라는 것이다. 다만 자신의 투자가 잘 될 것이란 막연한 과잉확신, 과거추세 지속가정편향에 빠지지 않으려면 우리는 투자의 대가들이 알려주는 투자 원칙을 흔들림 없이 지켜야 한다. 이것이 가장 확실한 투자방법이라 할 수 있다. 정말 현명한 사람은 자신의 기억력만 아니라, 판단력도 의심할 수 있어야 한다. 이 때, 우리는 과잉확신편향에서 벗어날 수 있다.

그러나 많은 사람들이 이러한 편향을 가지고 있기 때문에 금융회사도 사람들의 인식오류를 이용하여 상품 가입을 유도한다. 예를 들어, 보험상품은 장기상품으로 기간이 보통 10년~30년이나 된다. 물론 많은 혜택이 있을 수 있으나 '1억원' 등 상징적인 금액을 만기시까지 유지하면 다양한 보험혜택도 받고 원금도 돌려받을 수 있다고 설명한다. 이 같은 설명 방식은 마치 큰 돈을 돌려받는 것처럼 보이게 하는 효과가 있다. 만기에 원금이 보장되는 것도 큰 장점으로 내세워 안전하다는 느낌을 배가시킨다. 이 같은 접근법은 장래 이용 가능성, 미래가치에 대한 금융소비자의 인식부족을 이용하는 것인데 돈의 현재가치와 미래가치를 동일시하여 혜택이 큰 것처럼 보이게 한다. 올바른 판단을 하기 위해서는 감성적으로 느껴지는 금액이 아닌 그 상품의 수익률을 제대로 따져봐야 한다. 그 다음 그 수익률과 물가상승률을 감안하여 투자할 가치가 있는지 확인해보는 것이 합리적이다. 또한 많은 금융기관들은 적은 수의 표본에 근거한 정보를 마치 대표성이 있는 것처럼 광고하거나 판매하기도 한다. 과거 가장 좋았던 기간의 수익률을 예로 드는 것이다. 그 점을 주의해야 하기 때문에 수익률을 내세운 광고를 할 때 '과거의 운용실적이 미래의 수익을 보장하지 않습니다.'라는 문구를 꼭 삽입해야 한다.

올바른 금융문화를 형성하기 위해서 금융소비자와 금융기관 간에 가장 중요한 것은 무엇일까? 믿음과 소망과 사랑 중에 그 중에 제일은 믿음이다. 공자의 말씀을 기록한 『논어論語』에도 이에 대한 얘기가 있다. 한 제자가 정치가 무엇이냐고 물었다. 공자는 풍족하게 먹이고足食, 나라를 안전하게 지키고足兵, 또 사람들의 신뢰를 얻는 것民信이라고 말한다. 그 제자가 다시 그 중에서 하나를 버려야 한다면 그것이 무엇이냐고 묻자, 먼저 군사력兵을 버리고, 그 다음으로 먹이는 일食을 버릴 수 있지만, 사람들의 신뢰信는 마지막까지 포기할 수 없다고 대답한다. 신뢰 없이는 사람들이 살 수 없다는 '무신불립無信不立'이 바로 여기서 나온 구절이다.

4. 사후확증편향

(1) 사후과잉확증편향 – 놀라운 능력

사후확증편향Hindsight Bias이란 결과 발생 후 자신의 심리상태를 그 결과에 고정시키는 경향을 말한다. 어떤 일이 벌어진 이후에 그 일이 결국에는 벌어질 수밖에 없었다고 이전부터 알고 있었던 것처럼 사람들은 말이나 행동을 한다. 그런데 이는 일어난 결과에 자신의 심리상태를 고정시킨 것에 불과하다. 사회적으로 큰 사건이 일어나면 언론은 자주 '예견된 참사'라고 보도하는데 이 문구도 일종의 사후확증편향의 결과이다. 언론은 사고가 나기 전 이미 여러 가지 조짐이 보였기에 조금만 주의를 기울였으면 충분히 사고를 예견하고 예방할 수 있었을 것이라고 책임자들을 비난한다.

사람들의 통찰력이 그렇게 뛰어나단 말인가? "나는 그럴 줄 알았다니까!" 어떤 축구팀이 경기에서 이기면, 이 팀을 지지하는 팬들은 이 팀의 승리 가능성을 경기 시작 전에 예측했던 것보다 더 크게 승리를 예측했다고 기억하는 경향이 있다. 이런 현상을 심리학에서는 '사후과잉확증편향Creeping Determinism'이라고 한다. 이는 심리학자 바루크 피쇼프Baruch Fischoff가 미국 닉슨 대통령이 중국 방문을 앞두고 시행한 '결과 예측 실험'에서 언급한 용어이다. 이는 사태가 벌어진 뒤 자신의 예측 능력을 과대평가하는 경향을 말한다. 바루크는 그 실험에서 사람들에게 '닉슨이 마오쩌둥을 적어도 한 번 만날 것이다.'에 확률을 부여하도록 했다. 시간이 지나서 닉슨이 중국 방문을 끝내고 돌아왔을 때, 설문에 응했던 사람들을 다시 모아서 예전에 어떻게 확률을 부여했는지 기억나느냐고 물었다. 사후 설문에서는 당초 이들의 만남이 성사 되지 않을 것으로 예상했던 사람들조차 '이들이 만날 가능성이 크다고 예상했던 것'으로 기억한다고 말했다. 사람들은 실제로 일어난 일에 대해서 자신이 부여했던 확률보다 훨씬 더 높은 확률을 부여했다고 믿었다. 즉, 사람들은 일단 결과를 알고 나면 처음에 예측할 때보다 그 결과의 예측 가능성을 훨씬 크게 생각하는 경향을 보인다. 사후과잉확증편향은 자신이 훌륭한 예언가적 자질이 있다고 믿게 만들어서 그릇된 판단을 내리게 만든다.

대니얼 카너먼은 사후과잉확증편향은 과정의 건전성이 아니라 결과의 좋고 나쁨에 따라 결정의 질을 평가하도록 유도하기 때문에 의사결정자들의 평가에 악영향을 끼친다는 것을 다음과 같이 표현하였다.

> "위험하지 않은 수술이었지만 예상치 못한 사고로 환자가 죽는 경우 이 사건을 접한 판사는 이렇게 말할 확률이 크다. 사실은 위험한 수술이었기에, 의사는 그 수술을 좀 더 신중하게 검토했어야 했다."

이처럼 예전에 내린 결정을 과정이 아닌 최종 결과로 판단하려는 '결과편향outcome bias'은 결정할 당시에는 합리적이었던 믿음들이 적절히 평가받지 못하게 만든다. 이처럼 급박하거나 구체적인 정보가 부족한 상황에서 순간적인 판단에 근거해 내려진 결정을 사후에 비난하기는 어려운 경우가 많다. 가령, 9·11 테러 당시 비행기가 먼저 미국

무역센터의 북쪽 건물을 충돌한 이후, 그 광경을 지켜본 남쪽 건물의 근무자가운데 즉시 사무실을 벗어나 뛰어나온 사람은 매우 적었다고 한다. 사람들은 자신의 목숨이 걸린 절체절명의 상태에서 조차도 우왕좌왕하고 정확한 판단을 하지 못한다.

우리는 정말 어떤 일이 일어나기 전에 이미 그 일을 예측하고 있었던 것일까? 현실에서 어떤 결과가 어떻게 나올지 미리 예측해 보라고 하면 '나는 처음부터 다 알고 있었다.'는 반응이 현저하게 줄어든다고 한다. 어떤 일이 일어난 후, '내 그럴 줄 알았어!'라는 말을 자주 하게 되면 이른바 운명론이 만연하게 될 수 있다. 즉, 어떤 결과가 발생하든지 간에 그 결과는 이미 예견되어 있어서 피할 수 없었다고 생각하는 것이다. 이러한 운명론의 가장 큰 문제점은 미래를 개선하고 바꿔보려는 의지와 동기에 찬물을 끼얹는다. '내 그럴 줄 알았다.'는 식의 자조 섞인 말은 하기 쉬워도 문제해결에는 전혀 도움이 되지 않는다.

프랑스의 의사 겸 점성술사로 알려진 노스트라다무스는 나폴레옹과 히틀러의 등장, 런던 대화재, 중동에서 일어날 제3차 세계대전 등 수백 년 뒤의 사건들을 예언한 것으로 유명하다. 이 중 "1999년 일곱번째 달에 하늘에서 공포의 대왕이 내려올 것"이라는 예언이 대표적이다. 이를 두고 일각에서는 9·11 테러를 예언한 것이라고 주장하였다. 이러한 타당한 근거가 없는 예언을 믿으면 확증편향이 된다. 과학도 가정과 예측이 가장 중요하다. 다만 과학은 근거의 타당성을 확보하고 객관적·경험적 토대 위에서 추론을 한다. 논리적이고 타당한 방법으로 예측하는 것은 과학이 되고 직감에 의존하거나 근거없는 확신은 미신적 예언이 되는 것이다. 미신은 자기가 믿고 싶은 것만 믿는 확증편향으로 흐를 수 있다. 그러므로 일을 판단하기 전에 한 번쯤 자신에게 이렇게 물어보아야 한다. "나는 정말 그 일을 사전에 알 수 있었을까? 그리고 나라면 다르게 행동했을까?"

그림 54 마오쩌둥과 닉슨의 만남

(2) 사후확증편향 – 내 안에 낯선 나

인간의 두뇌 안에 있는 자아가 인간의 행동을 통제하여 인간을 올바르게 인도한다는 믿음은 올바른가? 이집트의 파라오 시절에 이미 상인들은 상점 환경을 변화시키는 것만으로도 고객의 무의식적인 생각을 변화시켜서 상품을 팔 수 있다는 것을 발견하였다. 그리고 이집트 전통시장의 상인들의 현란한 상술은 지금까지도 이어지고 있다. "가격은 중요한 것이 아닙니다. 우리는 진정한 친구이니까요." "향수는 비싸지 않아요. 당신의 취향이 비쌀 뿐!" 참으로 감동적이고 멋진 말이다. 상인들은 대체로 그 모범적인 상술을 사용한다.

사회심리학자 리처드 니스벳Richard Nisbett과 티머시 윌슨Timothy Wilson은 쇼핑몰의 소비자 설문조사를 가장하여 52명의 소비자를 대상으로 실험하였다. 4개의 같은 나일론 스타킹 중에서 가장 품질이 좋은 스타킹 하나를 선택하도록 하였다. 물론 소비자들은 4개의 스타킹이 같은 스타킹이라는 걸 모른다. 그 결과, 소비자들은 가장 오른쪽에 있는 스타킹을 가장 왼쪽에 있는 스타킹보다 약 4배 더 많이 선택하는 전형적인 '위치효과'를 보였다. 소비자에게 왜 그 스타킹을 골랐는지 물어보았다. 소비자들은 자기가 고른 스타킹이 이런 저런 이유로 다른 스타킹보다 우수한 제품이어서 선택했다고 확신에 찬 어조로 대답하였다. 상품을 선택한 이유 중에서 한 사람도 상품의 위치를 언급한 사람은 없었다. 직접 소비자에게 상품의 위치가 선택에 영향을 준 것은 아니냐고 질문했을 때에도 아무도 동의하지 않았다. 이처럼 소비자들이 분명히 상품의 위치에 영향을 받았는데도 불구하고 자신의 선택이 상품이 놓인 위치에 영향을 받았다는 것을 인식하지 못하였다. 이 실험에서 알 수 있듯이 사람들은 자신의 반응에 큰 영향을 미친 요인의 존재를 모르거나 자신의 반응 자체를 인식하지 못하는 일도 많다. 또한 자극의 존재와 반응을 인식하더라도 종종 그 자극이 자신의 반응을 초래하였다는 것을 모른다. 실제 뇌과학에 의하면 인간은 주로 왼쪽 뇌가 발달되어 있고 신체적으로 선호하는 방향은 발달된 뇌와 반대방향이라고 한다. 그리고 인간에게는 '친근 효과'라는 심리 메커니즘이 있어서 왼쪽의 것보다는 가장 나중에 본 오른쪽 것을 선호한다는 것이다. 언론 매체의 광고에서도 가장 광고료가 비싼 곳은 오른쪽이다. 백화점에서도 진열대의 오른쪽에 있는 아이템이 가장 많이 팔린다. 세일 품목은 소비자가 보기에 오른쪽에 위치한다고 한다.

한편, 투자자들은 그들 포트폴리오의 구성요소들이 성공적이길 원한다. 그렇다면 투자자들은 자신의 생각과 이성 그리고 심리가 의미하는 바가 의사결정과정에서 매우 중요한 역할을 한다는 점을 이해할 필요가 있다. 왜곡되고 비이성적인 편향은 잘못된 의사결정으로 이어져서 투자손실을 입게 만든다. 현실적으로 투자자들은 미래의 결과를 예측하기 위한 모든 과거 정보를 결코 알 수 없다. 사람들의 기억력은 완벽하지 않아서 과거를 회상할 때 투자자들은 자신들이 믿고 싶은 것과의 괴리를 채우려는 경향이 있다. 따라서 투자자들은 그런 현상이 발생할 것으로 알고 있었다고 생각하게 된다. 투자자들의 이러한 편향적 사고는 보다 많은 만족감을 느끼게 하며 정확한 종목선정과 투자의사결정 능력을 갖고 있다는 생각에 사로잡히게 만든다. 즉, 투자자 자신은 스스로 착각하고 있다는 것조차 명확하게 느끼지 못하지만 인지부조화나 사후확증편향 등에서 자유롭지 못하다. 이런 것들이 투자에 위험을 초래하지만 전문가나 주변 사람들의 말에 솔깃함을 느끼는 이유는 그 순간 그들의 말이나 글을 스스로 믿고 싶어 하는 심리적 편향 때문이라는 것을 또한 느끼지 못하기 때문이다.

증시주변에는 수많은 전문가가 있고, 다양한 이슈들이 수시로 변하면서 주가가 등락을 반복하며 파동을 형성한다. 주가는 순간순간 살아서 생명력을 가진 유기물과 같다. 시장 참여자들이 자신의 이익을 극대화하고 손실을 최소화하기 위한 냉혹한 전쟁이 벌어지는 공간이기도 하다. 가령, 환율상승이라는 이슈를 가지고 정반대 결과를 그럴싸하게 설명할 수도 있다. 즉, '환율 상승이 되어 주가가 상승했다.'와 '환율 상승이 되어 주가가 하락했다.'가 가능하다. 환율 상승이라는 상황은 하나인데 주가가 상승/하락 된 것은 상반된 현상이다. 그런데 지나고 나면 당연한 것처럼 느껴진다. 문제는 투자자 자신이 그런 말이나 글을 아무런 비판 없이 받아들이고 더 나아가 전문가들의 말을 맹신하고 투자에 임한다는 점이다. 이러한 투자에 따른 손실은 투자자 본인이 책임을 져야 하겠지만 투자자에게 사후확증편향을 교묘하게 이용하는 전문가나 주식 리더에게도 도의적 책임이 있다. 증시에서 과거의 패턴이나 자료들은 참조일 뿐 절대적인 것은 아니다. 지금 이 순간 주가가 상승한다면 상승이 그들에게 유리하기 때문일 뿐 과거의 패턴과는 관련성이 없다. 하락도 마찬가지다. 그래서 예측보다 항상 대응이 중요하다. 주식 투자의 고수들은 예측보다 대응을 잘 하는 투자자들이다. 알렉산더 엘더 박사는 자신의 저서에서 주식 장의 시작 전에 스스로 패배자라 말하고 "오늘 자신의 유일한 목표는 손실이 없이 집에 돌아가는 것이라고 스스로에게 다짐하며 미리 작성한 자신의 매매 원칙에 따라서 하루의 매매를 시작한다."고 적었다. 알렉산더 엘더 박사의 투자 원칙을 마음에 새길 필요가 있다.

요컨대, 사람들은 자기 자신의 머리속에서 일어나는 일들은 자기 자신이 가장 잘 알고 있다고 생각한다. 그러나 이 같은 일반적 믿음과는 대조적으로 사람들은 자신의 반응을 촉발한 자극이 무엇이었는지 모르거나 아는 것으로 착각하는 때도 있다. 자신이 어떤 반응을 보였다는 사실 자체도 모르는 경우가 있으며 특정 자극과 자신의 반응이 관련이 있다는 것을 눈치채지 못하는 일도 있다. 이런 모든 것들을 고려한다면 우리는 다른 사람의 어떤 판단이나 의사결정에 이르는 심리과정을 알고 싶은 경우, 그 사람에게 직접 물어보는 방법으로는 진실을 파악하는 데 심각한 한계가 있을 수 있다는 것을 알 필요가 있다.

(3) 선택편향

– 왜 한의사와 양방의사는 서로를 신뢰하지 못할까? –

통계학은 전체 집단을 모두 일일이 조사할 수 없기 때문에 일부만 뽑아내서 표본으로 삼아 연구하고, 그 표본에서 얻어진 결과를 전체 집단의 결과와 대략적으로 동일시한다. 당연히, 이 표본의 결과가 전체의 결과와 아주 똑같을 수는 없고 거의 비슷하게 만드는 것을 목표로 한다. 그런데 표본을 잘못 선정하거나 지나치게 적게 선정하면 전체의 결과와 어긋날 가능성이 더 커진다. 이 중에서 표본편향 혹은 선택편향이란 대체로 표본을 의도적으로 잘못 선정(=표집, 추출)했다는 의미가 된다. 즉, 선택편향selection bias이란 모집단의 개체들이 표본으로 뽑힐 확률이 체계적으로 다른 경우 발생되는 추정량의 편향문제를 말한다. 주로 확률 표본 설계를 통해 얻어지는 자료에서는 이 문제가 발생하지 않으나 자발적 참여를 통해 얻어지는 자료의 경우에 선택편향이 큰 문제가 될 수 있다.

실험 전에 이미 집단 간에 차이가 있어서 실험결과에 영향을 미치는 것도 선택편향으로 설명될 수 있다. 각각의 실험단위에 특정한 실험조건을 부여하는 실험처치(처리)를 가한 후에 두 집단의 결과변수의 수준을 측정하여 차이가 발생한 경우, 그 차이를 실험처치에 의한 것으로 보는 게 일반적이지만, 경우에 따라서는 실험처치를 가하기 전부터 두 집단이 이질적이었기 때문으로도 볼 수 있다. 즉, 실험처치 이전에 두 집단이 동질적이라는 증거가 없다면 결과변수의 차이를 실험처치에 의한 것이라고만 단정을 짓기 어렵다.

이러한 선택편향도 의학에서 찾아볼 수 있다. 우리 사회에 문제가 제기되어 왔던 의학과 한의학의 발전적 결합은 불가능한가? 일부 양방의사는 한의학을 폄하하고 일부 한의사들은 현대의학의 한계를 지적하며 양약 복용을 부정하기도 한다. 두 영역의 의료인들은 왜 그렇게 서로를 신뢰하지 못할까? 분명 두 의학이 모두 환자에게 도움이 되고 가치가 있음에도 불구하고 왜 양측의 의사들은 상대를 폄하하고 상대 의학이 한계가 있다고 믿는가? 이는 의사와 한의사가 각자의 입장에서 특정 환자만 보면서 생기는 오류인 '선택편향'을 가지고 상대 의학을 평가하기 때문이다. 가령, 한약을 먹고 간수치가 나빠진 환자들은 한의사에게 가지 않고 의사에게 가게 된다. 내과나 응급의학과 의사들은 한약을 먹고 간수치가 나빠진 환자들을 주로 보게 된다. 그런 환자들만 주로 보게 되는 일부 의사들은 대부분의 한약은 간의 독성을 일으킨다고 믿는다. 반대로 정형외과에서 허리 수술을 받았지만 수술 후에도 통증이 계속 되는 환자들은 한의원을 찾는다. 한의사들은 척추수술을 받은 후에도 통증이 있고 진통제만 처방 받는 환자들을 주로 보게 된다. 그런 환자들만 주로 보다 보니 일부 한의사들은 정말로 척추수술은 불필요하다거나 양방의학은 근본치료가 안되는 것이라고 믿게 된다. 보통 한의원에서 잘 치료되는 환자는 굳이 양방병원에 가지 않고, 양방병원에서 잘 치료되는 환자는 한의원에 가지 않는다. 두 영역의 의사들은 상대 영역에서 잘 치료되지 않거나 부작용이 있는 환자들을 주로 치료한다.

양방의학과 한의학은 각각의 처방에 효과적인 질병이 따로 있다. 한 영역에 속한 의사가 두 영역을 다 만족할 수 없고 각 영역에 적합한 환자를 모두 잘 치료하기는 어렵다. 또한 각 영역의 의사들이 진료한 환자가 전체 집단을 대변한다고 볼 수 없다. 그러나 이런 오류를 인지하지 못하고 각 영역에 속한 의사들은 자신들이 주로 진료하는 환자만을 대상으로 상대방 의학을 판단함으로써 서로 배척하고 인정하지 않는다. 이런 선택편향을 방지하기 위한 한 가지 방법으로 임상연구 Clinical Research, 나아가 무작위배정임상시험Randomized Clinical Tiral, RCT의 결과를 참고할 필요가 있다고 한다. 무작위배정임상시험에서는 편향을 줄이기 위한 방법론적인 장치들이 있어서 객관적으로 치료 효과를 판단할 수 있게 도와준다. 최근에 많은 임상시험을 통해 한의학적 치료가 안전하고 효과적이라는 근거들이 밝혀지고 있다. 이제 각 영역의 의사들은 자신이 진료하였던 일부 환자만을 대상으로 한 선택편향에 기초하여 상대 의학을 판단할 것이 아니라 국내외 학술지에 발표된 여러 연구들을 살펴보고 상대 의학의 가치를 인정하며 각자의 영역에서 보완점을 찾으려는 노력이 필요하다. 결국 의료인들은 상대의학을 존중하고 균형적인 시각에서 환자를 진료하는 자세가 바람직하다. 환자들도 극단적으로 상대 의학을 배척하는 의료인은 피하는 것이 좋을 것 같다.

그림 55 **선택편향**

한의사와 양방의사는 서로 신뢰를 못할까?

(4) 자기중심적 편향

– "잘되면 내 덕, 못되면 남 탓" –

자기중심적 편향egocentric bias은 일명 자기선택적 편향self-serving bias 혹은 자기위주편향이라고도 한다. 어떤 대상이나 상황에 대한 판단을 위해 개인은 가용한 정보를 활용하게 된다. 이 때, 타인의 감정이나 생각에 대해서는 많은 정보를 알 수 없는 반면 자신의 내적인 사고, 정서 등에 관해서는 보다 많은 정보를 가지고 있고, 이는 타인이 알 수 없는 자신에 대한 다양한 정보를 포함한다. 이러한 정보적 차이로 인하여 우리는 확률을 따져보지도 않고 긍정적인 것이든 부정적인 것이든 쉽게 자기중심적 입장에서 생각하게 된다. 이는 자신의 영향력이나 능력, 성격, 특성 등을 실제보다 과소, 과대평가하는 것과 같은 인지적 오류로 이어진다. 어떤 일을 성취하기 위하여 자신이 기울인 노력에 대해서는 잘 알고 있지만, 타인의 노력에 대해서는 상세하게 알기가 어렵다. 우리는 타인의 업적에 대해서는 비교적 쉽게 이루었다고 평가하면서, 자신은 남들보다 많은 노력을 기울인다고 생각한다.

이러한 자기중심적 편향은 명확하게 판단이 가능한 영역보다는 애매모호하고 측정이 어려운 영역에서 많이 발생한다. 가령, 능력ability, 지적 수준intelligence과 같이 측정 가능한 영역보다 공정성fairness이나 감정emotionality과 같은 영역에서 자기중심적 편향이 더 많이 일어난다. 자기중심적 편향이 소개된 이래 이러한 현상은 다양한 연구에서 나타났다. 1993년 타나카 켄이치로Tanaka Ken'ichiro는 공정성에 관한 연구에서 실험참가자들이 공정한 행동과 관련하여 '다른 사람들'보다 '나'라는 단어를 더 많이 사용한 반면, 불공정한 행동과 연관해서는 '나'보다 '다른 사람들'을 더 많이 사용했다고 주장하였다. 영국의 심리학자 데이비드 해밀턴David Hamilton은 실험을 통하여 참가자에게 150g과 750g의 상자를 차례로 들고 난 후 타인이 든 상자가 얼마나 무거운지 가늠하도록 하였다. 그 결과 150g 상자를 들었을 때는 다른 사람이 든 상자를 실제보다 무거운 것으로, 750g 상자를 들었을 때는 다른 사람이 든 상자를 실제보다 가벼운 것으로 판단한 것으로 나타났다. 이러한 실험을 통하여 사람은 자신이 처한 상황에 따라서 주변 대상에 대한 평가가 달라지는 자기중심적 편향을 보인다는 것을 알 수 있다.

자기중심적 편향은 사람들이 자신의 성공은 자신의 내부적 특성이 원인이라 생각하고, 실패는 외적 상황이 원인이라 생각하는 경향으로 나타나기도 한다. 이러한 편향은 사람들이 자신의 자존감을 보호하거나 증진하기 위한 심리로 작용한다. 예를 들어 시험에서 좋은 성적을 받은 것은 자신의 지능과 공부를 깊이 한 것으로 돌리지만 낮은 점수는 교수가 못 가르쳤다거나 불공평한 시험 문제의 탓으로 돌린다. 즉, 자신의 자아가 위협받는다고 느낄 때 사람들은 자기중심적 편향을 더 강하게 나타낸다.

한편, 자기중심적 편향에 미치는 문화의 영향에 대하여 일치된 견해는 없지만, 서구와 비서구 문화 간 체계적인 차이는 존재하는 것으로 보인다. 자기중심적 편향에 미치는 문화의 영향은 개인주의적 사회와 집단주의적 사회 사이에서 찾아볼 수 있다. 집단주의 문화에서는 가족과 집단의 목표들이 중요시 된다. 반면 개인주의 문화에서는 개인의 목표와 정체성이 중요하기 때문에 이 문화에 속한 사람들은 자신의 개인적 자존감을 높이려 한다. 그리고 정서는 자존감에 영향을 주고, 자존감은 다시 자기정체성을 보호하려 한다. 자존감이 높은 사람들은 자기정체성을 보호하려는 경향이 더 강해서 자기중심적 편향을 보다 높게 보인다. 그러므로 자존감이 높은 사람들이 자기중심적 편향이 강하다고 말할 수 있다. 나아가 브래들리Bradley, 1978는 자기중심적 편향이 개인의 내적 상태에만 관련된 것이 아니라, 개인이 다른 사람들에게 어떻게 보이는지와 관련이 있다고 주장한다. 참가자들이 자신의 행동이 감시 받고 있을 때, 자신이 더 높이 평가될 수 있음을 명백히 의식하는 경우에는 긍정적 사건에 대한 성공을 자신에게 돌리지만 부정적 결과에 대한 책임을 지지 않는 것으로 관찰하였다고 말한다.

이와 관련하여 사람들은 나중에 자신의 오류가 밝혀질 경우, 자존감에 손상을 입을 수 있으므로 이를 막기 위한 행동을 한다. 자기중심적 편향은 핑계 만들기 전략, 즉 실패의 위협에서 자신을 보호하기 위하여 과제에서 잘못할 경우에 핑계를 댈 수 있는 행동을 한다. 핑계 만들기 전략을 통하여 사람들은 앞으로 과제에서 실패할 경우에 비난을 돌릴 수 있는 외적 요인들을 미리 만들어 둔다. 과제에 성공할 경우에는 자신의 노력이나 능력과 같은 내적 요인들에 공을 돌린다. 즉 사람들은 자신이 자기중심적 편향을 사용할 수 있는 상황을 만들어 놓는 것이다.

(5) 자기선택적 편향 – 나만 불행하다는 착각

아프리카 관료들은 세계인이 다 아는데 한국인만 모르는 세 가지를 다음과 같이 지적한 바 있다. 첫째, 한국 사람들은 자기들이 얼마나 잘사는 나라인지, 둘째, 한국이 얼마나 위험한 대치 상황에 놓여 있는지, 셋째, 이웃인 중국과 일본이 얼마나 대단하고 두려운 존재인지 인식하지 못하는 것 같다. 이는 경제와 안보 그리고 외교적 측면에서 평가한 것이다. 우리는 북핵과 체제급변을 염려하면서도 '설마 같은 동족을 죽이겠나'라고 생각하고 세계 2, 3위 경제대국인 중국과 일본을 차이가 나서 '차이나'라거나 '쪽바리'라고 얕보곤 한다. 최빈국에서 두 세대 만에 선진국 문턱에 다가가면서도 국민 다수는 상대적으로 여전히 배고프고 배가 아프다. 이는 다소 심한 나르시시즘이자 '나는 특별하다.'는 '자기선택적 편향self-selection bias'에 기인하는 것 같다. 이러한 자기선택적 편향은 우리의 삶의 매 순간에도 나타난다. 우리는 인생의 가치는 스스로 확립하는 것이고, 나를 가치 있게 여길 때 내 삶도 빛이 난다고 생각하며 살아간다. 그러다 문득 주변 사람들과 비교해 보면 그 전에는 괜찮아 보였던 나의 특성들이 어딘가 부족해 보이기 시작한다. 그리고 '나만 불행해!'라고 생각하는 순간이 찾아온다. 주변에 누군가가 대담한 도전을 했다는 이야기를 들으면 괜히 만족하며 살고 있었던 나의 일상이 너무 안일하고 '이대로 괜찮은가?'라는 고민에 빠진다. 이처럼 우리는 쉽게 남과 비교하고 그 비교의 결과에 쉽게 영향을 받는다.

최근 『성격 및 사회심리학지Journal of Personality and Social Psychology』에 실린 Sebastian Deri et al.(2017)에 의하면 '내가 평가하는 나의 사회성' 또한 비교에 매우 취약한 영역이라고 한다. 세바스찬 데리Sebastian Deri 등의 연구자들은 다양한 배경의 사람들을 대상으로 설문조사를 하였다. 일반적으로 좋은 사회성의 척도라고 여겨지는 문항들인 파티에 나가는 횟수, 친구의 수, 다양한 사람들을 널리 아는 정도, 다양한 그룹에 속한 정도 등에 대하여 자기 자신과 '내 주위의 누군가'의 성과를 각각 평가하게 하였다. 그 결과, 50%~70%의 사람들이 자신보다 주위의 다른 사람들이 더 넓고 다양한 네트워크를 형성하며 사회성이 높다고 평가하는 경향이 나타났다. 단지 2%~7%만이 남들보다 자신이 더 사회성이 높다고 평가하였다. 이에 의하면 다수가 '나만 불행해!'라고 생각하고 있는 것 같다. 연구자들은 이런 현상이 나타나는 이유에 대하여 사람들이 비교할 때 머리속에 가장 먼저 떠오르는 정보를 무비판적으로 수용하기 때문이라고 언급했다. 대부분의 사람들은 사회성이 나쁘거나 보통인 사람들보다는 외향적이고 인기가 많았던 사람들을 가장 먼저 떠올리고 사회성이 좋은 쪽으로 편향되어 있는 사람들의 정보를 활용하여 비교한다. 즉, 외향성이 가장 강한 1%의 누군가와 자신을 비교하는 순간에 99%의 사람들은 사회성이 부족하다는 결론을 내리고 마는 것이다. 실제로 연구자들이 집단을 나누어 한 집단의 사람들에게는 주변의 사회성이 좋은 사람과 자신의 사회성을 비교하도록 하고 또 다른 집단의 사람들에게는 사회성이 좋지 않은 사람과 비교하도록 했을 때, 전자의 사람들은 자신의 사회성을 나쁘게 평가했지만 후자의 사람들은 보통으로 평가하는 경향이 나타났다. 자신만 사회성 낮다고 느끼는 것은 비교의 기준이 지나치게 편향되어 생기는 착각에 가깝다는 것이다.

나아가 사람들은 나의 내면은 잘 알지만 타인은 겉으로 보이는 피상적인 정보가 전부인 경우가 많다. 지금 이 사람이 친구들 사이에서 정말 행복한지 아니면 그 속에서도 외로운지 내면을 알 수가 없다. 내면의 사정은 오직 자기 자신에 대해서만 알고 타인의 내면은 알기 어려우므로 세상에서 자신만이 가장 심오하고 복잡한 내면세계의 소유자인 것처럼 생각하곤 한다. 나의 웃음에는 복합적인 의미가 담겨 있을 수 있으나 타인의 웃음은 행복을 의미한다고 여기고 행복하게 보여서 부럽다는 등의 생각을 한다. 많은 사람들이 이러한 편향을 보인다면 내가 누군가를 부러워할 때 누군가는 나를 보며 같은 생각을 할지도 모른다. 사람들은 자기 품 안의 짐만 바라보며, 내가 제일 어려운 상황에 처해 있고, 나만 각종 고통을 당하고, 좋은 일은 꼭 나를 빗겨간다며, 자기선택적 편향에 빠져 우울해한다. 그렇다면 행복은 어디서부터 시작될까? 자신만 '특별히' 불행하다는 편향과 이별하는 것이 출발점이 아닐까?

(6) 낙관주의편향

– 왜 낙관주의는 성공하는가? –

낙관주의편향optimism bias이란 자신에게 나쁜 일이 일어나지 않을 것이라고 믿는 것을 말한다. 달리 말하면 다른 사람에 비하여 자신에게는 좋은 일이 더 많이 발생하고 나쁜 일은 적게 발생할 것이라고 믿는 현상이다. 내가 투자하면 대박이 날 것 같고, 내가 집을 사면 집값이 오를 것 같으며, 내 자식은 왠지 좋은 대학에 들어갈 것만 같다. 흡연자들은 이런저런 이유를 들어서 자신이 폐암에 걸릴 가능성을 낮게 평가하고, 운전자 역시 자신이 교통사고가 날 가능성을 낮게 평가하는 경향이 있다. 인간은 누구나 이러한 '낙관주의편향'을 본능적으로 지니고 있다. 일상에서 사람들의 '개인이 노력하면 최선에 도달할 수 있다.'라는 생각은 '내일은 더 나아질거야'라는 낙관주의편향으로 인한 것이다. 즉, 미래가 과거나 현재보다 더 나아질 것이라고 기대한다. 최근 들어 과학적으로 입증되고 있는 사실은 상황을 객관적으로 보는 것보다 긍정적으로 인식하는 것이 더 좋은 결과를 가져온다는 것이다.

영국 UCLUniversity College London 대학의 탈리 새롯 교수는 최근 타임지의 칼럼을 통해 "낙관주의편향은 인간 진화의 산물"이라고 주장한다. 새롯 교수는 낙관주의가 삶의 진화를 통하여 뇌에 각인되면서 인간에게 콜롬비아의 신대륙 발견이나 전기 발명 같은 혁명을 가져왔고, 스트레스를 줄이고 건강에 유익을 준다고 말했다. 새롯 교수는 9·11 사태 후 11개월이 지나서 진행한 실험결과에서 뉴욕시민들이 사고 당시를 63% 정도만 기억했던 것을 언급하면서 "뇌는 일부분 부정확성을 의도적으로 허락한다."고 말했다. 뇌 기억 시스템의 핵심은 과거의 일을 정확하게 재현하기보다 미래의 시나리오를 구상하도록 설계되어 있기 때문에 불필요한 사실fact은 지워지고 그 자리에 다른 희망적인 요소가 들어올 수 있다고 한다. 새롯 교수는 "인간은 과거를 회상할 때보다 미래를 상상할 때 긍정적인 편향을 갖게 된다."며 과거 여행의 경험을 떠올릴 때보다는 오히려 미래 휴가계획을 세울 때 사람들은 더 좋은 일이 일어날 것이라고 생각한다는 것이다. 이는 '기대'가 개입될 수 있느냐 없느냐의 차이라고 언급하였다. 새롯 교수가 직접 진행한 실험연구에서 지원자들을 두 그룹으로 나누어 비관적인 미래와 낙관적인 미래를 상상하도록 하였다. 그런 후에 fMRIfunctional magnetic resonance imaging로 관찰한 결과, 긍정적인 사람일수록 낙관적인 미래를 상상할 때 '감정뇌'라 불리는 편도 활동이 활발해졌다. 반대로 덜 긍정적이거나 우울증세를 갖고 있는 사람들은 이 부분이 덜 활성화됐다. 미래에 대한 낙관주의는 그저 기분이 아니라 신경학적 활동과 연관이 있음을 알 수 있다.

그렇다면 우리가 애써 긍정적인 기대를 하는 것이 우리 삶에 어떻게 영향을 미칠 수 있을까? 뇌신경학자 사라 벵슨은 지원자들에게 부정적, 긍정적 기대를 조작하고 뇌를 스캐너로 관찰하였다. 실험에서 일정한 과제를 주고 한 그룹에는 '똑똑하다, 지적이다.' 같은 단어를, 다른 그룹에는 '멍청한, 무식한' 같은 단어를 사용했다. 그 결과 학생들은 긍정적인 단어를 들었을 때 실험과제를 더 잘 수행하였고 뇌도 다르게 반응했다. 긍정 강화 그룹은 실수할 경우, 전전두피질PFC의 활동이 강화됐으나 부정 강화 그룹은 이 부분에 반응이 없었다고 한다. 긍정적인 기대는 우리의 뇌 활동을 바꾸고 긍정적인 행동을 강화시켜서 미래에 영향을 미친다는 것이다. 그는 "우리 머리엔 값싼 금속을 금으로 만들 수 있는 '철학자의 돌(연금술사의 돌)'이 있는 셈"이라면서 낙관주의를 끊임없이 유지하는 방향으로 생각을 가져야 한다고 주장하였다.

낙관과 비관은 마음의 편향에서부터 비롯된다. 아무리 시끄러운 장소에 있더라도 자신의 이름을 부르는 소리는 귀신같이 알아들을 수 있듯이 우리 뇌도 마음의 편향에 따라서 움직인다. 이를 인지심리학자들은 '선택적 주의selective attention'라고 하는데, 뇌가 지금 당장 관련이 있는 것에 초점을 맞추는 대신 나머지는 걸러내는 작용을 한다. 이러한 과정이 쌓여 가면서 한 개인의 사고방식이 탄생하는 것이다. 그렇다면 사람들은 자신이 낙관주의자인지 비관주의자인지 어떻게 알 수 있을까? 간단한 설문조사를 이용할 수도 있고, '뇌기능 자기공명영상fMRI'을 이용하여 영상으로 뇌의 활동을 확인할 수 있다. 낙관적 뇌의 회로는 보상을 가져다 주는 것에 계속 집중하게 함으로써 사람들로 하여금 중요한 과제에 계속 몰두하여 다음 단계로 나아갈 수 있게 한다. 이것이 단순히 "행복한 생각이 모든 문제를 해결한다."는 접근법과는 다르다고 말한다. 진정한 낙관주의자는 무조건 잘될 것이라고 기대하는 게 아니라 역경이 닥쳐도 포기하지 않고 그 문제에 대처할 방법을 찾으려 애쓴다.

낙관주의적 태도는 인간의 성공을 가져올 가능성이 높다. 아마존 닷컴의 설립자인 제프 베조스 등의 사례가 이를 보여준다. 아마존이 온라인 서점을 여는 것은 바로 가능했지만 수익을 내려면 몇 년이 더 지나야 했다. 초기에는 비용도 많이 들었고 냉소적인 비난이 쏟아졌다. 비평가들은 회사가 곧 망할 것이라고 제프 베조스에게 경고했다. 2년 뒤 반스앤노블이 같은 시장에 뛰어들자 대다수는 아마존이 끝장났다고 생각했다. 한 저명한 투자분석회사는 'Amazon.toast(타버린 아마존)'라고 선언하기까지 했다. 하지만 베조스는 좌절하지 않았다. 그는 아마존을 이용하기 쉽고 철저히 소비자 중심의 웹사이트로 만드는 데 몰두하였다. 결과적으로 회사는 점점 더 튼튼해졌다. 베조스의 말에 따르면, 그의 가장 큰 자산과 성공의 열쇠는 낙관주의였다. 낙관주의는 어려운 일을 하기 위한 핵심 요소이다. 실패에 더 잘 대처하는 낙관주의자들이 가장 큰 성공을 거두곤 하는 이유가 바로 낙관적인 생각이다.

(7) '스톡데일 패러독스'

— 왜 어떤 낙관주의는 실패하는가? —

이런 낙관주의편향이 낳을 수 있는 결과이자 사례로 '스톡데일 패러독스Stock dale pradox'라는 게 있다. 이는 비관적인 현실을 냉정하게 받아들이는 한편, 앞으로는 잘될 것이라는 굳은 신념으로 냉혹한 현실을 이겨내는 합리적인 낙관주의이다. 냉철한 현실인식과 뚜렷한 목표 달성의 의지가 동반된다는 점에서 스톡데일 패러독스는 비현실적이고 현실 왜곡적인 막연한 낙관주의 혹은 자기기만self- deception과는 구별된다. 스톡데일 패러독스는 합리적인 낙관주의 혹은 현실적인 낙관주의가 가능하며 이는 인간의 놀라운 회복력resilience의 증거로 사용되고 있다. 이 패러독스에 이름을 빌려준 제임스 스톡데일James Stockdale은 베트남전쟁 때 해군 폭격기 조종사로 하노이 힐턴 포로수용소에 갇혔던 미군 중 최고위 장교였다. 그는 1965년 9월 9일~1973년 2월 12일까지 7년 반 동안 감옥생활을 하였다. 그는 그 가운데 4년은 90cm×275cm의 작은 독방에 갇혔고 20여 차례의 고문을 당하면서도 완강히 저항하였다. 한 번은 자신이 '훌륭한 대우를 받는 포로'의 사례로 비디오테이프에 찍히는 걸 피하기 위하여 의자로 자신을 내리치고 면도날로 자신을 베는 등 고의로 자해를 하였다. 부하 포로들의 고립감을 줄이기 위하여 자기들끼리만 소통할 수 있는 정교한 내부 통신 체계를 만들기도 했다. 그런 최악의 상황 속에서도 스톡데일은 잘될 거라는 믿음을 잃지 않는 가운데 어려운 현실을 끝까지 직시하며 대비했기 때문에 견뎌낼 수 있었다. 그러나 다른 포로들 중 곧 나갈 수 있을 거라고 믿었던 낙관주의자들은 대부분 상심을 못 이겨내고 죽고 말았다. 이는 나치의 강제수용소에서 죽음의 문턱을 넘나들었던 빅터 프랭클Viktor E. Frankl이 "절망이 오히려 자살을 보류하게 만들었다."고 말한 것과 통하는 점이 있다.

미국 경영 전문가, 짐 콜린스Jim Collins는 자신의 저서인 『좋은 기업을 넘어 위대한 기업으로Good to Great: Why Some Companies Make the Leap and Others Don't, 2001』에서 위대한 기업으로 도약한 회사들의 공통된 특징을 찾아내서 '스톡데일 패러독스'라는 이름을 붙였다. 역경에 처하게 되었을 때 그 현실을 외면하지 않고 정면 대응한 회사는 살아남은 반면, 조만간 일이 잘 풀릴 거라고 낙관한 회사들은 무너지고 말았다는 것이다. 콜린스가 어려운 상황을 이겨내지 못했던 사람들에 대해 스톡데일에게 그 이유를 묻자 그는 다음과 같이 답했다.

> "불필요하게 상황을 낙관한 사람들이었습니다. 그런 사람들은 크리스마스 전에는 나갈 수 있을 거라고 믿다가 크리스마스가 지나면 부활절이 되기 전에는 석방될 거라고 믿음을 이어 나가고 또 믿지만 그렇게 다시 크리스마스를 맞고 반복되는 상실감에 결국 죽게 됩니다. 이건 아주 중요한 얘기인데요. 절대 양보할 수 없는 마지막 무언가에 대한 신념을 잃지 않고 버티는 것과 아무리 가혹한 현실이라도 그것을 직시하고 받아들이는 것은 별개인 것입니다."

이러한 사례는 미국 세인트루이스의 워싱턴대학 로스쿨 교수인 브라이언 타마나하Brian Z. Tamanaha의 『로스쿨은 끝났다』에서 로스쿨 지망생들의 '낙관주의편향'에서도 발견할 수 있다. 로스쿨 학생들은 최고 연봉을 받는 변호사로 취직할 확률이 평균 10%나 5%밖에 안 된다는 걸 알면서도, 자기 확률은 그보다 높을 것이라고 생각하는 경우가 많다. 로스쿨에는 노력을 통해서 좋은 성적을 받는 데 익숙한 우수한 학생들이 많다. 따라서 다른 동기생들도 자기만큼 똑똑하고 열심히 공부한다는 사실을 (로스쿨에 들어와서 직접 보기 전까지) 정확히 모른 채 지금까지 해온 대로 열심히 하면 보상을 받을 것이라고 쉽게 생각한다. 일단 로스쿨에 오면, 지금까지의 성공 확률을 기대하기 어렵다는 걸 깨닫지만, 때는 이미 늦었다. 비슷하게 자신에 대한 낙관주의를 과도할 정도로 강조하는 일부 자기계발서라든가 큰 성공을 거둔 사람들이 자신의 좋은 이미지를 만들기 위한 언론플레이 차원에서 실제와는 달리 낙관주의 예찬론을 펴는 것 등이 우리를 망칠 수 있다는 우려의 목소리도 있다. 또한 강력한 공포 체계가 없다면 인류는 오래 살아남지 못하겠지만 좋은 일보다는 나쁜 일을 강조하는 편향이 발달할 경우, 부정적인 생각이 반복적으로 나타남으로써 세계를 장밋빛 공간으로 보기가 어려워진다. 부정적인 편향은 사람들을 더 두려움에 떨게 하고 삶의 어둡고 부정적인 측면을 더 바라보게 하여 일을 더 어렵게 만든다는 점을 상기할 때 바람직한 선택은 합리적인 낙관주의가 아닐까?

그림 56 제임스 스톡데일

(8) 낙관주의의 재조명 – 즐거운 뇌와 우울한 뇌

옥스퍼드 대학 교수로서 뇌과학, 심리학을 넘나들며 혁신적인 연구 성과를 만들어 내고 있는 심리학자, 일레인 폭스는 저서 『즐거운 뇌, 우울한 뇌Sunny Brain, Rainy Brain』를 통하여 긍정주의와는 다른 차원의 낙관주의의 진정한 의미를 재조명했다. 낙관주의와 행복이 그저 불행한 일을 겪지 않는 데서 나오는 것이 아니라, 불행을 대하는 태도에서 나온다는 것이다. 일레인 폭스는 사람들이 보통 '운'으로 치부해버리는 일, 즉 잘될 사람은 뭘 해도 잘되고 안 되는 사람은 뭘 해도 안

되는 일도 사실 각자의 서로 다른 사고방식에서 비롯된 일련의 결과들이라고 말한다. 뇌는 일반적으로 사고를 담당하는 영역보다 감정을 통제하는 영역이 먼저 발달한다. 이 부분이 바로 '정서의 뇌'에 해당된다. '정서의 뇌'는 크게 부정적 측면을 인식하는 '우울한 뇌rainy brain'와 긍정적인 측면을 인식하는 '즐거운 뇌sunny brain'로 구성된다. 두 체계 사이의 억제와 균형 정도에 따라서 주변 세계를 해석하는 다양한 사고방식, 즉 '개인의 관점'이 탄생한다는 것이다. 일레인 폭스가 밝히고자 하는 것은 "생각을 바꾸면 인생이 즐겁다."는 자기 최면이 아니라 "어떻게 하면 즐거운 생각을 하도록 만들 수 있을까?"에 관한 과학적인 접근에 가깝다. 심리학에서는 일시적인 기분인 '상태'와 구분하여, 오랜 시간 유지되는 정서나 사고방식을 '기질'이라고 칭한다. 그리고 많은 과학적 연구 결과에 따르면 기질은 일단 형성되면 웬만한 환경 변화에도 쉽게 변하지 않는다고 한다.

1989년, 오스트레일리아 멜버른 대학의 브루스 헤디와 알렉산더 웨어링은 인생에서 일어나는 사건이 개인의 성격과 행복에 어느 정도의 영향을 미치는지 알아보기 위해 지역 주민들을 면담하였다. 연구를 진행할수록 운이 좋은 사람들은 계속 운이 좋고, 반대로 불행한 일을 겪은 사람은 계속 불행한 일을 당한다는 사실을 알게 되었다. 그리고 인생의 경험에 따라 사고방식이 변한다기 보다는 유년기부터 형성된 비관과 낙관이라는 개인의 관점에 따라서 인생 전반의 경험이 결정될 수 있다고 보았다. 즉, 사고방식이 우리가 경험하는 인생사에 깊은 영향을 미치고 그 양상은 시간이 흘러도 크게 변하지 않는다는 것이다. 비관주의적 성향을 가진 사람은 자신의 문제가 통제 범위를 넘어섰고 결코 사라지지 않을 것이라고 확신한다. 자기에게는 언제나 나쁜 일이 일어나지만 남들에게는 좋은 일이 일어난다는 믿음 역시 이런 기질의 한 특징이다. 반면에 낙관주의자는 자기 앞에 놓인 문제가 지속되는 곤경이라기보다는 일시적인 장애물이라고 본다. 그래서 자신에게 일어나는 일을 자신이 대처하는 방식에 따라서 어느 정도 통제할 수 있다고 본다. 그들은 세계를 있는 그대로 받아들이는 성향을 타고 나지만, 세상일에 어떻게 대처하느냐에 따라서 자신이 어떤 존재가 될지 결정된다고 본다.

그렇다면 낙관과 비관 중 일단 그 방향성이 정해졌으면, 평생 그렇게 살 수밖에 없는 것일까? 우리의 DNA 서열에 있는 유전형질이 키 같은 신체적 특징뿐 아니라, 성격과 정서에도 영향을 끼친다는 사실은 의심의 여지가 없다. 그러나 형제간에 같은 유전형질을 갖고 있더라도 그 중 어떤 요소가 나타나느냐에 따라서 전혀 다른 모습의 사람이 될 수 있다. 이에 가장 중요한 것은 어떤 유전자를 지니고 태어나느냐 보다는 그 중 어느 것이 주목되고 침묵하느냐이다. 결국 단순히 유전자 영향이라기보다는, 환경이 우리 유전자에 미치는 영향에 따라서 사람들이 많이 좌우된다. 인간의 뇌가 유연한 변화 능력을 갖추고 있다는 사실은 우리로 하여금 새로운 희망을 품게 한다. 세계에는 역경을 극복하고 행복하고 만족스러운 삶을 살아가는 사람들의 이야기가 넘쳐나는 한편, 기회와 재능을 낭비하는 사람들의 이야기도 그만큼 많이 존재한다. 마음의 경관, 즉 우리의 독특한 편향과 왜곡의 패턴을 바꿈으로써 우리는 세계를 보는 방식을 바꿀 수 있다. 물론 모든 낙관주의자가 성공한 삶을 누리는 것은 아니다. 결국 우리에게 요구되는 것은 즐거운 뇌와 우울한 뇌가 우리에게 던져주는 메시지와 유전적 조성, 그리고 경험을 통해 굳어진 마음의 편향이 마음 훈련을 통하여 재형성될 수 있음을 인지하는 자세일 것이다. 다시 언급하지만 낙관편향은 인지적 착각이다. 우리의 낙관적 믿음은 우리가 마주치는 현실에 대한 시각을 바꾸어준다. 이런 편향으로 인하여 뇌는 현실을 무의식적으로 잊는다. 현실을 잊어버림으로써 미래에 안 좋은 사건이 일어날 확률을 과소평가하여 스트레스와 불안 수준을 낮추고 결과적으로 사람들은 평안을 얻을 수 있다.

체코 작가, 밀란 쿤데라Milan Kundera는 "낙관주의는 인민의 아편이다Optimism is the opium of the people."라는 독설을 퍼부었다. 그러나 라이어넬 타이거Lionel Tiger는 『낙관주의: 희망의 생물학Optimism: The Biology of Hope, 1979』에서 인간이라는 종이 진화 가능한 까닭은 현실에 관한 낙관적 환상 때문이라고 말했다. 하지만 낙관주의의 부작용도 만만치 않다. 알베르트 슈바이처Albert Schweitzer가 언급하였듯이 "나의 지식은 비관적이지만, 나의 의지와 희망은 낙관적이다My knowledge is pessimistic, but my willing and hoping are optimistic."는 말로 절충을 취하는 게 좋을 것 같다.

(9) 그들은 왜 투자에 실패하는가?

– 왜 우리나라 주식에만 투자하는가? –

투자자들은 시장, 경제, 자신의 긍정적 투자성과에 대한 잠재력 등에 대하여 지나치게 낙관하는 경향이 있다. 하지만 우리는 언론과 주변 사람들을 통해서 투자에 실패했다는 이야기를 자주 듣게 된다. 그들은 왜 투자에 실패했을까? 그들 중엔 기업의 CEO와 전문직 종사자 심지어 금융 전문가들도 있다. 지피지기면 백전백승이라는 말이 있다. '자신'과 '상대방'을 잘 알면 백 번 싸워도 위태로울 것이 없다는 뜻이다. 하지만 전문가도 실패를 피해가지 못한다면 투자실패의 원인이 다른 곳에 있지 않을까?

전통적인 경제학자들은 금융시장에 참여하는 이들이 이성적이고 합리적으로 행동한다는 전제 하에 이론을 펼쳐왔다. 그런데 전통경제학의 이론을 가지고 현실에서 경제행위를 하고, 투자를 하는 투자자들의 행태를 설명하기에는 역부족이다. 나심 니콜라스 탈레브는 그의 책 『행운에 속지마라』에서 이렇게 이야기 했다. “지난 200년 동안 경제학적 사고에 가장 큰 영향을 미친 사람은 누구인가? 존 메이너드 케인즈도 아니고, 알프레드 마셜도 아니며 밀턴 프리드먼도 아니다. 이들은 바로 행동경제학을 창시한 대니얼 카너먼과 아모드 트버스키다. 이들은 불확실한 상황 속에서 인간은 확률적 사고와 최적화된 행동을 하지 못한다는 사실을 집중적으로 밝혀냈다.” 카너먼은 노벨상 수상시 발표한 회고 중에서 “우리들이 한 일은 인간의 비합리성을 증명한 것이라고 말하는 것은 맞지 않다. 휴리스틱과 바이어스에 대한 연구는 합리성이라는 비현실적인 개념을 부정하고 있을 뿐이다.”라고 말했다.

완벽하게 이성적이고 합리적인 의사결정을 하기 위해서는 다양한 변수와 수많은 정보를 고려해야 하는데, 현실적으로 입수할 수 있는 정보는 부족하고 시간상의 제약으로 완벽한 의사결정을 할 수는 없다. ‘경험적 접근법(휴리스틱)’은 이런 한계들 때문에 실제 상황에서 사용하게 되는 방법이다. 현실적으로 만족할 만한 수준의 해답을 찾는 것이다. 경험적 접근법으로 내린 판단은 ‘심리적 편향(바이어스)’을 갖게 된다. 심리적 편향 때문에 투자자들은 잘못된 판단을 하게 되고 투자에서 실패하게 된다. 심리적 편향을 이해하는 것은 투자에서 성공하기 위한 필수조건이다.

대부분의 미국인들은 전 세계에서 투자 전망이 가장 좋은 국가를 선택하라는 질문을 받을 때, 자국, 즉 미국을 선택한다. 왜 그럴까? 일반적으로 투자에 관해 축적된 기억이나 지식을 형성할 때 미국인들이 가장 쉽게 떠올리는 국가가 바로 미국이기 때문이다. 특정 국가만을 투자의 범주로 한정하는 것은 해외 투자처에서 발생할 수익의 가능성을 감안하지 못하므로 비이성적이고 비합리적이다. 이와 같은 '범주화' 성향은 우리나라의 경우도 마찬가지로 그런 성향을 갖는다. OECD 국가의 GDP 대비 해외 주식 보유 비율은 평균 46%인데 반하여 우리나라는 10%에 불과하다. 한국에 사는 투자자들의 자국 투자성향이 OECD국가의 투자자들보다 훨씬 더 심하다는 것이다. 해외투자 대비 국내 투자가 안정적이라고 생각하는 것일까? 글로벌 투자자들의 입장에서 보면 한국주식은 위험한 투자대상에 포함된다. 한국에 투자하는 자금은 신흥국(이머징)펀드로 분류된다. 한국 투자자들이 투자하기에 위험한 나라라고 생각하는 브라질, 러시아, 중국, 인도, 멕시코 등과 같은 수준이라는 것이다. 국제금융협회에 따르면 글로벌 펀드들의 투자 포트폴리오에서 한국 비중은 1% 정도이다. 개인투자자인 우리들보다는 글로벌 투자자들이 조금은 더 이성적이고 합리적이지 않을까?

시카고 대학의 프랭크 나이트 교수의 연구에 따르면 사람들은 위험보다 모호성(불확실성)을 더 싫어한다고 한다. 이를 '모호성 회피'라고 부른다. 이 때문에 자기 회사의 주식을 더 선호하거나, 자국 주식을 외국 주식보다 더 선호하는 경향이 있다. 자기가 속한 회사나 국가를 더 잘 알고 있다는 편향에 빠져 있는 것이다. 독일 하노버 대학의 토번 뤼체 교수와 루카스 멘크호프 교수는 기관투자가와 개인 자산 매니저를 대상으로 '국내 주식 편향'에 대한 성향을 연구하였다. 연구 결과,

독일의 투자자들 역시 자국 주식을 선호한다고 나왔고 상대적 낙관주의에 관련되어 있음을 제시하였다. 주식투자자는 자기 자신의 지리적 영역 내에서 시장 전망에 과도하게 낙관하기 때문에 그렇게 행동한다. 로버트 쉴러, 후미코 콘야, 요시로 츠츠이의 연구에 따르면 상대적 낙관주의편향을 가진 국내 투자자는 자기 나라의 기초적인 경제 전망을 외국인의 관점에서 보는 전망보다 더 낙관적으로 전망한다고 주장한다. 범주화와 모호성 회피, 낙관주의편향의 결과, 일반적인 투자자들은 자국에 대한 투자가 더 위험하더라도 선호하게 되는 것이다. 이렇게 지역적으로 편중된 투자가 우리의 포트폴리오를 위험하게 만들고 있다.

(10) 낙관주의편향 – 나쁜 소식은 언제 전하는 게 좋을까?

세상에는 두 부류의 사람이 있다. 어떤 사람들은 같은 소식을 전하는데 소식을 전달받는 사람으로 부터 비난을 받고 어떤 사람은 상황을 잘 파악한다는 칭찬과 함께 명쾌한 답을 전달하는 해결사로 불린다. 인생을 살다 보면 누구나 피하고 싶은 나쁜 소식을 접하기 마련이다. 그리고 그 나쁜 소식을 전달해야 하는 입장이 되는 경우도 있다. 예를 들면 의사들은 환자들에게 병을 알려줘야 하고 직장인들은 회사 내 문제를 누군가에게 보고할 의무가 있다. 그렇다면, 나쁜 소식은 언제 전해야 가장 현명할까? 나쁜 소식을 전하기에 가장 좋은 때란 없다. 그렇다면 우리는 어떤 형식으로 이를 알려야 나쁜 소식에서 오는 고통과 비난을 최소화할 수 있을까?

많은 대화 전문가들이나 처세술 도사가 제안하는 최고의 방법은 좋은 소식을 먼저 전달하고 나쁜 소식은 뒤로 미루는 것이다. 좋은 소식을 먼저 전함으로써 분위기를 띄우고 이를 틈타 나쁜 소식을 살짝

말함으로써 고통을 줄이라는 것이다. 하지만 학자이자 컨설턴트인 다니엘 핑크는 많은 사람들이 알고 있는 그 방법이 근본부터 잘못된 방법이라고 주장한다. 물론 좋은 소식을 먼저 언급하는 것은 부드럽게 보고 하는데 효과적으로 보이겠지만 우리가 이 방법을 계속 사용한다면 우리의 이미지가 안 좋게 보일 수 있기 때문이다. 무엇보다 좋은 소식을 먼저 알리는 방법이 나쁜 전략인 이유는 인간은 손실회피편향에 민감한 존재이기 때문이다. 다양한 연구에서 증명된 대로 사람들은 좋은 소식에서 느끼는 기쁨보다 나쁜 소식에서 느끼는 슬픔과 손해를 약 2배에서 3배나 더 크게 느끼기 때문에 결국 사람들은 손실과 고통에 더욱 더 집중할 거라는 것이다. 그렇기 때문에 나쁜 소식을 처음에 제시하고, 좋은 소식은 대화의 끝으로 미루는 것이 효과적이라고 한다. 많은 사람들은 어차피 인간이 손실에 그렇게 민감하다면, 나쁜 소식을 앞에 하거나 뒤에 하거나 결과는 비슷하지 않느냐고 반박을 한다. 이것도 논리적으로 맞는 말이다. 안 좋은 소식을 먼저 듣는다고 좋은 소식이 되는 건 아니기 때문이다.

그런데 흥미롭게도 사람들은 마지막이라는 단어에 각별한 애정을 갖고 있다고 한다. 여러 심리학적 연구에 따르면 사람들은 이야기의 초반과 중반보다 마지막에 한 이야기를 더 호의적이고 설득력 있게 받아 들였다고 한다. 나아가 많은 사람들이 다른 부분보다 특히 마지막에 듣는 이야기로부터 통렬함과 날카로움을 느꼈다고 한다. 실제로 사회심리학자인 에드 오브라이언과 포에베 엘스워드는 마지막이라는 단어가 인간에게 미치는 영향을 조사하기 위하여 초콜릿 실험을 했다. 실험에 참여한 사람들은 차례대로 5개의 '똑같은' 초콜릿의 맛을 평가해야 한다. 4번째 초콜릿에서 5번째 초콜릿으로 넘어가면서 한 그룹에서는 '다음 초콜릿'이라고 안내했지만 다른 그룹에서는 '마지막 초콜릿'이라고 안내를 했다. 그 실험결과의 차이는 놀라웠다. 다음 초콜릿이라고 안내 받은 사람들의 평가는 달라지지 않았지만 마지막 초콜릿이라고 안내 받은 사람들은 그 초콜릿의 맛을 매우 높게 평가했다. 같은 종류의 초콜릿임에도 '마지막'이라는 표현이 초콜릿에 대한 이미지를 호의적으로 바꾸어 놓았던 것이다. 좋은 소식을 마지막에 전달하여 이에 따른 기쁨을 극대화하는 것은 앞에 제시된 고통을 최소화하고도 남을 수 있다는 것이다.

이러한 방법은 직장이나 인간관계에 국한되지 않고, 다양한 분야에서 유용하게 사용될 수 있다. 〈찰리와 초콜릿 공장〉의 감독 존어거스트는 이 전략이 성공적인 영화를 위하여 꼭 필요한 요소 중 하나라고 말한다. "모든 픽사 영화들의 주인공은 항상 나쁜 소식으로 시작합니다. 자신이 원했던 목표가 좌절되거나, 소중한 사람들이 고통 받던가 말이죠." 하지만 주인공은 그런 나쁜 소식에도 불구하고 자신의 꿈을 이루게 되고, 관객들은 어느 새 주인공을 응원하며 역경과 고통이 아닌 성공에 주목하고 열광한다. 사람들이 진정으로 듣고 싶은 것은 행복하게 시작해 우울하게 끝나는 베드엔딩이 아니라, 우울하게 시작했지만 행복하게 끝나는 해피엔딩이라고 한다.

하지만 인간은 스트레스를 많이 받은 상태에서 감당하기 어려운 소식을 전해 들으면 더 민감하게 받아들인다는 연구 결과가 나왔다. 학술지 신경과학저널에 발표된 이 연구는 '낙관주의편향'을 기본 전제로 출발한다. 대체로 우리는 살면서 일어나는 일과 관련해 낙관한다. 그러나 이미 스트레스를 많이 받은 상황이라면 어떨까? 영국 유니버시티 칼리지 런던에 있으면서 이 논문을 공동 집필한 닐 개릿 박사는 뉴스위크지에 기고한 글에서 사람들은 차분한 조건에서는 일반적으로 낙관적이라고 설명했다. 즉, 기대하는 것보다 더 미래가 나쁘다는 소식을 무시하고 더 나을 것이라는 좋은 소식을 받아들이는 경향이 강하다는 뜻이다. 그러나 스트레스를 심하게 받은 상황이라면 이런 낙관주의가 사라진다고 한다. 그럴 땐 나쁜 소식에 훨씬 더 민감해지기 때문이다. 이런 경향은 이전에 우리가 많이 봤던 낙관적인 정보처리 방식이 환경의 변화에 따라 달라질 수 있다는 점을 시사한다. 개릿 박사는 "낙관적인 생각에 환경이 중요한 역할을 한다는 것은 환경을 바꿈으로써 낙관적인 생각을 늘릴 수 있다는 점을 시사한다."고 말했다. 더구나 집을 산다든가 직장을 선택한다든가 어떤 치료를 받을지 중대한 문제에 부닥치면 스트레스가 아주 크다. 그 때문에 부정적인 정보에 더 민감하다는 사실을 인식하면 사람들이 중대한 결정을 내릴 때 도움이 되도록 정보를 가장 잘 전달하는 방법을 찾을 수 있을 것이다. 아무튼 낙관주의편향은 긍정적인 정보를 더 쉽게 받아들이고 동기 유발에 도움이 되는 등 유용할 수 있다. 그러나 위험을 과소평가하도록 유도하는 경향도 있다고 한다.

긍정심리학을 창시한 마틴 셀리그먼은 우리 삶을 둘러싼 외적 환경보다는 우리 마음의 작용 곧 내적 환경에 따라서 역경을 이겨내는 능력은 물론 행복의 정도에도 차이가 생긴다고 말한다. 역경에서 벗어나 행복을 누리는 사람이 되려면 남이 만든 기준이 아니라 스스로의 기준으로 자신을 평가할 줄 알아야 한다는 것이다. 그런 사람이 역경을 만났을 때도 더 잘 이겨내고 더 쉽게 행복해질 수 있다는 이야기다. 이런 사람은 역경을 만났을 때, 즉 자신이 통제할 수 없는 상황에 직면했을 때도 스스로의 강점을 되새기고 어려운 상황 속에서도 긍정적인 측면을 찾아낼 줄 안다. 사실 낙관적으로 살아가는 것은 어려운 일이 아니다. 이런 낙관주의편향은 건강하게 오래 사는 것, 그리고 경제적 측면에서도 유리하게 작용하기 때문에 진화적으로 각인되어 있다. 왜 본능과도 같은 낙관주의편향 성향을 잃게 되는 걸까? 이유는 분명하지 않지만 성장 환경에 그 원인이 있는 것으로 알려진다. 불우한 환경에서 자란 사람은 낙관과 희망의 끝에서 큰 실망을 자주 경험한 탓에 잦은 실망을 겪는 고통으로부터 스스로를 지키려는 무의식적 반응을 하고 낙관적인 편향을 갖지 않으려 노력하게 된다는 것이다. 비관적인 사람들은 다음과 같은 틱낫한Thich Nhat Hanh의 말을 기억할 필요가 있다.

> "비관주의자는 모든 기회에서 어려움을 본다. 낙관주의자는 모든 어려움 속에서 기회를 본다. 잃어버린 낙관주의편향 성향을 되찾는 것은 사람으로 하여금 '유리한 판단'을 내리는 데 도움을 준다. '때로는 기쁨'이 미소의 근원이지만 때로는 미소가 기쁨의 근원이 되기도 한다."

제3절
심리회계와 프레이밍 사례

1. 심리회계

(1) '초록색 목욕 가운을 입은 남자의 전설'과 마음의 회계

미국 네바다주에서 실화로 전해지는 '초록색 목욕 가운을 입은 남자의 전설'은 행동경제학자들이 '심리회계mental accounting'라고 부르는 개념을 설명하는데 매우 적절한 사례이다. 한 부부가 라스베이거스로 신혼여행을 갔다. 신랑은 카지노에서 1,000달러를 잃고 침대에 누워 있었다. 그리고 화장대 위에서 빛나고 있는 5달러짜리 칩을 발견한다. 그런데 숫자 17이 그림자로 보이는 것이다. 이는 분명 어떤 암시라고 생각한 신랑은 녹색의 목욕 가운을 걸친 채 급히 룰렛 도박장으로 내려가서 17에 5달러 칩을 걸었다. 운 좋게 신랑은 연승하며 단돈 5달러로 750만 달러까지 벌었다. 이때 플로어 매니저가 게임을 중단시켰다. 한번만 더 17이 나온다면 카지노에서는 더 이상 지불 능력이 없다는 것이다. 신랑은 라스베이거스에서 돈이 제일 많은 카지노를 찾아가 모든 돈을 17에 걸었다. 승리의 여신의 도움으로 순식간에 2억 6,200만 달러가 넘는 돈이 수중에 들어왔다. 신의 계시는 여기까지였다. 신랑은 여기서 멈추어야 했다. 그러나 또다시 17에 걸었으나 작은 구슬은 18에 멈추었고 신랑은 모든 것을 잃고 말았다. 힘없이 돌아온 신랑은 신부에게 이렇게 이야기한다. "나쁘지 않았어. 단돈 5달러를 잃었을 뿐이야."

그는 억만장자가 될 수도 있었다. 남자는 왜 2억 6,200만달러를 잃었다고 이야기 하지 않고 5달러를 잃었다고 이야기했을까? 그는 그날 밤 5달러로 시작을 했기 때문에 그 이상의 금액은 손해가 아니라고 생각했다. 도박으로 생긴 돈은 어차피 내 돈이 아닌 '공돈'이기 때문에 설령 잃는다 해도 실제로 손해를 보는 것이 아니라는 생각을 하게 된다. 그리고 대다수의 아마추어 도박꾼들은 도박으로 번 돈은 다른 종류의 돈이라는 마음의 회계가 작동하여 무모하게 판돈을 걸게 된다. 리처드 탈러 교수의 말을 인용해 보면 심리회계란 '어떤 돈을 다른 돈보다 가치가 낮은 것으로 간주하여 함부로 낭비해버리는 경향'을 말한다. 사람들은 돈을 그 출처와 용돈에 따라 제각각 구분하여 사용 방법을 달리하는 경향이 있다. 이러한 습관은 우리 삶에서 자연스럽게 이루어지고 있다.

행동경제학behavioral economics에서 가장 핵심적인 이론인 심리회계mental accounting에 의하면 사람들은 돈, 행동, 일 등 그것이 무엇이든 주제별로 묶고 다른 주제면 다르게 취급한다는 것이다. 우리는 부지불식간에 출처가 다른 돈에 이름, 즉 제목을 붙인다. 그리고 그 제목은 대부분 그 돈의 사용처를 의미한다. 주류경제학에서는 '대체가능성'을 이야기하고 도박으로 번 돈이나 급여로 번 돈이나 사용하는 데는 아무런 차이가 없다고 한다. 그러나 행동경제학에서는 마음의 회계란 개념을 옹호한다. 현실적으로 사람들은 대부분 장기의 목표와 필요의 균형을 고려해야 하지만 자금을 관리하는 현명함과 의지는 그렇게 강하지는 않다. 이러한 이유로 우리는 마음의 회계장부를 만들어 내집마련저축이나 자녀교육자금 등은 신성한 정신적 금고에 저장하여 이 돈은 건드리지 않으려고 한다. 그런데 마음의 회계장부가 항상 효과적인 것은 아니다. 쓸 돈과 저축해야 할 돈을 명확히 구분짓는 장점이 있지만, 간혹 마음의 회계장부에 쉽게 휩쓸릴 경우, 쉽게 얻은 돈은 쉽게 빠져나갈 확률도 높고, 반대로 특별한 계기로 얻은 돈은 너무 소중하기 때문에 정작 이익을 발생시킬 수 있는 기회가 왔을 때도 사용하지 못한다. 자기관리가 부족한 사람에게는 오히려 심각한 문제를 안겨 주기도 한다. 사람들은 특정한 '마음의 회계장부'에 속해야 할 돈을 다른 '마음의 회계장부'에 잘못 기입해버리는 경향이 있기 때문이다.

결국, 합은 같은 것임에도 불구하고 제목을 붙이는 순간 우리의 행동은 달라진다. 왜 우리는 같은 돈에 대해서도 이렇게 다른 생각과 다른 행동을 하는 것일까? 사실 돈에만 제목을 붙이는 것이 아니다. 우리 인간이라는 존재 자체가 의미 혹은 주제를 시간이나 행동 같은 연속적인 것들에 부여하고 그 주제에 따라 불연속적인 것으로 끊어내어 생각하기 때문이다. 아날로그인 세상을 디지털적으로 분리해 내어서 생각하고 행동하는 것이 바로 인간이다. 따라서 인간은 항상 자신이 지금 중요하게 혹은 중요하지 않게 생각하는 측면을 각각 뒤집어서 다시 생각해 볼 필요가 있다.

그림 57 **심리회계** - 똑같은 금액이더라도 벌어들이는 방법이나 지출 용도에 따라 구분해서 사용하는 경향

(2) 신용카드와 재정적 고통 증후군Americanesia Expressa-phobia

수천 년 전의 바빌로니아인들은 물물교환을 위하여 점토 조각을 이용해서 대금지급을 연기했다. 로마인들은 이를 발전시켜서 대부와 대출의 방식을 정착시켰고, 중세 시대에는 신용거래의 개념에 은행에서 발행하는 교환권bills of exchange을 포함시키게 되었다. 17세기~19세기까지 영국의 할부 판매인tallyman들은 막대기나 신표tally에 거래 내역을 새겨가면서 할부로 상품을 팔았다.

신용카드credit card는 인간의 상상력에서 시작되었다. 이 신용카드라는 개념은 에드워드 밸라미Edward Bellamy가 1888년 발표한 공상과학소설Looking Backward: 2000-1887에서 처음 사용하였다. 소설 속의 주인공인 줄리안 웨스트는 1887년에 잠들었다가 2000년에 깨어난다. 모든 것이 변화한 낯선 세상에서 그는 아주 신기한 '돈'을 마주하게 된다. 처음으로 신용카드와 유사한 제도가 유럽에서는 1880년대, 미국에서는 1920년대에 등장하였다. 초창기의 신용카드제도는 사용자가 일정기간(보통 한 달간) 지급을 유예시켜서 그 일정 기간이 지난 후에 대금을

지급하는 것이었다(오늘날의 신용카드는 이와는 대조적으로 잔액을 이번 달에서 다음 달로 이월할 수도 있다).

오늘날과 같은 최초의 신용카드는 1949년 시카고의 사업가 '프랭크 맥나마라Frank McNamara'에 의하여 탄생하였다. 어느 날 그는 레스토랑에서 식사를 하다가 지갑을 호텔 방에 두고 왔다는 것을 깨닫게 되었다. 그는 그날의 난감한 경험을 토대로 세상을 바꾸는 작은 아이디어로서 '돈 없이도 결제를 할 수 있는 방법은 없을까?'라고 생각하게 되었다. 그 후 동업자인 '랄프 슈나이더Ralph Schneider'와 함께 신용카드를 제작하게 되었다. 이것이 세계 최초의 신용카드 '다이너스 클럽카드Diners Club Card'이다. 다이너스 클럽카드가 현재의 신용카드와 다른 점은 카드를 통하여 실제 결제가 이루어지지 않았다는 것이다. 다이너스카드는 우선 뉴욕 14개 레스토랑을 가맹점으로 하여 해당 카드를 보여줄 경우, 당장 계산을 하지 않아도 식사를 할 수 있었고 결제는 월말에 일괄 지급하도록 협의했다고 한다.

그림 58 **최초의 신용카드 - 다이너스 클럽카드**

1958년 이후 다이너스 클럽카드의 성공을 지켜본 많은 기업들이 신용카드 발급에 나서기 시작했다. 지금까지도 만나볼 수 있는 비자VISA와 마스터MASTER 카드도 이때쯤 생겨났다. 마스터MASTER 카드의 경우 캘리포니아의 주요 은행들이 연합하여 개설하였고, 비자VISA 카드의 경우 미국 내 최고 은행이었던 뱅크오브아메리카에서 설립하게 된다. 하지만 이때까지는 신용카드 발급이 소수 계층에게만 이루어지고 있었다. 신용카드가 대중들에게 급속히 확산된 계기는 마그네틱 결제단말기가 도입되면서부터이다. 마그네틱 단말기 도입 전에는 가맹점 점원이 카드번호를 전표에 수기 또는 압인으로 기록하고, 고객은 본인을 확인하는 수단으로 전표에 서명하는 방식을 사용했다고 한다. 하지만 사용 고객이 점점 많아지며 이런 방식으로는 처리 속도가 지체될 수밖에 없었다. 이를 해결하기 위해 IBM이 플라스틱 카드에 부착하는 마그네틱 띠를 개발하게 되었다.

우리나라의 첫 신용카드 발급은 1967년 신세계 백화점에서 삼성 임직원을 대상으로 신용카드 발급을 시행한 것이 시초라고 한다. 그 후 백화점과 호텔을 중심으로 카드 발급이 확대되었고 1978년 외환은행이 해외여행자를 대상으로 VISA카드를 발급하게 되었다. 초기에는 신용카드에 대한 소비자 인식 부족, 가맹점 확보의 어려움 등으로 신용카드가 활성화되지는 않았다. 그러다가 1980년 국민은행을 비롯한 은행권에서 신용카드 발급이 가능해지면서 본격적인 대중화가 시작되었다.

최근 추세는 현금을 소지하기 싫어하는 세대가 늘어나고 소액결제도 신용카드로 가능하므로 거의 대부분 신용카드로 결제하는 것이 일반적이다. 이 신용카드나 다른 종류의 리볼빙론의 결제는 실생활에서 자주 접할 수 있는 위험한 '마음의 회계장부'로 작용한다. 사람들은 신용카드와 현금결제 비용을 서로 다른 심적 회계 계정으로 분류한다. 사람들은 현금이 아닌 신용카드로 물건을 구입할 때는 전혀 돈이 들지 않는 것처럼 느껴지기 때문에 지출을 가볍게 여기게 된다. 신용카드는 돈을 쓰는 방식을 변화시키는 직접적인 원인이 되기도 한다. 카드를 사용하면 돈의 가치가 낮게 느껴지기 때문에 평상시라면 쓰지 않을 돈을 지출하게 된다. 평소에는 신용카드의 청구액을 잊어버리면서도 결제일이 가까이 다가오면 신용결제대금이 너무 늘어날 것을 걱정하여 초조해지는 증상(고통증후군)을 경험한 적이 있을 것이다.

카드 한 장만 가지고 있으면 어디든 갈 수 있고, 무엇이든 살 수 있는 시대! 신용카드의 이용 및 선호도는 꾸준히 증가하는 모습이다. 그러나 신용카드를 체계적으로 관리하지 않으면 연체이자 부과, 신용등급 하락 등의 불이익을 당하게 될 수도 있다. 편리한 만큼 현명한 사용이 필요한 신용카드! 발급부터 이용까지 신중을 기울이는 것이 필요하다.

(3) 심리회계

– 재산에도 꼬리표가 붙어있다. –

가정의 예산에서는 겨울에 난방비를 아껴서 스키장에 갈 수 있다. 그러나 기업의 각 부서들은 전체 예산을 할당받고 그 범위 안에서 세부 예산을 편성한다. 예산원칙의 엄격성으로 인하여 때로는 긴급한 사안을 예산 부족으로 해결하지 못하는 상황에 처하게 된다. 이는 각 사업에 필요한 예산을 배분하여 지출가능 예산의 꼬리표를 붙여두었기 때문이다. 즉, 예산항목과 시간의 제한으로 쉽게 전용이 되지 않는 경우가 많다. 예산운용의 경직성이 존재하게 되면 예산이 남는 부서와 부족한 부서가 생기고 필요한 곳에 예산이 투입되지 못하는 문제가 발생한다. 이 때, 기업 내에 돈은 있지만 긴급한 사업에 바로 투입이 안 되므로 그 돈은 경제학에서 말하는 '대체가능한' 수단이 될 수 없다.

심리학자 칩 히스Chip Heath와 잭 솔Jack Soll은 연구를 통하여 대부분의 학생들이 식품 및 여가활동 비용은 주간 단위로 관리하고 옷 구매에 들어가는 비용은 월간 단위로 관리하고 있다는 것을 발견했다. 그러나 학생들이 돈을 벌기 시작했을 때 예산 관리는 좀 더 유연한 형태로 바뀌었다. 이들은 두 집단에게 주말에 상연하는 연극 티켓을 구매할 생각이 있는지 물었다. 한 그룹에게는 주중에 먼저 농구 경기를 보러 가기 위해 50달러를 썼다는 이야기를 들려주고 다른 그룹에게는 주중에 주차위반으로 50달러를 냈다는 이야기를 들려주었다. 그 결과, 농구 경기에 돈을 썼다는 이야기를 들은 그룹에서는 훨씬 더 적은 학생들만이 연극 티켓을 사겠다고 대답한 것으로 나타났다. 그 이유는 일주일 동안 할당해 두었던 여가 예산을 이미 써버렸다고 생각하기 때문일 것이다.

경제학자 저스틴 해스팅스Justine Hastings와 제시 사피로Jesse Shapiro는 심리적 예산 편성의 영향력에 관하여 의미있는 연구 결과를 보여주고 있다. 그들은 2008년 휘발유 가격이 4달러에서 2달러로 50% 하락했을 때 휘발유 매출추이를 살펴보았다. 우리가 이성적인 인간이라면 휘발유가격이 줄어들었으니 여행을 더 많이 다닐 수 있다고 생각한다. 아마도 효용을 극대화하는 방식으로 더 가치 있는 다른 일에 사용해야 맞다. 그러나 이들은 휘발유가격이 크게 떨어졌으니 고급 휘발유를 넣는 것도 좋겠다고 생각하고 그렇게 실행했다. 더 높은 등급의 휘발유를 선택한 경향은 돈을 다른 용도로 대체가능한 것으로 생각하는 경우에 기대할 수 있는 수준보다 14배나 더 높게 나타났다.

재산 역시 다양한 심리 계좌로 구분된다. 현금은 손 안에서 오래 머물러 있지 않다. 하지만 '저축'이라는 이름이 붙으면 우리는 높은 이자율로 돈을 빌리고 동시에 낮은 이자율로 저축을 하는 기이한 형태로 나타나기도 한다. 바람직한 방법은 예금에서 인출한 돈으로 부채를 상환하는 것이다. 가장 신성한 계좌는 '자녀교육예금'으로 미래 지출을 위한 장기성 저축예금을 하는 것이다. 주택자산 역시 흥미로운 사례를 보여준다. 오랜 세월 동안 사람들은 주택을 신성한 자산으로 생각했다. 그러나 사람들의 이런 태도는 변화하기 시작했다. 주택담보대출은 이자율이 낮았기 때문에 할부로 자동차를 살 때보다도 더 유리했다. 이러한 변화는 주택 자산이 개인에게 자산 중에서 가장 중요하고 최후의 보루로서 신성불가침이라는 영역에 속하므로 주택대출은 가능한 빨리 갚아야 한다는 생각을 허물기 시작했다. 결국 장기적인 금리하락과 주택 시장에 거품이 일고 가격이 상승하면서 자금적인 여유가 생기자 주택 소유자들은 복권에 당첨된 것처럼 거실에 대형 TV를 들여 놓게 되었다. 바로 이 시점부터 주택자산은 더 이상 '안전한' 심리 계좌가 아니었다. 하지만 주택가격이 하락하면서 정반대의 경우도 나타났다. 상환하지 못한 담보대출이 주택 가격을 초과하면서 주택 자산 가치가 마이너스로 떨어졌다. 이자율이 상승하면서 담보대출을 가능한 빨리 상환해야 한다는 인식이 다시 나타나고 있다. 은퇴 전에 담보대출을 상환해야 한다는 표준이 다시 떠오를 것인지는 앞으로 지켜봐야 할 것이다.

그림 59 **심리회계** - 재산에도 꼬리표가 있다.

공돈 소중해

(4) 돈에 꼬리표 달기

– 세금감면 혜택 –

심리회계mental accounting란 앞서 언급하였듯이 사람들이 경제적 의사 결정을 할 때 마음속에 나름의 계정들을 설정해 놓고 이익과 손실을 계산한다는 것을 설명하기 위해 고안된 개념이다. 각자의 마음속에는 기업의 회계장부에 빗댈 만한 주관적 프레임들이 설정돼 있다. 돈과 관련한 선택은 모든 가능성을 합리적으로 숙고하고 내려지는 게 아니라 마음속에 이미 자리 잡고 있는 이 프레임의 범위 내에서 이뤄질 수밖에 없다는 것이다.

심리회계가 적용되는 다른 사례로 세금감면 혜택을 들 수 있다. 내수 시장이 침체되면 정부에서는 일련의 경기부양정책의 일환으로 세금감면을 통하여 소비를 촉진시킨다. 세금감면에는 일반적으로 두 가지 방식이 있다. 하나는 세율을 낮춤으로써 사람들이 납입해야 하는 세금액수를 직접적으로 줄여주는 것이다. 다른 하나는 단기적으로 효과를 거둘 수 있는 세금환급 방식이다. 납세자들은 일단 기존 세율대로 세금을 납부하지만 세금 징수 기간이 끝나면 정부에서 새로운 세율에 근거해서 차액을 돌려준다. 두 가지 방식으로 거둔 최종 액수가 같다면 세율을 5% 내리는 것과 납부 금액을 5% 환급해 주는 것은 본질적으로 차이가 없다. 그러나 소비를 자극하는 효과는 많이 차이가 난다. 그 이유는 심리회계장부의 영향으로 사람들은 위의 두 가지 상이한 감세방식에 다르게 대응한다. 첫 번째 방식으로 세금을 감면해 주면 절차상으로는 환급하는 것보다 훨씬 간단하다. 하지만 세율을 인하해 실질적인 세금이 줄어들더라도 사람들은 여전히 자신이 번 돈으로 채워 놓은 심리회계장부에서 빠져나가는 돈은 아깝기만 하다. 이 때문에 소비 촉진에 그다지 큰 영향을 미치지 않는다. 그러나 기존의 세율로 세금을 내고 나면 자신의 손을 떠난 세금액은 더 이상 자신의 심리회계장부와 관련이 없게 된다. 그리고 나중에 정부에서 다시 세금을 환급해 주었을 때 그 돈을 이전 장부에 넣지 않는다. 일종의 부수입으로 간주하기 때문에 쉽게 써버린다. 그러므로 세금환급 방식이 소비 촉진에 훨씬 효과적이다. 하지만 국제쇼핑센터협회ICSC의 마이클 니에미라 수석 이코노미스트는 "세금환급이 일시적 처방책으로 유효하겠지만 장기적으로 소비를 진작시키지 못할 것"이라고 말한다.

이와 같이 사람들은 돈을 어떻게 활용할지 마음속으로 나누는 경향이 있다. 가령, 월급을 받는다면 얼마는 생활비, 얼마는 저축 등과 같이 마음속에 장부를 만들어서 나눈다. 사람들이 정신적인 장부를 만드는 경향이 있다면 마음의 심리회계를 긍정적으로 활용하는 방법도 있을 것이다. 저축이 우선적인 목표라면 월급에 대해서 저축에 대한 심리회계를 먼저 할애하고 나머지 돈으로 다른 부분에 할당한다면 저축을 하는 일이 보다 수월해 진다. 하지만 사람들이 소비에 대한 심리회계를 먼저 할애하고 그 다음에 저축을 생각하기 때문에 돈 모으기가 쉽지 않다. 사람은 기본적으로 소비 욕구가 크기 때문이다. 최근 심리학계에서 심리적인 소비욕구에 대해서 많은 이슈가 다루어졌다. 즉, 사람들은 화가 나거나, 기분이 좋은 상태일 때 소비를 늘리는 경향이 있다고 한다. 그렇기 때문에 월급이 들어오면 저축 계좌로 자동 이체되도록 설정해서 자신의 의지에 벗어난 소비를 방지할 수 있다. 그리고 자기 자신을 더욱 개발하고 좀 더 나은 모습으로 발전시키고 싶다면 자기 개발비에 대한 항목을 만들어 놓는 것도 좋은 방법이다. 심리회계장부에 취미에 대한 항목을 별도로 만들어 놓고 돈까지 지불해 놓는다면 취미를 시작할 가능성과 성공 확률이 더 높을 것이다. 그와 반대로 그 동안 저축만을 위해서 살아온 사람이라면, 이제는 즐거움과 취미를 위한 심리회계를 먼저 할애하는 것도 좋을 것이다. 인간은 스스로가 행복하기 위하여 살고 있는 것 아닌가? 심리회계장부는 실제 생활에서 시시각각으로 일어나고 이에 대해 대비한다면 좀 더 합리적인 소비가 가능할 것이다. 돈에는 꼬리표가 없다. 하지만 사람들은 출처가 다른 돈에 꼬리표를 스스로 붙인다.

이성적 판단을 하는 인간도 순간의 상황과 조건에 따라 비이성적인 행동을 한다. 따라서 합리적인 소비나 행동을 위해서는 자신의 세심한 부분까지 생각하고 그 행동의 결과가 어떤 변화를 가져올 것인지 생각해 볼 필요가 있다. 무엇보다 일상적 소비 생활 속에서 자신의 소득, 신용, 정보 등도 충분히 고려해야 할 필요가 있다. 심리회계의 여러 가지 상황을 잘 알고 있다면 힘들게 번 돈을 낭비하지 않고 좀 더 만족도가 높게 소비를 할 수 있을 것이다.

(5) 심리회계

– 정직한 가격은 왜 실패하는가? –

저녁을 먹고 영화관에서 영화를 보는 데 들어가는 비용은 금전적 지출로만 설명할 수 없다. 만원을 가지고 할 수 있는 모든 경우들 중 최고의 것을 선택하려는 주류경제학적 접근 방법은 사람들이 쉽게 따라할 수 있는 방법은 아니다. 그 영화를 보는 비용은 시간과 돈의 선택과도 관련되어 있기 때문이다. 그렇다면 사람들은 어떤 선택을 할까? 우리는 심리회계라는 렌즈를 통해 세상을 더 정확하게 바라볼 수 있다.

한 소비자가 백화점에서 쇼핑을 하던 중 평소 사고 싶었던 더블 침대 커버를 산다고 가정하자. 그 소비자는 침대커버의 가격이 정상가 킹 사이즈 30만원, 퀸 사이즈 25만원, 더블 사이즈 20만원이였는데 이번 주만 사이즈에 관계없이 모두 15만원에 판매하는 것을 발견한다. 이 때 그 소비자는 유혹을 참지 못하고 그만 킹 사이즈 커버를 사고 만다. 침대에 맞지도 않는 커버를 구매하면서 소비자는 어떤 생각을 한 것일까? 경제학자들이 말하는 '소비자 잉여'와 동일한 개념인 취득효용의 관점에서 보면 더블침대에 딱 맞는 커버의 효용 가치가 더 높을 것이다. 하지만 인간은 구매의 또 다른 측면, 즉 거래 자체도 중요하게 여긴다. 바로 거래효용의 개념이다. 거래효용은 특정 제품을 사기 위해 실제로 지불해야 하는 가격과 일반적으로 구매자들이 지불하고자 하는 가격인 준거가격 간의 차이를 의미한다. 더블 사이즈 커버와 킹 사이즈 커버처럼 실제로 지불해야 할 가격이 준거가격보다 낮은 경우 그 거래는 '할인'이라는 긍정적인 거래효용에 해당된다. 반대로 킹 사이즈 커버처럼 긍정적인 거래효용은 모든 사람들이 별로 가치가 없는 제품을 기꺼이 구매하도록 만들 수 있다. 우리는 이처럼 거래 자체가 너무 좋다는 이유만으로 거의 사용하지 않으면서도 '반드시 사야 하는' 물건들을 집에 모셔다두고 산다. 그 반대의 경우는 바로 '바가지'라는 부정적인 효용이 된다.

리처드 탈러 교수는 거래효용의 개념을 다음의 실험을 통해 이야기한다. 여름날 무더운 해변에서 자신이 가장 좋아하는 맥주를 고급 바와 간이매점에 전화를 해서 배달해 달라고 주문을 한다면 둘 중에서 어디에 비용을 더 지불하겠는가? 우리는 맥주를 판매하는 곳에 직접 들어가 보는 것도 아니고 그 매장의 분위기를 느낄 필요도 없다. 해변에서 배달된 좋아하는 맥주를 마시면 된다. 이러한 조건을 염두에 두고 설문조사를 했을 때, 그 조사의 결과에 의하면 사람들이 간이매점보다 고급 바에서 파는 맥주에 더 높은 비용을 지불하겠다고 한 것이 우세한 것으로 나타났다. 이 실험에서 주목할 점은 사람들이 똑같은 맥주를 똑같은 장소에서 마시더라도 그것을 어디서 샀느냐에 따라서 서로 다른 가격을 지불하고자 한다는 것이다. 이렇게 우리가 판매점에 신경을 쓰는 이유는 기대 때문으로 고급 바에서 파는 맥주의 가격이 더 높을 것으로 기대한다. 높은 가격이 유쾌하지 않지만 충분히 예상했던 결과이다. 그러나 만약 간이매점에서 같은 가격을 요구한다면 화가 날 것이다. 그 이유는 바로 거래효용 때문이다. 거래효용은 긍정적인 또는 부정적인 형태로 나타날 수 있다. 만약 해변의 맥주 사례에서 맥주를 간이매점에서 사고 배달원이 고급 바에서 샀다고 거짓말을 한 사실을 알았다면 사람들은 그 거래에 만족하지 못했을 것이다. 만족감을 느끼지 못한 유일한 이유는 바가지에 대한 혐오감 때문이다.

우리가 이런 방식으로 생각한다는 사실을 이해하고 있는 판매자들은 오랫동안 애용된 근거 없는 '희망소비자가격'을 사용한다. '희망소비자가격은' 준거가격으로 인식되어서 '거래'에 대한 환상을 만들어낸다. 구매가 비교적 드물게 이루어지고 품질 평가가 평이하지 않은 남성정장은 일년 내내 세일 중인데 이 때 희망소비자가격은 두 가지 기능을 한다. 가격만큼 품질이 우수하다는 점과 동시에 '세일 중'이기 때문에 거래효용 역시 높다는 점을 전해준다. 우리는 자주 거래효용이 주는 쾌감에 중독된다. 미국에서도 코스트코 매장 주차장은 언제나 고가의 자동차들로 넘쳐난다고 한다. 부유한 사람들 역시 거래효용에서 쾌감을 느낀다. 만약 백화점의 유명매장이 할인하지 않는다면 심각한 어려움에 직면할 수도 있다. 미국의 메이시 백화점과 JC페니는 소비자들이 기존의 잦은 세일 행사에 대한 중독에서 벗어나도록 하려고 했으나 성공하지 못했다. 우리는 희망소비자 가격이 가짜였다는 이야기를 듣고 싶어 하지 않는다. 마찬가지로 이마트나 롯데마트 등 대형 할인매장들은 매일 염가 전략을 기반으로 대박 행사를 하고 있다. 이 때 잡은 횡재는 구매할 때마다 얻을 수 있는 잘 드러나지 않는 소소한 절약보다 훨씬 더 기분 좋은 일이다.

(6) 심리회계

– 매몰비용 –

'이미 엎질러진 물' 또는 '지나간 일은 지나간 일일 뿐'이라는 말은 매몰비용의 다른 표현이다. 매몰비용을 무시하는 것은 합리적인 선택이다. 하지만 사람들은 '낭비'라는 생각에 매몰비용을 무시하라는 조언을 따르기가 힘들다. 실제로 사람들은 운동에서 실력 향상과 자기통제 문제를 해결하기 위해서 회원권을 구입한다. 그 회비는 스스로 나태함을 이겨내도록 도움을 준다. 부상을 당하여 몸이 불편해도 이미 지불한 비용이 아까워서 고통을 참아가며 레슨을 받는다. 그러나 헬스장에 가는 것은 며칠 혹은 몇 주되지 않아서 뜸해지기 시작한다. 따라서 회원권 구입에 들어간 돈은 매몰비용의 일종이 된다. 매몰비용의 손쉬운 사례로서 언급되는 우리나라 새만금 사업이나 미국의 베트남전도 중단하기에는 지금까지 너무 많은 투자를 했기 때문에 빠져나올 수 없었던 것이라고 생각하는 사람들이 많다.

사람들은 왜 고통 속에서도 레슨을 받거나 전쟁을 계속하는 것처럼 합리적이지 못한 일련의 행동 과정을 지속적으로 해나가는 것일까? 우리는 돈을 지불하고 그 제품을 취득하면서 취득 효용의 기쁨을 얻을 수 있다. 하지만 레슨 회원권을 구입하고 레슨을 받지 못했을 때 어떤 일이 벌어지는 것일까? 아마도 자신의 마음속 회계장부에 '손실이라고 기입'하며 '낭비'라고 생각할 것이다. 레슨을 받아야만 손실 없이 그 계정을 청산할 수 있고 이미 지불한 대상을 더 많이 사용할수록 그 거래에 대해 좋은 느낌을 갖게 된다. 통증으로 레슨을 마지막으로 포기할 때까지 몇 번이나 도전해볼 것인가? 그 질문에 대한 대답은 지불한 금액에 달려 있을 것이다. 비싸면 비쌀수록 우리는 포기하기까지 더 오랜 시간 고통을 견디려 할 것이다.

마케팅 전문가 존 거빌John Gourville과 딜립 소먼Dilip Soman은 헬스클럽을 대상으로 멋진 실험을 했다. 헬스클럽의 회원들은 일 년에 2회 회비를 낸다. 회원들은 회비를 낸 다음 달에 출석이 갑자기 크게 늘었다가 다음 회비를 낼 때까지 서서히 줄어든다는 사실을 발견하고 이런 현상을 '지불비용감소payment depreciation'라고 불렀다. 이는 매몰비용의 효과가 서서히 작아지는 것을 의미한다.

어떤 상황에서는 매몰비용과 기회비용이 얽혀서 나타나기도 한다. 프린스턴의 심리학자 엘다 샤퍼Eldar Shafir와 리처드 탈러는 와인 애호가들을 대상으로 재미있는 실험을 했다. 선물 시장에서 한 병에 20달러 고급 보르도 와인을 한 케이스를 구입했다. 그 와인은 경매 시장에서 75달러에 팔리고 있다는 조건을 제시하면서 만약 "그 중 한 병을 꺼내 마신다면 다음 보기에서 여러분의 느낌을 가장 잘 설명하고 있는 것은 무엇인가?"라고 질문하였다.

1) 0달러, 이미 돈을 지불했다(30%)
2) 20달러, 내가 구입한 가격(18%)
3) 20달러 더하기 이자(7%)
4) 75달러, 팔았을 때 받을 수 있는 금액(20%)
5) −55달러, 75달러 와인을 20달러에 구입하였기 때문에 마실 때마다 그만큼 돈을 버는 것(25%)

와인을 마시는 데 따른 기회비용은 이를 판매할 때 받을 수 있는 가격이기 때문에 경제학 이론이 제시하는 정답은 4번 75달러이다. 실제로 설문에 응했던 많은 경제학자들은 4번을 선택했다. 하지만 절반 이상(1~3까지 응답의 합)의 응답자가 75달러 와인을 마시는 것이 돈을 절약하는 것이라고 답했다. 우리는 일상에서 와인을 75달러를 주고 살 생각은 없지만 특별한 날에 기쁜 마음으로 와인을 한 병씩 꺼내 마시고 있다. 이 질문을 살짝 수정하면 경제학자들처럼 답하도록 만들 수 있다고 한다. 만약 실수로 와인 병을 깨트렸을 때 어떤 느낌이 들 것인지를 물어 보는 것이다. 이런 경우 대다수의 사람들은 팔아서 받을 수 있는 금액인 75달러를 잃어버린 느낌이 든다고 대답했다.

이와 연계해서 또 다른 질문으로, 선물시장에서 보르도 와인 1 케이스를 400달러에 사고 10년 동안 그 와인을 마실 생각이 없다면 1) 구매한 시점에서 400달러를 소비, 2) 400달러를 투자, 3) 100달러를 절약이라는 세 가지 느낌 중에서 가장 정확하게 묘사하는 것은 무엇인가? 10년 동안 보관해 둘 와인을 구매한 경우 가장 많이 동의한 대답은 소비를 일종의 투자라고 생각한다는 것이다. 우리는 이러한 실험을 통하여 생각에 일관성이 없음을 확인할 수 있다. '지금 투자하고, 나중에 마시고, 지출은 없다.' 이런 사고방식은 와인을 즐기는 과정에서 지출을 제거한다.

한편, 매몰비용의 또 다른 흥미있는 사례를 들어보자. 코스트코에서 쇼핑을 하기 위해서 우리는 '회원'이 되어야 한다. 회원이 되기 위해서는 연회비라는 일종의 '투자'금을 내야 한다. 하지만 우리는 모든 구매에 걸쳐서 그 비용을 할당하려고 하지 않는다. 이는 매몰비용처럼 기능하면서 코스트코에서 쇼핑을 해야 할 또 다른 이유가 된다. 마찬가지로 아마존 '프라임 회원'이 되기 위해서 소비자들은 1년에 99달러를 내야 하고 프라임 회원이 되면 무료 배송 서비스를 누릴 수 있다. 그 회원들은 멤버십 비용을 그들의 구매 비용에 '포함'되지 않는 투자로 바라보고 있다. 실은 구매와 관계없이 납부한 회비는 이미 매몰비용이 되었다.

(7) 심리회계

– 뺄셈의 심리학 –

세네카는 “가난하다는 말은 너무 적게 가진 사람을 두고 하는 말이 아니라 더 많은 것을 바라는 사람을 두고 하는 말이다.”라고 하였다. 앞서 언급하였듯이 사람들은 심리회계에 따라서 직관적이고 본능적으로 돈을 출처에 따라서 구분해서 생각한다. 사람들의 생각의 오류를 지적하는 마음속의 회계라는 뜻으로 심리회계라고 부른다. 그런데 심리계좌의 영향력은 단순히 물건 하나를 충동 구매하는 수준을 넘어 인생 전반에 걸쳐 중요한 판단에 힘을 발휘한다. 이러한 이유로 심리회계는 유의해서 새겨둘 편향의 하나이다. 사람들이 선택을 잘못해서 후회할 때, 시간이나 돈의 손실은 되돌릴 수 없지만 결과의 의미는 얼마든지 새롭게 해석할 수 있다. 행복한 삶을 원한다면 자신에게 일어나는 일에 대하여 건설적으로 해석해야 한다. 심리회계는 의식적인 생각의 오류이기도 하지만 주어진 시간과 마음을 허비하지 않게 해주는 해석의 기술이기도 하다.

심리회계에서 마음의 해석을 어떻게 할지 살펴보자. 한 사례로 교통위반이나 요금납부지연으로 과태료 고지서가 날아오는 경우를 살펴보자. 일반적으로 과태료 고지서가 날아오면 우선 화가 나기 마련이다. 하지만 우리는 각자의 행복을 찾고 마음의 평화를 위해 노력할 필요가 있다. 과태료 고지서를 받아들고 화가 났지만 사람들은 후원금이나 기부 등 좋은 목적에 쓰려고 모아둔 마음의 회계장부에서 과태료를 납부하고 나면 화를 내지 않게 되기도 한다. 사실 기부와 과태료는 전혀 다른 것이지만 마음의 평화를 위하여 의도적으로 자신을 조금 속이는 것도 필요하다. 즉, '심리회계'를 활용하여 과태료를 기부로 좋게 해석하는 것이다. 같은 맥락에서 가난한 지역을 여행하다 지갑을 잃어버렸다면 도난당했다고 받아들일 것인지, 아니면 가난한 사람들에게 기부했다고 해석할 것인지는 개인의 재량이다. 어느 것이 마음의 안정에 도움이 될까?

마음의 해석과 관련하여 올림픽의 메달에 관한 또 하나의 사례를 살펴보자. 앞에서 언급 하였듯이 올림픽에서 은메달을 수상한 선수와 동메달을 수상한 선수 중 누가 더 행복한가? 은메달을 수상한 선수는 금메달을 수상한 선수와 비교하지만, 동메달을 수상한 선수는 메달수상을 못한 수많은 선수들과 비교하기 때문에 동메달을 수상한 선수가 더 행복하다. 그러므로 우리는 가지지 못한 것을 생각하는 대신, 이미 가진 것을 잃었을 때의 아쉬움을 생각하는 편이 더 유익하다. 이것을 심리학에서는 '마음의 뺄셈'이라고 한다. 마음의 뺄셈은 인생의 좋은 측면을 소중히 여기는 보증된 전략이 될 것이다.

2. 프레이밍

(1) 프레이밍 효과framing effect

사람들 머리속에는 누구나 자기 나이만큼 키워온 두 마리의 개가 있다고 한다. 개의 이름은 '편견'과 '선입견'이다. 두 마리 개는 주인의 이성적 사고력을 마비시킨다. 편견과 선입견의 틀frame 속에 갇힌 주인은 '사건의 실체'를 따지지 못하고 그저 선동에만 끌려 남을 비판하고 정죄定罪한다. 프레임의 원래 사전적 의미는 틀, 창틀, 테, 안경테, 액자 등이다. 이 뜻이 발전하여 최근에는 '틀'이라는 의미를 추상적으로 확대하여 '생각의 틀'을 지칭하는 용어로도 쓰이게 되었다. '생각의 틀'을 패러다임paradigm이라고도 한다. 프레이밍이라는 것은 사진 용어로 사진을 찍을 때 사진이 찍히는 대상을 파인더에 적절히 배치해 화면을 구성하는 작업이다. 어떻게 파인더에 배치하느냐에 따라 사진의 느낌과 구성이 달라지는 것처럼, 어떤 사안이 제시되는 방법에 따라 동일한 사안이라고 해도 그에 관한 사람들의 해석이나 의사결정이 달라지는 인식의 편향cognitive bias 현상을 가리키는 말이다. 프레이밍 효과는 어떤 사실을 전달할 때, 어떤 틀 안에 넣느냐에 따라 전달받은 사람의 생각과 행동에 영향을 준다는 것이다. 즉, 문제의 표현 방식에 따라 동일한 사건이나 상황임에도 불구하고 개인의 판단이나 선택이 달라질 수 있는 현상을 말한다. 이 때 제공되는 인식의 틀을 프레임이라고 하고, 이 틀은 정보를 제공받은 자의 의사결정에 영향을 미치게 된다. 인간은 일생에 걸쳐서 정신적·감정적 이해를 위한 인식의 틀을 가지게 된다. 이러한 인식의 틀은 사람이 세상을 이해하는 데 사용되고 의사결정을 하는 데 영향을 주게 된다. 우리도 모르는 사이에 프레이밍 효과는 우리의 생각을 움직이고 있다.

인식의 틀에 따라서 동일한 사건도 다른 시각에서 볼 수 있다. 유리컵에 물이 반 정도 차 있을 때 "반 밖에 남지 않았네." 아니면 "반이나 남았구나."라는 두 가지 시각이 엇갈리게 마련이다. '지방 10% 함유'라고 적거나 '90% 살코기'라고 같은 현상을 다르게 표현할 수 있다. 마찬가지로 '실패율 1%보다 성공률 99%'로 표현할 수 있는데 이왕이면 긍정적으로 표현하는 것이 효과적일 것이다. 비슷한 사례의 일화를 들어보자. 임진왜란에서 이순신 장군은 원균의 조선수군이 칠천량 전투에서 대패하고 나서 경상우수사 배설이 숨겨놓았던 판옥선 12척을 회령포에서 찾아냈다. 한편에서는 대패한 조선수군을 보고 '이제 수군이 판옥선 12척밖에 남지 않았다.'고 보는 시각도 있었다. 이에 기초하여 선조는 조선수군이 궤멸된 것으로 보고 수군을 폐지하려 하자 이순신 장군은 선조에게 "신에게는 아직 12척의 배가 있사옵니다."라는 장계를 올려서 조선수군이 아직도 승산이 있으니 유지시켜달라고 요청하였다. 같은 현상에 대해서도 이렇게 다른 인식의 틀이 존재한다. 우리가 잘 알고 있듯이 긍정의 인식 틀을 유지한 이순신 장군이 12척의 배를 이끌고 명량해전에서 대승을 거두었다.

그림 60 **프레이밍** – '아' 다르고, '어' 다르다.

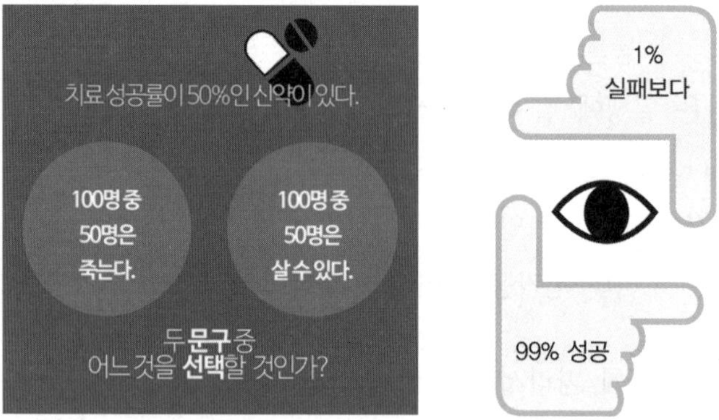

(2) 코로나

– 멕시코의 여유와 낭만 –

프레이밍 효과를 이용하는 사례는 다양하다. 첫 번째 사례로서 멕시코의 코로나 맥주와 관련된 것을 소개하고자 한다. 멕시코의 코로나 맥주가 북미시장에 진출한 것은 1980년대 말이다. 막강한 잠재 경쟁자의 출현으로 당시 미국 맥주회사인 버드와이저는 코로나의 행보를 주목하였다. 코로나의 결점을 찾던 가운데 버드와이즈는 330ml 짜리 유리병에 담긴 코로나 맥주의 양이 병마다 제각기 다르다는 사실을 찾아내었다. 미국의 버드와이저는 '맥주 양 하나 못 맞추는 코로나는 전혀 위협거리가 되지 못한다.'며 공격하였다. 버드와이저의 비난은 흔히 사람들이 멕시코 하면 머리속에 떠올리는 부정적인 이미지로서 나태함, 게으름, 무절제, 마약, 공해 등을 떠올리게 한다. 흥미롭게도 이러한 공격에 대한 코로나의 대응이었다. 만약 코로나가 '당장 현대화된 공장을 건설해 맥주량을 제대로 맞추겠다.'고 발표했다면 소비자들은 버드와이저의 기대처럼 코로나 맥주에 곱지 않은 시선을 보냈을 것이다. 하지만 코로나는 '병마다 맥주량이 다른 것 자체가 멕시코의 여유와 낭만'이라고 응수했다. 코로나는 사람들에게 코로나 맥주에 대하여 '여유와 낭만'이라는 틀을 심어준 것이다. 즉, 사람들이 멕시코에 대해서 부정적으로 생각하고 있는 그 모든 연상 이미지들이 실상은 무질서의 표출

그림 61 맥주 양 하나 못 맞추는 코로나?

멕시코의
낭만과 여유

이 아니라 진정으로 삶을 즐길 수 있는 자세라고 점잖게 반박한 것이다. 이는 약점을 멋지게 강점으로 반전시킨 좋은 프레이밍의 활용사례이다. 즉, 상대가 지적한 약점의 프레이밍을 깨고 이를 오히려 강점의 프레이밍으로 전환시킨 사례이다.

둘째, 프레이밍 효과를 광고에 적용시켜 성공한 AVIS 광고를 살펴보자. 미국의 허츠 렌터카는 한 때, 60%의 압도적인 시장 점유율을 차지하고 있었다. 나머지 40%의 업체들은 허츠에 비하면 경쟁력이 없던 업체들이어서 2위나 3위로 순위를 매기는 것은 의미가 없었다. 이 때, 미국의 렌터카회사인 AVIS는 NO.2 캠페인을 벌였다. '우리는 2등입니다. 우리가 할 수 있는 것은 노력밖에 없습니다.'라고 광고하였다. 이 광고는 꽤 효과가 있었고, 사람들은 AVIS 기업을 보면 '루저로서의 2위' 보다는 '1위를 따라 잡으려는 노력파'의 이미지를 갖게 되었다. 소비자들은 이 광고를 보고 1위 허츠 렌터카 이외에 순위 의미가 없던 렌터카 업체 중 AVIS가 2위라고 인식하는 프레이밍 효과가 나타나게 되었다. AVIS가 이 No.2 전략을 사용한지 2개월 만에 허츠의 시장 점유율은 60%에서 45%까지 떨어졌고 매년 적자에 시달리던 AVIS는 매출이 향상되는 성공을 이뤘다. 드디어 AVIS는 1위인 허츠 자리까지 위협할 정도로 성장하기에 이르렀다. 렌터카 업체로서의 인지도를 크게 상승시켰을 뿐만 아니라 '우리는 성실하다.'는 프레이밍을 설정하는데 성공한 것이다. 하지만 얼마 못 가서 AVIS는 이 프레임을 스스로 버리고 다른 프레임을 선택하였다. 즉, '이제는 1등이 되고 싶습니다.'를 결정하였다. 이 광고를 결정하기 전에 마케팅팀에서 이 광고를 절대로 해서는 안 된다고 반대하였다. 그러나 대다수 의견은 '이제는 1등도 할 수 있다.'는 견해가 지배적이었다. 결국 그 광고를 내보냈고 결과는 참패로 귀결되었다. 이 잘못된 프레이밍으로 AVIS는 원래 좋았던 이미지마저 잃고 점유율은 크게 하락하고 말았다. AVIS의 시장점유율이 하락한 것은 여러 가지 요인이 있을 수 있지만 그 중 성공한 프레이밍을 넘어서 격에 맞지 않는 프레이밍을 잘못 선택하면 큰 위험을 초래할 수도 있음을 보여준 사례이다.

셋째, 또 다른 사례로서 엘리베이터 제작업체인 오티스엘리베이터의 프레이밍 적용일화는 문제해결에 많은 의미를 생각하게 한다. 오티스엘리베이터는 납품한 엘리베이터를 사용하던 고객들로부터 엘리베이터의 속도가 많이 느리다는 불만을 받았다. 그런데 기술진이 이 문제를 해결해 주려고 여러 번 손을 봤으나 자사의 일반적인 제품에 비하여 속도에 큰 차이가 없었다. 오티스는 이를 계속 고민하고 해결하기 위하여 대책회의를 하고 있었는데 마침 커피를 가져다주던 비서가 다소 엉뚱한 아이디어를 언급했다. “차라리 엘리베이터에 전신거울을 달아 놓으세요. 가능하면 좀 날씬하게 보이는 걸로.” 참석한 직원들은 이 아이디어가 일리가 있을 수 있다고 생각하였다. 당장 그 다음날로 불만을 제기한 회사의 엘리베이터에 시험 삼아 거울을 달아 보았다. 다행히도 그 이후로 아무도 엘리베이터 속도가 느리다는 불만을 제기하지 않았다. 이용자들은 대부분 엘리베이터에 올라타서 자신을 투명거울에 비춰보는 데만 신경을 썼다. 때로는 자신을 보느라 버튼을 누르는 것을 잊어버리기도 하였다. 기존의 속도에 대한 프레이밍 대신 다른 접근 방법(프레이밍)이 문제 해결에 유익할 때가 있다. 즉, 문제가 발생했을 때는 프레임 자체를 다르게 바꿈으로써 그 문제를 해결할 수도 있다.

넷째, 도심 가운데서 걸인이 팻말을 들고 구걸하고 있는데 가끔씩 지나가는 사람들이 동전을 던져주었다. 그 앞을 지나가던 숙녀가 그 팻말의 글씨를 수정하자 순식간에 걸인의 깡통에 동전이 가득하게 되었다. 수정하기 전 처음의 팻말에 적힌 문장은 '저는 눈이 안보여요. 제발 도와주세요.'였다. 그런데 그 숙녀가 수정한 팻말에 적힌 문장은 '참 아름다운 날이네요. 하지만 저는 볼 수가 없네요.'였다. 사람이 걸인의 요청을 받아들이기를 강요하기보다는 자발적으로 돕는 것에 더 가치를 두는 문장이다. 이 문장은 자연스럽게 눈뜨고 보지 못하는 걸인에 비하여 세상을 볼 수 있는 것만으로도 얼마나 행복한지 일깨워주고 행동하게 만든다. 즉, 강요하지 않으면서 걸인의 입장보다는 지나가는 사람들의 입장에서 생각하도록 그 관점을 전환한 것이다.

다섯째, 프레이밍의 사례는 정치에서도 일상적으로 확인할 수 있다. 언어학자 조지 레이코프는 '프레임 이론frame theory'을 발표했다. 어떤 사건이 발생했을 때, 그것을 전략적으로 짜인 틀 속에 넣어 대중에게 먼저 제시하고 규정하는 쪽이 정치적으로 승리하고, 이를 반박하려는 쪽은 오히려 상대방의 틀을 더 강화해 주는 딜레마에 빠지게 된다는 이론이다. 일종의 프레임을 통하여 선점효과를 누리는 것이다. 즉, 선동이 진실을 가장한 거짓일지라도 일단 대중에게 먹혀들면 나중에 진실이 밝혀져도 반박하거나 뒤집기가 매우 어렵다는 것이다. 미국 속담에 "유리 집에 사는 사람은 돌을 함부로 던지면 안 된다."는 표현이 있다. 자신이 많은 약점을 가지고 있는 사람은 다른 사람을 가볍게 비난해서는 안 된다는 뜻이다. 그 비난으로 상대의 더 큰 비난을 초래할 수도 있기 때문이다. 이는 한편으로 함부로 선동하지 말라는 것을 강조하는 속담이다.

여섯째, 복면을 쓰고 노래를 부르는 '복면가왕'이라는 TV 프로그램이 오랜 기간 동안 계속해서 인기를 끌고 있다. 이 프로그램은 일종의 '프레이밍 효과framing effect'를 각인시키는 프로그램이다. 노래 부르는 출연자들에게 복면을 씌움으로써 시청자들이 복면을 하지 않은 출연자와는 다르게 복면출연자가 누구일까? 하는 호기심을 갖고 시청하게 만든다. 복면이 일종의 틀이 되는 셈인데 이전과는 전혀 다른 틀을 제공함으로써 이 출연자를 바라보는 시청자의 기존 사고체계를 흔들어 놓는다. 사실 프로그램에 출연하는 사람들은 가면을 벗기고 보면 결국 우리가 잘 알고 있던 사람들이 대부분이지만, 복면을 씌우고 보니 이전과는 전혀 다른 느낌과 호기심을 유발하게 되는 것이다.

(3) 프레이밍 효과

– 두 가지 관점 –

우리는 100세 시대를 맞아 두 가지의 전혀 다른 틀로 100세 시대를 바라볼 수 있다. 100세 시대의 본질은 모두 오래 살게 됐다는 '보편적인 장수'에 있다. 이 장수를 '위험'으로 받아들일 수도 있고 '축복'으로 받아들일 수도 있다. 위험으로 보는 입장은 노후준비를 하지 못한 채 맞는 노년의 각종 부작용과 고령화에 따른 각종 사회현실에 집중한다. 50%에 육박하는 노인 빈곤율, 세계 최고 수준의 노인 자살률, 아무도 모르게 혼자 죽어가는 고독사, 고령화로 인한 경기침체와 사회 활력 저하, 노인이 노인을 부양하면서 발생하는 노노갈등 등은 100세 시대를 바라보는 부정적 관점의 산물이다. 이전에는 미처 경험해 보지 못했던 장수와 고령화가 역사상 세계 어느 나라보다도 빠르게 진행되면서 발생하고 있는 현상들이다.

반면, 100세 시대를 축복으로 보는 입장은 장수의 긍정적인 측면에 집중한다. 사람이 살면서 느끼는 오복 중 첫 번째로 꼽히는 장수의 실현, 이전보다 훨씬 건강한 노년을 기반으로 한 제2의 삶 실현, 책임감에서 벗어난 자유로운 삶, 원하는 것을 원없이 할 수 있는 시간적 여유 등은 100세 시대를 바라보는 긍정적 모습들이다. 이전 세대가 누리지 못한 엄청난 행운과 복을 누릴 수 있는 셈이다. 긍정적인 틀은 누가 씌워주지 않는다. 100세 시대를 어떻게 바라볼지는 개인의 사고체계, 즉 틀에 달린 문제다. 100세 시대를 어떤 틀로 바라보든 간에 어떤 식으로든지 노후를 준비해야 하는 것은 모두가 같다. 이 때 장수를 위험으로 보는 관점과 축복으로 보는 관점 가운데 보다 나은 관점은 무엇일까?

이와 비슷한 관점을 제공하는 환자의 수술에 관한 사례를 들어보자. 만약 난치병에 걸린 환자에게 의사가 최후의 방법으로 성공확률이 50%인 수술을 권한다고 해보자. 이때 의사는 수술에 대해 설명하면서 "이 수술은 사망확률이 50%입니다."라고 말할 수도 있고, "이 수술은 생존확률이 50%입니다."라고 말할 수도 있다. 이 두 가지 관점의 본질은 같다. 성공과 실패확률이 각각 절반으로 똑같다. 두 가지 답변의 차이는 '산다'와 '죽는다'이다. 카너먼의 전망이론에서 보았듯이 사람들은 동일한 이익이 주는 기쁨보다는 손실의 고통을 더 크게 느끼므로 할 수만 있으면 손실의 고통을 피하려고 한다. 사망률 50%라는 표현은 치료법으로 인한 손실을 떠올리게 하고, 생존률 50%는 치료법이 주는 이익을 강조하여 안전한 방법이란 인식을 갖게 한다. 의사 입장에선 같은 결과지만 환자 입장에서는 생존률을 내세우는 것이 유리하다. 수술에 대해서 훨씬 더 긍정적으로 생각하면서 보다 더 많은 환자가 수술을 선택한다고 한다.

노후준비 역시 부정적인 현상보다 긍정적인 현상에 집중할 때, 성공확률을 높여줄 수 있다. 노년의 힘겨운 모습을 상상하기보다는 자유롭고 활력 넘치는 모습을 생각하며 노후를 준비하는 것이 보다 즐겁게 노후를 준비하는 방법이다. 그래서 노후를 준비할 때는 막연하게 계획하는 것이 아니라 자신의 노년모습을 보다 구체화하려고 노력해야 한다. 가령, '은퇴하면 여행을 많이 다녀야지'하는 것보다 '은퇴하면 1년에 한 번은 꼭 해외여행을 가야지'라는 구체적 계획이 보다 나은 방법이 될 수 있다. 처음 세운 계획은 고정된 것이 아니라 보완하고 수정해서 본인의 노후모습을 완성해 가면 된다.

프레이밍 효과는 기업의 마케팅 사례에서도 많이 볼 수 있다. 우리는 자동차를 살 때 판매원으로부터 여러 가지 할인 옵션을 제시받게 된다. 3,300만원짜리 풀 옵션 자동차를 300만원 할인받아 살 수 있는 경우와 2,700만원짜리 자동차에 300만원의 옵션을 달아 3,000만원으로 사는 경우에 두 조건 모두에 대한 최종적인 대금지불금액은 동일하다. 그러나 첫 번째 제안이 더 저렴하게 느껴진다. 할인이란 말이 절약으로 받아들여지기 때문이다. 프레이밍은 항상 두 가지 관점에서 생각하게 한다. 사람들이 인센티브에 어떻게 반응할지도 인센티브를 어떻게 설계하느냐가 중요하다. 가령, 조직의 CEO가 '직원들에게 성과를 10% 이상 증가시키면 보너스를 10% 증가시켜줄 것이다.'라고 제안할 수도 있고 반대로 '성과가 10% 이상 증가하지 않으면 보너스를 10% 삭감할 것이다.'라고 채찍을 사용할 수도 있다. 직원에게 일하려는 동기를 불어넣기에는 어떤 프레이밍이 보다 적합할 것인가? 마음의 동기는 사람마다 다를 수 있기에 예상하기는 쉽지가 않다. 사람들이 진정으로 가치를 두는 대상을 파악한다면 예측가능한 반응을 알 수 있고 사람들의 행동을 좋은 방향으로 변화시킬 수 있다.

(4) 프레이밍 효과와 정박효과

프레이밍 효과는 투자에서도 적용될까? 한 투자자가 두 곳의 금융회사에서 보수적, 중립적, 공격적 특성의 세 가지 펀드 중 하나를 골라 투자해야 할 경우를 가정해보자. 의외로 많은 투자자가 내용보다 선택지를 묘사하는 표현을 보고 펀드를 선택한다. 특히 '중립적'이란 선택지에 많은 투자자가 집중되는 현상이 나타난다. 문제는 금융회사들이 중립적이란 말을 다르게 해석한다는 데 있다. A금융회사는 보수적, 중립적, 공격적 펀드의 위험자산 편입 비중을 0%, 40%, 80%로, B금융회사는 40%, 70%, 100%로 잡고 있을 수 있다. 금융회사 두 곳에서 모두 중립적 펀드를 고른 투자자는 위험자산 40%와 70%가 포함된 전혀 다른 특성의 펀드를 선택한 셈이다. 금융회사가 제시하는 프레임을 신중하게 살피지 못하면 의도와 다른 선택을 할 수 있다는 뜻이다.

프레이밍 효과와 함께 살펴봐야 할 것이 '앵커링 효과anchoring effect'이다. 어떤 상황이나 사물의 가치를 판단해야 하는데 적당히 비교할 만한 수치가 없을 경우 주어진 정보 내에서 자의적으로 판단하게 된다. 이 때 주어진 정보는 타당성 여부와 관계없이 일종의 닻anchor으로 작용한다는 것을 앞에서 설명하였다. 그런데 주식투자에서 앵커링 효과가 최고가에 나타나면 매우 위험하다. 싸다고 생각해 곧 폭락할 주식에 꽂힐 수 있기 때문이다. 한 달 전 2만원 하던 주식이 1만원으로 떨어졌을 때 2만원이 닻으로 작용한다면 앞뒤 재지 않고 매수에 가담하게 된다. 주가 급락의 원인이 실적 악화나 불투명한 사업 전망인데도 2만원이 강력한 닻으로 작용해 기대 수익에 영향을 미치기 때문이다. 그리고 그 주식을 샀을 경우 이미 2만원에 닻을 내렸기 때문에 비현실적으로 높은 가격을 기대하며 무작정 보유하게 된다.

보통 투자자들은 현재 시장 가격이 강력한 닻 구실을 하므로 이를 기준으로 미래를 진단한다. 따라서 현재의 시장 가격이 미래 시세에 아주 큰 영향을 미치게 된다. 가령 오늘 주가가 올랐다면 미래에도 오르리란 기대로 주식을 산다. 반대로 오늘 내렸다면 미래에도 내릴 것으로 판단해 보유 주식을 처분한다. 주가가 정상궤도를 벗어나 급등과 급락을 거듭하는 이유 중 하나가 앵커링 효과 때문이라고 볼 수 있다. 주식을 샀는데 예상치 못한 악재가 터져 주식 가격이 폭락하고 있다고 가정해 보자. 아무리 생각해도 주식을 매도하는 게 맞다는 생각이 들지만 닻으로 작용하는 매수가격 때문에 망설이게 된다. 매수가격 이하로는 절대 팔고 싶지 않다. 그래서 회복이 불가능한 주식을 마냥 들고 있게 된다.

(5) 프레이밍 효과

– 발상의 전환이 필요해. –

한국에서는 젊은 사람이 선글라스를 끼면 건방지다는 편견을 가진 사람들이 많다. 그래서 나이든 사람을 만날 때면 착용한 선글라스를 벗고 만나야 하는 것이 예의처럼 생각되고 있다. 그러나 나이가 들면 거의 대부분의 사람들은 백내장이나 녹내장 등 안과질환으로 눈이 잘 안보여서 고생하게 된다. 이와 같은 안과질환은 오랜 기간에 걸쳐서 진행되기 때문에 젊은 시절부터 눈을 보호하는 것이 중요하다. 눈이 안보이는 것만큼 괴로운 것은 없다. 최근에는 안과질환을 예방하기 위하여 외출할 때는 자동적으로 자외선을 차단할 수 있도록 변색렌즈가 많이 출시되었다. 변색렌즈는 습도와 온도가 낮을수록 자외선이 강할수록 더 변색이 잘된다고 한다. 하지만 열에 다소 약하므로 고열에서는 코팅에 균열이 발생할 수 있어 주의가 필요하다. 특히 안경을 끼고 생활하는 사람들은 안경과 선글라스를 교대해야 하는 불편함도 많았지만 변색렌즈가 등장하여 안경을 바꿔서 사용할 필요없이 편리하게 활동할 수 있게 되었다. 변색렌즈는 눈의 시각을 밝게 해줄 뿐만 아니라 사람들의 눈 건강을 유지시키기 위해서 필요한 수단이 되었다. 이제 누군가 변색렌즈나 선글라스와 같이 검은 안경을 끼고 다녀도 삐딱한 시각으로 볼 게 아니라 다 사정이 있다고 이해하고 바라봐주는 생각의 전환이 필요하지 않을까?

파란색 안경을 끼면 세상이 파랗게 보이고, 검정색 안경을 끼면 세상이 까맣게 보일 것이다. 세상은 자신이 바라보는 대로 보이고 생각하는 대로 이해되는 법이다. 우리가 생활에서 유지하고 있는 기존의 프레이밍을 바꾸려면 어떻게 해야 할까? 생각을 달리하는 발상의 전환이 필요하다. 창의적 아이디어는 우리가 일상에서 경험하고 느끼는 것들에 의심을 가지고 다른 시각에서 바라볼 때 나올 수 있다고 한다. 과거에 이미 수 없이 경험이나 실패한 일들에서 새로운 관점에서 보고 실패한 원인을 다시 되짚어 보는 의식적인 노력이 필요하다. 사람들의 위대한 업적은 평탄하고 순조로운 과정에서 나온 것은 거의 없을 정도로 극도의 어려움 속에서 이루어진 것들이다. 사람들이 베토벤을 역사상 가장 위대한 음악가로 보는 이유가 어디에 있는가? 음악가가 되기 위해서 필요한 것이 바로 절대음감을 듣는 청각이다. 베토벤은 이 청각을 잃고서도 위대한 작품을 작곡하였기 때문이다. 베토벤이 귀가 먹었을 때 그 절망감은 이루 말할 수가 없었다. 그러나 너무나도 음악을 좋아하였기 때문에 그는 음악을 포기할 수가 없었다. 베토벤은 소리가 들리지 않는 환경을 발상의 전환으로 극복하였다. 베토벤은 귀를 통하여 소리를 듣지 못하는 것을 오히려 역이용하였다. 즉, 들리지 않는 세상에서 소리와 소음에 전혀 방해받지 않고 집중하였고 자신이 원하는 대로 자유롭게 아름다운 선율을 마음과 영혼으로 구상하고 연습하여 만들어 냄으로써 천상의 음악을 만들어 낼 수 있었다.

이러한 프레이밍을 통한 발상의 전환은 한국의 경제성장에서도 중요한 화두이다. 최근 문재인 정부는 대기업중심과 물적 자본 투자 중심으로의 양적 성장중심정책에서 '사람중심경제'로의 경제 패러다임 전환으로 소득주도성장을 내걸었다. 소득주도성장이 바로 발상전환의 새로운 프레이밍이다. 이는 기존의 한국경제가 저성장 고착화와 소득 양극화라는 복합위기에 빠져 있고, 그 위기는 양적 성장에 매달린 대기업 중심의 경제 패러다임을 계속 유지해왔기 때문이라고 진단했다. 정부는 '고용 없는 성장'으로 인해 끊어진 선先성장 후後분배의 구조를 분배와 성장이 선순환을 이루는 지속가능한 경제를 위하여 경제 패러다임의 근본적인 변화를 내걸었다. '낙수효과'가 사라지고 '고용 없는 성장'이 계속되어서 양질의 일자리가 늘어나지 않고 기업과 가계, 대기업과 중소기업, 수출과 내수, 고소득층과 저소득층 등 각 분야에서 격차가 벌어지고 있는 현실에서 성장중심의 패러다임이 아닌 발상의 전환이 필요한 시점이다.

현 정부의 사람중심경제의 새로운 패러다임은 4가지 전략으로서 소득주도성장, 일자리중심경제, 공정경제, 그리고 혁신성장 등을 제시하였다. 최근에 이슈가 되었던 최저임금 1만원 달성과 핵심 생계비인 주거·의료·교육·통신비 경감 등을 통해 가계 소득을 증가시키고 대기업의 과도한 경제력 집중을 억제하고 불공정거래를 바로잡으며 협력이익배분·성과공유 등을 통해 동반성장을 촉진하기로 했다. 나아가 전체 일자리의 85% 수준을 차지하는 중소기업을 새로운 성장파트너로 육성하기로 했다. 새로운 경제정책은 이전과는 다른 분배효과distributional effects를 가져오기를 기대한다. 패러다임의 전환에 따라서 경제성장의 패턴은 바뀌고 불균형되었던 과실의 분배로 개선될 수 있고 더불어 잘 사는 사회를 지향하자는 것이다. 이 과정에서 과거 패러다임에서 혜택을 누렸던 수혜자를 중심으로 저항이 있고 반대논리가 제기되는 것은 자연스러운 일이다.

선진국으로 진입하기를 원한다는 의미는 인간의 삶에 영향을 끼치는 중요한 부문에서 한국이 세계 최고가 되는 것을 목표로 한다는 것이다. 환자가 병원을 찾아올 때, 환자를 치료하기 위하여 가장 중요한 단계가 질병의 원인을 찾는 진단이다. 그 다음이 그 질병을 치료하기 위한 방법을 강구하는 것이다. 마찬가지로 한국경제에 심각한 문제가 발생하면 기존의 패러다임과 성장방법에 대한 전환을 모색하는 것은 당연한 것이다. 이를 위해서는 발상의 전환을 통하여 경제 패러다임을 바꾸고 일하는 방식도 바꾸는 것이 필요하다. 나아가 목표인 현 정부의 사람중심의 소득주도성장이 성공하려면 추가적인 패러다임의 전환이 중요하다. 목표가 달성되려면 새 패러다임을 뒷받침할 방법, 즉 수단들이 효율적인 것인지, 진행에 부작용은 없는지, 단계적으로 돌다리를 두들겨보면서 추진해나가는 것도 못지않게 중요하다. 아무리 패러다임이 좋아도 이를 뒷받침할 수 있는 추진방법이 적절하기 못하면 실패하기 때문이다.

사람중심의 한국의 경제성장에서 제시한 주요 수단은 소득주도성장, 일자리중심경제, 공정경제, 그리고 혁신성장 등이었다. 그런데 경제의 체질은 생물과도 같아서 한 번에 급격히 변화하지 않는다. 선진국 경제로의 진입은 기존의 모방이 아닌 새로운 아이디어와 이에 기초한 새로운 제품의 개발과 상품화를 요구하는 것이기에 우리의 일하는 방식을 바꾸지 않으면 창의와 혁신에 바탕을 둔 기술혁신은 어렵다. 새로운 아이디어와 창의성은 많은 돈과 시간을 투입하면 어느 정도는 얻을 수 있지만 근본적으로 질적으로 수준 높은 아이디어는 조직과 개인이 모두 자유롭게 일하고 아이디어를 공유할 수 있는 일하는 방식과 조직의 혁신에 대한 발상의 전환이 수반되지 않으면 불가능할 것이다. 그런 차원에서 시장경제의 자율을 제한하거나 공정을 넘어선 지나친 각종 규제는 시장과 조직의 의욕, 일하려는 의지를 꺾어버리고 효율성을 떨어뜨리는 주된 원인이다. 조직의 일하는 방식과 혁신조직이 바로 경제 패러다임을 효율적으로 뒷받침할 수 있는 방법이 될 것이다. 한국의 조직들은 목표를 정하면 그 목표의 결과만을 얻기 위하여 그 구체적 수단들을 달성하려고 노력한다. 그러나 이제 한국경제가 직면한 목표는 일사분란하게 움직여서 정해진 대로 열심히 일하는 방식을 요구하는 것은 아니다. 오히려 시간을 갖고 새로운 아이디어를 만들어내고 그 아이디어가 결함이 없는지 논의해보고 보다 나은 아이디어로 발전시키는 등 창의적 혁신아이디어를 필요로 한다. 선진국이 된 국가들을 보면 모두 민주주의가 발달된 국가들이다. 인식해야 할 중요한 점은 선진국이 되었기 때문에 민주주의가 발달한 것이 아니고 민주주의가 이들 국가를 선진국으로 발전시킨 것이다. 민주주의를 통하여 개인의 자유와 창의, 자율을 허용하고 조직의 운영도 이에 기초하여 다양한 의견을 존중하고 수렴하여 수준 높은 창의적 아이디어를 만들어 낼 수 있었다. 이제 한국의 조직들도 계급적이고 권위적인 형태를 내려놓고 서로 존중과 배려, 신뢰가 바탕이 된 민주적이고 자율과 창의를 중요시하는 조직으로 변모되어야 하지 않을까? 패러다임의 발상전환이 필요하다.

(6) 경기가 후퇴할 때 투자하는 구글의 역발상

보통 경기가 회복하거나 호경기를 맞이할 때 기업은 투자를 확대하는 것이 정석이다. 경기가 후퇴하거나 불황으로 접어들면 투자와 고용을 억제하며, 지출경비를 축소하는 것이 일반적이다. 2020년 미국은 경기침체가 예상되고 있다. 이에 대부분 미국 기업들은 선제적으로 구조조정, 비용절감, 인원동결 내지 인력감축에 나서고 있다. 2019년에 들어서면서 GM, 포드 등 제조기업뿐만 아니라 버라이즌, 버즈피드 등 서비스 기업까지 인력감축 등 구조조정에 돌입하였다. 엑티비전 블리자드도 2019년 2월에 들어서 770명의 인력감축을 발표하면서 비용절감을 시작하였다.

반면 구글은 2019년 선제적 투자에 나서서 경기후퇴기의 기업들과 대조를 보인다. 구글은 인공지능AI, 클라우드 사업 확대를 위하여 2019년에 130억 달러(약 14조 6천억원)를 투자하고 고용도 최소한 1만명 이상 증원하기로 결정하였다. 이 투자규모는 2018년 구글의 투자규모인 90억달러에 비하여 크게 증가하였다. 이처럼 경기가 하강할 때는 기업규모를 축소하는 일반적 이론과는 반대로 오히려 공격적인 투자를 계획하는 구글의 역발상의 프레이밍이 주목을 받고 있다.

순다르 피차이 구글 최고경영자CEO는 2019년 2월 13일 블로그를 통하여 올해 130억달러를 투자하여 미국 곳곳에 데이터센터와 사무실을 새로 건설할 예정이라고 발표하였다. 그 청사진에 따르면 구글은 기존의 데이터센터 이외에 네바다, 오하이오, 텍사스, 네브라스카주에 새로운 데이터센터를 건설할 것이다. 기존의 버지니아주, 텍사스주, 메사추세츠주, 일리노이, 위스콘신, 워싱턴, 조지아주 등에는 인력을 증원하고 사무실도 확장할 예정이다.

그림 62 구글의 데이터센터와 지사분포

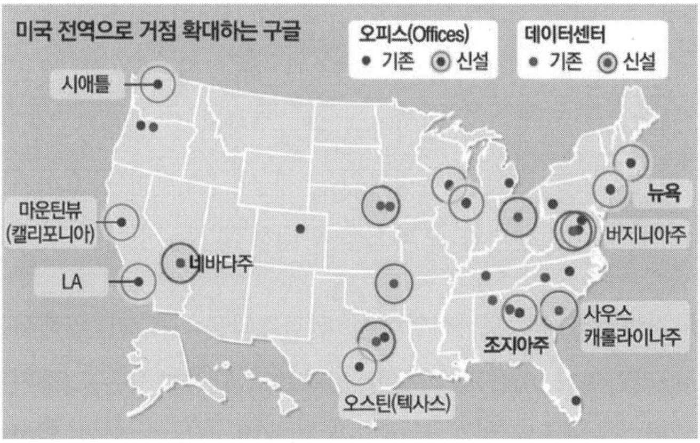

자료: 매일경제(2019. 2. 15, A10면).

또한 기존의 실리콘벨리(마운틴뷰, 세너제이, 서니베일)지역에 구글빌리지를 건설하고 뉴욕에도 10억달러(약 1조원)를 투자하여 약 15만㎡ 규모의 구글허드슨 스퀘어를 만들 것이라고 한다. 이 구상에 따르면 구글은 미국 50개주 가운데 24개 주에 데이터센터나 지사를 두게 되어서 미 전역으로 거점을 확대할 수 있다.

구글이 2019년에 공격적인 투자를 공식적으로 발표하는 이유는 주로 클라우드컴퓨팅과 인공지능 사업을 확대하기 위함이다. 미래비즈니스는 인공지능, 클라우드사업으로 승부가 결정된다는 판단을 내렸기 때문이다. 피차이 CEO는 구글의 데이터센터 건립은 클라우드컴퓨팅, 광고, 유튜브사업에서 성공하기 위해 반드시 필요한 작업이라고 설명한다. 현재 클라우드컴퓨팅사업은 아마존웹서비스AWS와 MS가 선두이고 구글은 그 뒤를 이어 3위에 머무르고 있다. 이 분야의 선두기업인 아마존과 MS를 추격하여 추월하기 위해서는 2019년이 투자의 최적기로 판단한 모양이다. 구글은 현재 검색광고사업이 매출의 80% 이상을 차지하지만 구글의 미래사업은 클라우드컴퓨팅이 좌우할 것으로 보고 미리 선제적으로 투자하여 대비하겠다는 구상이다. 클라우드컴퓨팅사업은 대기업과 정부기관에 컴퓨팅자원을 제공하는 것이 중요하기 때문에 미국 전역에 데이터센터와 오피스를 확대하겠다는 것이다.

이처럼 미래의 성장산업에서 선점효과를 거두기 위해서는 경쟁기업을 따라가거나 이들과 비슷한 전략으로 대응해서는 경쟁기업을 능가할 수 없다. 구글은 현재가 아니라 미래의 선두가 되기 위하여 아마존과 MS가 조용히 있을 때, 우위를 선점하기 위하여 발상을 역으로 전환하고 투자를 확대하였다. 앞으로 구글의 사업확대와 고용확대의 결과가 주목된다.

(7) 프레이밍

– 돈이 해결해줄 수 없는 것들 –

'아덴만의 여명작전'은 대한민국의 청해부대가 소말리아 해적들에게 납치된 삼호해운 소속 삼호주얼리호Samho Jewelry를 구출하기 위하여 소말리아 인근의 아덴만 해상에서 벌인 작전이다. 당시 석해균 선장은 선원들을 살리기 위해 자신의 목숨을 걸고 작전에 협조하여 자신은 총상을 입었지만 선원 21명을 모두 살리게 된다. 이때 석해균 선장을 치료한 '아덴만의 영웅'으로 불리는 이국종 교수는 사람들이 선망하는 의사가 아니라 사명감을 가지고 일하는 그만의 철학이 있는 의사이다. 가령, 경찰관, 소방관, 군인들은 돈을 벌기 위하여 목숨을 걸지는 않는다. 이들이 목숨을 거는 것은 자신의 생명과 안녕을 과감히 버릴 수 있도록 만드는 사회규범과 자기 직업과 임무에 대한 사명감 때문이다.

세인트토마스대학의 제임스 헤이먼James Heman 교수와 댄 애리얼리Dan Ariely는 사회규범과 시장규칙의 효과를 통해 사람이 돈이 아닌 명분 때문에 열심히 일을 한다는 사실을 보여주는 실험을 하였다. 실험 참가자들은 마우스를 이용하여 가능하면 많은 원을 상자 안에 끌어다 놓을 것을 요구 받는다. 원을 컴퓨터의 화면 왼쪽에 배치하고 네모상자를 오른 쪽에 배치하여 원을 상자 안으로 끌어다 놓으면 원은 화면에서 사라지고 새로운 원이 처음 원이 있던 자리에 생긴다. 첫 번째 참가자들에게는 수고비로 5달러를 주고, 두 번째 실험 참가자들에게는 50센트를 준다. 그리고 세 번째 참가집단에게는 대가 없이 사회규범의 차원에서 참가를 부탁했다. 시장규칙의 상도덕에 따라서 5달러를 받은 참가자들은 평균 159개의 원을 끌어다 놓았고 돈이 적은 50센트를 받은 참가자들은 평균 101개의 원을 끌어다 놓았다. 예상했던 대로 더 많은 보상을 받은 사람이 그러지 않은 사람보다 더 많은 동기가 작용하여 열심히 일했다. 놀라운 것은 돈을 지불하지 않고 사회규범만을 강조하여 작업을 한 집단은 평균 168개의 원을 끌어다 놓으며 더 열심히 일했다는 것이다.

보상을 금전적인 보상 대신 선물로 주었을 때 선물이 사회규범의 영역에 있는지 혹은 시장규칙의 영역에 속하는지를 확인하려고 이들은 새로운 실험을 하였다. 처음 실험에서 5달러를 지급했던 집단에게는 그에 상당하는 고디바Godiva 초콜릿 한 상자를 주었다. 50센트를 지급한 집단에는 그에 상당하는 스니커즈 바를 주었다. 그 결과 스니커즈 바를 받은 집단은 평균 162개, 고디바 초콜릿을 받은 집단은 평균 169개, 아무것도 받지 않은 집단은 평균 168개의 원을 끌어다 놓았다. 돈이 아닌 작은 선물로 바꾸어도 사회규범의 세계에서는 시장규칙을 끌어들이지 않는다는 결과를 얻었다. 그렇다면 이때 50센트짜리 스니커즈 바 혹은 5달러짜리 고디바 초콜릿 한 상자라고 가격을 말하면서 선물을 주면 어떻게 될까? 값이 드러난 선물은 참가자들을 시장규칙의 세계로 들어가게 만들었다. 그들은 값을 매긴 선물을 대할 때 그 액수의 현금을 대하듯 반응했다. 이 실험을 통해 알 수 있듯이 시장규칙을 적용하고자 한다면 돈이라는 말을 언급하는 것만으로 충분하다.

비슷하게도 유능한 변호사들은 가난한 사람들을 위하여 비용은 저렴하지만 법률서비스를 제공해 달라고 부탁하면 거절한다. 하지만 당신의 도움을 필요로 하는 사람들이 있으니 무료로 법률서비스를 해 달라고 변호사들에게 부탁하면 사회규범을 적용하여 기꺼이 시간을 내준다. 돈이 언급되는 순간 변호사들은 시장규칙을 적용하게 되고 제안

받은 액수가 자신들의 수고와 노력에 비하여 터무니없이 작다는 생각을 하게 된다. 왜 변호사들은 저렴한 비용으로 사람들을 도와주겠다는 생각은 하지 못하는 것일까? 왜냐하면 일단 시장규칙이 마음에 자리잡으면 사회규범은 밀려나기 때문이다.

이처럼 돈으로 사람들에게 동기를 부여하려면 값비싸게 대가를 지불해야만 한다. 그런데 우리의 삶 속에서는 돈이 고려되지 않아야 더 잘 돌아가는 부분도 아주 많이 존재한다. 예를 들어 데이트 상대와 레스토랑에 갈 때, 절대로 선택한 음식의 가격을 말하지 않는 것이 좋다. 고급레스토랑에 데려간 것만으로 상대에게 깊은 인상을 남겨줄 수 있다. 물론 가격은 메뉴에 다 쓰여 있겠지만 가격을 소리 내어 이야기하는 순간에 상대와의 관계는 사회규범의 세계에서 시장규칙이 지배하는 세계로 바뀔 수가 있다. 결국 사회규범이 지배하는 세계와 시장규칙이 지배하는 세계에 살고 있는 우리는 각각의 인간관계에 서로 다른 규범을 적용해야 한다. 변호사인 이웃에게 작은 상자 몇 개 정도를 옮겨 달라고 부탁하는 것은 괜찮다. 하지만 임대계약서를 준비하는 일을 부탁하는 것은 문제가 된다. 사회적 규범의 세계와 시장의 세계에 동시에 산다는 것은 우리 삶에 시사하는 바가 많다. 이웃으로부터 도움을 얻기 위한 가장 좋은 방법은 무엇일까? 리눅스linux 등에 버그가 발생한다고 가정하자. 이를 고치기 위하여 서비스에 돈을 지불한다면 비용을 많이 지불할 수도 있다. 하지만 다행스럽게 인터넷 등의 해당 게시판에 글을 올려서 도움을 요청하면 누군가가 신속하게 그 문제를 해결해 줄 수도 있다. 그렇게 함으로써 도움을 준 사람들도 사회적 도움을 주었다는 뿌듯한 자부심을 가진다. 특정행위를 강력하게 유도하는 것은 반드시 금전적 보상이 아니라 사회적 보상과 평판을 통한 자극도 중요하다는 것을 상기할 필요가 있겠다.

(8) 프레이밍 효과를 영화로 배우기

– 마션The Martian, 2015, 화성에서 살아남기 –

테슬라의 CEO, 엘론 머스크는 화성에 사람을 보내고 장기적으로 새로운 세계를 건설하겠다는 청사진을 내놨다. 공상과학으로만 여겨졌던 화성 여행이 점점 현실로 다가오고 있는 모양이다. 영화 〈마션〉이 머스크의 도전에 대한 해답을 줄 수도 있다. 영화 〈마션〉은 지난 2015년 개봉되었다. 이는 지구인 와트니Matt Damon가 화성 탐사에 도전하였다가 조난되어 생존한 삶을 영화로 만들었다. 와트니는 과학지식을 총동원하여 화성에서 버틴 끝에 구조대의 도움으로 살아났다. 리들리 스콧 감독의 〈마션〉은 대니얼 디포의 로빈슨 크루소와 비슷한 이야기를 전환하였다. 대항해시절 조난당한 로빈슨 크루소는 무인도에서 홀로 28년을 버텼다. 난파된 배에서 볍씨를 찾아 농사를 짓고, 산양을 붙잡아 기른다. 크루소는 섬 탈출을 시도하지만 방법이 없다. 지나가는 배가 들러 자신을 구해줄 때까지 살아 버텨야 한다. 이번에 주된 무대는 무인도가 아닌 우주의 화성이다. 1600년대 미지의 세계가 지구였다면 오늘날 사람들은 우주에 관심을 갖는다.

미국 우주항공국NASA의 아레스3 탐사대는 화성을 탐사하다가 거친 모래폭풍이 몰아 닥쳐서 비상탈출을 한다. 하지만 팀원인 마크 와트니(맷 데이먼 분)는 폭풍에 휩쓸려 사라졌기 때문에 데려오지 못한다. 이에 NASA는 와트니가 사망했다고 발표한다. 하지만 와트니는 살아남아 기지로 귀환한 상태였다. 그런데 기지에는 30일치 먹을거리와 물밖에 없다. 다음 탐사대가 화성을 찾아오기까지는 4년이나 남았다. 와트니는 감자 재배와 물과 산소 합성에 도전한다. 그의 고군분투 생존기에 빠질 수 없는 게 화학이다. NASA는 와트니 구출작전에 나서지만, 장애물이 첩첩이 가로막는다. 우주에서 실종되면 생존을 담보하기 힘들다. 중력이 없고 물과 공기도 없으며 기온 차는 심각하다. 로빈슨 크루소가 표류했던 무인도도 생존환경이 이 정도는 아니었다. 지구로 복귀하던 아레스3 탐사대는 뒤늦게 와트니의 생존 소식을 듣는다. 5명의 아레스3 탐사대는 고민에 빠진다. 이대로 지구로 귀환할 것이냐, 혹은 화성으로 돌아가 와트니를 구할 것이냐? NASA 국장은 묻는다. "한 명이 죽을 높은 확률과 여섯 명이 죽을 낮은 확률, 어느 것을 고를 것이냐?" NASA 국장이 대원들에게 "한 명이 죽을 높은 확률과 여섯 명이 죽을 낮은 확률"이라는 질문을 던진 것은 아레스3 대원들이 신중한 판단을 내리기를 바라기 때문이다. 그는 목숨을 걸 만큼 위험한 임무라는 것을 대원들에게 정확히 알렸다. 고민하던 한 대원이 "내가 와트니와 같은 위험에 빠졌을 때 대원들은 나를 안 도울 것이냐?"고 되묻는다. 이에 대원들은 '동료를 구하자'며 만장일치로 와트니를 구하기로 한다. 구조의 대상이 '이름 모르는 개인을 위한 희생'이 아닌 '생사고락을 함께한 동료를 위한 도리'라고 프레임을 바꾸는 순간에 선택은 쉬워졌다.

중요한 선택을 할 때는 질문의 형태가 매우 중요하다. 판단과 결정은 그 질문 자체에도 영향을 받기 때문이다. 프레이밍 효과가 바로 같은 문제라도 어떻게 표현하느냐에 따라 개인의 판단이나 선택이 달라진다고 말하고 있다.

그림 63 마션(화성에서 살아남기)

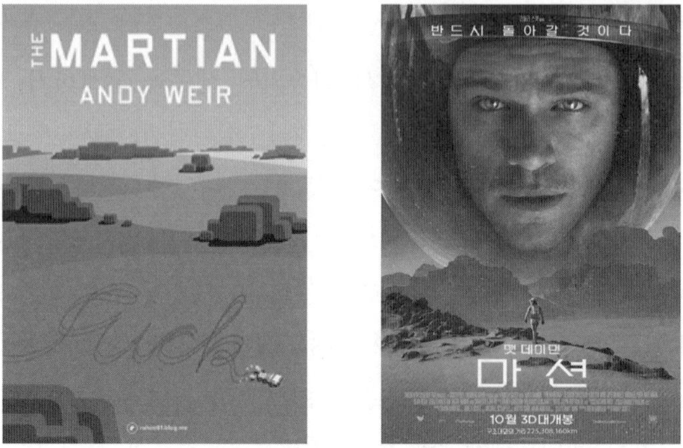

(9) 가짜 뉴스

– 자극적 프레임 뒤에 숨은 의도 –

2016년 옥스포드 사전은 세계의 단어로 '탈진실post-truth'을 수록하면서 탈진실화가 국지적 현상이 아닌 세계적으로 나타나는 시대의 특성이라고 진단했다. 탈진실은 객관적인 사실보다 개인의 감정이나 의견이 대중적인 여론에 더 큰 영향을 미치며 인식되는 정보나 현상을 말한다. 탈진실의 시대가 시작된 것을 반증하기라도 하듯 '가짜 뉴스'fake news가 사회적 논란으로 떠오르고 있다.

인간은 자신이 생각하는 감정적이고 즉흥적이며 다수의 공통된 추측을 진실이라고 믿고 때로는 단순한 사고로 경제 활동을 한다. 내가 보고 싶은 것만 보고, 받아들이고 싶은 것만 받아들이는 확증편향

현상은 사건의 전후 관계를 보고 싶은 대로 끼워 맞추고, 원인과 결과를 거꾸로 해석하여 '사후확신편향'의 오류에 빠지게도 한다.

이러한 확증편향에 기초한 가짜 뉴스가 범람하면 우리는 거짓이 사실을 압도하는 사회에서 살수도 있다. 사실에 사회적 맥락이 더해진 진실도 자연스레 설 자리를 잃게 된다. 오늘날은 너무 많은 뉴스가 넘쳐나고 증권가 등에는 사실이 아닌 뉴스도 많이 돌아다닌다. 바야흐로 '가짜 뉴스'의 시대가 도래하였다. 물론 가짜 뉴스가 최근에 일어난 새로운 형태의 사회적 현상은 아니다. 가짜 뉴스의 역사는 인류 커뮤니케이션의 역사만큼이나 길다. 인류의 역사는 곧 가짜 뉴스에 대한 투쟁의 역사와 다름이 없다. 가짜 뉴스 사례는 무수히 많이 찾을 수 있다. 과거 백제시대에 백제 무왕이 지은 '서동요'는 선화공주와 결혼하기 위하여 그가 거짓 정보를 노래로 만든 로맨틱한 대표적 가짜 뉴스였다. 때로는 악의적인 가짜 뉴스가 잔인한 학살로 이어진 역사적 사건도 있다. 로마 네로황제시절에는 네로가 기독교인이 로마를 불질렀다는 가짜 뉴스를 만들어서 기독교인을 학살한 사건이 있었다. 14세기에는 지배계급이 유럽인구의 1/3을 빼앗아간 흑사병의 발병 원인으로 '유대인이 우물에 독약을 넣었다.'는 가짜 뉴스를 만들었고 1923년 관동대지진이 났을 때 일본 내무성이 '조선인이 방화를 하고 폭동을 일으킨다.', '조선인이 우물에 독약을 타고 있다.'는 가짜 뉴스를 퍼뜨려서 수많은 희생자를 만들었다.

옛날에는 이러한 가짜 뉴스가 입소문을 통하여 전달되므로 확산되는 속도가 느리게 진행되었으나 이제는 정보기술의 발전으로 확산되는 속도가 마치 빛과 같이 빠르게 퍼져나간다. 전파속도는 현실 세계의 오프라인보다는 온라인 상에서 더 빠르다. 인간의 확증편향과 온라인의 파급력과 속도, SNS나 포털 사이트 등의 알고리즘이 합쳐지면 '가짜 뉴스'의 위험성의 파장은 크고 급속도로 확산되어 나간다. 특히 전 세계에서 하루에 약 18억명 이상이 사용한다는 유튜브는 한국 사회에서 어느 새 가짜 뉴스의 중심으로 떠올랐다. 가짜 뉴스 논란이 뜨겁지만 그 정체는 모호하다. 어떤 뉴스가 가짜였는지, 그것을 누가, 왜 만들었는지 아는 사람은 적다. 이로 인해 누군가는 제대로 된 정보를 공유받지 못한다. 마치 컴퓨터에 작동을 방해하는 바이러스가 퍼져나가듯이 가짜 뉴스는 진실을 숨기고 우리의 생활에 혼란과 무질서를 가져온다. 컴퓨터바이러스로 많은 희생과 비용을 지불하듯이 가짜 뉴스 또한 이와 같다.

지난해 미국 대선을 흔든 가짜 뉴스 사태의 지리적 출처가 확인되었다. 황당하게도 마케도니아에 위치한 벨레스라는 소도시였다. 이곳에서부터 친트럼프 성향의 악의적 가짜 뉴스가 쏟아졌다. 심지어 범인은 대부분 이 도시에 거주하는 10대 후반 청소년이었다. 이들은 미국 극우 성향의 엉터리 뉴스사이트나 SNS의 글을 모아 적절히 짜깁기하고 변형시켜서 가짜 뉴스를 만들었다. 『가디언』의 조사에 따르면, 벨레스에서는 100개 이상의 가짜 뉴스 사이트가 운영되고 있었다. 참고로 도널드 트럼프는 벨레스에 아무런 연고가 없었다. 벨레스의 청소년들이 친트럼프 성향의 뉴스를 생산한 이유는 단순하다. 그들이 도널드 트럼프에 호의적이고, 힐러리 클린턴에 악의적이어서가 아니다. 트럼프의 뉴스가 돈이 되기 때문이다. 그들은 누가 미국 대통령이 되든지 상관하지 않았다. 이들이 만들었던 사이트의 가짜 뉴스를 소개하면 다음과 같다. '프란치스코 교황이 트럼프 지지선언을 했다.'고 뉴스를 만들었더니 뉴스콘텐츠 시장에서 장사가 잘되었다. 그리고 '힐러리 클린턴이 IS에 무기를 판매했다.'는 뉴스를 통해 돈을 벌었다. 가짜 뉴스는 자극적 프레이밍을 사용해야 돈이 된다. 시장 논리에 따라서 뉴스가 유통이 되는 과정에서 교황이나 당사자들이 가짜 뉴스의 피해자가 될 것이라는 점은 전혀 고려되지 않고 돈이 된다는 것에만 관심을 가졌다. 또 다른 가짜 뉴스는 독일 메르켈 총리를 테러리스트 옹호자로 둔갑시키고, 오바마를 국민의례를 금지한 친이슬람 또는 반기독교 인사로 낙인찍었다. 가짜 뉴스들의 공통점을 보면, 영역은 달라도 대부분 '혐오, 선동, 무슬림, 여성, 유대인'과 같은 자극적인 코드를 담고 있다.

그렇다면 어떻게 가짜 뉴스가 돈이 되는 걸까? 콘텐츠에 대한 돈은 대부분 광고에서 발생한다. 하지만 광고주들이 가짜 뉴스 사이트에 직접 광고하지는 않는다. 모든 광고는 구글이 운영하는 '구글 애드센스AdSense'와 같은 광고 중개 서비스를 통한다. 광고주가 중개업체에 돈을 지불하면, 중개업체는 금액별로 광고를 배치한다. 높은 조회수가 나오는 사이트일수록 높은 금액의 광고를 배치하는 식이다. 시간은 한정되어 있고 뉴스는 범람한다. 이용자는 선택과 집중을 할 수밖에 없다. 눈길을 끄는 뉴스가 곧 돈이 되기 때문에 어떤 식으로든 눈에 띄고 선택 받아 '돈'이 되기 위해 자극적인 요소들을 자연스럽게 포함한다. 그 과정이야 어떻든 이윤만 내면 성공이기 때문에 비윤리적이어도 개의치 않는다. 이렇게 만들어진 가짜 뉴스는 사회 구성원의 통합을 방해하고 극단주의를 초래한다. 특히 유튜브 채널들이 가짜 뉴스를 생산할 수 있는 이유는 간단하다. 그들은 정규 언론이 아니기 때문에 검증에 대한 책임이 거의 없다. 정규 언론은 사실과 이를 뒷받침하는 증거가 있어야만 보도를 한다. 그러나 유튜브 채널은 그러한 언론관이나 사명감이 없다. 무책임한 주장이라도 자극적이고 눈길을 끌 수만 있다면 ‘아님 말고’ 식으로 보도하고 본다. 문제는 사실이 아닌 ‘가짜 뉴스’가 2차, 3차 피해를 입게 만드는 무서운 결과를 낳기도 한다. 사이버 공간에서 쉽게 던진 말 한마디가 누구에게는 생과 사를 고민하게 하기도 한다는 것을 우리는 많이 본다. 이에 좀 더 근본적이고 구체적인 가짜 뉴스 생산과 유통 및 확산 방지법 등의 가짜 뉴스와 관련하여 법적 규제와 처벌이 필요한 것이다. 감정의 동물인 인간에게 확증편향성이 내포되어 있는 한 ‘가짜 뉴스’는 시장의 원리만으로는 사라지지 않는다. 기존의 세상 규칙이 더 이상 작용할 수 없는 환경에서는 법과 제도와 문화가 새롭게 함께 만들어져야 할 것이다.

제4절

근접효과와 후광효과 사례

1. 근접효과

(1) 단순노출효과

– 먼 친척보다 가까운 이웃이 좋다. –

사람들은 일반적으로 가까이 있고 자주 만나는 사람들과 친해질 가능성이 높다. 우리는 물리적으로 가까운 거리에 있으면 쉽게 친밀해진다. 실제 그런지 이를 확인하려고 한 심리학자는 서로 모르는 대학생들을 무작위로 기숙사의 방에 배치하고 거리에 따른 친밀관계를 확인하는 실험을 하였다. 실험결과에 의하면 공간적으로 서로 가까이 있는 사람들과 더 친해진다는 사실을 확인하였다. 즉, 같은 층에 위치할수록, 인접할수록, 사람들은 더 친밀해졌다는 사실이다. 사람들이 가까이 위치한 사람들과 더 친밀해 지는 이유는 무엇일까? 그 이유는 위치가 가까우면 자주 보게 되고 자주 접촉하면서 같이 행동하고 공감하게 되기 때문이다. 또한 같은 지역에 거주한다는 것은 사회경제적 수준,

교육 수준, 가치나 취미가 비슷한 경우가 많기 때문이기도 하다. 즉, 소득수준 등 처지가 같은 사람이 서로 다른 사람보다는 더 친해지기가 쉽다.

우리는 어떻게 해서 그 무엇에 대하여 호감을 갖는 것일까? 무언가에 호감을 느끼는 것은 개인의 취향으로서 깊이 생각할 필요는 없는 것인가? 인간은 주위에 아무것도 없으면 외로움을 느끼고 항상 무엇인가를 그리워하는 존재이다. 신이 아담에게 하와를 보내준 것도 동일한 이유이다. 사람은 자주 보면 정이 들고, 만나다 보면 좋아진다. 이런 현상을 단순노출효과mere-exposure effect라고 한다. 미국의 사회심리학자인 로버트 자욘스Robert Zajonc와 그의 동료들은 얼굴에 대한 태도가 노출의 횟수에 따라 달라지는 이러한 현상에 대해 '단순노출효과'라고 명명하였다. 이는 심리학 이론에서는 친밀성원리familiarity principle라고 한다. 즉, 이는 사람들이 대상물에 단순히 노출되는 것만으로도 그 대상물에 대한 긍정적 태도가 형성될 수 있다는 것이다. 단순노출효과에 관한 자욘스의 실험들 중 가장 유명한 실험은 한자Chinese character를 자극으로 한 실험이라고 할 수 있다Zajonc, 1968. 한국어, 일본어, 중국어를 전혀 모르는 조지아대 학생들을 대상으로 실험한 연구결과에 따르면 전혀 알지 못하는 한자 5개가 의식할 수 없는 속도로 5번씩 노출된 조건의 학생들이 25개의 한자가 의식할 수 없는 속도로 한 번씩 노출된 조건의 학생들보다 실험 직후의 기분을 긍정적이라고 응답했다. 이는 사람들이 인지할 수 없는 수준의 자극이라 할지라도 반복적으로 노출된 경우, 이에 감정이 영향을 받을 수 있다는 것을 의미한다. 자욘스에 따르면 단순노출효과는 인지적인 수준의 의식 없이 발생하는 것이기 때문에, 단순노출에 의해 형성된 선호는 내가 왜 그것을 좋아하는가에 대한 추론을 발생시키지 않는다. 기본적으로 정서적 반응은 인지적 반응에 비해 처리 속도가 빠르며, 더 신뢰할 수 있는 것으로 간주된다. 이러한 측면에서, 단순노출을 통한 선호의 형성은 감정적으로 친숙하기 때문에 내가 왜 그 대상을 좋아하는지에 대해 고민하지 않는다.

우리는 낯선 사람이나 사물에 대해선 경계심이나 불편함을 갖기 마련이지만, 차츰 접하는 횟수가 늘어나면서 알 수 없는 친근감을 느끼게 된다. 또한 두 사람이 얼마나 친해질 수 있는가는 그들이 서로 얼마나 가까이 있느냐에 따라 크게 좌우된다. 근접성이 호감 형성에 영향을 미치는 한 가지 이유는 활용 가능성에 있다. '이웃사촌'이라는 말이 있듯이 멀리 떨어져 있는 친척보다는 가까운 사람들에게 도움을 주고받기가 쉽고 더 친밀하게 지내기가 좋다는 의미이다. 돈을 빌리거나 같이 즐기거나 혹은 어려울 때 가까이 있어서 서로 위로해줄 수 있기 때문에 더 쉽게 어울린다. 하지만 주의해야 할 점은 가까이 있다는 것 때문에 더 미워질 수도 있다. 자주 만난다고 항상 정이 드는 것은 아니라는 것이다. 처음부터 적대감을 일으키거나 인상이 나쁘게 형성되면 만날수록 미워진다. 다시 말하면 활용 가능성보다는 혐오감이 더 커질 수도 있다. 이런 경우에는 가급적이면 서로 만나지 않는 것이 더 좋다.

그런데 근접성의 효과는 자연스럽게 나타나는 현상이지만 이를 의도적으로 활용하는 경우도 적지 않다. 기업들은 이를 광고에서 많이 이용한다. 많은 기업들은 천문학적인 돈을 들여 스포츠 스타를 후원하고, TV 드라마나 영화에 자사 제품을 협찬하여 알린다. 또한 다양한 공익광고에도 자사 브랜드를 눈에 띄지 않게 노출시킨다. 이러한 광고들은 제품을 사라고 직접 강요하지는 않는다. 하지만 사람들에게 브랜드에 노출 기회를 반복적으로 그리고 자연스럽게 제공함으로써 간접적인 광고 효과를 얻고자 하는 것이다. 인류의 원시시대에 단순노출 효과는 적과 아군을 구분하기 위한 가장 손쉬운 방법이었다. 지금도 이것은 역시 동료들 사이에 우애를 다지고 협력을 돕는 유용한 수단이 된다. 동시에 우리는 의식하지도 못하는 순간에 기업의 광고 전략에 넘어가기도 한다. 때때로 더욱 위험한 것은 거짓 선전이라도 반복적으로 노출되면 우리는 그 거짓선전을 진실로 착각한다는 사실이다. 자신이 알 수 없는 이유로 누구에겐가, 무엇엔가 끌리고 있다는 느낌이 든다면 이를 생각해 보기 바란다.

(2) 심리적 근접효과

심리적 근접성 혹은 심리적 근접효과Psychological Closeness란, 사람들이 그 사건이 발생할 확률이 낮더라도 발생가능성을 더 높게 평가하는 경향을 갖는 것을 말한다. 자신이나 자신과 가까운 사람이 경험한 사건은 일반 통계자료가 알려주는 것보다 더 위험하다고 인식한다거나 신문방송에서 많이 기사화된 사건들은 쉽게 기억하지만 그렇지 않은 것은 잘 기억하지 않는다. 영화나 TV프로그램이 인기를 얻으려면 시청자들이 가깝다는 느낌이 들고 공감할 수 있는 내용을 가지고 만들어야 한다. 우리는 심리적 근접효과가 뛰어난 장면이나 프로그램이 나오면 TV에 좀 더 가까이 집중해서 보게 된다. 잘 알고 있듯이 미국 뉴욕에서 2011년 9월 11일 쌍둥이 건물 테러사건이 일어났을 때, 미국민들은 거의 1년 가까이 비행기를 타지 않으려 했다. 항공기 테러사건이 미국민들에게 너무나 큰 충격을 주었기 때문이다. 일본에서조차 쓰나미는 매우 드문 일이지만 그 이미지가 너무 생생하고 강력하기 때문에 여행객들은 쓰나미 발생 확률을 과대평가한다.

심리적 근접효과는 남에 관한 사건보다는 우리와 친척 그리고 나에 관한 사건이 주는 충격이 더 크다. 아이티에서 지진이 발생하여 사망자수와 부상자수가 각각 25만명에 달하며 수도의 대부분이 초토화 되었다는 뉴스를 들어도 심리적 근접성이 높지 않아 큰 충격은 없다. 즉, 우리나라가 아닌 남의 나라의 사고이기에 상대적으로 심각성이 떨어져서 사람들은 대부분 안되었다는 감정에 머무르고 큰 관심은 없다. 하지만 한국의 경주에서 지진이 일어나서 부상자가 25만명이 아닌 25명이 발생했다는 보도가 나와도 심리적 근접성이 높아서 뉴스시청률은 폭발적으로 올라간다. 이는 우리가 특별히 우리나라 사람들의 목숨을 소중히 여기고 다른 나라 사람들의 생명은 덜 중요시하기 때문이 아니다. 가 봤던 곳, 가 볼 곳, 아는 사람이 있는 곳이라는 심리적 근접성이 훨씬 강하게 작용하기 때문이다.

이처럼 영화나 방송프로그램을 제작할 때, 심리적 근접성을 높이는 것은 시청률과 사람들의 관심을 끄는 데 매우 중요하다. 뉴스 보도에 "아이티에서 강도 7.8의 지진이 발생해 사망자가 25만명에 이른다." 보다는 "아이티에서 강도 7.8의 지진이 발생해 사망자가 25만명에 이른다. 그런데 우리 동포의 피해는 없다."라고 리포트를 하면 '우리 동포'라는 언급 때문에 심리적 근접성은 높아지고 시청자의 관심이 높아지게 된다. 이는 물리적 거리는 멀어도 우리 동포에 관한 것이라는 심리적 거리가 매우 가깝기 때문이다. 그러나 지구 반대편이라도 세계인들의 관광명소, 런던이나 파리의 중심가에서 화재나 테러가 일어났을 때, 혹은 인근 쇼핑몰이나 학교에서 범죄가 발생했을 때, 사람들의 분노와 두려움은 극에 달한다. 이 때는 지구 반대편임에도 우리가 한국 동포에 관한 것과 마찬가지로 생각하여 물리적 거리가 멀지만 심리적

거리를 매우 가깝게 느끼기 때문이다. 정상적인 사고의 과정을 거쳐서 건전한 결론이 도출되지 못하도록 왜곡시키는 인지적 함정인 이러한 편향요인에 "난 전혀 영향을 받지 않아!"라고 부정하는 경우가 있는데, 이것 자체가 이미 훌륭한 편향의 사례에 해당한다.

한편, 심리적 근접성은 비슷하게 다른 사람과 보다 더 가깝게 심리적으로 느끼고 친밀감을 갖는 현상도 의미할 수 있다. 우리는 아무리 가깝게 살고, 자주 마주치고, 나와 유사한 배경을 가지고 있다고 해도 나를 불편하게 하거나 고통을 주고 손해를 끼치는 사람과는 친해질 수가 없다. 반면 우리는 자신을 기쁘고 즐겁게 해주거나 유익과 정신적 안정감을 주는 사람과 친밀해진다. 나와 정서적으로 맞고 나의 이야기를 들어주고 공감해주고 내가 어려우면 먼 길을 마다 않고 찾아와 위로와 격려를 아끼지 않는 사람들과 친밀해진다. 살아가면서 꼭 필요한 사람들이다. "결혼식과 같은 경사에는 못 가더라도 친구가 슬픔에 지쳐 있을 장례식장에는 반드시 가라."는 이 말도 심리적 친밀감을 소중히 여기는 말일 것이다.

(3) 연애에 근접효과를 활용하는 법

대만의 한 남성이 멀리 떨어져 사는 여자 친구에게 러브레터를 쓰기 시작했다. 열렬한 러브레터는 여성의 마음을 움직이기 시작했다. 불과 2년 동안 무려 400통의 편지가 배달되었고 여성은 드디어 결혼을 승낙했다. 그런데 그녀가 결혼한 사람은 편지를 쓴 사람이 아니라, 그 편지들을 열심히 날랐던 우편배달부였다. 이와 비슷하지만 또 하나의 사례가 있다. 어떤 남학생이 근접성의 효과를 이용하여 연애에 성공하였다. 그는 학기 초 한 여학생에게 첫눈에 반하였다. 아마도 대학생 시절에 그런 경험들이 있는 사람들이 많을 것이다. 이 학생은 이후 그 여학생에 관심을 가졌기에 같은 수업을 들었고 수업에 참석할 때마다 항상 그 여학생이 앉는 의자에 가까이 위치하여 자리를 잡았다. 가까이 앉았으나 말은 걸지 않고 가끔 눈이 마주치면 눈인사를 나누는 정도였다. 그러다가 학기 말쯤 우연히 마주친 자리에서 같이 대화를 나누다가 차를 마시게 되었고 이후 가까워져서 데이트도 신청하여 승낙을 받게 되었다. 이 남학생은 우연인 것처럼 보이려고 가장했지만 사실은 의도적인 노력으로 만남에 성공한 것이다. 학기 초에 이 남학생이 만나자마자 바로 데이트를 신청했다면 실패했을 것으로 보이지만 말이다.

이러한 사례는 근접성을 잘 이용한 것이라 볼 수 있다. 사람이 서로 자주 보는 근접성은 상대방에게 좋은 감정을 높이는데 상당한 영향을 미친다. 이러한 근접효과를 이제 시작하는 사람도 마찬가지로 연애에 활용할 수 있지 않을까? 사람을 만나서 친해지려면 우선적으로 가까이 있어야 하고 자주 만나야 한다. 어떤 경로를 통하여 알게 되었든 간에 일단은 자주 보아야 호감이 증가할 수 있다. “연애의 대상을 멀리서 찾을 필요가 있나?”라고 하는 자주 들었던 말이 괜히 하는 말은 아닌 듯하다. 특히 겨울은 혼자인 싱글들에게는 잔인한 계절이라고 한다. 싱글에서 벗어나고 싶다면 주위부터 둘러보고 마음에 드는 누군가가 있다면 자주 자신을 노출시켜보자. 주위에 사람이 없다면 다른 사람들의 모임에 자주 참석해서 기회를 만들어 보자. 하지만 단순히 근접효과를 이용하여 10번 찍어 안 넘어가는 나무없다고 무조건 들이대는 것은 너무 무모하다. 호감을 전혀 주지 못하거나 심지어 관계가 안 좋은 경우에는 오히려 얼굴을 보이면 감정이 더 나빠질 수가 있다.

최근 연애에도 재력, 학력, 외모, 집안 등 상대방에 대한 다양한 조건을 많이 따지곤 한다. 이런 조건들을 안 갖춘 것보다는 갖춘 사람이 처음에는 당연히 더 호감을 주는 것이 사실이다. 이런 조건들을 갖춘 사람들은 많은 사람이 접근한다. 이 때 주변 사람들이 왜 자신을 좋아하는지를 파악하는 것이 중요하다. 자신을 좋아하는 이유가 자신의 인격이라고 착각하지만 사실은 그가 갖춘 재력 혹은 조건들 때문에 접근할 수도 있다. 만약 자신의 주변에서 추종하던 대상들은 자신이 그들에게 더 이상 줄 게 없거나 이러한 조건이 도움이 안 된다면 미련 없이 떠나버린다. 반면에 이러한 조건이 안 갖추어져도 자신을 좋아하는 사람들이 있다. 바로 내 이야기를 들어주고 공감해주고 내가 어려움을 겪을 때 먼 길을 찾아와 위로와 격려를 아끼지 않는 사람들이다. 이는 바로 심리적 근접효과가 강할수록 가까워진다는 것이다. 단순히 옆에 자주 보이는 물리적 거리도 효과가 있겠지만 오랜 기간 그 연애가 지속되려면 바로 심리적 근접효과가 강해져야 한다. 나와 생각이 같고 어려움에 같이 있어 주고 위로와 격려를 항상 아끼지 않는 사람들이 바로 심리적 근접성을 유지하는 사람들이다. 사람들은 대체로 자신과 비슷한 사람을 좋아하는 경향이 있다. 친한 사람들 간에는 기호, 취미, 태도, 가치관 등이 비슷한 경향이 있다.

특히 상대가 나에게 우호적이고 관심도 갖고 칭찬과 호의를 베풀면 나도 그를 좋아하게 된다는 사실을 경험적으로 잘 안다. 우리는 상대가 자신을 도와주거나 자신이 상대에게 신세를 지게 되면, 자신도 그를 도와주거나 신세를 갚아야 한다고 느낀다. 이와 같이 우리는 나를 좋아해 주는 사람들을 좋아하는 경향이 있다. 상대를 칭찬하고 상대를 좋아한다는 말은 사람들을 설득하고 변화시키는 데 큰 영향력을 미치게 된다. 연애에서도 이러한 원리는 그대로 적용된다. 진심어린 칭찬은 칭찬을 부르고, 호감은 호감을 낳고, 사랑은 사랑을 촉진한다는 사실을 기억하자. 소중한 사랑을 시작하고 지속시키고 돈독히 하기 위해서 우리가 물리적 근접효과뿐만 아니라 심리적 근접효과도 활용해야 하지 않을까?

그림 64 연애에 근접효과 활용하기

대만에서 러브레터를 쓴 사람이 아니라 우편배달부랑 결혼하다.

(4) 사회정체성이론

– 내집단편향 –

사회심리학자 타즈펠Tajfel의 사회정체성이론social identity theory에 따르면 집단에 관한 사람들의 인식은 내집단ingroup과 외집단outgroup으로 구분된다. 사람들은 내집단을 선호하지만 외집단은 배척하는 편향성이 나타난다는 것이다. 많은 심리학자들은 사회정체성이론이 등장한 이후 이 '편 가르기 현상'의 이면에 작동하는 심리적 구조를 밝혀내려고 노력하였다. 심리학자들은 사람들이 어떤 기준을 갖고 내집단과 외집단을 구분하는지, 그리고 내집단이 외집단이 되고, 외집단이 내집단이 되는 집단 구분의 경계를 알고자 하였다. 이와 관련하여 아인슈타인은 소르본 대학에 보낸 편지를 통해서 집단을 구분하는 '다른 기준'을 다음과 같이 제시하였다.

> "내 상대성 이론이 성공적으로 증명된다면 독일은 내가 독일인이라고, 프랑스는 내가 전 세계의 시민이라고 선언할 것이다. 내 이론이 틀렸다고 증명된다면 프랑스는 내가 독일인이라고, 독일은 내가 유대인이라고 선언할 것이다."

사실 어떤 한 집단에 속한다는 것은 다른 관점에서 보면 다른 집단들을 배제하는 것을 의미하기 때문에, 한 집단에 소속되면 자동적으로 내집단편향이 발생한다. 내집단편향은 개인주의가 강한 서구사회보다는 집단주의가 강한 동양사회에서 더 잘 나타난다. 사회적 정체성 이론에 따르면, 사람들은 내집단편향을 강하게 유지함으로써 자긍심을 느끼고, 자신을 보호받는다고 생각한다. 특히 개인의 정체성이 제대로 확립되지 못하였거나 자신이 매우 약하다고 생각하는 개인은 강력한 결속력을 지닌 집단에 소속되고 싶어 한다. 이런 성향이 강한 사람은 극단적인 집단문화가 존재하는 집단을 찾는다거나, 내지는 극단주의 정치 단체에 가입하려 하는 극단성을 보이기도 한다. 이와 같이 집단에 소속되어 집단의 보호를 받기 원하는 사람들의 특징은 집단 내의 규범에 과잉동조를 보이고, 외집단으로부터의 잠재적 위협에 더욱 편견을 보이는 태도를 가진다. 연구결과도 사회적으로 약자인 집단일수록 내집단편향이 강해지는 것으로 나타나고 있다. 하지만 내집단을 사랑하기 위해서 반드시 외집단을 증오할 필요가 없다. 그럼에도 일단 내집단과 구별되는 외집단이 있다면 그들과의 관계는 소원해질 수밖에 없다고 한다.

(5) 소규모 비즈니스 업종과 근접효과

스웨덴의 경제학자 스테판 린더Staffan B. Linder는 공연관람이 시간 집약적으로 이뤄지기 때문에 소득증가에 따른 소비증대 효과가 상쇄된다는 유명한 연구결과를 발표한 바 있다. 이른바 '린더효과Linder Effect'이다. 소득이 증가하면 경제적 여유로 인하여 공연장에 많이 갈 것 같지만 시간이 많이 소비되기 때문에 반드시 그렇지 않다는 것이다. 1997년 미국 국립예술기금NEA의 조사에 의하면, 공연관람의 장애요인으로 64%가 시간부족을 꼽았다. 최근 한국문화관광연구원의 조사에서도 공연관람의 제약요인으로 35.2%가 시간부족을 응답하여 비용과다(30.9%)를 추월하였다. 이러한 추세를 반영한 것인지 몰라도 대한민국 연극의 중심지 '대학로'는 150개가 넘는 크고 작은 공연장이 있고, 한 해 동안 700개가 넘는 작품이 상연되는 곳이다. 타깃 세분화에 의한 할인쿠폰 등 각종 프로모션 정보도 제공할 수 있어 공연장은 다양한 마케팅을 펼친다.

소비자의 욕구wants나 니즈needs는 어디로 향하고 있을까? 트렌드 분석가 페이스 팝콘Faith Papcon은 현대의 소비자들은 모든 것을 하고 싶고, 또한 갖고 싶어 하기 때문에 진정으로 원하는 것은 이를 가능하게 하는 시간절약이라고 했다. 이러한 소비자들을 만족시키기 위하여 학원가, 카페거리, 전자상가, 쇼핑거리, 대학로의 작은 공연장 등은 많은 사람들이 왕래하는 곳에 근접해 있다. 서울의 학원들은 학생들이 이동하지 않아도 되는 가까운 거리에 위치하여 시간을 절약하고 바로 접근하도록 유도한다. 또한 카페거리에서 카페들이 밀집하여 위치함으로써 우리는 커피향이 그리운 날, 큰 노력을 하지 않고도 자신의 취향에 맞는 카페를 선택할 수 있다. 이러한 추세로 인하여 특정 지역에 사람들이 문화, 쇼핑, 사교를 모두 함께 경험할 수 있는 서비스 환경이 조성되는 추세이다.

실제로 어떤 상권분포에 관한 조사에 의하면, 서로 밀집해 있는 경향이 두드러진 비즈니스 업종은 음식점과 패션, 학원, 숙박 업종이었고 밀집도가 떨어지는 업종은 극장, 자동차 전시장, 병원, 서점 등으로 나타났다. 개별적으로 소규모 업종들은 겉으로는 서로 경쟁하는 것처럼 보이지만 사실은 서로 모여서 집적함으로써 근접효과를 확대한다. 이렇게 생성된 강한 상권력을 바탕으로 소비자를 끌어 모은 후 그 안에서 손님의 선택을 이끌기 때문에 상호 협력관계에 있다고 봐야 한다. 그런데 같은 지역에 집적한 이질적인 업종은 소비자 입장에서 볼 때, 한번 방문으로 여러 가지 서비스를 제공받을 수 있기 때문에 서로 경쟁대상이 아니라 협력관계이다. 하지만 소규모의 동종업체들의 경우에 이들은 서로 경쟁이 치열한 업종이다. 이들은 근접해 있는 동종업체들보다 우위를 점하기 위해서는 소비자들이 방문을 유도할 수 있는 차별성을 가지도록 노력해야 한다. 아무튼 소규모비지니스 업종들은 생존하기 위하여 근접효과를 적절히 잘 활용해야 할 것으로 보인다. 즉, 전반적으로 같은 지역에 집적하되, 이질적인 업종은 모이고 유사업종은 적절히 거리를 유지하는 것이 필요할 것이다.

2. 긍정적 후광효과

(1) 후광효과

– 매력적인 사람 –

후광효과halo effect란 한 대상의 두드러진 특성이 그 대상의 다른 세부 특성을 평가하는 데에도 영향을 미치는 현상을 말한다. 후광은 어떤 사물의 뒤에서 더욱 빛나게 하는 배경이라는 의미를 지닌다. 영이 명칭에 따라서 '헤일로 효과'라고도 한다. 사회심리학에서는 주로 어떤 사람에 대한 인상이나 인성, 업무수행 능력을 평가하는 데 나타나고, 마케팅에서는 상점, 상품, 브랜드에 대한 태도 및 평가와 관련하여 나타난다. 평가자의 입장에서는 평가의 일관성을 유지하려는 기제나 특정한 외적 특성에 대한 고정관념 등이 작용한 결과이지만 논리성과 객관성의 측면에서는 오류일 수 있다. 쉽게 우리말로 표현하면 '한 가지를 보면 열 가지를 안다.'는 것이다.

일반적으로 후광효과는 평가자가 피평가자의 인적 특성이나 부정적인 요소에 비중을 두고 평가할 때 과도하게 발생한다Fisicaro, 1988. 피평가자들이 역으로 인상 관리impression management를 통하여 평가자에게 긍정적이거나 부정적인 인상을 만듦으로써 의도적으로 후광효과를 조장할 수도 있다Wayne & Ferris, 1990. 후광효과에 대한 개념적 정의는 학자마다 다르다. 미국의 심리학자 손다이크Edward Lee Thorndike는 후광효과는 어떤 대상에 대해 일반적으로 좋거나 나쁘다고 생각하고 그 대상의 구체적인 행위들을 일반적인 생각에 근거하여 평가하는 경향이라고 설명하였다. 그리고 블룸Blum과 네일러Naylor는 개인이 갖고 있는 특성에 대한 평가가 그 사람의 다른 다양한 특성들에 대한 평가에 미치는 영향이라고 보았다. 이 현상은 다양한 대상들에 대한 관점을 제시함으로써 사람들이 특정 대상을 어떻게 인지하고 평가하는지에 대한 설명을 제공한다는 점에서 중요성을 갖는다. 뉴컴Theodore Mead Newcomb은 논리적 오류logical error를 후광효과의 개념 중의 하나로 포함시키기도 하였다. 그는 이러한 후광효과는 사람들이 어떤 대상을 평가하는데 있어서 불가피하게 발생하는 현상이고 이로 인하여 평가자가 논리적으로 관련된 행동들을 유사하게 평가하게 된다고 주장하였다.

손다이크Edward Lee Thorndike는 군인을 대상으로 한 가지 실험을 했다. 지휘관을 불러 모아 지휘관들이 휘하의 병사들을 대상으로 각 개인의 역량을 항목별로 평가하게 하였다. 손다이크가 지휘관 평가서를 확인해보니 한 가지 뚜렷한 공통점이 눈에 띄었다. 지휘관은 체격 좋고 잘 생긴 병사는 평가 항목인 충성심, 신뢰성, 용맹성, 리더십이 모두 우수할 것이라고 평가하였고 그렇지 않은 병사는 역량이 낮을 것이라 판단했다. 지휘관들은 외모를 기준으로 그 능력을 평가한 것이다. 이것이 바로 후광효과이다.

2001년 『월스트리트』지에는 한국 사회에서 성형수술이 성행하고 있고 서구 미인을 닮으려는 얼굴 성형수술이 많이 행해진다는 기사가 실렸다. 실제로 『보건복지통계연보』에 따르면 지난 수년간 전공의가 가장 많이 늘어난 분야가 성형외과 부분이다. 얼굴을 성형하려는 사람이 많아서 성형외과가 가장 돈벌이가 되고 인기있는 분야가 된 것이다. 많은 경험적 연구의 결과에 의하면 매력적인 사람이 못생긴 사람보다 거의 모든 영역에서 유리한 평가를 받는다고 결론지었다. 외모의 후광효과에도 시대가 추구하는 인기와 유행, 문화의 변화도 영향을 미친다.

이러한 후광효과는 특히 사람에 대한 평가를 할 때 두드러진다. 처음 보는 사람을 평가할 때는 거의 수 초 내의 첫인상이 많은 것을 좌우한다. 첫인상이 좋으면 이후에 발견되는 단점은 별것 아닌 듯 느껴지며, 그렇지 못할 때는 어떤 장점도 대세를 뒤집지 못한다. 미국 유명 기업 CEO들의 평균 신장이 180㎝를 넘는다는 것도 큰 키에서 우러나는 후광이 다른 특징들을 압도해버리는 데 기여한 것이다.

기업들의 채용 시험에서 명문대 선호도 후광효과의 작용으로 볼 수 있다. 현재의 취업난은 한국뿐 아니라 전 세계의 이슈라고 볼 수 있다. 일을 하고 싶은 사람의 수에 비해 일자리는 부족한 상황에서, 기업들은 기준을 만들어서 직원을 뽑게 된다. 기업마다 기업관, 조직 분위기, 목표하는 바가 다르기 때문에 채용하는 기준도 각기 다르다. 하지만 그 다른 기준 속에서도 많은 회사들이 선호하는 나름의 보편적인 기준이 지원자의 출신 대학이다. 대학의 등급이 사회적으로 정확히 매겨진 것은 아니지만, 사회적인 분위기 속에서 대학 순위가 책정되고 있다. 그리고 많은 기업이 채용 시험에서 소위 대학 서열 기준을 참고한다. 많은 사람들이 이에 대하여 우려와 반대의 목소리를 내고 있지만, 여전히 그 경향성은 유지되고 있다. 대학을 통하여 형성된 후광효과를 그 대학을 졸업한 사람에게 반영하고 확장하여 사회적 이슈를 낳고 있다. 이웃나라 일본에서는 출신대학을 불문하고 사원을 채용한다. 일본 기업의 인사전략은 입사지원 서류에 출신대학 기입란을 없애고 면접시에도 이를 일절 묻지 않도록 하여 출신학교에 의해 사람을 평가하는 후광효과halo effect를 배제하고 객관적 기준에 의해 실력있는 인재를 발탁한다고 한다. 최근 한국에도 기관들이 이런 후광효과로 인한 편견을 없애기 위하여 신입직원을 채용하기 위한 면접에서 학력이나 경력을 모두 가리고 블라인드 면접을 통하여 편견없이 사람을 채용하는 제도가 시행되고 있다.

(2) 삶 속에서의 후광효과

우리의 삶에서 일어나는 후광효과는 너무나 많아서 헤아릴 수가 없다. 어렸을 적 부모님 무릎에 앉아 들었던 옛날이야기를 들어본 적이 있을 것이다. 신화든, 전설이든, 동화든, 한 가지 뚜렷한 공통점이 있다. 착한 사람은 잘 생겼는데 나쁜 사람은 못생겼다. 종교도 마찬가지다. 종교 서적이나 유화 속에 묘사된 예수님, 부처님, 알라께서는 모두 잘 생기셨고, 머리 뒤로는 문자 그대로 후광이 비친다. 고대의 여러 신들도 하나같이 아름다운 얼굴과 육감적인 몸매를 뽐낸다. 영화도 다르지 않다. 주인공들은 모두 아름답거나 잘 생겼다. 그 뿐인가? 넘쳐나는 자신감에 막강 화술, 지성미까지 겸비했다. 영화 '007'의 제임스 본드가 전형적인 사례이다.

다음으로 비즈니스에서 후광효과의 한 예를 들어보자. 첫째, 2014년 프란치스코 교황은 한국을 방문할 때 의전차량으로 기아의 '쏘울'을 선택했는데, 이후 쏘울은 '교황이 탑승한 차'라는 후광효과를 입어 수출 및 판매량이 큰 폭으로 상승했다. 이와 비슷한 원리로 기업들은 유명한 스타를 광고모델로 내세워 물건을 판매한다. 스타의 명성과 인기가 후광효과를 발하여, 고객들의 상품 구매 욕구를 자극하는 것이다.

둘째, 비슷한 예로서 주택시장에서도 후광효과가 나타난다. 최근 서울의 아파트가격 상승이 우리를 슬프게 한다. 서울 송파구의 대표 재건축 단지인 잠실주공5단지가 최고 50층으로 탈바꿈할 가능성이 열리자 주변 단지들의 매도호가도 동시에 들썩였다고 한다. 잠실주공5단지가 한강변 최고층으로 재건축하면 인근 단지들이 간접적으로 수혜를 입을 것이란 기대감이 반영되었다. 향후 초고층 재건축을 추진할 수 있고 잠실주공5단지보다 매매값이 낮아서 초기 투자부담이 작은 것도 영향을 미쳤다. 그런데 50층으로 지을 수 있는 아파트는 잠실주공5단지 내 일부 동에 국한되고 이들 주변 단지가 다 실질적인 수혜를 입는 것은 아니라고 한다.

셋째, 교육에서도 후광효과가 많이 발생한다. 대학이 유명히면 대학 내에 유명한 학과뿐만 아니라 유명하지 않은 학과도 덩달아서 많은 학생들이 입학하고 싶어 한다. 따라서 빨리 대학의 순위를 높이고 싶으면 일부 성과가 뛰어난 학과를 잘 지원하면 그 후광효과로 다른 학과들도 덩달아서 순위가 올라가기 쉽다. 교육 현장도 이러한 후광효과를 비켜가지 못한다. 쉬운 예로 학생들이 새로운 친구를 사귀려고 할 때 보통 잘 생긴 친구를 선호한다. '잘 생겼으니 다른 면도 좋을 거야.'라는 근거 없는 판단 때문이다. 연애에서도 후광효과가 작용한다. 남자든 여자든 파트너를 고를 때 신체적인 매력이 있는 상대를 선호한다. 여성에게 인기 있는 남성상은 '키 크고, 잘 생긴' 사람이고, 남성에게 인기 있는 여성상은 '예쁜' 사람이다. 신체적 매력 자체를 좋아할 수는 있겠지만 다른 매력과 연결짓는 뜬금없는 편견이 문제이다.

넷째, 정치와 법에서도 유권자들은 카리스마 있고 준수하게 생긴 후보에게 표를 던지는 경향이 있다. 유권자들은 후보들이 매력적으로 꾸민 페르소나(persona)에 현혹되어 그들이 위대한 지도자가 될 것이라고 가정한다. 다른 사람들 눈에 비치는, 특히 그의 실제 성격과는 다른, 한 개인의 모습인 페르소나가 후광효과를 기대하는 것이다. 사법부가 판결을 내릴 때도 후광효과가 나타난다고 한다. 한 연구 조사에 의하면 같은 범죄인데도 외모가 매력적인 사람과 그렇지 않은 사람의 형량이 2배가량 차이가 났다고 한다.

이처럼 후광효과는 우리들의 일상에서 널리 퍼져서 대상을 평가할 때 영향을 미치고 있다. 얼굴이 잘 생기면 머리도 좋을 것이라는 생각, 사업에 유능하면 정치도 잘할 것이라고 판단하거나 아름다우면 무엇이든지 예쁘게 잘할 것이라고 판단하기도 한다. 이처럼 눈에 띄는 한 가지 매력으로 그 사람의 됨됨이까지 판단하는 인간의 습관적 기질이 바로 이 후광효과로 나타난다. 후광효과는 말 그대로 편견이고 편견은 올바른 판단을 가로막는다. 그래서 타인을 차별하고 편견을 조장하는 사태로 발전할 가능성이 농후하다. 후광효과의 함정에 빠지지 않으려면 의식적인 노력이 필요하다. 전문가들은 후광효과의 영향에 빠지지 않도록 다음과 같은 방법을 제시한다.

첫째, 첫인상이 끝 인상은 아니라는 점을 기억하라. 사회생활을 해 본 사람들은 잘 알겠지만, 유능한 사람은 평소의 인간관계나 소통능력에서 능력이 드러난다. 준수한 얼굴에 멋있게 차려입었다고 직장에서 일을 잘하는 것은 아니다. 면접 자리에서 첫인상이 좋다고 무작정 채용하면 낭패를 보기 십상이다.

둘째, 객관적 사실만 보고 판단하라. 영화 〈살인의 추억〉을 보면 송강호의 육감수사와 김상경의 과학수사가 번번이 충돌한다. 후광효과 측면에서 송강호식 육감수사는 독이다. 영화 초반에 송강호가 용의자들을 하나하나 심문하는 장면이 나온다. 일용직 노동자, 주정뱅이, 사기꾼을 심문하다가 번듯하게 차려입은 회사원을 심문할 때가 되자 송강호는 자세부터 고쳐 잡는다. 후광효과의 전형적인 사례이다. 후광효과에서 벗어나려면 김상경식 과학수사가 필요하다. 꼼꼼히 살핀 문서와 행적을 바탕으로 합리적으로 판단하는 것이 중요하다. 선거 때도 마찬가지다. 중요한 것은 외모가 아니라 후보의 과거의 정치 경력과 공약이다.

(3) 루이비통 시계는 과연 정말 명품일까?

브랜드 확장이 이루어지는 이유도 한 가지 주된 특징에 대한 평가로 인하여 다른 모든 평가가 객관성을 잃고 채색되어버리는 '후광효과Halo effect' 때문이다. 어느 백화점을 가도 1층의 가장 노른자위 코너는 소위 명품 브랜드관이 입점해 있다. 구찌, 샤넬, 프라다, 루이비통 등 이제는 사람들의 로망이 되어 버린 이름들이다. 그 중에서도 루이비통은 우리나라에서 가장 높은 지명도를 자랑하고 있다. 루이비통의 모노그램인 LV가 담긴 백은 소위 3초 백으로도 알려져 있다. 거리에서 3초마다 이 백을 든 여성을 볼 수 있다. 그런데 루이비통에서 생산하는 제품은 핸드백과 여행용 가방만이 아니다. 남녀 의류는 물론, 와인, 화장품, 보석, 신발, 시계, 심지어 여행 안내 책자까지 판매한다.

원래 루이비통이 생산한 여행용 가방의 역사는 1858년까지 거슬러 올라가는데, 제작 초기부터 파리사람들의 선망을 불러일으킨 역사적 제품이었다. 가방에 비하면 다른 패션 아이템들은 비교적 최근에 도입된 것이다. 펜 컬렉션은 1997년, 남녀 기성복과 출판물은 1999년, 그리고 시계 컬렉션은 2002년에 처음 도입되었다. 보다시피 가방을 제외한 나머지 패션 상품들은 비교적 신생 브랜드라고 할 수 있다. 그럼에도 불구하고 루이비통 상표를 붙인 제품들은 다 프랑스 전통을 자랑하는 최고급 명품으로 취급된다. 다른 유명 브랜드들 역시 사정은 비슷하다. 이탈리아 브랜드인 조르지오 아르마니의 경우 1975년 창립되어 기성복 업체에서 명성을 얻었다. 이후 아르마니 남성복, 여성복 외에 젊은 층을 겨냥한 서브브랜드로 엠포리오 아르마니, 에레우노, 마리오 발렌티노 컬렉션과 엠포리오 아르마니 스포츠웨어 라인이 있다. 향수 분야에도 진출하여 '지오, 아쿠아 지오, 일르, 엘르' 등을 제작하여서 샤넬, 디오르 등과 어깨를 겨루고 있다. 나아가 가구와 호텔과 리조트 분야 등 셀 수 없이 많은 영역으로 사업을 확장하였고 모두 명품 취급을 받고 있다.

명성을 얻은 기업들이 이렇듯 자사의 브랜드를 여러 가지 상품에 붙임으로써 사업 영역을 확장하는 이유는 단 한 가지이다. 한번 브랜드에 대한 신뢰가 쌓이면, 소비자들은 그 브랜드라면 어떤 상품이 나온다 하더라도 일단 가산점을 주고 신뢰하기 때문이다. 비록 루이비통 브랜드를 부착한 시계나 펜이 다른 브랜드에 비하여 역사도 짧고 품질 역시 뒤떨어지더라도 소비자들은 이들 상품 역시 150년의 전통을 자랑하는 유서 깊은 상품들이라고 믿어버리는 후광효과가 작용한다.

사회심리학자인 리처드 니스벳Richard Nisbett은 1977년에 한 실험을 하였다. 동일한 강사가 학생들 앞에서 강의를 하는데, 한 그룹 앞에서는 유연한 태도로 학생들 입장을 최대한 반영하겠다는 식으로 강의하고 다른 그룹 앞에서는 경직된 태도로 학생들의 반응과는 상관없이 강의를 했다. 니스벳은 피험자가 된 학생들에게 그 강사의 언어 구사력이나 악센트, 외모, 복장 등 강의 태도와는 아무 관련이 없는 항목들에 대해 평가를 해보도록 하였다. 동일한 강사가 똑같은 옷을 입고 와서 똑같은 억양으로 강의를 했는데도 불구하고 학생들의 평가결과는 의외였다. 호감을 사는 강의를 들었던 학생들은 모든 면에서 강사에 대해 좋은 쪽으로 평가를 하였지만, 그렇지 않은 강의를 들은 학생들은 부정적인 평가를 하였다. 더욱 흥미로운 사실은 이 학생들에게 강사에 대한 호감이 다른 항목들을 평가하는데 영향을 끼쳤느냐고 물었더니 한결같이 "그렇지 않다."라고 응답하였다. 즉, 이들 스스로는 자신들의 평가가 인지적 편향에 휘둘리고 있음을 전혀 인식하지 못하고 있었다는 점이다.

여전히 우리 사회에도 명품에 열광하는 사람들이 많다. 루이비통 시계나 아르마니 소파에서 모노그램 핸드백이나 아르마니 재킷의 후광효과에 열광하고 있다면 우리도 역시 무의식적으로 인지적 왜곡에 휘둘리고 있다고 볼 수 있지 않을까? 아니면 익히 알고 있으면서도 오랜 습관으로 도취되어 브랜드의 매력에서 벗어나지 못하는 것인가? 사람에 따라 다르겠지만 최근에 소비자들의 유행하는 소비행태를 보면 상품의 품질에 주로 의존하기 보다는 그 브랜드에 훨씬 집착하는 병적인 현상을 보이고 있다. 이는 사람들이 가진 여러 가지 성향에 좌우되는

그림 65 **명품과 후광효과**

것으로 보인다. 즉, 그 브랜드를 소유하고 싶다는 소유욕망, 남들에게 보이고 싶은 과시욕, 명품을 소유할 수 있는 계급에 속했다는 소속감(베블런효과) 등 많은 요인들이 작용할 것이다. 그러나 "유명 브랜드이기 때문에 품질도 당연히 좋을 거야."라고 생각해서 그 브랜드를 선택한다면 한번쯤은 내가 후광효과에 현혹된 것은 아닌지 살펴봐야 하지 않을까?

(4) 한류 – 방탄소년단BTS의 후광효과와 돌민정음

K팝 인기를 업고 한국어가 글로벌 언어로 부상하고 있다. K팝 스타들의 해외 공연 때 외국인 팬들이 한글 노랫말을 동시에 따라 부르는 것은 이제 흔한 모습이다. 이들이 한글 노랫말을 따라 부르면서 한국어 학습에도 관심을 보이는 것이다. '한반도 오천 년 역사상 한국인의 문화적 자긍심과 문화생산 역량이 이처럼 폭발적이면서도 현실적으로 결합한 예는 역사 이래 없었다.' 실제로 세계 각국의 외국어 수강생 추이를 보면 '한국어 열풍'이 어느 정도인지 확인할 수 있다. 미국현대언어협회의 최근 조사에 따르면 2009년에서 2016년 사이 미국 대학에서 중국어(–11%), 독일어(–16%), 일본어(–5%) 등 대부분의 외국어는 수강자가 줄었다. 반면 한국어만 같은 기간 유일하게 65%나 증가하였다. 영국 BBC방송도 최근 "2013년에서 2016년 사이 미국 대학에서 외국어를 배우는 학생 수가 전반적으로 줄었으나 한국어만 14% 증가했다."고 보도했다. 미국에서 2016년 한국어 수강자가 1만4,000명이 된다. 스페인어 · 프랑스어 · 독어 · 이탈리아어 · 중국어 · 아랍어 · 라틴어 · 러시아어 수강자수에 이어서 한국어가 세계 10대 외국어에 포함되었다. 이런 추이를 반영이라도 하듯이 미국과 유럽 각국 대학에서는 한

국학과를 만들거나 한국어 강좌를 연이어 개설하고 있다. 세계 최대 규모의 온라인 외국어 학습 사이트인 듀오링고Duolingo는 급속한 수요 증가를 반영하여 한국어 과목을 새로 개설했다. 이를 개설하자마자 수강생이 20만명에 육박할 정도로 인기가 매우 폭발적이었다고 한다.

최근 한류열풍과 더불어서 한류애호자들은 단순히 한국의 음악과 춤 등 콘텐츠를 좋아할 뿐만 아니라 한국이란 국가와 한국어, 한국문화 등 다방면에서 한국에 대한 관심을 확대하고 있다. 이에 한국과 한국어를 배우기 위해 한국으로 유학을 오는 학생도 크게 증가추세이다.

최근에 방탄소년단BTS은 한류확산에 결정적인 기여를 하고 있다. 방탄소년단의 많은 팬들은 방탄소년단이 노래하는 한국 가사를 영어로 소리나는 대로 받아쓰다가 온라인 한국어 수업을 듣게 되었다고 말한다. 방탄소년단은 '2018 타임 100 리더' 설문조사에서 1등을 차지하며 온라인 인기를 실감케 했다. 온라인 투표 최종 결과에서, 방탄소년단은 15% 지지를 받아 1위에 올랐다. 그리고 미국의 펜실베이니아 주립대의 한 교수는 강의시간에 방탄소년단과 글로벌 동향의 중요성에 대해 강의했다. 그 교수는 수업 중에 다음과 같이 말했다고 전한다.

> "이것은 한정된 세계가 아니다. 만약 여러분이 다문화인이라고 말하고 싶고 국제시장에서 경쟁력을 가지고 싶다면 특히 글로벌 경제금융과 마케팅을 공부하는 학생이라면 BTS가 누구인지도 모르고 미국 외에 세계에 무관심해서는 지금의 시장경제에서 살아남을 수 없다."

방탄소년단이 포화상태였던 아이돌 시장에서 성공할 수 있었던 것은 내면의 사명감과 원대한 꿈이 주된 요인으로 보인다. 팬들과 인간 대 인간으로 긴밀하게 소통하는 진심을 담은 음악이야기, 그리고 선한 영향력을 주고받는 수평적 리더십은 청춘들에게 위로와 공감을 전하는 음악을 만들어 제공하였다. 한 영역에 고정되어 머물지 않고 다양한 영역을 끊임없이 융합시키는 그들의 체계적인 노력이 그들의 경쟁력을 높였다고 보는 시각이 많다. 미국의 빌보드 메인앨범 차트인 '빌보드 200'에서 두 번째 1위에 오르면서 한류문화 열풍은 더욱 강화되어 나갈 것이다. 그들의 인기는 후광효과를 발휘하여 방탄소년단BTS의 김태형은 전 세계에서 가장 잘생긴 남자 1위에 오르기도 했고 멤버 7인 모두 잘생겼다는 소리를 듣는다. 팬들 입장에서 음악도 좋지만 잘생긴 외모 때문에 더 좋아한다고 한다.

한편, 세계의 다양한 언어가운데 음악과 만났을 때 특히 빛을 발하는 언어가 있다. 이 분야 전문가들은 대개 영어와 스페인어, 프랑스어 등을 꼽는다. 중년 이상의 세대들도 젊은 시절 비틀스의 팝송, 에디트 피아프의 '장밋빛 인생', 훌리오 이글레시아스의 '헤이'를 흥얼거렸다. 2013년 세상을 떠난 프랑스 샹송가수, 조르주 무스타키는 한 인터뷰에서 "언제나 승자는 멜로디"라고 했다. 그가 방한 공연 중 프랑스어 노래를 따라 부르는 한국 관객들의 열정에 감탄했다고 한다.

그런데 한글은 과학적이고 아름답지만 받침이 많고 격음이 많아 음악적으로 담아내기가 쉽지 않다는 평가를 받는다. 다행스럽게도 방탄소년단 등 아이돌그룹의 한류열풍으로 인하여 이들에 대한 세계적인 팬의 열광적인 인기로 팬들이 한글을 사모하여 '돌민정음'을 낳았다. 아이돌Idol과 훈민정음의 합성어인 '돌민정음'은 아이돌그룹과 팬들 사이에서 통용되는 용어이다. 열성적인 케이팝K-pop 팬들은 미묘한 뉘앙스가 살지 않기 때문에 한글을 문자 그대로 알파벳으로 쓰고 읽는다고 한다. 즉, '오빠'라는 한국말과 한글을 영어알파벳을 이용하여 발음 그

대로 표기하여 'OPPA'라고 부른다. 이렇게 표기하는 주된 이유는 서양의 문화에서 남자형제를 뜻하는 브라더brother로는 제 맛이 안 나기 때문이다. 말이 갖는 뉘앙스가 중요한데 한국 문화에서 통용되는 오빠라는 말이 갖는 고유한 느낌, 기분, 정서를 표현하기가 어렵기 때문이다. 외국인을 위한 한류음악에서는 'Hyung(형), Oppa(오빠), Noona(누나), Unnie(언니), Aegyo(애교)'와 까부는 멤버를 가리키는 'Kkab(깝)'도 찾아볼 수 있다. 세계적인 대세의 한류물결은 점점 확산되어 이미 나선형을 그리며 전 지구를 강타하고 있다. "고마워! 우리 자신을 사랑하는 방법을 알려줘서." 미국 메이저리그의 뉴욕 메츠 홈구장인 시티필드에서 열린 방탄소년단BTS 공연 중 한글로 적힌 응원 슬로건이다. 비욘세, 레이디 가가 등 팝스타 중에서도 톱스타들만 공연한 이곳에서 4만여 명의 팬들은 3시간 가까운 공연 시간 내내 "괜찮아, 괜찮아" 같은 한국어 가사를 따라 부르며 '떼창'을 하였다. 방탄소년단의 열성 팬인 '아미Army'에게 한글과 우리말은 모국어만큼 친근했다.

정부는 2018년 10월 8일 방탄소년단의 멤버들에게 한류를 확산시키는 등 대중문화예술 발전에 기여한 공로를 인정하여 화관문화훈장을 수여하였다. '비틀스'는 전성기였던 1965년 대영제국훈장을 받았다. 인기와 음반 판매량이 많아서가 아니라 영국의 언어와 문화를 세계에 알린 공로 때문이었다. 최근에 올림픽이나 아시안 게임에서 금메달을 딴 운동선수에게 병역을 면제해주는데 음악분야에서 금메달을 딴 이들에게도 병역면제를 줘야 하지 않느냐는 논란이 있기도 하였다.

최근 파리에서 막을 내린 2019 파리패션위크 '구찌' 쇼 현장은 한글이 적힌 피켓으로 물결쳤다. 한 소녀팬은 "요즘 프랑스 젊은이들 사이에선 한국말을 할 줄 알아야 멋지다고 생각한다."며 우리말로 또박 또박 말했다. 한글은 한류문화의 인기가 만들어낸 요즘 최고의 신브랜드이다. 해외 젊은이들 사이 세련되고 개성있는 언어로 빠르게 확산되고 있다. 단지 외국어가 아니라 한글을 이용한 각종 패션 디자인 상품으로도 인기를 누린다. 엣시 사이트 내 인기 상점인 '바빠요babbayo 숍' 운영자 줄리아 쿠플랑은 "K팝 팬에서 시작해서 한글을 배우다가 한글 상품까지 내놓게 됐다."고 했다. 트렌드 분석을 하는 전문기관인 '트렌더라'의 메건 콜린스 대표는 "대단한 문화 자본을 축적한 K팝 스타의 위세가 나날이 높아지면서 이들이 쓰는 언어, 행동 모두 젊은 층에 굉장한 영향력을 미친다."고 말했다.

또한 '디자인 상품'으로서 한글의 가치는 패션계를 뜨겁게 하고 있다. 영국 디자이너 브랜드 프린이 '긴장하라'는 한글을 새긴 가방을 패션쇼에 등장시켰고 나이키에서도 에어조단 '서울' 한정판을 내놓으면서 '화합과 전진', '서울'이란 한글을 새겨넣어서 화제가 되었다. 영국의 유명 디자인 매거진인 『모노클』도 한국 특집판을 발간하면서 '한국'이란 우리말을 표지에 올렸다. 패션지 『보그 브라질』은 창간 43주년 기념판으로 서울을 특집으로 다루면서 40페이지에 걸쳐서 한글 간판이 부착된 분식집 등을 배경으로 패션 사진을 찍었다.

나아가 최근엔 유튜브와 인스타그램을 통해 실시간으로 한글을 공부하는 이들이 크게 늘었다. 유명 정치 칼럼니스트인 브로웬 매덕스는 최근 영국 일간 이브닝 스탠더드에 "방탄소년단에 빠진 딸 때문에 한국에 대해 알게 됐다가 이제는 내가 더 열광하게 됐다. 기막히게 재밌는 한국 예능 프로의 자막에 푹 빠졌다."고 고백하였다. 『총, 균, 쇠』의 저자 재레드 다이아몬드는 한국어판 서문에서 한글이 한국인의 천재성에 대한 기념비라고 했다. 외국인들의 시각에서 본 한글은 초성 · 중성 · 종성이 합쳐져서 한 글자를 이루기 때문에 시각적으로 균형감 있고 생동감 있어 보이고 완성도 높은 디자인 글자구조를 갖는 것으로 본다고 전문가들은 평가하고 있다.

그림 66 너도 배우니?

(5) 한류의 K-뷰티에 미치는 후광효과

한류열풍은 한국 화장품에도 후광효과를 미쳐서 한국 화장품 시장에 대한 판도를 바꿔놓았는데, K-뷰티로 대표되는 한국 화장품 산업의 패러다임이 바뀌고 있다. 국내 소비자들 사이에서는 '좋은 화장품이 바로 수입품'이란 관념이 사라진지 오래된다. 화장품업계 관계자들에 의하면 다음과 같이 한국의 화장품 산업을 의미하는 K-뷰티에 대하여 다음과 같이 전망한다. 즉, "처음 한류를 일으킨 한국드라마는 아시아와 중동 지역에서 K-뷰티 바람을 일으켰다면 K-팝의 경우 미국과 유럽에서도 인기가 높아 더욱 세계적이다. 국내 아이돌그룹 멤버들에 대한 관심이 K-뷰티에 대한 관심으로 지속적으로 전환된다면 우리나라 기업들의 글로벌 진출에 큰 도움이 될 것이다."

방탄소년단, 워너원, 트와이스, 블랙핑크 등의 아이돌 인지도가 세계적으로 높아지면서 그 후광효과로 한국식 메이크업법에 대한 관심이 높아지고 있다. 최근 이를 소개하는 뷰티크리에이터들이 증가하고 자연스럽게 '한류뷰티' 산업이 활황을 맞고 있다. 특히 최근에는 유튜브에서 활동하는 뷰티크리에이터들도 K-뷰티의 숨은 주역이 되고 있다. 유튜브의 뷰티크리에이터들은 한국 아이돌그룹과 배우들의 메이크업법을 영상으로 설명해 줌으로써 K-뷰티 트렌드를 전 세계에 널리 알리고 있다. 최근엔 해외 유튜버와 블로거들도 이에 동참하여 '한국식 화장법Korean makeup', 'K-뷰티 화장법K-beauty makeup', '걸그룹 메이크업법' 등의 콘텐츠를 유튜브에 지속적으로 올리고 있다. 이들 유튜브와 블로거들의 조회 수는 수십만 개에서 수백만 개에 이르고 있다. 한국식 메이크업과 미국식(일본식) 메이크업을 비교하는 영상도 인기가 높다. 이 같은 영상의 댓글에는 한국어뿐 아니라 영어, 일본어, 중국어, 스페인어 등 다양한 언어들이 제공된다. K-팝 인기와 아이돌그룹에 대한 관심이 'K-뷰티'로 자연스럽게 옮아가고 있다.

화장품 업계에 따르면 미국과 유럽서도 방탄소년단을 필두로 K-팝이 인기를 끌면서 한국 문화에 대한 관심과 화장법을 찾아보는 젊은이들이 늘고 있을 뿐만 아니라 화장품 산업의 본고장이자 예술의 중심도시인 파리에도 K-뷰티 한류바람이 매우 강하게 불고 있다고 한다. 프랑스 젊은이들은 한국의 걸그룹 특유의 '센 화장법'에 관심을 보인다고 한다. 이처럼 K-뷰티는 고급화장품 중심으로 형성되던 유럽 화장품 시장에도 변화를 몰고 오고 있다. K-뷰티는 상대적인 '가성비'(가격 대비 성능)가 좋기 때문에 특히 밀레니얼 세대(1980년대~2000년대 초반 출생)들에게 인기가 높다고 한다.

(6) 매력적인 사람과 빠른 성공

후광효과에도 긍정적인 후광효과positive halo effect와 부정적인 후광효과negative halo effect가 존재한다. 후광효과는 인간관계에서도 찾아볼 수 있다. 사람들은 대체로 매력적으로 보이는 사람을 보면 그 사람은 지적이고, 관대하고, 성격도 좋고, 집안 환경도 좋을 거라고 생각한다. 그에 반하여 매력적이지 못한 사람을 보면 그 사람은 이기적이고, 성격도 나쁘고, 집안 환경도 나쁠 것이라고 생각한다. 이처럼 사람들은 신체적으로 매력적인 사람들과 함께 있길 원한다. 이왕이면 잘생긴 친구와 어울리려 하고, 매력적인 사람과 결혼하려고 한다. 매력적인 사람으로 자기 자신의 주가도 높여보자는 셈법이 작용한다. 쉬운 우리 표현을 빌리자면 원님 덕에 나팔분다고나 할까?

나아가 신체적 매력과 후광효과의 관계는 크게 발산 효과와 대비 효과로 나누어진다. 발산 효과는 매력있는 사람과 함께 있을 때, 자신에 대한 평가가 높아지는 현상이고, 대비 효과는 매력있는 사람과 함께 있을 때 자신에 대한 평가가 상대적으로 낮아지는 현상이다. 결국 매력있는 사람과 같이 있다고 해서 항상 좋은 결과를 보이는 것은 아니다. 그 사람과 자신이 어떤 관계이냐가 중요하다.

오늘날 개인이나 조직은 좋은 이미지와 신뢰를 주기 위해서 명망있는 권위자를 활용한다. 역사적으로 1494년 크리스토퍼 콜롬버스가 신대륙을 발견한 이후 많은 사람들이 스페인 왕의 후원을 얻기 위해 궁정을 드나들었다. 이 때 페르디난드 마젤란은 다른 사람들과의 차별화를 위하여 카를로스 왕을 알현할 때 유명한 지리학자 루이 파레이로와 함께 갔다. 파레이로는 지구의를 놓고 마젤란의 세계 항해의 정당성을 설파하였다. 이 덕분에 왕의 허가를 상대적으로 쉽게 얻어내는데 성공하였다. 마젤란은 지리전문가인 루이 파레이로라는 후광을 적절히 활용한 것이다.

기업 측면에서는 새로운 상품에 유명 디자이너의 이름을 쓴다든지, 신제품 광고에서 신뢰가 가는 인물을 사용하는 것도 후광효과를 보자는 것이다. 앞서 언급하였듯이 후광효과에도 긍정적인 것 못지않게 부정적인 것도 많다. 아직 검증되지 않은 직원이 추진한 일이 첫 실패로 확인되면 회사의 동료나 상관들은 이 직원에 대한 능력을 의심하고 그의 업무에 회의를 보낸다.

흥미로운 사실은, 특히 언론은 사람들에게 긍정적인 후광효과를 많이 제공하기도 하지만 때로는 치명적으로 부정적인 후광효과를 미치기도 한다. 좋은 소식이나 결과에 대해서는 뻥튀기를 덧붙여서 홍보를 하다가도 나쁜 소식이나 실패에 대해서는 가혹할 정도로 비판을 쏟아붓기도 한다. 가령, 최고의 흥행을 거두다가 거품이 꺼져 순식간에 망하기 직전까지 가는 회사가 있다고 하자. 주위의 언론은 1년 전에는 정말 뭐든지 배워야 할 회사로 소개하지만 회사가 어려움에 처하면 호평했던 부분들을 모두 비판의 대상으로 바꾼다는 것이다. 예를 들면 전설적인 경영자 리 아이아코카가 크라이슬러 회장으로 재직하면서 크라이슬러의 매출지표가 월등히 좋아질 것이라고 생각하였다. 이러한 긍정적 생각은 초기 24억 달러 이상의 기록적인 이익을 남겼을 때는 적중하는 것처럼 보였으나 이후 크라이슬러의 실적이 곤두박질치기 시작하면서 아이아코카에 대한 비판이 시작되고, 결국 불명예 퇴진으로 끝났다. 초기 아이아코카에 대한 후광효과를 너무 기대한 결과라고 할 것이다.

요컨대 전 세계에 똑똑하고 유명한 회사들과 전문가들도 우리가 흔히 저지르는 후광효과로부터 자유롭지 못하다. 한 기업이 스스로의 후광효과를 뛰어넘을 수 있는 유일한 방법은 내실을 다지고 장기간의 신뢰를 얻는 것뿐이다. 즉, 후광효과에 기대하기 보다는 내실을 다지고 휩쓸리지 않도록 주의해야 한다.

3. 부정적 후광효과

(1) 후광오류

IMD(스위스 국제경영개발원)의 필 로젠츠바이크 교수와 맥킨지는 후광효과의 위험성을 경계해야 한다고 말하고 있다. 뿔효과는 후광효과와 반대로, 도깨비 뿔처럼 못난 것을 한 가지만 보고 그 사람의 전부를 나쁘게 평가하는 부정적 후광효과를 의미한다. 얼굴이 예쁘지 않을지라도 얼마든지 일을 잘하고 성격이 좋은 사람이 많은데도 불구하고 특정 한 가지 때문에 억울한 평가를 받을 때 사람들은 다른 사람들에게 나쁘게 보일 수 있는 것들은 가급적 가리고 보여주지 않으려 한다. 이처럼 뿔효과로 인하여 인간관계가 좋게 발전되지 못하고 삶이 부정적으로 얼룩질 수 있다.

조직차원에서 후광효과를 적용할 때, 후광오류란 개념이 있다. 후광오류는 개념적으로 구분해 놓은 직무 수행의 차원에 대하여 비슷한 평가 점수를 주는 오류를 말한다Murphy & Cleveland, 1995. 즉, 조직에서 실제로 사용하는 인사평가제도는 직무 수행을 여러 차원으로 구분하여 각각의 성과 차원에 대하여 평가하는 방식을 취하고 있다. 따라서 직무 수행을 평가할 때 성과는 하나의 차원에서 평가되는 것이 아니라 여러 차원으로 구분된다. 이 오류로 인하여 평가자는 직무 수행의 차원들을 독립적으로 구분하지 못하거나 전반적인 인상이나 특정 차원에 대한 평가기준이 전체 평가에 영향을 줘서 모든 차원에 대하여 비슷한 점수를 주기도 한다. 즉, 평가의 구성 타당도가 낮아진다. 후광오류는 인지적 판단 과정의 영향을 받기도 하고 대인관계에도 영향을 받는다. 즉, 평가자가 피평가자인 부하에 대해 호감도가 매우 높거나 낮을 때가 중간 정도일 때보다 후광오류의 현상이 더 많이 나타난다. 평가자의 호감도가 양 극단 중 하나일 때에는 이미 피평가자에 대해 긍정적이거나 부정적인 판단을 내린 상태이기 때문에 그 인상이 평가 점수 전체에 영향을 미친다. 인사 평가가 현실적으로 일 년에 한두 번밖에 실시되지 않는, 빈번하지 않은 평가이기 때문에 피평가자의 직무 수행을 기억 속에서 재생하면서 각 평가 차원에 점수를 할당하는 단계에서 전반적인 인상도 함께 인출하여 평가 점수를 부여해 버리는 경우가 많다.

후광오류가 일어나는 원인은 다음과 같다. 첫째, 평가가 지체되는 시간 때문이다. 평가자가 피평가자의 직무 수행을 관찰한 이후 판단하는 데 걸리는 시간이 길면 후광오류의 현상이 나타난다. 관찰 후 판단 과정에서 기억의 소멸이 일어나므로 전반적인 인상으로 판단해 버리게 된다. 둘째, 평가자가 피평가자에 대해 잘 알거나 평가 직무에 익숙하다면 직무 수행의 차원을 잘 구분해 판단할 수 있기 때문에 후광오류 현상이 덜 발생한다. 이에 반하여 피평가자를 잘 모를 때에는 전반적인 인상에 따라 평가하게 된다. 셋째, 업무의 중요도에 따라서 후광오류가 많이 혹은 적게 나타난다. 즉, 평가자가 중요한 평가라고 인식하면 평가자가 후광오류를 적게 보이지만 평가자가 중요하지 않다고 생각하면 후광오류를 많이 범한다. 넷째, 평가의 목적이 승진이나 연봉 결정과 같이 피평가자들의 성과 순위만 결정하면 되는 경우 평가 차원 간의 차이가 중요하지 않으므로 전반적인 인상에 의해 평가하는 후광오류가 많이 나타난다Murphy, Jako, & Anhalt, 1993. 이러한 원인을 종합해서 판단해 보면 평가하는 사람은 평가과정에서 대상에 대한 인지적인 판단과정을 거치기 때문에 후광오류가 나타날 수 있다는 것이다. 특히 인지적으로 활용해야 하는 기억과 정보처리 등의 자원을 적게 사용해도 되는 경우에는 단편적이고 휴리스틱스heuristics에 의존하여 평가하기에 후광오류가 더 많이 발생한다고 볼 수 있다.

긍정적 후광효과가 처음의 좋은 인식으로 이후의 판단을 좋게 한다는 것인 반면에 부정적 후광효과 내에서 처음의 나쁜 인상으로 인하여 이후의 판단도 나쁘게 연결되는 것을 특히 '낙인효과'라고 한다. 이 낙인효과는 사회제도나 규범을 근거로 특정인을 일탈자로 인식하기 시작하면 그 사람은 결국 범죄인이 되고 만다는 범죄학 이론의 낙인이론labeling theory에서 유래한 것이다. 즉, 낙인이론이란 1960년대에 등장한 것으로 제도·관습·규범·법규 등 사회를 유지하기 위한 기본적인 제도적 장치들이 오히려 범죄를 유발한다는 이론이다. 어떤 특정인의 행위가 사회적 규범에서 벗어났을 경우, 구성원들이 단지 도덕적인 이유만으로 나쁜 행위라고 규정하고 당사자를 사회규범의 일탈자로 낙인찍으면 결국 그 사람은 범죄자가 되고 만다. 당사자의 행위 자체가 범죄가 되거나 반도덕적 행위가 아님에도 불구하고 사회가 그렇게 규정함으로써 범죄를 유발하게 되는 것이다. 낙인효과는 범죄학뿐만 아니라 사회학·심리학·정치학·경제학 등에서도 쓰인다. 예를 들어 어린아이를 보고 주위에서 '바보'라고 낙인찍다 보면 이 아이는 갈수록 의기소침해지면서 자신이 진짜 바보인 줄 의심하게 되고 결국은 진짜 바보가 될 수도 있다. 국제사회에서 미국은 냉전 이후 미국의 입장에 동조하지 않는 이라크·이란·북한과 같은 국가들을 불량국가로 규정하고, 이들 국가를 '악의 축'으로 낙인찍은 뒤 국제사회에 자국과 뜻을 같이 할 것을 강요하였다. 이러한 낙인이 반복되다 보면 사람들은 이들 국가들을 정말로 '악마의 나라'인 것으로 생각할 수도 있다.

(2) '오페라의 유령'과 속편 '러브 네버 다이즈'

세상에서 가장 성공한 뮤지컬의 속편은 전편의 후광효과만 누리는 것이 결코 아니다. 사람들은 전편에서 보여주었던 감동과 여운이 남아있는데 그 후속편이 전편에서 보았던 감동과 기대를 만족시켜주지 못하는 수준이라면 관객들의 혹평을 감당해야 한다는 점에서는 부정적인 측면도 없지 않다. 뮤지컬 '오페라의 유령'은 뮤지컬의 제왕, 마이더스의 손 앤드류 로이드 웨버의 대표작 중에서도 상업적으로 가장 큰 성공을 거둔 작품이다. 이 작품은 관객들에게 대형 뮤지컬에 기대하는 것이 무엇인지를 처음부터 끝까지 모두 보여주었던 작품이다. 하지만 그가 당면한 문제는 너무 이른 나이에 성공하고, 명예를 얻었으며, 작품들이 지나치게 성공했고, 높아진 기대치 때문에 새로운 작품이 기대치에 충족이 안 되면 실망과 비판의 강도가 올라가는 역후광효과가 발생했다는 것이다. 웨버의 전성기 시절 작품인 '캣츠', '지저스 크라이스 슈퍼스타', '에비타', '오페라의 유령'은 여전히 현재진행형으로 남아 있는 걸작들이지만 그의 마지막 히트작이 '오페라의 유령'이었다는 걸 알고 있는 사람들은 그리 많지 않다. '오페라의 유령'은 처음에 가볍게 출발한 프로젝트이지만 24년간 웨스트엔드에서만 9,500회가 넘는 공연을 했고 2012년 2월 브로드웨이에서 1만회 공연을 기록할 만큼 명실상부 세계 최고의 뮤지컬로 군림하였다.

뮤지컬 '오페라의 유령'은 남자주인공 팬텀이 자신을 외면한 세상에 대한 복수심과 그 세상으로부터 인정받고 싶다는 갈망을 모두 안고서 괴로워하면서 희망의 불빛처럼 사랑했던 크리스틴에게 실연을 당하고 사라지는 것으로 막을 내렸다. 이 작품의 열성팬들은 그 뒷이야기에 대하여 저마다의 생각을 다양하게 표현하였다. 이로 인하여 웨버는 세 사람의 뒷이야기에 대하여 다시 생각해보는 계기를 갖게 되었고 작가 벤 엘튼을 영입하여 코니 아일랜드를 배경으로 한 팬텀의 후일담을 완성하였다.

그 후 실패작만 내놓은 웨버가 음악, 각본은 물론 제작 총지휘까지 맡으며 후속편인 '러브 네버 다이즈'를 제작하였다. 전편인 '오페라의 유령'은 세상에서 가장 화려하고 우아한 오페라 하우스를 무대위에서 효과적으로 구현해내기 위하여 상징적인 이미지들을 활용하면서 동시에 팬텀의 은신처로 이어지는 지하 수로 같은 매혹적인 공간들로 관객들을 감동시켰다. 이에 비하면 '러브 네버 다이즈'는 무대미술에 있어서 전편의 클래식한 아름다움과는 다른 놀이공원이라는 공간의 환상적인 느낌을 살려주는 볼거리들이 최첨단 무대장치를 통해 상상력을 자극하는 화려하고 현란한 이미지가 관객들 앞에 펼쳐진다.

전편에서 크리스틴을 유혹하는 팬텀은 현란한 마법을 보여주는, 전지전능하지만 치명적인 약점을 가진 괴물이였다면 '러브 네버 다이즈'에서 팬텀은 삶의 마지막 희망처럼 옛 사랑의 기억을 붙들고 있는 한 남자로 보여진다. 전편에서의 가장 큰 갈등이 세상을 증오하는 팬텀과 팬텀을 두려워하고 혐오하는 세상 사이에 존재한다면, '러브 네버 다이즈'는 팬텀과 크리스틴, 라울과 맥 지리가 얽힌 사각관계에 구스타브의 출생의 비밀이라는 장치까지 들어간 멜로 드라마적 갈등이 핵심이다. '오페라의 유령'이 크로스오버 팝페라의 영향 안에 있다면 '러브 네버 다이즈'에는 다양한 장르의 음악이 들어가 있다. 놀라운 중독성을 가진 아름다운 멜로디의 표제곡, 'Love never dies'는 크리스틴과 팬텀이 공유하는 음악의 세계가 무엇인지 노래 한 곡에 모두 담아내는 호소력을 지닌 아리아이다. 작품의 시대적, 공간적 배경을 반영하는 쇼툰과 재즈뿐만 아니라 강렬한 록 넘버가 가미되었고 보이 소프라노를 다양한 곡에서 적극적으로 활용하여 색다른 매력을 더했다. 개인적으로 아련한 가슴 떨림이 전해지고 그 느낌을 느껴볼 수 있기에, 그것만으로도 충분히 의미있는 작품이라 여겨진다.

이 작품은 사람들의 기대 반, 우려 반 끝에 2010년 3월 런던 웨스트엔드 아델피 극장에서 초연되었다. 24년 만에 제작된 뮤지컬 '러브 네버 다이즈'(연출 잭 오브라이언)에 대한 외신들의 반응은 뜨거웠다. 평가는 대체적으로 호의적인 반응들 속에 '오페라의 유령'을 모욕한다는 극단적인 반응도 있었고 팬 사이에도 호불호가 극명하게 엇갈렸다. 특히 이야기의 플롯에 대해선 부정적인 평가가 많았다. 『더 타임즈』는 "우리가 알던 팬텀이 아니다. 감성이 부족하다. 받아들이기 힘든 플롯이다."라고 실망감을 표했다. 데일리 메일은 "전편에 비해 너무 나갔고, 오프닝은 너무 진부하다."라고 혹평을 보내기도 했다. '오페라의 유령'이 워낙 스케일이 장대하고, 주옥같은 명곡이 많았으며, 플롯, 스토리, 캐릭터, 디테일까지 그 어떤 것도 부족한 게 없는, 그 자체가 하나의 서사시Saga로 후광효과가 매우 컸기 때문일 것이다. 결국 '오페라의 유령'과 다르게 '러브 네버 다이즈'의 공연 기간은 전편에 대한 너무 강한 인상과 비교되었기에 2년도 채우지 못하고 막을 내렸다. 제목을 빗대어 "웨버 다이즈"란 패러디 문구도 나왔다. 역후광효과로 인하여 수정되고 악평과 희비가 엇갈린 작품이지만 그럼에도 불구하고 변함이 없는 것은 이 작품 속 교감할 수 있는 음악의 힘은 남아있다.

이상의 사례에서 보았듯이 유사한 기능을 가진 작품이나 물건이 존재할 경우 그 후광효과가 너무 커서 비슷한 작품이나 물건을 만들어도 크게 뛰어나지 않으면 그 후광효과에 가려서 빛을 잃는 경우가 많다. 따라서 무엇이든지 최초에 만들어 내는 것이 중요하고 선점하는 것이 필요하다. 그리고 후광효과를 통하여 다양한 이점을 얻는 경우도 있지만 부정적 후광효과를 통한 피해도 발생한다. 인기인이 나오는 대출업체광고를 보고 대출 약정이나 정확한 정보 없이 대출을 한 사람이 대출사기사건의 피해자로 많은 손해를 보는 경우도 있다. 이러한 피해 사건을 접할 때마다 우리들은 바보같이 저런 사기광고에 속는다고 당사자를 비난한다. 하지만 조용히 생각해보면 우리도 같은 입장이 되었을 때 후광효과의 피해에서 자유로울 수는 없다. 긍정의 후광효과이든 부정의 후광효과이든 치우친 편견에서 자유로울 수 있는 방안은 마음의 자동시스템에만 맡겨두지 말고 조용히 다시 생각해보는 숙고의 과정을 거침으로써 사물을 있는 그대로 볼 수 있는 시각과 인내를 가져보는 것은 어떨까?

그림 67 **역후광효과**

오페라의 유령

러브 네버 다이즈

제5절
넛지 사례

1. 넛지의 시간

(1) 손실회피성과 넛지

고전경제학에서 인간을 가리켜 '호모에코노미쿠스homo economicus'라고 정의한다. 인간의 본성은 이기적이고 감정까지 합리적으로 계산하며 그 계산에 맞게 행동한다는 것이다. 호모에코노미쿠스의 창시자는 19세기 고전파 정치경제학자 존 스튜어트 밀John Stuart Mill이다. 그는 '인간은 자원을 낭비하지 않는다. 자신이 원하는 것을 얻기 위하여 최선의 방식으로 자원을 활용한다.'고 가정하였다. 밀의 가정을 통하여 탄생한 합리적 인간상인 호모에코노미쿠스는 꽤 오랫동안 우리 사회에 살아 움직였다.

경제활동에서 비효율성이 발생하면 그것은 시장이 제대로 기능하지 않거나, 혹은 정부나 여타 제도적 요인이 잘 기능하지 못해서이고, 이를 교정하기 위해서는 시장이나 정부에 주의를 기울여야 한다고 경제학자들은 생각했다. 그리고 제도의 실패를 논하고 제도적 보완책을 논할 때, 경제학에 등장하는 인간은 안정적이고 불변이며 일관된 선호를 갖고 있다는 의미에서 합리적 의사결정자들이었다. 이처럼 경제학은 의사결정자들의 다양한 동기와 편향을 연구하는 심리학과는 다른 쪽을 바라보고 있었다. 하지만 행동경제학자들은 경제에서 어떤 비효율성이 보이면, 그 원인을 시장의 실패나 제도의 실패가 아니라 "선호의 실패", 즉 경제주체들의 비합리성과 비합리적인 의사결정에 있다고 본다.

인간의 합리성에 문제를 제기한 심리학자 대니얼 카너먼과 아모스 트버스키는 인간들은 빈번하게 반복적으로 불합리한 의사결정을 한다는 것을 실증적으로 보여주었다. 이들은 심리학 실험을 통하여 인간의 의사결정 방식이 기존 경제 이론이 가정한 합리적 개인의 의사결정 방식과 다른 것을 보여주었다. 리처드 탈러는 더 나아가 인간의 의사결정 '편향bias'이 사회 경제 시스템에 미치는 영향과 바람직하지 않은 편향을 바람직한 방향으로 수정하는 방안에 주목하였다. 카너먼이 인간 심리에 초점을 맞춘 것이었다면 탈러는 인간 심리와 사회 제도를 함께 고려했다. 기존의 주류경제학이 가정한 합리적 개인rational agent은 행위의 최종 결과에만 주의를 기울이지만, 카너먼은 최종 결과가 같더라도 그 결과에 이르는 과정에서 개인의 주관적 만족감은 사람마다 크게 달라질 수 있다는 것을 보여줬다.

2017년 노벨경제학상은 시카고대학의 행동경제학자인 리처드 탈러에게 돌아갔다. 2002년 행동경제학의 창시자 중 한 명인 대니얼 카너먼 프린스턴대 교수가 수상한 지 15년 만이다. 노벨상위원회는 "경제학과 심리학을 접목시킨 공헌"을 인정하여 노벨경제학상 수상자로 선정했다고 발표했다. 노벨상위원회는 탈러 교수의 업적을 크게 세 가지로 요약했다. 첫째, 손실회피, 초기부존효과, 심리적 계정 등의 개념을 통해 의사결정자의 비합리성에 대한 연구를 체계화한 점, 둘째, 공정성이나 정의감 등 사회적 선호에 대한 연구를 진전시킨 점, 그리고 셋째, 계획을 실행하지 못하는 데서 흔히 드러나는 의사결정자의 통제력 부족 문제를 다룰 수 있는 이론을 구축한 점 등이다. 탈러가 주장하는 인간은 합리적이지 못하고, 계획을 실천에 옮기기에는 스스로를 통제하는 데 어려움을 겪고 있으며, 공정함을 추구하는 존재라는 것이다.

그는 1980년대 초부터 심리학 분야에서 그리고 경제학 내부에서 부분적으로 진행되었던 행동연구 성과들을 정리해냈고, 그 결과를 『저널 오브 이코노믹 퍼스펙티브』라는 학술지에 "이상현상들"이라는 특집을 통하여 하나씩 소개하였다. 예를 들어, 심리학자인 로빈 도스와 함께 이타성 이야기를 풀어나갔고, 대니얼 카너먼과는 초기부존효과에 대한 이야기를 썼으며, 경제학자인 로버트 쉴러와는 금융시장에서 의사결정자들이 보이는 행태들에 대한 논문을 썼다. 수년에 걸쳐 이 특집에는 십여편의 논문이 실렸고, 행동경제학에서 다루는 거의 대부분의 주제들이 소개되었다. 이 특집을 계기로 행동경제학의 목소리가 조금씩 퍼지기 시작했다.

노벨상 수상만 놓고 보면 행동경제학의 무게가 점점 커지는 것은 분명하다. 1978년 허버트 사이먼 이래 모리스 알레(1988년), 대니얼 카너먼(2002년), 엘리너 오스트롬(2009년), 로버트 쉴러(2013년), 그리고 2017년 노벨경제학상 수상자 리처드 탈러까지 여러 차례 직간접으로 행동경제학을 연구한 학자들에게 상이 돌아갔다. 노벨상위원회는 경제학과 심리학의 접목을 높이 평가했지만, 어떻게 제도와 사람을 동시에 고려할 것인지는 남은 과제라고 하였다. 경제학이 사람을 보는 데 익숙하지 않았던 것처럼 심리학도 제도를 보는 데 익숙하지 않을 것이므로 아직 둘을 함께 보는 시각은 여전히 진행형이고 남은 과제일 것이다.

'사람들이 비합리적으로 행동하는 그것이 문제이다.' 그렇다면 어떻게 해야 하는가? 탈러가 그에 대한 답으로 내놓은 것이 '넛지nudge'이다. 탈러 교수는 캐스 선스타인 교수와 함께 쓴 책 『넛지』에서 다음과 같은 아이디어를 제시했다. 비합리성이 경쟁 과정에서 학습되고 교정될 수 있는 것도 아니고, 배워서 이겨낼 수 있는 것도 아니라면, 즉 인간이기 때문에 가질 수밖에 없고 극복할 수 없는 제약과 같은 것이라면, 비합리성을 오히려 역이용하여 보다 나은 선택으로 유도해보면 어떨까? 바람직한 쪽으로 선택을 돌리기 위하여 개입한다는 의미에서는 온정주의적이지만, 특정 선택지들을 금지하거나 그것의 선택을 어렵게 만들지 않고 의사결정자들의 선택의 자유도 건드리지 않았다는 의미에서 무간섭 원칙을 지키고 있다.

"인간은 이익을 보기 위해 행동하기보다 손실을 보지 않기 위해 행동한다." 우리의 선택 행동은 이제 인간의 손실회피편향에 대하여 이해하고 넛지를 활용하여 인간의 비합리적인 의사결정을 피할 수 있을 것이다.

(2) 넛지의 시대

경제학이 여러 사회과학들 중에서 강력한 학문이 될 수 있었던 두 요소는 첫째, 공공정책을 결정하는 과정에서 최적화라는 효율성을 추구하고 있다는 점이다. 둘째 특성은, 핵심적인 이론이 체계화되어 있어서 모든 다른 학문들이 경제학으로부터 파생되어 응용학문으로 확대되고 있다. 즉, 학문적 차원에서도 가장 견고한 학문분야로 인정받고 있다는 사실이다. 이러한 경제학은 물리학처럼 몇몇 핵심적인 가정들을 기반으로 구축되어 있는데 핵심적인 가정은 사람들이 최적화optimizing 작업을 거쳐 선택한다는 것이다. 이러한 선택의 기반을 이루는 믿음은 편향되어 있지 않기 때문에 합리적 기대rational expectation에 따른 선택이 가능하다. 또한 제한된 예산 안에서 최적의 조합을 선택한다고 하는 '제약적 최적화constrained optimization'가 전제하는 경제학은 최적화에 균형이 결합된 것이다.

그런데 사람들이 직면하는 문제에서 최적화를 달성하는 것은 쉽지 않다는 것이다. 그리고 사람들이 결정을 내릴 때 기반으로 삼는 믿음들은 편향되어 있고 실제로 세상에 존재하는 다양한 요소를 빠트리고 있다. 전통적인 경제학이론은 사람들이 자기통제와 관련된 문제로 고민하지 않는다. 하지만 현실 속의 인간은 종종 잘못된 행동을 저지른다. 학생들은 성적을 받을 때 100점 만점에 72점을 받았을 때보다 137점 만점에 96점을 받았을 때 더 기뻐한다. 심지어 경제학자조차 기회비용을 주머니에서 빠져나가는 돈과 동일하게 간주하는데 어려움을 겪는다. 오래전 10달러에 산 와인을 와인 상인이 시가 100달러에 매입하겠다고 한다면 경제학자인 리처드 로셋Richard Rosett은 어떤 결정을 내릴까? 그는 기념일에 이 와인을 마시며 와인을 100달러나 주고 사지는 않을 것이라고 말했다. 이는 100달러에 팔 수 있는 와인을 마시고 있다면 와인의 가치는 100달러인데 이치에 맞지 않다. 현금을 실제로 지불하는 것에 비해 기회비용은 막연하고 추상적인 개념이기에 판매할 수 있는 기회를 포기하는 것은 지갑에서 실제로 돈이 빠져나가는 것만큼 가슴 아프지 않기 때문이다.

만약 기업이 신용카드 고객과 현금 고객에게 각각 다른 요금을 요구할 때 더 높은 신용카드 가격이 '정가'가 되고 현금 고객은 '할인'을 바라는 것이라고 설명하든지, 혹은 그 반대로 현금 가격을 정가로 삼고 신용카드 고객들에게 '추가요금'을 지불하도록 하는 방식이든 동일한 개념이다. 가령, 현금으로는 3만원에 해주는데 신용카드로 지불하면 수수료가 추가되어 정가대로 3만3천원을 지불해야 하고, 반대로 신용카드로 구입하면 수수료 포함하여 3만3천원을 지불해야 하지만 현금으로 지불하면 3만원이라고 한다는 두 경우이다. 두 방법은 차이가 없지만 고객의 마음을 흔들리게 하는 데는 차이가 있다. 카드사들은 정가 쪽을 선호하겠지만 고객입장에서는 현금지급 쪽을 더 선호한다. 이 차이를 카너먼과 트버스키는 '프레이밍framing'이라고 정의했다. 고객입장에서 전자는 3천원을 더 내야 한다는 것이 손실로 인식될 수 있지만 후자는 3천을 할인받는 것이 강조되어 이익으로 인식하기 쉽다. 같은 내용이지만 표현을 어떻게 하느냐에 따라서 손실 혹은 이익으로 인식된다. 추가 요금을 부담하는 것은 주머니에서 실제 돈이 빠져 나가는 것이지만 할인을 받지 못하는 것은 '단순한' 기회비용일 뿐이다.

만약 우리가 선물을 받는다면 어떤 것이 좋을까? 기존 경제학 이론에 따르면 최고의 선물은 현금이어야 한다. 우리는 현금을 받을 때 가장 최적화된 방식으로 구매를 할 수 있다. 하지만 결코 현금이 바람직한 선물이 되지 못한다는 것을 경험을 통해 안다. 현금은 바람직한 선물이 가지는 마음의 정성을 담지 못하기 때문이다.

이러한 사례를 통해 알 수 있는 것은 인간은 이렇게 잘못된 행동을 하며 살고 있으며 경제학 이론의 핵심을 이루는 이상적인 행동 모형과 조화를 이루고 있지 않다는 것이다. 이는 곧 경제학 이론대로 적용할 경우, 실제 생활에서 심각한 결과를 초래할 수 있는 부적절한 예측을 할 수 있다는 뜻이다. 경제학 이론에 '인간'이라는 요소를 추가해야 하는 이유는 예측의 정확성을 높이기 위해서이다. 최적화분석에 기초한 모형이 인간의 행동을 정확하게 설명해주는 것이라고 생각하고 정책을 결정하면 오류가 많이 생길 수 있다.

행동경제학이 포함하는 인간의 심리적 편향들을 잘 활용하여 의사결정의 합리적인 대안을 제시하는 것이 넛지이다. '넛지'라는 말은 정책 결정에 대한 특정한 접근방식을 의미하는 세계적인 용어로 자리를 잡았다. 사람들이 넛지에 관심을 기울이고 더 나은 결정을 내리도록 도움을 줄 수 있다. 비즈니스를 하는 기업뿐만 아니라 각국의 정부들도 정책에 넛지를 적용하기 시작하였다. 예를 들어 2010년 영국 정부는 행동 연구팀이라는 조직을 설립하였고 세계적으로 많은 정부들이 다양한 사회과학적 성과를 정책 수립 과정에 반영하기 위한 특별기구를 설립하는 등, 정책결정에 넛지를 반영하는 노력을 확대하고 있다. 세계은행 보고서에 따르면 '넛지 부서'가 적어도 50곳 정도 있다고 한다. 기업들 또한 인간 행동에 대한 깊이 있는 이해는 성공적인 비즈니스 운영에 필수적인 요소라는 사실을 점차 깨달아가고 있다.

(3) 소리 없이 세상을 바꾸는 법

보통 사람들은 경제위기나 저성장의 원인을 경제정책을 입안하는 정책입안자의 잘못으로 돌린다. 정부의 입장에서는 경제정책의 실패로 보기보다는 때때로 정책에 잘 따라주지 않은 기업과 개인의 탓으로 돌리기도 한다. 누구의 탓으로 그 결과를 돌리든 간에 결과적으로 경제정책이 적절하게 경제적 유인을 통한 자원분배를 효율적으로 할당하지 못하여 경제위기나 저성장은 발생하였다고 보는 것이 적절하다. 이러한 생각이 전통적인 경제학에 기반한 주장이다. 그런데 탈러 교수는 경제위기나 저성장의 원인을 '정책 운영자나 기업인 개인'의 문제로 가볍게 생각해서는 안 된다고 본다. 인간과 집단의 비합리성이 구조적으로 누적되어서 만들어진 '경로의존성path dependency'의 결과로 봐야 한다고 주장한다. '경로의존성'은 미국 스탠퍼드 대학의 폴 데이비드 교수와 브라이언 아서 교수가 주창한 개념이다. 이는 한 번 일정한 경로에 의존하기 시작하면 나중에 그 경로가 비효율적이라는 사실을 알고도 여전히 그 경로를 벗어나지 못하는 경향성을 뜻한다. 전통적인 경제학의 이론과는 다르게 경제 주체는 비합리적이기 때문에 오류를 저지르고 가장 합리적인 선택보다는 과거에 해왔던 익숙한 선택을 하기 때문에 사람들은 잘못된 경로를 지속적으로 따르는 경향이 매우 높다는 것이다.

따라서 행동경제학자들은 경제정책을 입안하고 운영하는 운영자들은 인간과 집단의 불완전성을 고려한 다양한 경향성을 의사결정에 반영하고 고려해야 한다고 생각한다. 특히 탈러 교수는 경제 분석에서 가장 주요한 것은 인간 본연에 대한 치밀한 관찰과 이해라고 주장한다. 대부분의 국가가 내놓는 규제와 기업의 정책이 불완전하다고 본다. 탈러 교수에 의하면 정부의 규제는 완전한 공정성이 아니라 특정 집단과 주체의 이익에 봉사하기 위해 만들어질 수 있다고 주장했다. 기업정책도 고객들로부터 불공정성의 원천으로 비판받을 수 있다. 가령, 매출이 저조하여 자금운영에 어려움을 겪고 있는 기업이 급하게 상품의 할인정책을 시행한다고 가정하자. 상품을 할인하기 이전에 그 제품을 정가로 구매한 고객들은 기업을 비난할 수 있다. 그러면 기업 평판은 하락하게 된다. 정부도 이와 비슷하다. 기업이나 정부가 갑작스럽게 시장에 직접 개입하기보다는 대중의 심리 조절단계에서 '부드러운 개입인 넛지'로 개입하는 것이 보다 효과적이라는 것이다. 탈러는 다음과 같이 넛지의 필요성을 주장한다.

> "자유주의적 온정주의자liberarian paternaist가 되면 공공정책을 합리적으로 펼칠 수 있습니다. 자유주의자로 무조건 시장을 가만 내버려 두거나 시장 개입주의자로서 강제하지 않고, 경제 주체들이 옳은 선택을 하도록 의사 결정단계에서 틀을 만들어 조정할 수 있거든요."

이처럼 넛지의 역할은 사람들의 비합리적 경향을 반영하여 더 좋은 의사결정을 하도록 돕는 것이라고 할 수 있다. 탈러는 인간심리에 기초하여 넛지를 할 수 있는 선택설계방안을 제안하였는데 그 선택설계에서 중요한 것이 3가지 요소이다. 첫째, 선택설계자choice architect이다. 선택설계자는 사람들이 결정을 내릴 때 도움이 되는 맥락이나 결정의 기준을 만들어 주는 사람들이다. 정부의 경제정책을 입안할 경우 선택설계자는 중앙정부나 지방정부에서 일하는 정책입안자들과 집행자들이 이에 해당한다.

둘째, 자유주의적 온정주의Libertarian Paternalism이다. 자유주의적 개입주의는 개인의 선택에 자유를 최대한 보장하면서 선택설계자가 그들의 행동방식에 영향을 미치도록 선택설계자가 개입한다는 것이다. 자유주의적 온정주의는 사람들의 삶의 질을 향상시키는 방향으로 그들을 움직이려고 노력하는 것이다.

셋째, 넛지Nudge이다. 넛지는 선택설계자가 취하는 방법인데 사람들에게 어떤 선택을 금지하거나 그들의 경제적 인센티브를 크게 변화시키지 않고 예상 가능한 방향으로 그들의 행동을 변화시키는 것이다. 여기서 선택설계는 선택설계자가 보다 나은 방향으로 사람들의 행동을 변화시키는 것을 말한다. 선택설계자는 이러한 사람들의 비합리적 특성유형을 기반으로 다양한 넛지방안을 선택하고, 사람들의 행동을 변화시키기 위한 대안들을 실행한다.

이와 같이 행동경제학은 넛지를 통하여 다양한 정부정책의 보다 나은 결과를 위하여 의사결정에 좋은 대안을 제시하기도 하지만 이웃과의 갈등문제에서도 서로 만족할 수 있는 해결방안을 제시하기도 한다. 인간은 받은 대로 되돌려 주는 성향이 강하다고 한다. 행동경제학자 에른스트 페르의 말을 빌리면, 인간은 조건부로 협력하는 존재라고 한다. 즉, 누군가가 우리에게 나쁜 짓을 하면 우리는 그대로 되갚아준다. 그러나 누군가가 우리에게 은혜를 베풀면, 우리는 그 사람에게서 받은 은혜를 갚아야 한다는 의무감을 느낀다. 이런 지식은 이웃과의 갈등을 해결하는 데 매우 유용하게 쓰일 수 있다. 소송을 하겠다고 위협하는 것보다는 말로 천냥 빚을 갚는다고 서로 은혜를 베풀려고 호의를 표현하는 것이 서로에게 더 유익하고 현명하다.

국가 간에도 넛지를 통하여 서로에게 유익을 주려는 호의와 진실이 필요하다. 탈러는 행동경제학에 기반하여 북–미 정상회담에 대하여 "(인간은 비합리적인데) 도널드 트럼프 미국 대통령과 김정은 북한 국무위원장은 더 비합리적이다."라고 말했다. 즉, 두 사람이 상식적인 보통 사람보다는 훨씬 더 감정과 편향을 가진 것으로 보았기에 이들이 합리적인 경제 모델을 사용해서 어떤 행동을 할 것이라 예측해선 안 된다고 말한다. 다만 그는 "독일이 통일 모델을 제공하고 있는 것처럼 합리적인 세상이라면 한반도는 통일이 되어야 한다."며 "불행하게도 둘은 서로 크게 신뢰할 수 있는 상대가 아니고, 이 둘은 아직 어떤 거래에도 합의하지 않은 상태이므로 어려움이 있겠지만 희망적인 거래가 이뤄지길 바란다."고 밝혔다.

2. 외부효과

(1) 비만이 개인만의 문제인가?

우리는 일상생활에서 필요한 재화나 서비스를 얻기 위해서 일정한 대가를 지불해야 한다. 소비자는 상품의 대가는 적게 지불하려 하고 생산자는 가격을 올려서 이익을 더 많이 보고 싶기 때문에 둘 사이에서 적절한 가격이 형성된다. 가격은 사람들이 합리적으로 행동할 수 있도록 신호를 보내고, 이를 통해 분배되는 것이다. 이 때문에 많은 사람들이 시장은 효율적이라고 말한다. 그러나 잘 알다시피 시장에 외부효과가 발생하면 시장이 실패한다. 외부효과란 어떤 경제 주체의 행동이 다른 경제 주체에게 혜택을 주거나 손실을 주더라도 시장이 이를 반영하여 가격에 포함시키지 못하는 것을 말한다. 외부효과에는 행복이나 이익을 주는 긍정적$_{\text{positive}}$ 외부효과와 고통이나 손해를 주는 부정적$_{\text{negative}}$ 외부효과로 나누어 볼 수 있다.

긍정의 외부효과로는, 전통적으로 교과서에서 원예업이나 조림사업이 아무런 가격의 대가없이 이웃과 지역에 행복과 이익을 주는 경우로 많이 언급된다. 가령, 원예업으로 인한 양봉업자의 꿀생산량의 증가가 대표적인 사례이다. 부정적인 외부효과로는, 환경오염과 같이 피해를 주는 행위가 시장을 통하여 정당한 피해에 대한 지불없이 이웃과 지역에 고통과 피해를 주는 경우로 외부불경제라 한다. 이처럼 외부효과를 발생시키는 행위는 그 외부효과의 발생으로 인한 비용이나 수익이 행위자에게 돌아가지 않기 때문에, 행위자는 자신의 의사결정을 할 때 이를 고려하지 않는다.

추가적으로 긍정의 외부효과를 예를 든다면 드라마 촬영지가 주변 지역에 주는 이익이다. 드라마가 흥행하면 국내외 많은 사람들이 그 촬영지를 찾기 때문에 주변 지역의 숙박시설이나 식당도 손님이 증가한다. 그렇지만 드라마 제작사가 해당 숙박시설이나 식당에 대가를 요구하지는 않는다. 대학교 주위에 존재하는 원룸과 카페, 식당도 대학이 주는 긍정의 외부효과를 얻는다. 부정적 외부효과의 추가적인 사례로는 길거리 흡연이 주변인들에게 불쾌감을 주거나, 밤중에 고성방가로 이웃에게 주는 소음피해, 취중에 음주운전이나 졸음운전으로 다른 운전자를 방해하는 것 등 일상생활에서 헤아릴 수 없을 정도이다. 일반적으로 시장에 외부효과를 맡긴다면 시장은 이를 통제할 수 없어서 '시장실패market failure'가 일어난다. 즉, 긍정의 외부효과는 적게 생산되고 부정의 외부효과는 바람직한 수준보다 더 많이 일어나게 된다. 이러한 시장실패의 문제를 바로잡기 위하여 정부의 시장개입이 정당화된다. 사적 비용과 사회적 비용, 사적 편익과 사회적 편익을 일치시킴으로써 과잉 공급 또는 과소 공급 문제를 해소하고자 정책적으로 개입한다. 가령, 국민의 건강을 증진하고 간접흡연의 폐해를 줄이기 위하여 담배의 건강위협을 알리면서 동시에 담배가격을 인상하기도 한다.

한편, 최근 우리 사회도 비만자가 크게 증가하면서 비만이 사회 문제로 확대되고 있다. 비만의 원인이 되는 과식은 개인의 문제일까? 미국 정부는 식품에 첨가당이 얼마나 함유되어 있나를 표기하려 했으나 실패하였다. 식품업계의 거센 반발이 원인이었다. 여러 가지 이유를 댔지만, 식품업계의 대응은 식품에 당이 얼마나 들어있는지 정확하게 알 수 없다는 것이었다. 즉, 질문과 다른 답을 내놓고 우기는 전략이다. 질문은 '첨가당'에 관한 것이었는데, 대답은 '당'에 관한 것이다. '첨가당'은 식품업계에서 원재료에 추가하여 넣은 당을 말한다. 컵케이크를 만들면서 설탕을 얼마나 넣었는지 모른다는 이야기이다. 과식을 끊임없이 부채질하는 우리 시대의 소비체계는 과식하는 개인을 탓하기에 그 시스템은 너무나 정교하고 치밀하다. 저렴하면서도 소비자를 현혹시키는 맛을 자랑하는 식품이 상점 선반을 차지하고 있는 한, 개인이 저항할 수 있는 수준에는 한계가 있을 수밖에 없다. 우리 시대에는 많은 사회적 문제가 개인의 문제로 치부되곤 한다.

지난해 『뉴욕타임스』는 비만과 가난의 관계를 다룬 칼럼에서 이렇게 기술했다. "우리의 분명한 목표는 가난한 사람들을 날씬하게 만드는 게 아니라 가난한 사람들을 덜 가난하게 만드는 것이어야 한다. 달리 표현하자면 단지 가난한 사람들이 다이어트를 시작하도록 만드는 것이 아니라 사람들을 가난하게 그리고 뚱뚱하게 만드는 제도적 문제를 근본적으로 해결해야 한다는 뜻이다." 과식, 비만, 질병이 국민건강과 경제에 끼치는 악영향은 계량하기가 어렵지만 분명히 존재한다. 즉, 많은 국민이 과식으로 비만해지면 많은 질병에 노출될 것이므로 개인의 의료비만 많이 지출되는 것이 아니라 건강악화로 노동력의 손실과 노동의 질 저하, 그리고 국가의 의료비지출도 동시에 증가한다. 또한 의료기관도 더 증설해야 하는 등 국가적 비용지출도 증가할 것이다. 이는 일반 국민의 의료보험료 추가 부담과 국민들의 세금증가를 요구하게 될 수도 있다. 이러한 부정적 외부효과를 고려하면, 과식의 문제가 개인의 문제로 간주하고 개인의 선택에만 맡겨두는 것이 바람직한 것인가? 하는 문제도 생각해 봐야 할 것이다. 이를 개선하기 위하여 비만자에게 의료보험료를 인상한다든지, 비만을 유발하는 음식에 과세를 증가시키는 등의 경제적인 유인책도 효과가 있지만 직접적으로 비만자를 규제하거나 불이익을 준다는 차원에서 문제가 있을 수 있다. 다른 차원으로 국민들이 건강에 좋은 음식을 섭취하고 과식을 피하도록 소

그림 68 **비만은 사회적, 개인적 책임의 산물**

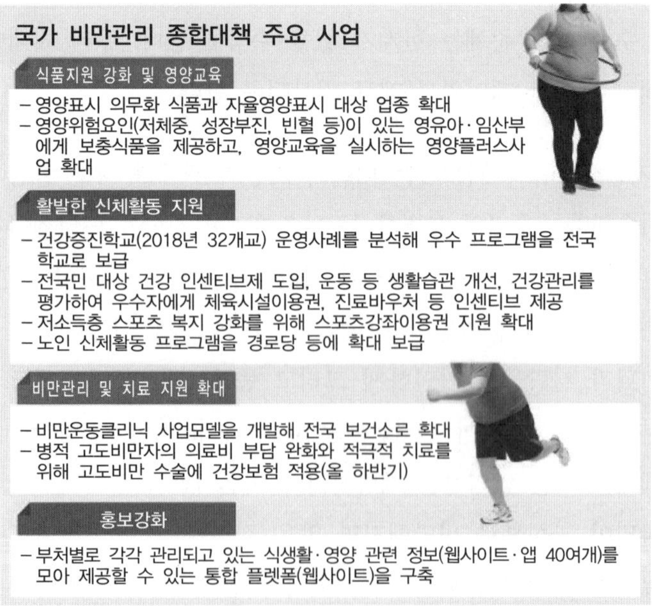

비선택의 과정에서 유익한 넛지를 발휘해 보는 것은 어떨까?

3. 정부의 개입

(1) 우리는 충분히 저축하고 있는가?

– 국민연금 악순환이 반복되는 이유 –

1988년 국민연금 제도는 3%의 보험료 부담으로 70%의 소득대체율을 약속하며 국민들에게 실현 불가능한 장밋빛 기대를 안겨 주었다. 하지만 지난 30년간 실시된 두 차례의 제도개혁 과정에서 소득대체율은 40%까지 낮아졌고 지급개시 연령은 65세로 연장됐다. 이로 인하여 사람들은 노후소득보장 장치에 대한 의구심과 불안감을 가지고 있다. 이런 현상이 발생하는 이유는 국민연금에 대한 두 가지 오해 때문이다. 하나는 국민연금을 '전혀 못 받을 것' 혹은 '낸 만큼 못 받을 것'이라는 오해이다. 다른 하나는 '국민연금 하나면 노후 소득보장문제는 해결될 것'이라고 오판하는 것이다.

국민연금에 대한 우리의 의문점은 크게 4가지 정도로 요약될 수 있다. 첫째, 과연 국민연금의 기금은 고갈되는가? 둘째, 그로 인해 연금을 내는 것 보다 적게 받거나 혹은 못 받는 것은 아닌가? 셋째, 국민연금을 폐지하면 타당한 대안은 있는가? 넷째, 국민연금 하나만으로 노후소득문제가 해결되는가? 이다. 전문가들도 기금이 고갈될 수도 있다는 예측에 동의하지만 관리를 잘하면 그 시기를 충분히 늦출 수 있다고 본다. 사실 국민연금은 민간보험과 달리 사회보험이므로 기금이 고갈되더라도 국가가 책임을 진다. 국제적으로 그 어떤 나라도 공적 연금지급이 중단된 경우는 없었다. 그 다음으로 낸 돈보다 적게 받는 것은 아닌가? 하는 문제이다. 현행의 제도에 따라서 40년을 납부하고 은퇴 후 20년 동안 연금을 받는다고 가정할 때, 수익률은 보험료 최저액 납부자의 경우 4.5배, 최고액 납부자의 경우 1.4배이다. 어느 누구도 손해를 보지 않는다.

공적 연금을 폐지하고 노후 소득준비를 개인의 선택문제로 남길 수 있는가? 행동경제학에 따르면, 개인은 먼 미래의 지출에 대비하여 저축을 하기보다는 현재의 지출을 더 중요시하는 '근시안'적 행동을 한다고 한다. 우리에게 당장 1,000만원이 주어졌을 때 20, 30대 젊은 층은 보통 여행, 명품가방 구입 등의 결정을 내릴 수 있지만, 은퇴를 목전에 둔 중·장년층은 대부분 저축을 한다. 하지만 우리는 은퇴 후 저축의 필요성을 직접 경험하기 전까지는 깨닫지 못한다. 2018년 현재 우리 국민의 62.1%는 공적 연금으로 노후준비를 하고 있고 사적 연금을 통한 경우는 9.8%에 불과하다. 이러한 이유로 사회보험은 강제적이다. 우리는 1963년에 제정된 의료보험법이 개인의 자발성에 근거한 결과, 좌초해 버린 역사적 경험을 갖고 있다. 마지막으로, 국민연금만으로 노후생활이 보장되는가? 2017년 노령연금수급자의 평균 연금액은 39만원이었다. 이는 개인이 노후 최소생활을 유지하기 위해 필요한 금액인 103만원에 크게 미치지 못하고 적정생활을 유지하기 위해 필요한 금액인 145.7만원에는 턱없이 부족한 액수이다. 여기서 우리는 다음 사실을 이해할 필요가 있다. 먼저, 정부가 공적 연금을 운영하는 것은 개인의 최적생활이 아닌 최저생활을 보장하려는 것이다. 세계의 사례를 보더라도, 공적 연금 하나만으로 노후를 완벽히 보장하는 사회는 없다. 이는 결국 노후준비를 위한 개인의 노력이 추가되어야 함을 의미한다. 공적연금이 노후소득보장의 중요한 장치 중 하나이지 전부는 아니라는 사실도 받아들여야 한다.

OECD 국가의 평균 소득대체율은 40.6%이고 독일이나, 미국, 일본 등은 30% 후반대로 우리 보다 낮다. OECD 국가의 전체평균을 보더라도, 우리와 비슷한 40.6%의 소득대체율을 보장받기 위하여 우리의 두 배에 달하는 18.4%의 보험료를 부담한다. 독일국민은 38.2%의 소득대체율을 보장받기 위해 18.7%의 보험료, 일본국민은 34.6%의 소득대체율을 보장받기 위해 17.8%의 보험료를 부담한다. 문제의 근본 원인은 노인인구의 비대칭적 증가, 고용불안과 더불어 국민들의 낮은 보험료 부담에 있다. 재정을 안정화시키기 위해서 가장 확실하고 효과적인 방법은 보험료인상이다. 하지만 국민들이 보험료인상을 반대했기 때문에 9%의 보험료는 손을 대지 못한 채 소득대체율 인하, 지급시기 연장 등의 불완전한 방법만으로 20년을 버텨왔다. 결국, 재정불안정의 문제는 주기적으로 반복되고, 연금액은 지속적으로 감소되어 '용돈연금'이라는 불명예를 얻었다. 정책결정자들은 노후의 소득이 적정수준은 아니더라도 최소한의 생활을 보장해 줄 수 있어야 한다는 국민의 생각을 명확히 이해할 필요가 있다. 우리도 납부한 보험료가 혜택으로 돌아온다는 사실을 상기할 필요가 있다. 국민연금제도에 대한 국민의 이해, 정책결정자의 정확한 국민정서 인식, 언론의 객관적 진실 전달 등 3박자가 조화를 이룰 때 사회적 갈등의 악순환이 끝날 것이다. 그리고 이를 개선하기 위해서 먼저 우리가 자유의지로는 미래의 준비에 소홀할 수밖에 없다는 점을 받아들이고 의도적으로 미래를 위한 저축과 투자를 강제해 둘 필요가 있다. 이를 위하여 나의 은퇴 이후를 상상하여 미래 필요자금을 계산해보거나 현재 부모님의 은퇴 준비상황을 살펴보는 등 미래의 나를 현재의 나와 연결하여 생각해보는 노력이 필요하다.

그림 69 국민연금과 개인저축

(2) 왜 노후준비가 안될까? – 미국 정부의 부드러운 개입

국민연금으로 부족한 노후대비가 문제이다. 국민연금이 노후대비에 부족하다면 이를 위한 개인의 노력이 필요하지만 개인적으로 노후를 준비한다는 것이 쉽지 않다. 최근 우리나라의 국민들의 가장 큰 관심사 중 하나는 '고령화'이다. 기대여명이 이전에 비해 크게 늘어나면서 '100세 시대', '77세 현역' 등의 단어도 하나의 트렌드처럼 등장하고 있다. KDI(한국개발연구원)에 따르면 2026년이 되면 우리나라의 고령인구(만 65세 이상)는 약 1,191만명에 달할 것이라고 한다. 즉, 전 국민의 다섯 명 중 한 명은 65세 이상의 고령자인 것이다. 노후준비 부족 때문에 노후의 삶이 우리에게 짐으로 다가오는 것 같다.

기대수명이 크게 증가하면서 더 많은 생활비와 질병 등으로 인해 건강비용이 계속 증가할 수밖에 없는 구조이다. 이로 인하여 많은 사람들이 장수가 축복이 아니라 오히려 재앙이 될 수도 있다고 생각하며 우려한다. "그렇다면 노후를 위하여 지금부터 준비를 해야 하지 않을까?"라고 생각은 하지만 노후 준비 상태는 상당히 저조하다. 잡코리아의 설문조사에 따르면 직장인 10명 중 6명은 노후 준비를 전혀 하지 않는 것으로 나타났다. 흥미로운 것은 젊은 20대, 30대 외에도 곧 퇴직을 앞둔 50대 이상 직장인의 은퇴준비비율도 49.2% 수준에 그친다는 것이다.

이런 현상이 우리나라에만 발생하는 것은 아니다. 투자은행 HSBC(홍콩상하이은행)가 조사한 비에 따르면, 은퇴를 앞둔 미국인들의 44%가 은퇴 전 조금 더 일찍부터 은퇴자금을 저축했어야 했다고 후회하는 것으로 나타났다. 특히, 미국의 경우에는 우리나라보다 은퇴 준비가 더 많이 이뤄지는 편이었지만, 전체 직장인의 35%가 노후를 위한 저축이나 투자를 하지 않는 것으로 나타났다. 그렇다면 노후 준비의 중요성은 알지만 왜 사적연금 가입은 잘 안될까? 그 어떤 사람에게 물어봐도 "노후가 중요하지 않다."라고 생각하는 사람은 거의 없다. 실제로 많은 분들이 "쓸 돈이 너무 많아서 준비를 못하고 있지만 여력만 된다면 노후를 준비하겠다."라고 말한다.

우리나라의 경우 소득 대비 높은 전세값이나 청년 실업 등으로 대표되는 어려운 고용환경, 높은 사교육비 등을 생각하면 이 부분은 분명 어느 정도 사회적으로 해결을 해야 할 요소이기도 하다. 하지만 경제적으로 여유가 생긴다면 노후 준비를 잘 할까? 이는 당연한 것이라고 생각할 것이다. 하지만 한국조세재정연구원의 2015년 조사 결과에 따르면, 소득이 적은 1분위(하위 25%) 가구에서 연금저축과 연금보험 등 개인연금에 가입한 비율은 5.18%에 불과하였다. 심지어 고소득자인 4분위(상위 25%) 가구는 28.79%만이 개인연금에 가입했다고 한다. 정부에서도 세액공제나 비과세 혜택을 주며 노후 준비의 주요한 수단 중 하나로 강조하는 것이 연금인데 상위 25%의 고소득자도 연금 저축 등 노후대비 연금상품의 가입률은 고작 30% 수준에 그친다는 것이다. 이것은 우리나라에만 해당하는 사항은 아니라고 한다.

왜 우리는 노후 준비를 중시하면서도, 연금 상품의 가입이 상대적으로 저조할까? 2007년에 웨인 후와 제이슨 스콧은 사람들이 노후 준비와 연금의 중요성에 대해 잘 알면서도 연금에 가입하지 않는 문제를 행동경제학을 통하여 설명한 바 있다. 사람들은 연금상품을 도박으로 인식한다고 한다. 사람들은 자신이 그 동안 연금저축펀드나 연금보험에 납부해야 할 금액과 은퇴 후 사망 전까지 받을 수 있는 연금 수령액을 비교해서 나은 쪽에 배팅한다. 여기서 향후 연금을 받기 위하여 납부해야 할 금액은 현재 시점에서는 비용으로 여겨진다는 것이다. 이 때 손실회피 심리가 작용한다고 본다. 즉, 연금을 꾸준히 납부했을 때 얻을 수 있는 잠재적 혜택 보다 일찍 연금을 타지 못했을 때의 잠재적 손실이 비교된다. 여기서 사람들은 후자에 더 민감하다는 것이다. 손실이 미래의 기대보다 더 커 보이니 자연스럽게 연금 가입을 꺼리게 된다는 것이다. 그리고 연금이나 노후를 위한 금융상품은 많지만 가입률이 생각보다 낮은 것은, 사람들이 근시안적인 판단을 하기 때문에 미래의 기대수익보다 먼저 나가는 입금액을 상당히 아까워한다는 것이다. 이런 이유 때문에 소득이 늘어도 연금 등에 가입률이 생각보다 낮을 수밖에 없다고 한다. 그렇다면 연금이 아니라 다른 상품이라도 잘 저축하고 투자하면 된다고 생각할 것이다. 하지만 자기통제의 오류 때문에 이것도 쉽지 않다는 것이다.

자기통제의 오류란 계획한 대로 실행하려고 하지만 이를 방해하는 다른 요인들 때문에 스스로 통제가 되지 않는 현상을 말한다. 우리 주변에서도 쉽게 발견되는 상황인데 많은 사람들이 다이어트나 금연을 선언하더라도 며칠, 혹은 몇 주 만에 포기하게 되는 상황을 보게 된다. 이것이 자기통제의 오류의 한 예이다. 이와는 반대로 전통적 주류 경제학에 따르면 사람들은 자신의 한계효용을 극대화하려고 노력하므로, 목적이 달성될 때까지 선택을 지속한다고 한다. 즉 건강해질 때까지 금연을 하고, 몸무게를 뺄 때까지 식단 조절과 운동을 해야 하지만 실제로는 중도에 포기하는 사람들이 훨씬 더 많다.

현실적으로 문제는 자기통제오류가 자기통제의 상황에서도 발견된다는 것이다. 차라리 노후 준비를 위하여 꾸준히 더 많은 금액을 다른 금융상품이나 저축에 투자하면 좋겠지만, 실제 막상 우리가 월급이나 성과급을 받을 때는 이런 생각을 하는 경우가 거의 없다. 대부분의 사람들은 며칠 지나지 않아서 계좌에 들어왔던 돈이 훌쩍 카드 값이나 다른 소비로 인하여 모두 사라지는 것을 경험하였을 것이다. 그러므로 노후 준비를 위하여 일정 금액 이상이 투자되도록 정부의 부드러운 개입이 요구된다. 미국정부는 행동경제학을 받아들여 은퇴연금 활성화에 큰 효과를 거두고 있다.

미국의 은퇴연금제도인 '401K'는 미국 근로자들의 대표적인 노후 대비 수단이다. 401K가 미국 근로자들의 지지를 받는 것은 세금 공제가 되고, 기업주가 근로자 기여분만큼 돈을 지원하는 '매칭' 방식으로 운영되기 때문이다. 2017년 말 기준 자산규모는 4조 8,250억달러에 달한다. 현재 미국 근로자들이 직장을 선택할 때 401K 제공여부가 중요한 판단 기준이 되지만 2000년대 초반까지만 해도 상당수가 가입하지 않았다. 리처드 탈러Richard H. Thaler는 이런 상황을 '편의점에 5분 동안 들러야 하는 불편함 때문에 당첨된 복권을 포기하는 것'에 비유했다. 몇 장의 가입서를 작성해야 하는 불편함 때문에 401K 가입으로 얻을 수 있는 혜택을 포기하는 것은 불합리한 일이라는 것이다. 탈러 교수는 미국정부와 의회에 401K 활성화를 위해 '디폴트(default: 별도로 지정하지 않으면 자동으로 적용되는 선택조건)옵션'으로 바꾸라고 조언했다. 근로자들이 느끼는 두려움과 불편함을 없애는 것만으로 가입률을 획기적으로 높일 수 있다고 생각한 것이다. 미국정부는 2006년 디폴트옵션을 도입했고 2009년에는 자동가입제를 연이어 시행했다. 이는 근로자가 금융상품을 고르지 않으면 자동으로 최적의 상품을 선택해주는 제도이다. 그리고 2009년 한걸음 더 나아가 고용주가 근로자를 무조건 401K에 가입시키도록 하는 연금보호법을 개정했다. 이러한 정부의 노력은 뉴질랜드, 호주와 영국으로 이어졌다. 리처드 탈러는 "옳든 그르든 소비자는 디폴트옵션이 설정자의 암묵적인 권고라고 느낀다. 디폴트옵션은 매우 강력한 넛지의 힘을 갖는다."고 설명했다.

그리고 저축률 증가를 위하여 적용한 프레이밍framing 사례도 있다. 미국 정부가 국민들의 저축률이 낮아지자 '내일을 위한 저축saver more tomorrow'이라는 프레임을 걸고 저축률을 높이기로 한 것이다. 미국 정부는 급여가 오를 때 저축 비중도 함께 늘어나도록 '점진적 저축 프로그램'을 도입하여 근로자의 저축률을 크게 높일 수 있었다. 큰 비용을 들이지 않고 사람의 행동을 변화시킨 미국정부의 행동경제학 원리를 활용한 결과, 이 프로그램에 참여한 근로자의 저축률은 3년 후 평균 10% 포인트가 증가했다. 참가하지 않은 근로자의 저축률은 제자리 수준이었다.

그림 70 정부의 부드러운 개입 401K

(3) 정부의 부드러운 개입이 금융소비자의 선택에 도움이 될까?

세계경제는 블랙먼데이, 남미와 아시아 금융위기, 인터넷 버블, 서브프라임 모기지 사태 등 위기가 가면 또 새로운 위기가 왔고 앞으로 어떤 위기가 닥쳐올지 모른다. 단기적 추세만을 보고 미래를 예측하는 것, 모호한 상황을 회피하고 간단명료한 답만 선호하는 경향, 위험을 인식하지 못하고 무의식적으로 회피하려는 행동들이 투자를 망친다.

전문투자자나 금융소비자에 이르기까지 투자를 결정하는 모든 사람은 불완전한 존재이다. 우리의 삶에서 경제를 떼어놓고 생각할 수 없는 지금, 자신의 잘못된 선택을 통제할 필요가 있다. 또한 인간의 본성을 제대로 알고 최대한 활용하는 방식의 좋은 정책이 필요하다. 이를 위하여 행동과학을 참고하여 정책을 실시한 국가는 136개국에 이르고 OECD를 비롯한 각종 국제기구도 행동경제학 활용을 권장하고 있다. 이러한 국가들의 노력을 살펴보면 2009년 당시 미국대통령 버락 오바마Barack Obama는 하버드대 교수이자 넛지의 공저자인 캐스 선스타인Cass Sunstein을 규제정보국 수장으로 임명하고 2014년 백악관에 '사회행동과학팀'을 신설하였다. 2010년 당시 영국 총리 데이비드 캐머런David Cameron은 총리실 산하에 '넛지 유닛'이란 별칭의 '행동관찰팀'을 두고 정책을 구상했다. 그리고 소비자의 금융상품 이해도를 높이기 위하여 국민들의 구매행태를 관찰하였다. 영국의 행동경제학 전담조직 BITBehavioural Insights Team와 재무상담조직인 MASMoney Advice Service가 설립한 '금융역량실험실'은 실험을 통하여 소비자의 금융상품 이해를 개선할 수 있는 방법을 찾아냈다. 금융역량실험실은 소비자가 신용카드 서비스 내용을 제대로 이해하도록 웹 페이지를 단순핵심 내용을 중심으로 정보를 간단하고 눈에 띄도록 만들었으며, 슬라이더를 사용해 소비자의 선택에 관련된 비용 정보가 나타나도록 설계했다. 실험 결과, 행동경제학에 기초해 수정한 웹사이트를 사용한 집단이 기존 웹사이트를 사용한 집단에 비하여 해당 신용카드와 관련된 수수료, 요금, 이자 등에 대한 질문에 올바르게 답한 비율이 높았다. 이와 함께 금융역량실험실은 상품이해력과 상품비교 가능성 제고를 위해 가격비교사이트를 개편했다. 동적인 인터페이스를 통하여 수수료와 요금을 확인할 수 있도록 하고, 백분율보다는 대출의 총비용을 사용하는 한편 부채상환기간을 개월 수만이 아니라 년과 개월 수로 표현했다. 예를 들어 51개월이라면 4년 3개월로 표현하는 식이다. 실험 결과 수정된 가격비교사이트를 사용한 집단이 기존 사이트를 사용한 집단에 비하여 자신에게 유리한 신용카드를 선택한 비율이 더 높게 나타났다.

실제 영국 금융행위감독청FCA은 금융소비자 권익 분석을 바탕으로 주요상품에 손해보험상품 추가구매를 기본옵션으로 판매하는 방식을 금지했다. 가령 여행상품에 여행자보험을 포함하여 판매할 수 없도록 한 것이다. FCA가 분석한 결과, 손해보험이 부가된 상품보다 단일 상품을 구입한 소비자가 더 많은 혜택을 얻었다. FCA는 손해보험 가치측정 데이터를 공표하고 소비자가 보험상품가치를 평가하여 선택할 수 있도록 함으로써 보다 유리한 결정을 하도록 유도하였다. 덴마크에서는 연금저축을 선택가입에서 선택탈퇴로 전환하여 저축증가 효과를 가져왔다. 은퇴저축 부족현상이 심각한 저소득층은 저축에 소극적이라는 점을 감안하면, 가입을 기본옵션으로 설정하는 방법은 효과적인 정책수단이 될 수 있다.

우리나라 금융감독원도 매년 전 국민을 대상으로 금융이해력 조사를 실시한다. 그 결과 “합리적인 금융행위 및 금융태도는 어려서부터 형성된 올바른 금융가치관 및 습관에 기인하므로 선택과 집중에 따른 맞춤형 경제 · 금융교육을 실시할 필요가 있다.”고 제언하고 있다. 또한 “소비자의 잘못된 금융상품 선택 등 비합리적 판단에 대하여 분석하고 금융회사가 이를 악용하지 않도록 대안을 제시하는 등 행동경제학적인 접근을 도입할 것”이라고 밝힌 바 있다. 그 노력의 일환으로 금융감독원은 금융혁신과제에서 퇴직연금 상품을 제시하고 설명하는 관행의 개선책을 마련하였다. 즉, 가입자의 합리적인 투자판단을 지원하기 위하여 퇴직연금 상품제안서 제도를 도입한다. 상품제안서는 소비자 눈높이에 맞게 고금리 · 저비용 상품 순으로 기재하였다. 단, 단기보다는 장기수익률을 우선 표시한다. 퇴직연금의 공시수익률, 수수료 등 가격경쟁 요소를 종합적으로 비교 공시하도록 해서 금융기관 간 경쟁도 촉진한다. 이에 따라 금융소비자 권익의 보호 강화를 위하여 비교공시를 강화하고 퇴직연금 상품 안내를 개선하여 연금가입자의 합리적 투자판단을 돕고 있다. 그러나 우리나라 금융현실은 금융기관과 금융소비자 간의 정보의 비대칭이 크기 때문에 정책과 교육만으로 금융소비자를 보호하거나 현명한 재무행동을 유도하기 어렵다. 금융기관 스스로가 넛지Nudge를 활용하여 금융이해력을 높이고, 금융소비자의 권리를 보호해야 할 필요가 있지 않을까?

(4) 일회용 커피 컵에 '라떼 부담금'을 부과해야 하는 이유

이슬람으로 부터 시작해서 유럽으로 전달된 커피 열풍은 미국으로 이어졌다. 〈악마는 프라다를 입는다〉라는 영화에서 보듯이 뉴욕 거리에서 테이크 아웃 컵에 커피를 담아 바쁜 걸음으로 출근하는 장면은 직장인의 상징이 되었다. 스타벅스는 커피가 아닌 문화를 파는 공간이고 커피는 삶의 일부가 되었다. 그러나 이러한 문화의 확산은 슈퍼마켓과 주유소 등지에서도 테이크 아웃 커피를 판매하기 시작하였고 현재 연간 약 25억 개의 커피 컵이 버려지고 있다고 한다. 점점 더 고급화된 컵을 한 번 쓰고 버릴 때마다 마음 한구석이 불편한 것도 사실이다. 그럼에도 불구하고 마음에 위안을 얻는 것은 내가 분리 배출하면 재활용은 된다는 생각 때문이었다. 그런데 우리의 예상과는 달리 실제로는 아무리 분리 배출해도 99% 이상 쓰레기로 매립되거나 소각된다고 한다. 커피 컵의 내부는 액체를 담기 위하여 내부비닐로 코팅이 되어 있기 때문에 재활용하기 위해서는 내부의 비닐로 코팅된 부분과 외부의 종이재질을 분리할 수 있는 특수 설비가 필요하다. 이렇게 버려진 일회용 컵들이 심각한 환경문제를 일으키고 있고 빠른 속도로 지구온난화를 불러일으킨다고 한다.

리처드 탈러는 왜 인간은 최선의 이익을 위하여 항상 합리적 결정을 내리지 않는지 그 이유를 설명하였고, 넛지Nudge를 통하여 세계 각국 정부가 시민들에게 선택 결정의 자유를 주면서도 더 나은 결정을 끌어낼 정책을 시행하도록 유도하고자 노력했다. 영국 정부는 이 아이디어를 전적으로 수용해서 정부 내에 행동통찰팀이라는 넛지 부서를 만들었다. 이를 통하여 영국의 정책 입안자들은 쓰레기와 오염을 줄이고 유엔이 권고한 지속 가능한 목표를 맞추기 위한 노력의 일환으로 일회용 커피 컵의 사용에 부담금을 부과할 계획이다. 이 부담금은 최소 0.25파운드(약 361원)로 이를 '라떼 부담금'으로 부를 예정이다. 또한 영국 환경 감사위원회의 위원들은 영국 정부가 2023년까지 영국 내 모든 일회용 커피 컵을 재활용할 목표를 세우라고 권고했다고 한다. 이 목표를 달성하지 못하면 일회용 커피 컵 제공은 전면 금지될 것이라고 한다.

행동경제학과 심리학에서는 소위 '라떼 부담금'이 효과적일 수 있는 이유를 두 가지 이론으로 설명한다. 바로 손실회피loss aversion와 앵커링 효과anchoring effect이다. 이미 설명한 바와 같이 손실회피편향은 쉽게 말하자면 사람들이 손실로 인하여 느끼는 좋지 않은 감정이 이익으로 인하여 느끼는 좋은 감정 보다 두 배나 크다는 것이다. 손실과 이익의 규모가 같아도 마찬가지이다. 일회용 컵의 사용에 대해서 0.25파운드의 라떼 부담금을 부과하고 재활용컵을 회수해 오면 0.25파운드 할인금을 준다고 가정하자. 대부분의 사람은 일회용 컵 사용에 0.25파운드를 더 낼 때, 재활용 컵을 가져오면 0.25파운드를 할인받는 것보다 훨씬 더 손실로 느낀다는 것이다. 또한 부담금 부과는 '앵커링 효과'라는 개념 때문에 더 큰 효과를 발휘한다. 즉, 우리는 보통 커피를 사면서 지불하는 가격에 '앵커'라는 기준점을 갖고 있다. 만약 부담금이 추가되어서 커피 가격이 오르면 사람들은 라떼 부담금이란 세금으로 손실을 입었다는 생각을 하게 된다. 일반적으로는 손실회피 혹은 앵커링 효과 중 어느 하나만 적용되는 것이 보편적이다. 그러나 커피 컵의 경우, 두 이론은 동시에 작동하여 재활용 컵을 사용하여 할인 혜택의 이익을 얻으려고 했던 것보다, '라떼 부담금'이라는 추가 비용을 지불하지 않으려는 경향이 더 커질 것이다. 실증적 결과에 의하면 일회용 컵 사용에 부담금을 부과하면 일회용 컵 사용이 30% 줄어들 것이라고 한다. 일회용 커피 컵 부담금이라는 아이디어는 영국에서 2015년부터 비닐봉지에 0.05파운드의 부담금을 부과한 사례에서 영감을 얻은 것이다. 시행 첫해 비닐봉지 사용량이 80% 이상 감소했다고 한다.

우리 정부도 일회용 컵 사용량 증가로 인한 자원낭비와 환경오염 문제가 점점 심각해지고 있어 커피전문점 일회용 컵의 보증금 제도를 10년 만에 부활시킨다고 한다. 지난 2002년 도입 됐다가 불편함과 회수율이 낮다는 이유로 폐지된 바 있다. 이후 매장 부근과 공공장소에 컵 회수대를 설치하고, 개인 컵을 소지할 경우 가격을 할인하는 방법 등 여러 가지 대안을 통하여 일회용 컵 사용 줄이기와 재활용에 힘써 왔지만, 자발적인 참여가 이뤄지지 않아 한계가 있었다. 그 사이 커피전문점의 일회용 컵 사용량은 계속 증가해 왔고 우리나라를 포함한 전 세계의 고민거리가 되었다. 이에 정부는 일회용 컵의 원활한 회수와 재활용을 위하여 컵 보증금 제도를 다시 도입한다고 한다. 이를 통하여 일회용 컵 사용을 2022년까지 40억 개로 줄이고, 재활용률은 8%에서 50%로 높이겠다는 목표를 세웠다. 올 하반기에 일부 매장을 대상으로 시범 운영을 거친 뒤 법 개정과 시스템 구축을 거쳐서 내년부터는 시행할 계획이라고 한다.

사람들은 일상의 습관에 익숙하여 다소 어리석고, 수동적인 의사결정을 내리는 경향이 있다. 우리도 손실회피라는 인간의 뿌리 깊은 성향을 활용하여 상황을 올바른 방향으로 유도하면 바람직한 변화를 만들 수 있다. 깨끗한 환경을 위한 노력, 우리도 앞으로 펼쳐질 정책들에 더 관심을 갖고 적극적으로 동참하여 환경도 지키고 좋아하는 커피도 더 저렴하게 마시면 좋지 않을까?

그림 71 일회용 사용으로 인한 자원낭비와 환경파괴

(5) "국가는 독립적인 개인 삶을 지탱해주는 납세자들의 편"

'합리적인 인간'이라는 가정이 무너진다면 시장경제에도 변화가 오게 된다. 투자의 전설 조지 소로스에 의하면 인간은 불완전하여 세상을 인지할 때, 항상 왜곡된 시각을 갖게 되고 전체가 아닌 부분을

보게 된다는 '오류성fallibity'을 지적하였다. 따라서 인간의 인식은 틀리기 쉽고 다음 전개를 예측해도 틀릴 수 있다고 한다. 그리고 사람은 사람 간에 '상호작용성reflexibility'이 있어서 기대와 현실 속에서 상대방의 행동과 그에 따른 결과에 서로 영향을 주고 받는다고 한다. 런던정경대학LSE의 칼 포퍼Karl Popper 교수는 "인류사회는 인간이 오류를 범할 수 있다는 점을 인식할 때에 진보하고 궁극적인 진리를 독점할 수는 없다."고 강조한다. 결국 사람의 왜곡된 인지기능은 부적절한 행동을 초래하여 현실에 영향을 미칠 수 있다는 것이다.

이러한 인간의 비합리성은 국가가 개입할 수밖에 없는 정당성을 부여한다. 최근 주요 선진국에서 행동경제학을 적극적으로 수용하고 있다. 영국의 데이비드 캐머런 전 총리는 '행동인사이트팀BIT'을 조성하여 이들의 연구과 의견을 국가 정책에 반영했다. 미국 또한 백악관 내에 '사회행동과학팀SBST'을 조직하여 행동경제학의 전문가로부터 정책적 조언을 받는다. 덴마크의 '아이넛지유', 노르웨이의 '그리넛지' 같은 비영리기관도 활발한 정책 연구 활동을 펼치고 있다. 영국의 사례를 들자면 영국에서는 매년 세금 체납으로 인해 수십 억 파운드의 세입 손실이 발생한다. 체납자 발생 시 HMRCHer Majesty's Revenue and Customs의 정부 부서에서는 그들에게 편지를 보내서 납부의 의무를 상기시켰다. HMRC는 영국의 행동인사이트팀과 함께 넛지를 활용하여 넛지에 기초한 편지의 효과를 높일 수 있는지 확인하기 위해서 체납자들을 대상으로 실험을 진행했다.

행동인사이트팀은 체납자들에게 사회적 규범을 강조한 다양한 문구와 세금의 공공재 성격을 강조한 문구를 삽입한 편지를 보낸 후 그 효과를 분석했다. 실험의 결과, 사회적 규범과 관련된 문구로 인하여 납부자 수는 1.3~5.1% 증가했고 세금의 공공재 성격을 강조했을 때도 약 1.6%의 납부자 수의 증가를 보였다. 23일 동안의 실험 결과 HMRC는 평소보다 약 900만 파운드 더 많은 세금 수입을 보였다. 행동인사이트팀은 그 뒤에 추가적인 연구를 진행하였다. HMRC는 이들의 연구 결과를 참고하여 넛지를 바탕으로 한 편지 문구 활용을 본격적으로 적용하기 시작했다. 영국 국세청이 세금 체납자에게 보내는 독촉장 첫 줄에 '영국인 90%가 세금을 냈습니다.'라는 한 문장을 추가하자 전년도에 비해 연체된 세금 56억파운드(약 9조3,000억원)를 더 걷을 수 있었다고 한다. 사람들은 무언가를 믿거나 어떻게 행동할지 결정할 때 주로 다른 사람들을 살펴보고 따라하는 경향이 있다는 '사회적 증거의 원칙' 때문이다.

비슷하게 스웨덴 국세청도 다른 국가의 국세청처럼 납세자들이 꺼리는 불평의 대상이었다. 공동체를 위한 사회적 책임의식이 강조되어서 과거 세율이 80%대인 적도 있었으니 국세청 공무원들은 납세자들로부터 차가운 시선을 받아 왔다. 그런데 세계 최고의 복지국가로 손꼽히는 스웨덴은 2018년 현재 납세자의 70% 이상이 높은 세금에 대해 긍정적으로 생각하고 있다고 한다. 국민들로부터 원망을 받던 스웨덴 국세청이 어떻게 사랑받는 국세청으로 거듭나게 되었을까? 과거 1970년대 스웨덴 국세청은 '강제집행기구'의 성격이 짙었다고 한다. 그 당시에 국세청은 납세자들에게 두려움을 주는 존재였고, 직원들이 세금을 찾아내는 활동을 하면 잘한다고 생각했다. 하지만 국세청이 강제이행을 잘 한다고 해서 모든 것이 해결되지 않는다는 걸 알게 되었다고 한다. 오히려 직원들이 국민들의 이야기를 잘 들어주고 설명도 열심히 하면 전체적으로 국민들은 국세청의 활동이 정당하다고 느끼게 되고 결국 납세 준수로 연결된다고 말한다. 스웨덴 국세청 직원들이 국민들을 대하는 태도를 바꾸자 국세청에 대한 국민 신뢰도의 설문조사 결과에 의하면 그 신뢰도는 2000년 48%에서 2017년 70%대로 올랐다고 한다. 이 개선의 요인은 국세청 직원의 태도의 변화로 나타난 결과였다.

마찬가지로 캐나다 국세청은 세금과 관련된 정보를 국민들에게 제공하고 있다. 이 서비스에는 세금 환급 조회, 신용 확인, 온라인 예금 설정 등 다양한 분야에서 실질적 정보를 제공한다. 국세청 서비스를 이용하려면 온라인을 통하여 신청한 후 최종 접속 코드를 입력해야 한다. 접속 코드는 온라인 신청 후 5일~10일 이내로 우편을 통해 배송되며 이 코드를 입력해야 최종적으로 가입이 된다. 그러나 많은 사람들은 나중에 우편을 통해서 전달되는 접속 코드를 입력하는 것을 종종 잊는다. 이에 국세청은 온라인 신청은 했지만 마지막 접속 코드를 기입하지 않아서 최종 가입이 안 된 사람들을 대상으로 코드 입력을 안내하는 넛지 편지를 보냈다. 실험 결과에 의하면 시각적으로 화려한 색채를 활용한 편지를 보냈을 때 최종 가입률이 9%가 증가했고, 국세청으로부터 작성된 편지를 발송했을 때 6%가 증가했다.

한편, 위의 사례와는 다르게 한국은 사전 예방보다 사후 세금추징에 더 신경을 많이 쓰고 있다. 국세청이 내는 세금청구에는 “세금을 가장 적게 내는 방법은 지금 내는 것입니다.”라고 쓰여 있다. 지금 안 내면 가산세가 당신에게 부여된다는 의미를 담고 있는 문구이다. 공무원이 납세자를 대하는 태도 중 규칙을 강조하거나 질책하는 타입은 별로 좋은 정책이 아니다. 외국의 사례에서 보듯이 납세자의 입장에서 생각하고 발생하는 문제를 들어주고 공감하면서 해결해주려는 자세가 납세자의 자발적 세금 납부 의지와 납세액을 증가시킬 수 있다. 우리 정부도 국민에게 정당한 세금을 적용하고, 세금을 공평하게 부과하고, 부과된 세금을 국민들이 정상적으로 납세하도록 유도하는 사회를 만들고 영국의 사례처럼 '사회적 증거의 원칙'을 활용해 보는 것도 좋을 것이다.

그림 72 스웨덴에서 세무조사 이후에 신뢰가 증가하는 이유

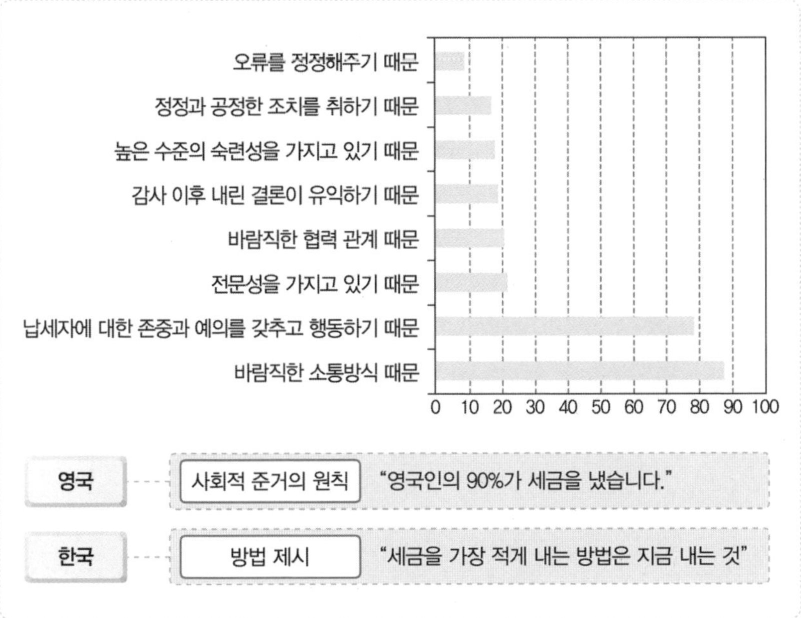

참고문헌

곽준식(2013), 『브랜드, 행동경제학을 만나다』, 갈매나무.

강준만 외(2017), 『넛지사용법』, 인물과 사상사.

김상봉(2013), 『행동경제학』, 지필미디어.

니혼게이자이신문(2005), 『경제의 심리학』, 밀리언 하우스.

대니얼 카너먼(2012), 『생각에 관한 생각』, 김영사.

댄 애리얼리(2008), 『상식 밖의 경제학』, 청림출판.

______(2010), 『경제 심리학』, 청림출판.

______(2012), 『거짓말하는 착한사람들』, 청림출판.

______(2018), 『부의 감각』, 청림출판.

도모노 노리오(2008), 『행동경제학』, 지형.

로저백하우스(2017), 『경제학의 역사』, 시아.

리처드 탈러(2016), 『똑똑한 사람들의 멍청한 선택』, 리더스북.

리처드 탈러 · 캐스 선스타인(2017), 『넛지』, 리더스북.

마이클 루이스(2018), 『생각에 관한 생각프로젝트』, 김영사.

마카베 아키오(2011), 『투자자를 위한 경제학은 따로 있다』, 부키.

샘 소머스(2013), 『무엇이 우리의 선택을 좌우하는가』, 청림출판.

스가와라 미치히토(2016), 『세상에서 가장 쉬운 뇌과학자의 부자수업』, 청림출판.

안광호 · 곽준식(2011), 『행동경제학 관점에서 본 소비자 의사결정』, 학현사.

야마모토 미토시(2006), 『심리학이 경제학을 만나다』, 토네이도.

우에노 이타루 외(2001), 『세계사를 지배한 경제학자 이야기』, 국일증권경제연구소.

유리그니지 · 존 리스트(2014), 『무엇이 행동하게 하는가』, 김영사.

이준구(2009), 『인간의 경제학』, 랜덤하우스.

임의영(2014), "H. A. Simon의 제한된 합리성과 행정학", 『행정논총』, 제52권 제2호, pp. 1－35.

조지 애컬로프 · 레이체 크렌턴(2011), 『아이덴티티 경제학』, 랜덤하우스.
조지 애컬로프 · 로버트 쉴러(2009), 『야성적 충동』, 랜덤하우스.
조지프 슘페터(2007), 『경제학의 역사와 방법』, 한신대학교 출판부.
_____(2013), 『경제분석의 역사 1, 2, 3』, 한길사.
존 노프싱어(2005), 『투자의 심리학』, 스마트비지니스.
조준현(2013), 『사람은 왜 대충 합리적인가』, 을류문화사.
카너먼 · 슬로빅 · 트버스키(2018), 『불확실한 상황에서의 판단』, 아카넷.
캐스 선스타인(2016), 『와이넛지』, 열린책들.
토드 부크홀츠(2018), 『죽은 경제학자의 살아있는 아이디어』, 김영사.
토마스 길로비치 · 개리벨스키(2018), 『행동경제학 교과서』, 프로제.
토마스 세들라체크(2011), 『선악의 경제학』, 북하이브.
폴 스트레턴(2002), 『세계를 움직인 경제학자들의 삶과 사상』, 몸과 마음.
피터 우벨(2009), 『욕망의 경제학』, 김영사.
홍은주(2006), 『그림으로 이해하는 경제사상』, 개마고원.
홍 훈(2016), 『행동경제학강의』, 서해문집.
_____(2017), 『신고전학파 경제학과 행동경제학』, 신론사.
구글 이미지(www.google.co.kr)

Abdukadirov, S.(eds.)(2016), *Nudge Theory in Action: Behavioral Design in Policy and Markets*, Palgrave Macmillan.

Cartwright, E.(2018), *Behavioral Economics*, Routledge.

Camerer C. F., Loewenstein, G., and M. Rabin(2004), *Advances in Behavioral Economics*, Russell Sage Foundation and Princeton University Press, New York & New Jersey.

Frantz, R. and R. Leeson(eds.)(2013), *Hayek and Behavioral Economics*, Palgrave Macmillan, UK.

Gigerenzer, G. and R. Selten(2001), *Bounded Rationality: The Adaptive Toolbox*, MIT Press.

Heukelom F.(2014), *Behavioral Economics: A History*, Cambridge University Press.

Huettel, S.(2014), *Behavioral Economics: When Psychology and Economics Collide*, The Teaching Company.

Just, D. R.(2013), *Introduction to Behavioral Economics*, Wiley.

Kahneman, D. and A. Tversky(1979), "Prospect Theory: An Analysis of Decision under Risk", *Econometrica*, Vol. 47(2), pp. 263-291.

Levine, D. K.(2012), *Is Behavioral Economics Doomed: The Ordinary versus the Extraordinary*, Open Book Publishers.

Loewenstein, G.(2008), *Exotic Preferences: Behavioral Economics and Human Motivation*, Oxford University Press, USA.

Morgan, J.(eds.)(2005), *Experimental and Behavioral Economics*, Emerald Group Publishing Limited.

Rehman, Tansif ur(ed.)(2018), *Behavioral Economics – Trends, Perspectives and Challenges*, Nova.

Schmid, A. A.(2004), *Conflict and Cooperation: Institutional and Behavioral Economics*, Blackwell Publishing.

Thaler, R.(1981), "Some Empirical Evidence on Dynamic Inconsistency", E*conomic Letters*, pp. 201-207.

Thaler, R., and C. Sunstein(2008), *Nudge: Improving Decisions about Health, Wealth, and Happiness*, Yale University Press.

Tversky A. and D. Kahneman(1974), "Judgement under Uncertainty: Heuristics and Biases", *Science*, pp. 1124-1131.

______(1981), "The Framing Decision and Psychology of Choice", *Science*, pp. 453-458.

Wendel, S.(2013), *Designing for Behavior Change: Applying Psychology and Behavioral Economics*, O'Reilly Media.

Wilkinson N.(2008), *An Introduction to Behavioral Economics*, Palgrave Macmillan, New York.

Zamir, E. and D. Teichman(2014), *The Oxford Handbook of Behavioral Economics and the Law*, Oxford University Press.

찾아보기

ㄱ

ㄴ

ㄷ

저자약력

■ 강상목(姜尙穆)

- 현, 부산대학교 경제통상대학 학장
  부산대학교 경제통상대학원 원장
  한국환경경제학회 회장
  부산대학교 일반대학원 글로벌 경제컨설팅 계약학과 주임교수
  부산대학교 경제학과 교수
- SSCI와 등재지 등 136편의 논문과 30건의 저서 및 연구보고서

〉〉〉 대표적 저서

『협업과 창의적 조직』, 『효율성, 생산성, 성과분석』, 『환경과 인간』,
Energy, Environment and Transitional Green Growth in China (Springer),
Green Growth: Managing the Transition to a Sustainable Economy (Springer)

■ 박은화(朴銀花)

- 현, 현대차증권 울산중앙지점장
  부산대 일반대학원 글로벌경제컨설팅 계약학과 겸임교수(협업, 행동경제학 강의)
- 부산대 경제학박사 학위
- CJ그룹, 현대중공업그룹, 현대차그룹 등에서 특강 프로그램 진행
- 금융투자협회 관련 기업체 강의
- 부산일보 돋보기, 경상일보 주간증시 동향 기고
- KBS라디오 방송 및 MBC TV 방송 매체를 통해 주식동향 및 금융상식방송

〉〉〉 대표적 저서와 논문

『협업과 창의적 조직』, "한국증권산업의 생산용량에 기초한 단기비용효율 측정과 분해" 등 다수

인간심리의 경제학 – 경제학의 발전과 인간의 삶 –

2019년 6월 10일 초판 인쇄
2019년 6월 15일 초판 1쇄 발행

저 자 강 상 목 · 박 은 화
발행인 배 효 선

발행처 도서출판 法 文 社

주 소 10881 경기도 파주시 회동길 37-29
등 록 1957년 12월 12일/제2-76호(윤)
전 화 (031)955-6500～6 FAX (031)955-6525
E-mail (영업) bms@bobmunsa.co.kr
(편집) edit66@bobmunsa.co.kr
홈페이지 http://www.bobmunsa.co.kr

조 판 법 문 사 전 산 실

정가 25,000원 ISBN 978-89-18-10259-7